سلسلة متكاملة في تعليم العربية للناطقين بغيرها

التكلم

At-Takallum

A Comprehensive Modern Arabic Course

INTERMEDIATE
B-2
المتوسط

كِتَابُ الطَّالِبِ
Student's Book

إعداد وتأليف

صابر المشرفي - سعاد الخولي - أبو أويس محمود

BURUJ BOOKS

Copyright © 2021 Buruj Books

جميع الحقوق محفوظة، لا يجوز إعادة إنتاج أي جزء من هذا الكتاب أو نقله بأي شكل أو بأية وسيلة، سواء كانت إلكترونية أو ميكانيكية، بما في ذلك التصوير الفوتوغرافي أو التسجيل أو وسائل تخزين المعلومات وأنظمة الاستعادة الأخرى بدون إذن كتابي من الناشر.

All rights reserved. No part of this book may be reproduced or transmitted in any form or by any means, electronic or mechanical, including photocopying, recording or by any information storage and retrieval system without permission in writing from the publisher.

الطبعة الخامسة: ١٤٤٣هـ - ٢٠٢٢م

ISBN: 978-977-6631-95-3

رقم الإيداع: 2018/13234

رقم النشر: 207

SET ISBN: 978-977-6631-97-7

إعداد وتأليف	:	صابر المشرفي - سعاد الخولي - أبو أويس محمود
مراجعة	:	طارق حامد رزق
تصميم	:	أحمد نور الدين
غلاف وإخراج فني	:	أحمد شحاتة

بروج للنشر والتوزيع

القاهرة / مصر

Cairo / EGYPT

www.burujbooks.com
www.attakallum.com

اتصل بنا: Contact us:

للمبيعات: Sales inquiries: sales@attakallum.com
✉ : sales.attakallum@gmail.com
☎ : (+2) 01023201001

للدعم أونلاين: Online support: editorial@attakallum.com
✉ : editorial.attakallum@gmail.com
☎ : (+2) 01022085385

مُقَدِّمَة

الحمد لله على ما أنعم، وله الشكر على ما أحسن، والصلاة والسلام على خير خلقه محمد النبي الأكرم، وعلى جميع رسله وأنبيائه وعلى آل أكمل رسل الله أجمعين.

وبعد

فإن الدارسين للعربية من غير أهلها يتجَشَّمُون صعابًا في تعلُّمها، ويُقاسون مشقَّة في دراستها، لا سِيَّمَا وأن الجهود التي بُذلتْ في هذا الحَقْل لا ترقَى إلى ما تتمتع به اللغة العربية من مكانة وفضل، بل لا تبلغ مقدارًا يسيرًا مما يُبذَل في سائر اللغات الأخرى، ففي الوقت الذي تقوم فيه على شأن تعليم اللغات الأخرى للناطقين بغيرها مؤسسات ضخمة، تتكون من الخبراء والفنيين والمراجعين والمصمِّمين والمنسِّقين، ترعاهم دُور نشر كبيرة، فضلًا عن رعاية الدولة والمجامع العلمية اللُّغوية لها، وتصدر في اتجاهاتها عن مجلس واحد، نجدُ أن تجارِب تعليم العربية في هذا الميدان لا تزال في مراحلها الأولى.

ومن ثَمَّ قامت دار النشر بتذليلِ الصِّعاب وتوفير الوسائل والمُعِينات لفريق الإعداد لِوضع منهج يتكامل فيه الشَّكل مع المضمون، بُغيةَ أن تقف مناهج تعليم العربية على قدم المساواة مع مناهج اللغات الأخرَى إن لم تتفوق عليها.

وانطلاقًا من الغاية التي تتوخاها هذه السلسلة سُمِّيت سلسلة «التكلُّم» سلسلة متكاملة في تعليم العربية بطريقة حديثة، عسَى أن تبعث في نفوس الطلاب حُب العربية لنَيل معاني القرآن المجيد الذي هو أساس الدين ومِلاكُه، لا سِيَّما وأن شرفها ومحاسنها غنيَّان عن البيان، وأن الطلب عليها يزداد يومًا بعد يوم.

أهدافُ السِّلْسِلَة

تهدف هذه السلسلة إلى إجادة الطالب جميعَ المهارات اللُّغوية بحيث يكون في نهايتها قادرًا على:

- ✓ التواصُل مع لغة الحياة اليومية بالفصحى تحدُّثًا وفهمًا.
- ✓ التواصُل مع لغة وسائل الإعلام استماعًا وقراءة وفهمًا.
- ✓ التواصُل مع لغة التُّراث الإسلامي والعربي استماعًا وقراءة وفهمًا.
- ✓ الارتجال الشفوي والخطابة.
- ✓ الكتابة الوظيفية والإبداعية.
- ✓ التذوُّق الفني والجمالي.
- ✓ إجادة خطَّي النسخ والرُّقعة.

مكونات السلسلة

تتكون هذه السلسلة من أربعة مستويات:

- ✓ التمهيدي Starter
- ✓ الأساسي Elementary
- ✓ قبل المتوسط Pre-Intermediate
- ✓ المتوسط Intermediate

محتويات كل مستوى

كتاب الطالب: يحتوي على عدد من الوحدات المختارة من الاحتياجات اللغوية الأكثر شيوعًا واستعمالًا في البيئة العربية.

كتاب التدريبات: يحتوي على مجموعة متنوعة من التدريبات المختلفة تُعزِّز ما استفاده الطالب من دروس الكتاب.

قرص مدمج: يحتوي على كل التسجيلات الصوتية المصاحِبة للدروس، في كل من كتابَي الطالب والتدريبات.

ومواكبة منا للتطور وتيسيرًا على المستخدمين قمنا بعمل: "QR CODE" قارئ الباركود في الطبعة الجديدة حتى يمكن الاستماع إلى أصوات الكتاب بيسر وسهولة.

مصاحبات السلسلة

اللوحات الجدارية (البوسترات): عشر لوحات جدارية توضيحية من المستويين التمهيدي والأساسي يمكن تعليقها في الصفوف الدراسية.

موقع السلسلة: موقع إلكتروني: www.attakallum.com دائم التحديث ويعمل على تقديم الدعم الفني للمعلِّمين والمتعلِّمين، ويؤسس للتواصل بين رُوَّاد الموقع وفريق العمل.

نبذة عن هذا الكتاب

حرصنا في هذه الحلقة من السلسلة على أن يستكمل الطالب أساسياته في اللغة قبل الانتقال إلى الحلقة التالية؛ فشهد الكتاب توسعًا في كافة عناصر المحتوى بشكل سَلِس، بالإضافة إلى الانتقال التدريجي إلى مرحلة التذوق الفني والجمالي عبر بعض هذه العناصر. وقد جاء تنظيمه على النحو الآتي:

الوحدات

وهي ثماني وحدات، موضوعاتها كالآتي:

١. وصف الناس
٢. الأعياد والمناسبات الدينية
٣. مضحك جدًّا
٤. الطبيعة
٥. ثقافات مختلفة
٦. أمثال وتعبيرات وحكم
٧. شخصيات لها تاريخ
٨. التعليم

وتتكون كل وَحْدة من قسمين، يتكون القسم الأول من: المفردات، الحوار، القواعد، الاستماع والفهم، المحادثة. ويتكون القسم الثاني من: المفردات، الحوار، القواعد، القراءة والفهم، الكتابة.

* المفردات

يتراوح عدد المفردات في القسمَين بين ٨٠ و١٠٠ مفردة، وقد احتوى كتاب الطالب على عدد قليل من التدريبات على طرق استخدام هذه المفردات، أما الجزء الأكبر منها فقد عُنِيَ به كتاب التدريبات.

* الحوار

وهو موقف طبيعيّ استُخْدِمَتْ فيه مفردات الدرس السابق عرضها من خلال نصٍّ حواري يعبّر عن طريقة استخدام تلك المفردات بصورة طبيعية في مواقف الحياة اليومية؛ ليتَسَنَّى للطالب تمثلها والاحتِذَاء ببعض نماذجها في الحديث والكتابة. كما أعقب كلَّ حوار التركيزُ على بعض التراكيب اللغوية الشائعة والقوالب التعبيرية الواردة فيه، وتقديمها في نماذج متنوعة؛ ليسهُل على الطالب مُحاكاتها والتمثيل على غرارها بجمل من عنده. بالإضافة إلى أهم الملحوظات الصرفية واللغوية بشكل موسع عما كان عليه الأمر من قبل.

* القواعد

قام وضْع محتوى القواعد في هذا الكتاب على محدِّدَين رئيسيَّيْن:

- الأبواب النحوية الأكثر شيوعًا واستعمالًا في اللغة العربية.
- تحليل أخطاء الطلاب النحوية والصرفية والاستفادة منها في وضع محتوى المنهج.

وتمثل القواعد الصرفية المقدمة بشكل مستقل ابتداء من الكتاب الثاني قاسمًا مشتركًا مع القواعد النحوية في هذا الكتاب، وتهدف إلى أن يتمكن الطالب من فهم النظام الاشتقاقي وإثراء مفرداته من خلال اشتقاق كلمات كثيرة من جذر واحد يعبر بها عمَّا يريد من معانٍ.

ويسهم كتاب التدريبات بنصيب وافر في تعزيز ما تعلمه الطالب من قواعد نحوية وصرفية في كتاب الطالب من خلال تدريبات غنية ومتنوعة تُتيح له القُدرة على التمكن من القاعدة في شكلها الصحيح.

المهارات اللغوية

وُزِّعَت المهارات الرئيسية الأربع على مَدار الوحدة، بواقع مهارتين في كل قسم: الاستماع والمحادثة في القسم الأول، والقراءة والكتابة في القسم الثاني.

- الاستماع

تستهدف مهارة الاستماع إقدارَ الطالب على تمييز المفردات المدروسة وطرق استخدامها في قوالب وتراكيب متنوعة واستيعابها وفهمها داخل نَصٍّ سَرْدِي أو حواري، إضافة إلى مساعدتهم في فهم واستيعاب مفردات أخرى من خلال السياق.

ويتميز الاستماع في هذا الكتاب بتقديم مواد حقيقية من وسائل الإعلام المختلفة سواء أكانت أخبارًا أو برامج تلفزيونية أو مواد فيلمية تُعرض على القنوات الفضائية المختلفة، مما يُتيح للطالب أن يكون وجهًا لوجه أمام العربية دون نُصوص وَسيطة مُبسَّطة كما كان عليه الحال في الكتابين السابقين.

- المحادثة

تُعزز مهارة المحادثة دافعية الطلاب نحو إكمال مسيرتهم في عملية التعلُّم، ومن ثَمَّ هدفت المحادثة في هذا الكتاب إلى إحكام الطالب سيطرتَه على التراكيب والتعبيرات الجديدة الواردة واستخدامها بشكل فعَّال، بالإضافة إلى قدرته على إدارة النِّقاش فيما يتعلق بموضوع الوحدة.

ويُعدُّ التعبير الشفوي الحُرُّ أبرز ما يميز المحادثة في هذا الكتاب حيث يقوم الطالب بوصف ما يراه من صور أو التعليق على بعض رسوم الكاريكاتير، أو سَرد حكاية وإلقاء بعض الطَّرائف والنِّكات بأسلوبه الخاص، وبطريقة مُؤثرة.

- القراءة والفهم

تسبق نصوص القراءة المُختارة بعناية بعضُ الأسئلة والصور باعتبارها تهيئة حافزة، يعقبها أسئلة الاستيعاب والفهم والتمييز بين الخطأ والصواب بالإضافة إلى ما سبق كانت القراءة الجهرية عاملًا من عوامل ضبط الأداء وتصحيح المخارج وتنغيم العبارات وتطبيق القواعد. وقد توسعت القراءة في هذا الكتاب بحيث يستطيع الطالب أن يضع عُنوانًا لبعض النصوص المُختارة ويناقش أفكارها،

ويستخرج منها بعضًا ممَّا تعلمه من قواعد النحو والصرف. فضلًا عن التعليق برأيه حول الموضوع واستخراج مظاهِر الجَمَال من بعض الجمل والعبارات التي تحتوي على صور فنية بديعة مما يُنمِّي الذَّائقة اللغوية لديه.

- الكتابة

تَعكس الكتابة في هذه المرحلة قُدرة الطالب على مدى استيعابه لما تعلمه على مدار الوحدة وسيطرته على المفردات والتراكيب الواردة فيها بشكل صحيح، لذلك عُزّزت الكتابة بعناصر مختلفة لتخدم هذا الغرض.

وتتضمن مهارةُ الكتابة في هذا الكتاب العناصر التالية:

أ- **أدوات الربط**: يركز الكتاب في هذه المرحلة من السلسلة على أدوات الربط بشكل خاص نظرًا لتطور مستوى الطلاب اللغوي وتمهيدًا لنقلهم في الكتابة من التعبير على مستوى الجمل القصيرة، إلى التعبير على مستوى الجمل الطويلة الممتدة وحسن الانتقال من معنى إلى معنى آخر وربط، المقدمات بالنتائج والأسباب بالمسببات.

ب- **التعبير الإبداعي**: وهو تعبير حُرٌّ لكنه مُنظم يهدف إلى إقدار الطالب على ترتيب أفكاره، وعرضها في شكل منظم وتقسيمها على مستوى فقرات متنوعة بين الطُّول والقِصَر مع تأكيد ما يطرحه من أفكار بشواهد وأدلة وقرائن، وتعزيزها بضرب الأمثال واستخدام الصور البيانية.

ت- **الخَطُّ**: رُوعِيَ في هذا الكتاب إعطاء الطلاب نماذج بديعة بخطي النسخ والرقعة مرتبطة بموضوع الوحدة، ليتسنَّى له المقارنة بين سِمات كِلا الخطين بشكل مُفصَّل.

ومِمَّا يجدر ذكره تلقينا عديدًا من المراجعات من الإخوة المعلمين والأخوات المعلمات، وبناءً عليه أُجرِيَت بعض التعديلات الضرورية والمهمة خلال هذه الطبعة؛ ومن ثَمَّ فإن تلقِّي المقترحات البنَّاءة والآراء الفاعلة والأفكار السديدة التي من شأنها الإسهام في تطوير السلسلة، لهو من دواعي سرورنا؛ لذا يمكنكم إرسالها على موقع السلسلة من خلال هذا الرابط: www.attakallum.com

هذا وقد تم إصدار نسخة تفاعلية عبر الإنترنت يمكن للطالب من خلالها دراسة المستوى (ذاتيًا) أو (مع المعلم)، حيث تشتمل على كافة العناصر المرئية والمسموعة والأنشطة الموجودة في النسخة الورقية. كما تتيح هذه النسخة التفاعلية للمستخدم أن يتابع دروسه من أي مكان عن طريق تسجيل الدخول باسم المستخدم وكلمة المرور من أي متصفح ويب.

لمعرفة المزيد وشراء التكلم النسخة التفاعلية
Scan the QR code

مُحْتَوَياتُ كِتابِ الطَّالِبِ

	الوحدة الأولى	أ. عمّ تبحثين يا حاجة؟	ب. ابني خجول وانطوائي
١	 وصف الناس	– المفردات – الحوار – القواعد – الاستماع والفهم – المحادثة	– المفردات – الحوار – القواعد – القراءة والفهم – الكتابة
١٠ - ٣١			

	الوحدة الثانية	أ. تقبل الله منا ومنك	ب. لبيك اللهم لبيك
٢	 الأعياد والمناسبات الدينية	– المفردات – الحوار – القواعد – الاستماع والفهم – المحادثة	– المفردات – الحوار – القواعد – القراءة والفهم – الكتابة
٣٢ - ٥٣			

	الوحدة الثالثة	أ. هل سمعتَ آخِر نكتة؟	ب. مواقف حقيقية مضحكة
٣	 مضحك جدًّا	– المفردات – الحوار – القواعد – الاستماع والفهم – المحادثة	– المفردات – الحوار – القواعد – القراءة والفهم – الكتابة
٥٤ - ٧٥			

	الوحدة الرابعة	أ. حوار بين البيئة والتلوث	ب. برنامج «لا تترك أثرًا»
٤	 الطبيعة	– المفردات – الحوار – القواعد – الاستماع والفهم – المحادثة	– المفردات – الحوار – القواعد – القراءة والفهم – الكتابة
٧٦ - ٩٧			

Table of Contents

	الوحدة الخامسة	أ. مهرجان أيام الشعوب	ب. كل لسان إنْسان
٥		– المفردات	– المفردات
		– الحوار	– الحوار
		– القواعد	– القواعد
		– الاستماع والفهم	– القراءة والفهم
٩٨ – ١١٩	ثقافات مختلفة	– المحادثة	– الكتابة

	الوحدة السادسة	أ. على رأي المثل	ب. أنتم تلعبون بالنار
٦		– المفردات	– المفردات
		– الحوار	– الحوار
		– القواعد	– القواعد
		– الاستماع والفهم	– القراءة والفهم
١٢٠ – ١٤٣	أمثال وتعبيرات وحكم	– المحادثة	– الكتابة

	الوحدة السابعة	أ. أبو الريحان البيروني	ب. العز بن عبد السلام
٧		– المفردات	– المفردات
		– الحوار	– الحوار
		– القواعد	– القواعد
		– الاستماع والفهم	– القراءة والفهم
١٤٤ – ١٦٩	شخصيات لها تاريخ	– المحادثة	– الكتابة

	الوحدة الثامنة	أ. رسالة دكتوراه	ب. نقاش مفتوح
٨		– المفردات	– المفردات
		– الحوار	– الحوار
		– القواعد	– القواعد
		– الاستماع والفهم	– القراءة والفهم
١٧٠ – ١٩٥	التعليم	– المحادثة	– الكتابة

الْوَحْدَةُ الْأُولَى

١

وَصْفُ النَّاسِ

CHARACTER DESCRIPTIONS

أ. عَمَّ تَبْحَثِينَ يَا حَاجَّة؟

ب. اِبْنِي خَجُولٌ وَانْطِوَائِيٌّ

المفردات

أ. عَمَّ تَبْحَثِينَ يا حاجَّة؟

أ اقرأ وافهم

الوجه

١. مُستدِير ٢. بَيْضاوِيّ

الشَّعْر

٣. ناعِم ٤. خَشِن ٥. مُجعَّد
٦. مُمَوَّج ٧. أَسْود ٨. أَشْيَب ٩. أَشْقر

القامَة

١٠. طويل(ة) ١١. قصير(ة)
١٢. متوسّط(ة) / معتدِل(ة)
١٣. مُستقيم ١٤. مُنْحَنٍ

البِنْيَة

١٥. قويّ(ة) ١٦. ضعيف(ة)
١٧. ذو عَضَلات

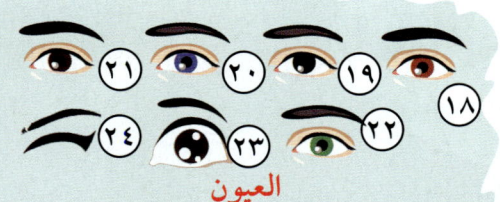

العيون

١٨. عَسَلِيَّة ١٩. سوداء ٢٠. زَرْقاء ٢١. بُنّيّة
٢٢. خضراء ٢٣. واسِعة ٢٤. ضَيِّقة

الأنف

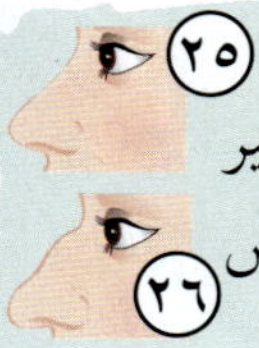

٢٥. دَقِيق / صَغير
٢٦. كبير / أَفْطَس

البَشَرَة

٢٧. داكِنة ٢٨. فاتِحة ٢٩. قَمْحِيَّة / حِنْطِيَّة
٣٠. بيضاء ٣١. شَقْراء ٣٢. شاحِبة

السِّنُّ

٣٣. طِفل ٣٦. كَهْل ٣٩. في العِشْرينيّات
٣٤. مُراهِق ٣٧. عجُوز ٤٠. في الثَّلاثينيّات
٣٥. شابٌّ ٣٨. مُسِنٌّ ٤١. في الأَرْبَعينيّات

الشَّكْل

٤٢. وَسِيم
٤٣. قَبيح / دَمِيم
٤٤. أَنيق
٤٥. سَمِين
٤٦. نَحِيف
٤٧. مُتَوسِّط الوَزْن
٤٨. حامِل
٤٩. مُعاق
٥٠. أَعْمَى / فاقِد البَصَر / كَفِيف
٥١. أَصَمّ / فاقِد السَّمْع

الملابس

٥٢. غالية ٥٣. رَخيصَة
٥٤. جديدة ٥٥. بالِية / رَثَّة / قديمة
٥٦. مُهَنْدَمَة / مُرَتَّبَة ٥٧. غير مُرَتَّبَة

سِمات أُخرى

- ذو شارِب
- ذو لِحْيَة / مُلْتَحٍ
- حَلِيق
- مُحجَّبَة
- مُنتَقِبَة
- مُتَبَرِّجَة / سافِرَة
- عليه أثَرُ جُرُوح / نُدُوب
- ذو - ذات شامَة / ذو - ذات خالٍ
- أَصْلَع (صَلْعاء)
- أَقْرَع (قَرْعاء)

ب انظرْ وأكْملْ بالوصفِ المناسب

هذا الرجلُ قامتُه ______

هذا الشابُّ في _____ من عُمْره.

هذه البنتُ شعرُها ______

هذا الطفلُ بَشرتُه ______

هذه المرأة ________

هذا الرجلُ ذو _____ كثِيفةٍ.

ت أكملْ كما في النموذج

الشَّعرُ / أشقر	هذا الولد	أشقرُ الشعرِ	شعرُه أشقرُ	ذو شعْرٍ أشقرَ
	هذه البنتُ	شقراءُ الشعرِ	شعرُها أشقرُ	ذاتُ شعرٍ أشقرَ
القامَةُ / طويل	هذا الولد			
	هذه البنتُ			
الوَزْن / ثقيل	هذا الولد			
	هذه البنتُ			
البِنْيَة / ضعيف	هذا الولد			
	هذه البنتُ			
الشكلُ / وَسِيم	هذا الولد			
	هذه البنتُ			
الملابسُ / أَنِيق	هذا الولد			
	هذه البنتُ			
الوجه / مُستدِير	هذا الولد			
	هذه البنتُ			
الرأس / أَصْلَع	هذا الولد			
	هذه البنتُ			
السِّنُّ / كبير	هذا الولد			
	هذه البنتُ			

ث املأ الفراغات بالكلمة المناسبة حَسَبَ الجِنس (يُمكِن أن تُكرِّر الصفةَ المشترَكة مرتين)

◀ **مُلْتَح - ذو شارِب - حامِل - أَصْلَع - صَمَّاء - مُحجبة - مُنْتَقِبَة - في العِشرينيات - عجُوز - شابٌّ**

هو	
هي	

١ أ. عَمَّ تَبْحَثِينَ يَا حَاجَّة؟ الحوار

عَمَّ تَبْحَثِينَ يَا حَاجَّة؟

أ استمع وافهم

حارس الأمن : خيرًا، عَمَّ تبحثين يا حاجَّة؟

الأم : أَبحثُ عن ابنتي يا وَلَدِي.

حارس الأمْن : ابنتُكِ! كم سنُّها؟

الأم : في العشرينيات من عمرها.

حارس الأمن : إنها شابة، لعلها هنا أو هناك؛ فَلِمَ تبحثين عنها؟

الأم : لقد كنَّا نَتجوَّل معًا في الدَّور الثاني من السوق، وبجوارِ المصعد وجدنا رجلًا عجوزًا يَتَوَكَّأ على عَصا، ويطلب مِنَّا مساعدتَه في النُّزول بالمصعد، لأنه لا يستطيعُ النزول على الدَّرَج.

حارس الأمن : ثم ماذا حدث؟

الأم : ثُم قال لنا: إنه لا يستطيع استعمالَ المصعد، فطلبتُ من ابنتي أن تساعِدَه في النزول، وانتظرتها رَيْثَمَا تعود، ولقد مرَّت ساعةٌ أو أكثر وَهَا هِي ذِي لَمَّا تَعُدْ؟

حارس الأمن : هل اتصلتِ بها على المحمول؟

الأم : مع الأسف، لقد تركتْه معِي.

حارس الأمن : كيف شكلُها يا حاجَّة؟

الأم : إنها بيضاءُ وطويلةُ القامَة.

حارس الأمن : هل هي نحيفةٌ وترتدي نظارةً طِبِّيَّة ومعطفًا أسودَ؟

الأم : نعم، بالضَّبط.

حارس الأمن : وما شكلُ الرجلِ العجوز؟

الأم : إنه أَصْلَعُ ووجهه مستدير، وعيناه ضيقتان، وظهره مُنْحَنٍ، وذو لِحْيَةٍ وشاربٍ خفيفين.

حارس الأمن : هل في خَدِّه الأيمنِ نَدْبَة أو أثرُ جُرحٍ قديم؟

الأم : في الحقيقة يا ولَدِي لم أُلاحِظ جيدًا، لكِنَّه -كما قلتُ- عجوز، ويرتدي حِذَاءً باليًا، وهِنْدَامه غير مُرَتَّب.

حارس الأمن : أخشى أن ابنتَكِ قد خُطِفَتْ يا حاجة..

الأم : خُطِفَت! كيف ذلك؟ هل رأيتَهُما؟ أخبرني.

حارس الأمن : منذ ساعةٍ تقريبًا، خرج عجوزٌ ومعه فتاةٌ بهذه الأوصاف من المصعد، وبدأ يصيحُ صياحًا عاليًا: «ساعِدوني! ساعِدوني! لقد أُغْمِيَ على ابنتي». وكان يبدو عليه التَّأَثُّر كأنه أبوها أو جدُّها؛ فأسرعْنا إليه، وحملنا معه البنت، وأركبناهما سيارة كانت تنتظرهما أمام الباب.

الأم : يا وَيْلِي! لقد ضاعت ابنتي، ضاعت ابنتي! ماذا أفعل الآن؟

حارس الأمن : هيَّا بنا نذهب إلى قسم الشرطة لِنُبَلِّغَ عن الحادثة.

ب اقرأ

ت مارس الحوار مع زميلك

ث لاحظ استعمال التعبيرات في الجمل الآتية وهات جملًا على غِرارها

١. خيرًا

ماذا حدث؟

ما الأمرُ؟

ماذا بك؟

ماذا يوجد؟

ماذا لديك من أخبار؟

٢. أُغْمِيَ عَلَيه = فَقَدَ وَعْيَهُ

أُغْمِي على ابنتي. ________________

أُغْمِي عليْه من الخوفِ. ________________

أُغْمِي عليَّ عندما رأيته. ________________

٣. يَتَوَكَّأُ على.... = يَسْتَنِد إلى....

يَتَوَكَّأُ على عصا / عُكَّاز / الحائط.

قال تعالى: ﴿وَمَا تِلْكَ بِيَمِينِكَ يَا مُوسَى قَالَ هِيَ عَصَايَ أَتَوَكَّأُ عَلَيْهَا وَأَهُشُّ بِهَا عَلَى غَنَمِي﴾.

٤. الشَّكْل

كيف	شَكْل الرجل؟
ما	شكْل البنتِ؟
صِف لنا	شكله.
هل تستطيع أن تصف	شكلها؟

٥. في العشرينيات

في العشرينيات من عمرها.	سنُّها من ٢٠ إلى ٢٩ عامًا.
في الثلاثينيات من عمرها.	سنُّها من ... إلى ... عامًا.
في ______ من عمرها.	سنُّها من ٤٠ إلى ٤٩ عامًا.
________________	________________

ج لاحظ معنى الرابط في الجمل التالية، وهات جملًا على غرارها

رَيْثَمَا = مِقدار الوقت الذي / حتى

- انتظرتُها رَيْثَمَا تعود.
- سأنتهي من كتابةِ التقريرِ رَيْثَمَا تتناول قهوتَك.
- سأنتظرك أسفلَ البيت رَيْثَمَا ترتدي ملابسَك.
- كيف تُساعد المُصاب في حادثةٍ رَيْثَمَا يحضر الطبيب؟
- ________________
- ________________
- ________________
- ________________

ح لاحظ (كَأَنَّ) في المثالين الآتيين، واستخدمها فيما تحته خط بعدهما

- كان يبدو عليه التأثُّر، كأنه أبوها.
- أحب هذا المعلم كثيرًا، كأنه أبي.

١. يبدو عليك التعبُ، أنت مريضٌ.

٢. لماذا يصيح هكذا؟ هو مجنون.

٣. من هذه الطالبة؟ هي طالبة جديدة.

٤. لا تسْتَنِدوا إلى طاولاتِكم، أنتم نائمون.

- (كأنَّ من أخوات إنَّ)
- الطالبُ جديدٌ. - كأنَّ الطالبَ جديدٌ.

خ لاحظ ما يأتي

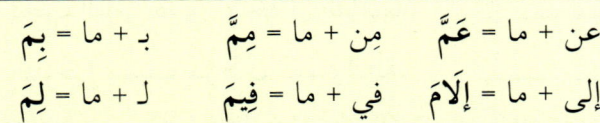

عن + ما = عَمَّ	مِن + ما = مِمَّ	بـ + ما = بِمَ
إلى + ما = إلَامَ	في + ما = فِيمَ	لـ + ما = لِمَ

- تُحْذَف ألف «ما» الاستفهامية عندما تَلِي حَرفًا من حروفِ الجر.

القواعد

١ أ. عَمَّ تَبْحَثِينَ يَا حَاجَّة؟

الأسماء الخمسة (أَبٌ، أَخٌ، حَمٌ، فُو، ذُو)

أ لاحظ الأمثلة مع المعلم

١. إعراب الأسماء الخمسة بالواو (رفعًا) والألف (نصبًا) والياء (جرًّا)

مرفوع بالواو	منصوب بالألف	مجرور بالياء
- هل رجع أبوك من السفر؟	- رأيتُ أخاك في المسجد.	- تعَرَّفتُ على حَمِيكَ.
- هذا موظف ذو خبرة.	- افتح فاكَ في هذا الحرف.	- يشكو الطفل من ألمٍ في فِيه.

٢. ما لا يُعرب من هذه الأسماء بالواو (رفعًا) والألف (نصبًا) والياء (جرًّا)

- هذان أبوا سليم.	- قابلت أخوَيْ مليح.	- وجدت محمودًا عند حمويْه.	المثنّى
- لي ثلاثةُ إخوةٍ.	- كرَّمتِ الدولةُ آباء الشهداء.	- تُرحِّب الشركةُ بذوِي الخبرة.	الجمع
- الحَمُ هو والد الزوج.	- كم أخًا لك؟	- اتصلَت المدرسة بالأب اليوم.	غير المضافة
- حَمِي يعمل مهندسًا.	- استقبلت أخي في المطار.	- كتبتُ رسالة إلى أبي.	المضافة إلى المتكلم
- الفَمُ عُنوان الصحة.	- تُغطِّي الشفتان الفمَ.	- التدخينُ ضارٌّ بالفمِ والأسنانِ.	الفم (بالميم)

ب ضع دائرة حول الأسماء الخمسة كما في المثال

◄ كان يبدو عليه التأثر كأنه (أبوها).

١. ماذا يعمل أبوكَ؟

٢. أنت ذو خُلقٍ كريمٍ.

٣. هل تعرفُ حما عادل؟

٤. سلَّمتُ على أخيكَ في الجامعة.

٥. زرت أخا عمرٍو في المستشفى.

٦. اتصلتُ بمحمود فوجدتُه عند حميه.

ت اكتب ما بين القوسين بالشكل المناسب كما في المثال

◄ هل رجع أبوكَ من العمرة يا علي؟ (أب)

١. لا تفتحْ ______كَ عندما تأكلُ. (فو)

٢. هذا الرجل لم يكن ______ البنتِ. (أب)

٣. هل تبحثينَ عن ______كِ الصغير يا آنسة؟ (أخ)

٤. كان الرجل العجوز ______ لِحْيَةٍ وشاربٍ. (ذو)

٥. ساعِدْ ______كَ في النزولِ بالمصعد يا سليم. (حم)

٦. احترم ____كَ الأكبر واعطف على ____كَ الأصغر. (أخ)

ث استخرج ما لا يعرب إعراب الأسماء الخمسة فيما يأتي وبين علامة إعرابه كما في المثال

◄ أرسلت رسالة إلى أخي بالبريد. أخي مجرور بالكسرة المقدرة

١. أعرف أنَّ أخاك مسافرٌ. ____ ____________

٢. اسْتفدتُ مِنْ أبي أَشْياءَ كثيرةً. ____ ____________

٣. لُقِّبَ سيدُنا عثمانُ ﷺ بذي النُّورَين. ____ ____________

٤. فكِّرْ قبلَ أن تُخرجَ الكلامَ من فِيك. ____ ____________

٥. يُحبُّ الناسُ ذوي الأخلاقِ الفاضلةِ. ____ ____________

٦. التدخينُ يسبب سَرطَان الفم والرِّئَة. ____ ____________

٧. قال تعالى: ﴿إِنَّمَا الْمُؤْمِنُونَ إِخْوَةٌ﴾. ____ ____________

٨. المُسْلِمُ أَخو المُسْلِمِ لَا يَظْلِمُه ولَا يُسْلِمُه. ____ ____________

ج لاحظ ما يلي

زار أبو بكرٍ أخاه عند حَمِيه.
فَاعِلٌ مَرْفُوعٌ
الواو
مضاف إليه مجرور
الياء
مَفْعُولٌ بِهِ مَنْصُوبٌ
الألف

الجَذْرُ

أ لاحظ الجَذْرَ ومُشْتَقَّاتِه مع المعلم

١. ك ت ب : يكْتُبُ - أُكْتُبْ - كِتَابَة - كَاتِبٌ - كِتَابٌ - كُتَّابٌ - كُتُبٌ - مَكْتَبٌ - مَكْتَبَةٌ.

٢. ع ل م : يَعْلَمُ - اعْلَمْ - عِلْمٌ - عَالِمٌ - عُلَماءُ - مَعْلُومٌ - مَعْلُومَةٌ - مَعْلُومَات - تَعَلَّمَ - مُتَعَلِّمٌ - تَعْلِيمٌ مُعَلِّمٌ - عَلَامَةٌ - عَلِيمٌ - عَلَّامَة - اسْتَعْلَمَ - اسْتِعْلَامَات.

ب هاتِ الجذر من الكلمات الآتية كما في المثال

المِصْعد: ص ع د

عجُوز :______	أوصَاف :______	سيارة :______	الحادِثة :______	استعْمَال :______
عمارة :______	مُشترك :______	ذِكريات :______	المواصلات :______	حاسوب :______
فكْرة :______	مُرتَّب :______	صِياح :______	مَذكُور :______	منظر :______
هِندَام :______	تشرَّفنا :______	اطْمئنَان :______	مطبخ :______	مستقْبَل :______

ت هات كلمات تعلَّمْتها من الجذور الآتية

د ر س : ______ ______ ______ ______ ______ ______

ع م ل : ______ ______ ______ ______ ______ ______

ن ظ ر : ______ ______ ______ ______ ______ ______

ر س ل : ______ ______ ______ ______ ______ ______

ط ل ب : ______ ______ ______ ______ ______ ______

ث املأ الفراغات في الجمل الآتية بالمُشْتَقِّ المناسب من الجذر (ح س ب) مما بين القوسين

(حاسوبًا - الحِساب - محَاسبًا - تُحاسَب - حَسَبٍ - حَسَبَ)

١. أبي يعملُ ______ في شركة كبيرة.

٢. تزوجتُ فتاةً ذات دِينٍ و ______

٣. ______ الطالبُ درجاتِه في الامتحان.

٤. حَاسِبْ نفْسكَ قبل أنْ ______

٥. اشتريتُ ______ جديدًا أمسِ.

٦. درستُ ______ والعلوم في الابتدائية.

ج هات مشتقًّا من كل جذر مما يأتي وضعْه في جملةٍ مفيدة من عندك

الجذر	المشتق	الجملة
ع ط ف :	______	______
ج و ل :	______	______
ق ر ب :	______	______
و ظ ف :	______	______
ح د ث :	______	______
س م ع :	______	______

١

أ. عَمَّ تَبْحَثِينَ يَا حَاجَّة؟

الاستماع والفهم

أ) انظر إلى هذه الصور وتأمَّل مَلامِحَ الأشخاص فيها

عمر

صهيب

بلال

عبد الله

رفيدة

الزبير

عبير

سلمى

سلمان

ب) استمع إلى الأوصاف واكتب أمام كل رقم اسمَ الشخصية المناسبة

١. _____   ٤. _____   ٧. _____

٢. _____   ٥. _____   ٨. _____

٣. _____   ٦. _____   ٩. _____

ت) اكتبْ رقم العبارة التي تسمعها أمام الكلمة / الكلمات المناسبة مما يأتي

الكلمات	شَابَّة	أَصَمّ	حَاجَّة	خَيرًا	قسم الشرطة	عجوز	الدَّرَج	مساعَدة
الأرقام								

١٨

١أ   CHARACTER DESCRIPTIONS   وصف الناس

ث أولًا: استمع إلى هذا الحوار جيدًا، ثم أجب عن الأسئلة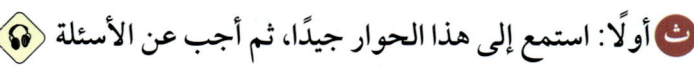

ثانيًا: اكتب الحرف الدالَّ على الإجابة الصحيحة في المربع

١. هذا الحوار في ....
أ. المطعم
ب. السوق
ت. الصيدلية
ث. حديقة الحيوانات

٢. يبكي الصغيرُ لأنَّه ....
أ. سقط على الأرض
ب. فَقَدَ أمه
ت. لا يستطيع أن يجدَ جدتَه
ث. فَقَدَ أختَه

٣. فَقَدَ الصغير جدَّته منذ ....
أ. نصف ساعة
ب. ربع ساعة
ت. ساعة
ث. ساعة ونصف

٤. فقد الولد جدتَه عندما ....
أ. ذهب ليشتري لعبة
ب. خرج من حديقة الألعاب
ت. رجع من السوبرماركت
ث. تركها وجَرَى بعيدًا عنها

٥. ترتدي العجوز ....
أ. نظارة حمراء
ب. نظارة صغيرة
ت. نظارة طبية
ث. نظارة شمسية

٦. غرفة الإدارة في الدَّور ....
أ. الأول
ب. الأرضي
ت. الثاني
ث. الأخير

١٩

أ صِفْ نفسَك

ب صِفْ لنا شخصًا تعرفه

ت هاتان صورتان لشخصٍ واحدٍ في سِنَّيْنِ مختلفتين. قَارِن بينهما من حيثُ الشَّكل والملابس

ث العبْ مع زميلِك / زملائك اللعبتين اللغويتين الآتيتين

اللعبة الأولى

من هو؟

خطوات اللعبة

١. يختار أحدُ الطلاب شخصيةً من زملائه في الصف ولا يُخبر زميلَه بها.

٢. يسأله زميلُه الآخر أسئلةً بـ(هل) ويُجيب الطالب المسؤولُ بـ(نعم / لا) فقط حتى يتعرَّف الآخر على الشخصية.

ملحوظة: عددُ الأسئلة لا يزيدُ على خمسة، وعندما لا يعرِف زميلُك، صف له أنتَ الشخصية حتى يعرفَها.

أ١ CHARACTER DESCRIPTIONS — وصف الناس

اللعبة الثانية: عكس الصفات

خُطوات اللعبة

١. ينظرُ أحدُ الطلاب إلى الشخصيات الواردة في صفحة الاستماع ويختارُ شخصيةً منها ولا يُخبر زملاءه بها.

٢. يصفُ الطالب لزملائه الشخصية التي اختارها بعكس صفاتها حتى يتعرف عليها الطلاب الآخرون.

١
ب. ابني خجول وانطوائي
المفردات

أ اقرأ وافهم

- خَجُول / انْطِوَائِيّ × اجْتِمَاعِي
- ذكِيّ × غَبيّ
- مُجتهد / نشِيط × مُهْمِل / كَسْلان
- مُؤدَّب × قليل الأدب / وَقِح
- طَيِّب / حَنُون / عَطُوف × فَظّ / غلِيظ / قاسٍ
- قَنُوع × طَمَّاع
- صادِق × كاذِب
- هادئ × عَصَبِي
- شُجَاع × جبَان
- فَخُور / مُتَكبِّر / مَغْرور × مُتَوَاضِع
- مُتَهَوِّر × مُتَرَدِّد
- كريم × بخيل
- مُسَالِم × شَرِس / عُدْوَاني
- صَبُور × جَزُوع
- عَنِيد × مُتَفَاهم / مُطِيعٌ
- ثَرْثَار × قليل الكلام
- نَهِمٌ / أَكُولٌ

صفات أخرى:

- خائف / مَذْعُور
- مُتضايق / غضبان
- حَانِق / هَائِج / مُغْتَاظ
- مُشْمَئِز / مُتَقَزِّز
- مَصْدُوم / مَذْهُول / مُنْدَهِش
- مُشْتَاق
- اسْتِفْزَازِي

ب اخترِ الصفةَ المناسبة لهذه الشخصية مما بين القوسين

١. يُهاجِم الآخرين ويرفع صوته عليهم ولا يهْتَمُّ بأحدٍ. **(كاذب - بخيل - عُدْوَاني)**

٢. يُواجهُ المشكلاتِ دون خوفٍ، ولا يَهرب وقت الشدة. **(شُجَاع - متهور - عصبي)**

٣. لا يمدحُ نفسه، ويحترمُ الجميع، وهو مُؤدب في تصرفاته. **(مطِيع - مُتَوَاضِع - كريم)**

٤. يعملُ عكس أيّ شيءٍ يُطْلَب منه، وغيرُ قادرٍ على فَهْم الآخرين. **(فَظٌّ - مَلُول - عَنِيد)**

٥. يتحدَّثُ في كلِّ شيءٍ مُفيدٍ أو غيرِ مُفيدٍ، له علاقةٌ بالحديث أم لا. **(ثَرْثَار - استِفْزازِي - غَبي)**

٦. لا يحب المشاركة في المناسبات الاجتماعية ويريد أن يكون وحده دائمًا. **(مغْرورٌ - انْطِوَائِي - أَنَانِيٌّ)**

ت ضع المطلوبَ بين القوسين في جملة من عندك

جمع	(كريم) :________________	(كَسْلان) :________________
مرادف	(فَخُور) :________________	(شَرِس) :________________
مضاد	(قليل الكلام) :________________	(قَنُوع) :________________

ث املأ القائمة التالية بالصفات المناسبة

صفاتٌ تتعلق بـ			
الدراسة	المال	الكلام	تعبيرات الوجه
________	________	________	________
________	________	________	________
________	________	________	________

١
ب. ابني خجول وانطوائي
الحوار

ابْنِي خَجُولٌ وَانْطِوَائِيٌّ

أ استمع وافهم

صفية : لَديَّ مشكلة مع ابني الأكبر، لا أعرف كيف أحُلُّها؟

هند : خيرًا، ما الأمر؟

صفية : إنه خَجُول وانْطِوَائِي في البيت ومع الأقارب بشكل يلفت النظر.

هند : كيف مستواه الدراسي؟

صفية : على عكس ذلك تمامًا، هو مجتهد ويشارك في الدروس بِفَاعِلِيَّة.

هند : يبدو أن الفرق السنيَّ بينه وبين إخوته الذكور الآخرين يُشْعره أنه وحيد، بالمناسبة كم سنه الآن؟

صفية : أتمَّ الثانية عشرة، ودخل في الثالثة عشرة.

هند : لماذا لا تَفحصينه عند طبيب نفسي؟

صفية : فكرت في ذلك مِرارًا، ولكني تردَّدتُ في هذا الأمر.

هند : وماذا عن الأولاد الآخرين؟

صفية : سبحان الله! كل واحد منهم شخصية مختلفة عن الآخر، أما البنت فهي عنيدة وثَرْثَارة وفي الوَقْتِ نَفْسِهِ طيبة وحنون، وأما التَّوْأم فهما شخصيتان مُتناقضتان تمامًا في الشكل والطِّباع. أحدهما طويلٌ وأبيضُ والثاني قصيرٌ وأسمرُ كما تعرفين.

هند : وماذا عن الطِّبَاع؟

صفية : الأول هادئ ومطيع ومُتردد وجَبان، والثاني مَرِح وعنيد ومتهور وكثير الحركة يكاد يجرح نفسه كل يوم بسبب شقاوته.

هند : هذه أمورٌ بسِيطَة، فكيفَ بكِ لو سمعتِ بمشكلاتي؟

صفية : أهي أصعبُ من مُشكلاتي؟

هند : مَن عرف مشكلةَ غيرِه هانتْ عليه مشكلَتُه.

صفية : خيرًا، احْكِي لي.

هند : ابنتي الكبرى كما تعرفين دخلت في سن المراهقة، وصارت عصبيةً وفَظَّةَ الأخلاق وثائرةً دائمًا، لا يُرْضِيها شيءٌ. وأخوها الأصغر منها غَيورٌ جدًّا ونَهِمٌ في الطعام والشراب، ومُهْمِل في دراسته وكثير الكذبِ، أما البنتُ الصُّغْرَى فهي شَرِسةٌ وعُدْوَانِيّة ولا تَكُفُّ عن البُكاء.

صفية : ماذا حدث لأطفال هذا العصر!

هند : علينا أن نَبْذُلَ جَهْدًا أكبرَ في تربية الأولاد.

ب اقرأ

ت مارس الحوار مع زميلك

ث لاحظ استعمال التعبيرات في الجمل الآتية، وهات جملًا على غرارها

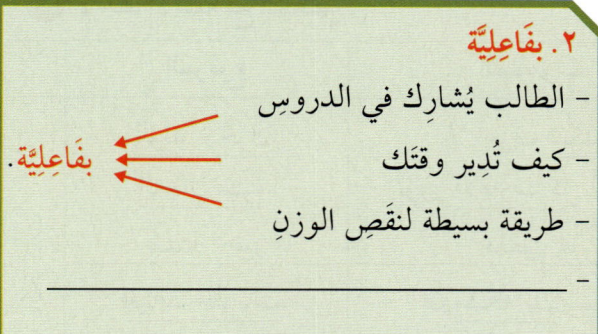

١. يَلْفِتُ النَّظَرَ

كلامٌ / شكلٌ / موضوعٌ ← يَلْفِتُ النَّظَرَ

- ما الذي يَلْفِتُ نظرَك في هذا الكلامِ / الموضوعِ / الشكلِ؟
- ________________
- ________________

٢. بفَاعِلِيَّة

- الطالب يُشارِك في الدروسِ
- كيف تُدير وقتَك
- طريقة بسيطة لنقصِ الوزنِ

← بفاعِلِيَّة.

- ________________
- ________________

٣. المستوى

المستوى ←

الدراسي (ضعيف - متوسط - متفوّق)

العِلمي (ضعيف - متوسط - عالٍ)

الاجتماعي (فَقير - مُتوسِّط الحال - مَيْسُور الحال / غَنيٌّ / ثَرِيٌّ)

الثقافي (مُنحَدِر / مُنخفِض - مَعقُول - رفِيع)

- ________________
- ________________

ج لاحظ تأثير حرف الجر على الأفعال في المعنى، وهات جملًا على غِرارها

١. دخل

دخلَ ابني المدرسةَ. / دخل ابني في الثانيةَ عشرَة من عُمره.

قال تعالى: ﴿فادْخُلِي في عِبادِي وَادْخُلِي جَنَّتِي﴾.

____

____

٢. تردَّد في / على

تردَّدَ الرجل في رأيه. / يتردَّدُ الطلاب على المكتبة كل يوم.

لن يتردَّدَ الحاكم في استخدام القوة. / لا يتردَّد العلماءُ على الأُمَراء.

____

____

ح لاحظ تصريف الأفعال الآتية

- حَلَّ	يَحُلُّ	حُلَّ	حَلٌّ / حُلولٌ	- كَفَّ	يَكُفُّ	كُفَّ	كَفٌّ
- رَضِيَ	يَرْضَى	اِرْضَ	رِضًا	- أَرْضَى	يُرْضِي	أَرْضِ	إِرْضَاء
- شَعَرَ	يَشْعُرُ	اُشْعُرْ	شُعُور	- أَشْعَرَ	يُشْعِرُ	أَشْعِرْ	إِشْعَار

علاماتُ الإعراب في الأسماءِ

أ لاحظ الأمثلة مع المعلم

		المرفوع	المنصوب	المجرور	
المعرب بالحركات		الولدُ خَجُولٌ. العمالُ مهرةٌ. مبتدأ خبر	لا أعرف شكْلَه. أزور الأقاربَ كل أسبوع. مفعول به	فحصتُه عند طبيبٍ نفسي. لي ثلاثة إخوةٍ. مضاف إليه	مفرد / جمع تكسير ـُـ ـَـ ـِـ الضمة / الفتحة / الكسرة
		البناتُ حَنُوناتٌ. مبتدأ خبر	إن مشكلاتِك بسيطةٌ. اسم إن	التحقتُ بالدراساتِ العُليا. اسم مجرور	جمع مؤنث سالم ـُـ ـِـ ـِـ الضمة / الكسرة
		اشتركَ عُمرُ في المسابقة. فاعل	زينبُ مُتهَوِّرةٌ لكنَّ خديجةَ عاقلة. اسم لكن	رُدَّ التحية بأحسنَ منها. اسم مجرور	ممنوع من الصرف ـُـ ـَـ ـَـ الضمة / الفتحة
المعرب بالحروف		يُكَرَّمُ المتفوقانِ اليوم. نائب فاعل	عاقبَت المحكمة اللصينِ. مفعول به	قدمتُ للولدينِ في المدرسة. اسم مجرور	المثنى انِ - يْنِ - يْنِ الألف / الياء
		ليس الآخرونَ هنا. اسم ليس	كان الأطفال خائفينَ. خبر كان	لا تتصرَّفْ كالمراهقينَ. اسم مجرور	جمع المذكر السالم ونَ - ينَ - ينَ الواو / الياء
		أخوكَ عصَبِيٌّ. مبتدأ	ليس هذا الرجلُ أبا عمْروٍ. خبر ليس	أخرجْ إصبعَك من فيك. اسم مجرور	الأسماء الخمسة ـو.. ـا.. ـيـ.. الواو / الألف / الياء

ب بين علامة إعراب ما تحته خط فيما يأتي مع بيان السبب كما في المثال

◀ الولدان شخصيتان مُتناقِضتان. خبر الألف لأنه مثنًّى

١. زينب أخت فاطمة. مضاف إليه ________ ________

٢. لا تُصاحِب المتهورين. مفعول به ________ ________

٣. أخي الأصغرُ غيور جدًّا. خبر ________ ________

٤. أما زال حموك في المستشفى؟ اسم ما زال ________ ________

٥. تقع مصر في قارتي إفريقيا وآسيا. اسم مجرور ________ ________

٦. يشارك الطلاب في الدروس بفاعلية. فاعل ________ ________

ت استبدلْ ما بين القوسين بالكلمات المناسبة وغير ما يلزم

◀ كان الطالب مجتهدًا في الدرس.

- ________ (أصبح)
- ________ (الطلاب)
- ________ (أخ)
- ________ (عائشة)
- ________ (نشيطة)
- ________ (الطالبات)
- ________ (ما زال)
- ________ (إن)
- ________ (الطالبان)
- ________ (أخ)
- ________ (المعلمتان)

ث مثّل لما يأتي في جمل مفيدة

أ. خبرٍ مرفوعٍ بالواو: ______ مبتدأٍ مرفوعٍ بالضمة: ______ اسم إن منصوب بالكسرة: ______

ب. اسمٍ منصوب بالألف: ______ مفعولٍ به منصوب بالياء: ______ فاعلٍ مرفوع بالألف: ______

ت. مضافٍ إليه مجرور بالفتحة: ______ اسمٍ مجرور بعد حرف الجر بالكسرة: ______

الوَزْنُ

أ لَاحِظِ الأَمْثِلَةَ مَعَ المُعَلِّمِ

١	جَمَعَ فَعَلَ	يَجْمَعُ يَفْعَلُ	اجْمَعْ افْعَلْ	جَمْعٌ فَعْلٌ	جَمَاعَةٌ فَعَالَةٌ	اجْتَمَعَ افْتَعَلَ	اجْتِمَاعٌ افْتِعَالٌ	تَجَمَّعَ تَفَعَّلَ
٢	كَرُمَ فَعُلَ	يَكْرُمُ يَفْعُلُ	أُكْرُمْ أُفْعُلْ	كَرَمٌ فَعَلٌ	كَرِيمٌ فَعِيلٌ	إِكْرَامٌ إِفْعَالٌ	تَكْرِيمٌ تَفْعِيلٌ	كَرَامَةٌ فَعَالَةٌ
٣	حَسِبَ فَعِلَ	يَحْسِبُ يَفْعِلُ	احْسِبْ افْعِلْ	حِسَابٌ فِعَالٌ	حَاسِبٌ فَاعِلٌ	مَحْسُوبٌ مَفْعُولٌ	حَاسُوبٌ فَاعُولٌ	احْتِسَابٌ افْتِعَالٌ
٤	تَرْجَمَ فَعْلَلَ	يُتَرْجِمُ يُفَعْلِلُ	تَرْجِمْ فَعْلِلْ	تَرْجَمَةٌ فَعْلَلَةٌ	مُتَرْجِمٌ مُفَعْلِلٌ	مُتَرْجَمٌ مُفَعْلَلٌ	تَرَاجِمُ فَعَالِلُ	تَرْجَمَاتٌ فَعْلَلَاتٌ

ب ضع الكلمات الآتية تحت الوزنِ المناسب

مُحَادَثَةٌ - اسْتِمَاعٌ - عَجُولٌ - قَلِيلٌ - كِتَابَةٌ - صَبُورٌ - زَلْزَلَةٌ - صَدِيقٌ - كَامِلٌ - شَوَارِعُ - مُرَاجَعَةٌ - حَوَادِثُ - اخْتِلَافٌ
خَجُولٌ - طَمْأَنَةٌ - مُنَاقَشَةٌ - اشْتِرَاكٌ - قَوَاعِدُ - لَئِيمٌ - وَاضِحٌ - تِجَارَةٌ - جَامِعٌ - عَصْرَنَةٌ - قِرَاءَةٌ

فِعَالَةٌ	مُفَاعَلَةٌ	فَوَاعِلُ	فَعُولٌ	فَعِيلٌ	فَاعِلٌ	فَعْلَلَةٌ	افْتِعَالٌ
______	______	______	______	______	______	______	______
______	______	______	______	______	______	______	______
______	______	______	______	______	______	______	______

ت هات كلماتٍ مطابقةً للأوزانِ التي بين القوسين كما في المثال

جهد (مُفْتَعِل) مُجْتَهِد طعم (مَفْعَل) ______ غضب (فَعْلَان) ______ طمع (فَعَّال) ______

صغر (فَعِيل) ______ قنع (فَعُول) ______ سلم (مُفَاعِل) ______ طبخ (يَفْعُل) ______

فهم (مُتَفَاعِل) ______ صفر (فَعْلَاء) ______ شعر (فُعَلَاء) ______ ثرثر (فَعْلَال) ______

ث زِنِ الكلماتِ الآتية وهاتِ الجذر منها كما في المثال

مُخْتَلِفَة :(مُفْتَعِلَة) خَلَفَ مُكَبِّر :(______) ______ رَفِيع :(______) ______

جَبَان :(______) ______ تُرْجُمَان :(______) ______ العُلَمَاءُ :(______) ______

مُشْكِلَات :(______) ______ يَتَعَرَّفُ :(______) ______ ثَرْثَرَة :(______) ______

مُمَارَسَة :(______) ______ بَسِيطَة :(______) ______ شَخْصِيَّة :(______) ______

الحَاكِم :(______) ______ المُرَاهَقَة :(______) ______ تَعْلِيمَات :(______) ______

١ ب. ابني خجول وانطوائي القراءة والفهم

الأمُّ هي أوَّلُ مدرسةٍ

أ أجب عما يأتي قبل قراءة النص

١- هل بين شخصية الأم وشخصية الأبناء علاقة؟ كيف؟
٢- اذكر ثلاث شخصيات مشهورة تعرفها تأثرت بأمهاتها.
٣- صفِ الصورةَ السابقة بأسلوبك.

ب اقرأ النص الآتي

الأم هي المدرسةُ الأُولى التي يَتخرَّج فيها كِبارُ العلماء، وكبارُ السِّيَاسيين والمُلوك ورُؤَساء الجمهوريات، وكبارُ الفنَّانين والمُوسِيقيين، والعامل والجُندي، والهَامِل والكامِل، والطَّيب والشِّرِّير.

وهي المدرسة الوحيدة الجامعة للتَّخصُّصات السياسية أو الثقافية كافةً.

وإذا كانت الأم اجتماعيةً مع الناس فإن أبناءها يُصبحون مثلها اجتماعيين، وإذا كانت انْطِوَائيةً ومُنْعَزِلَةً عن الناس والمجتمع فإنَّ أبناءها يُصبحون مثلَها أو يتأثرون بالجو المُحيط بهم.

من هنا أقول ليس شرطًا أن يكون المَثَلُ القائل (الولدُ سِرُّ أبيه) صحيحًا، بل غالبًا ما يكون الولدُ سِرَّ أُمِّه، وخُصوصًا إذا كان متعلِّقًا بها، فالأمُّ هي المدرسة الأُولى التي يتخرَّج فيها الطفل ومعه شَهادة لُغويَّة وسُلوكية مُوَقَّعَة من صَدْر الأم.

فالأم طَاقة عَظيمة، وقوةٌ كبيرة في الخيرِ أو في الشَّر، إنِ اسْتُغِلَّتْ في الخير أصبحت مَحْضِنًا يُرَبِّي الأجيال ويُخرِّج الأبطال، فهي مدرسة إيمانية كما قال حافِظُ إبراهيم شاعر النيل:

الأُمُّ مَدْرَسَةٌ إذَا أَعْدَدْتَها ... أَعْدَدْتَ شَعْبًا طَيِّبَ الأَعْرَاقِ

ت بعد قراءة هذا النص أجب عما يأتي

- ما أبرزُ صفةٍ في أمك كان لها تأثير في شخصيتك حتى الآن؟

١ب CHARACTER DESCRIPTIONS   وصف الناس

◉ أسئلة وتدريبات حول النص

١. تناقش مع زملائك ثم أجب

أ. هل يُعجبك عُنوان النص؟ ولماذا؟ _____

ب. لماذا كانت الأم مدرسة؟ _____

ت. كيف تُؤثر الأم على شخصية الأبناء؟ _____

ث. هل تُوافق الكاتبَ على أن الولد سِرُّ أمه؟ ولماذا؟ _____

ج. ماذا استفدتَ من هذا النص؟ _____

٢. ابحث مع زملائك عن المطلوب ثم ضعه في جملة

أ. مفرد   الملوك : _____   الأدباء : _____   الأجيال : _____   الأعراق : _____

ب. جمع   الأم : _____   المدرسة : _____   شعب : _____   طاقة : _____

ت. مرادف   مُنعزلة : _____   يُصبحون : _____   طاقة : _____   أعدَدَت : _____

ث. مضاد   كبار : _____   صحيحًا : _____   خصوصًا : _____   طيب : _____

٣. ضع علامة (×) أمام الفكرة التي لم ترِد في النص

أ. الولدُ سِر أمه. ( )

ب. للأم تأثيرٌ كبير في شخصية الأبناء. ( )

ت. يأتي دَور الأم قبل دَورِ الأب في تربية الأبناء. ( )

ث. كان حافظُ إبراهيم شاعرُ النيل مُتأثرًا بشخصية أمه. ( )

ج. علينا الاهتمامُ بتربية البناتِ لكي يصبحْنَ أمهاتٍ فُضْلَيات. ( )

٤. تَحاور مع زملائك حول سِرِّ جمال التعبيرات الآتية

أ. الأم مدرسة.   ب. الولد سر أبيه.

٥. استخرج من النص ما يأتي

أ. مبتدأ مرفوعًا بالضمة: _____

ب. مضافًا إليه مجرورًا بالياء: _____

ت. مفعولًا به منصوبًا بالفتحة: _____

ث. اسمًا على وزن «مَفْعَلة»: _____

ج. فاعلًا: _____ وبين علامة رفعه: _____ واذكر فعله: _____

٦. هات الجذر من كلمتي «يتخرَّج» و«الجمهوريات»: _____   _____

٢٩

أ أعِدْ كتابةَ الجمل الآتية بشكلٍ صحيح

١. كانت البنتُ في عشرينيات من عمرها.

٢. الأم هي المدرسة الأولى التي يتخرج الطفل.

٣. جسمه ضخم، وعيناه واسعة، وطويلة رقبة، وظهر مُنحنٍ، ويعمل في شركة الكبيرة.

٤. الشركة تبحث فتاة متخصص في الحاسوب محجبة ومظهرها حسنة، ويعمل كل يوم ثماني ساعة.

٥. ضاعت حقيبة السائحة وهي لا يستطيع يعثر عليها حتى الآن.

٦. عندما تكون الأم انْطِوَائِية يكون هم أيضًا انْطِوَائِيون وعندما تكون اجتماعية يكون هم أيضًا مثلها.

٧. قضيت الأُطْلَة السنة ماضي في القريتي.

٨. أستيقظ كل يوم في الساعة الخامس والنسف صباحً.

٩. جلست مع أسرتي. أسبوعين ثم زرتم أقاريب. يومة الجمعة ذهبت في مساجد.

١٠. أكتب لك لأخبرك عطلتي، أنا هنا في ألبانيا في تيرانا عاصمة.

ب لاحظ استخدام هذه الروابط في الجمل الآتية

١. بلْ : لا تصاحبْ الأحمقَ بلْ العاقل. - أنا لستُ غنيًّا بلْ فقير.

٢. لكنَّ : الغيومُ كثيفة في السماء لكنَّ الجو معتدلٌ. - الولد شقِيٌّ لكنه ذكِيٌّ.

٣. أمّا ... فـ : قال تعالى: ﴿فَأَمَّا الْيَتِيمَ فَلَا تَقْهَرْ وَأَمَّا السَّائِلَ فَلَا تَنْهَرْ وَأَمَّا بِنِعْمَةِ رَبِّكَ فَحَدِّثْ﴾.

٤. خصوصًا : الطقس الليلة رطبٌ بارد خصوصًا على السواحل. - أحب الفواكهَ خصوصًا التفاحَ.

٥. كما : عامِل الناس كما تحبُّ أن يعامِلوك. - خديجة معلمة في الثانوية كما أنها زوجة وأم لثلاثة أطفال.

٦. في حين : يتراجعُ سعرُ اليورو في حين يرتفعُ سعرُ الدولار. - لماذا ينجحُ بعضُ الناس في حين يفشلُ الآخرون؟

ت اقرأ القطعة الآتية واملأ الفراغات بالرابط المناسب مما يأتي

◀ خصوصًا - لكن - بل - كما - في حين - أما ... فـ ...

زينب وحفصة أختان توأم تتشابهان في كثير من الصفات الشكليَّة ________ لونَ الشعرِ، والعينين والبَشَرة كما أنَّ طولَهما واحدٌ تقريبًا.

أمَّا غيرُ ذلك من الصفات فهما تختلفان فيه تمامًا. فزينبُ تحب اللونَ الأحمر ________ تفضِّل حفصة اللونَ الأزرق خصوصًا الأزرق الفاتح. وزينبُ هادئة قليلةُ الكلام لا تحب الخروجَ كثيرًا ________ تفضلُ البقاء في البيت، ________ حفصة مَرِحة وثَرْثَارة لا تحب البقاء في البيت بل تحب الخروجَ دائمًا وقضَاءَ العطلة وأوقاتِ الفراغ في التسوُّق والرحلات.

أما المُستوى العِلميّ والدراسيّ فهما متفوِّقتان، لكن حفصةَ تحب دراسةَ اللغات الأجنبية خصوصًا العربية والإنجليزية كما تحب مشاهَدة الأفلام والمسلسلات التلفزيونية بهاتين اللغتين. ________ زينبُ ________ تَمِيل إلى دراسة الموادِ العلمية مثل الفيزياء والكيمياء والأحياء ولا تفضلُ مشاهدةَ التلفزيون بل تحب القراءة والاطِّلاع خصوصًا القصص القصيرة والمجلات العلمية. وَوَالِدا زينبَ وحفصة يحترمانهما ويحبان كلَّ واحدةٍ منهما ________ يحبان الأُخرى ولا يُفرِّقان بينهما في المعَامَلة.

ث اكتب موضوعًا تُقارِن فيه بين شخصيتين مُتشابهتين في بعض الصفات ومُختلِفتين في الأُخرى باتباع الخطوات الآتية

١. اجمع معلوماتِك وملاحظاتِك عن صفات هاتين الشخصيتين ودونها في ورقة خارجية قبل أن تكتب الموضوع.

٢. رتِّبْ هذه المعلومات والملاحظات وَفْق ثلاثة أو أربعة أفكارٍ رئيسية وسجِّل هذه الأفكار.

٣. اكتب فقرة عن كل فكرة مُراعيًا علامات الترقيم المختلفة، كما في التدريب «ت».

٤. حاوِل أن تستخدمَ أدواتِ الربط السابقة في أثناء كتابة الفقرات.

٥. راجع موضوعك بعد كتابته من النواحِي الآتية: القواعد النحوية والصرفية، الأخطاء الإملائية والأسلوبية، علامات الترقيم.

الْوَحْدَةُ الثَّانِيَةُ

٢

الْأَعْيَادُ وَالْمُنَاسَبَاتُ الدِّينِيَّةُ
Feasts and Religious Occasions

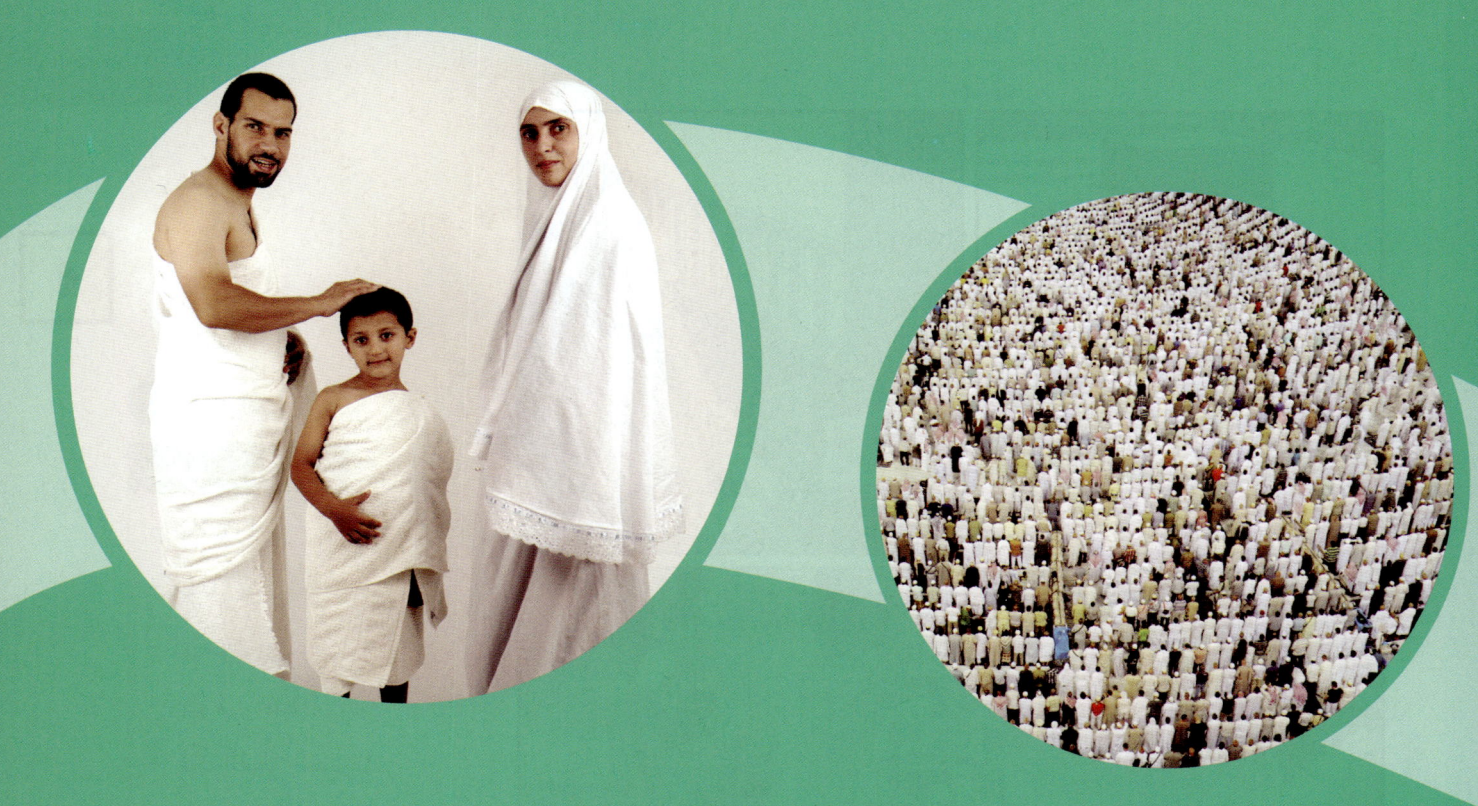

أ. تَقَبَّلَ اللهُ مِنَّا ومنْكَ

ب. لَبَّيْكَ اللهُمَّ لَبَّيْكَ

٢
أ. تقبل الله منا ومنك
المفردات

أ اقرأ وافهم

مناسبات دينية:

- عَاشُوراء
- مَوْلد النبي ﷺ
- الإِسْرَاء والمِعْراج
- صَوْمُ رمضانَ
- عِيدُ الفِطْرِ المُبارك
- الحَج
- وَقْفَةُ عَرَفات
- عِيد الأَضْحَى المُبارك

مفردات رمضانية:

- رُؤْيَة الهِلال
- الصِّيام
- صَائِم × مُفْطِر
- الإفطَار
- السُّحُور
- صَلاة التَّرَاوِيح
- صَلاة القِيَام
- الاعْتِكَاف
- لَيلَة القَدْرِ
- دُعاء القُنُوت
- القَارِئ
- خَتْمُ القرآنِ
- مائدةُ الرَّحمن
- زَكَاة الفِطْرِ
- المُفْتِي
- شيخُ الأزهر

مفردات العيد:

- الخَلاءُ
- صلاة العِيد
- العِيدِيَّة
- صِلةُ الرَّحِم
- عِناق
- تَهْنِئَة
- خِصَام × صُلْح
- الكَعْك
- المُكَسَّرَات
- العَجْوَة
- المَلْبَن
- التَّمْر

مفردات إضافية:

- الحَرَمان الشَريفان

صَوتٌ:

- خاشِع / مُؤثِّر

١٢

FEASTS AND RELIGIOUS OCCASIONS

الأعياد والمناسبات الدينية

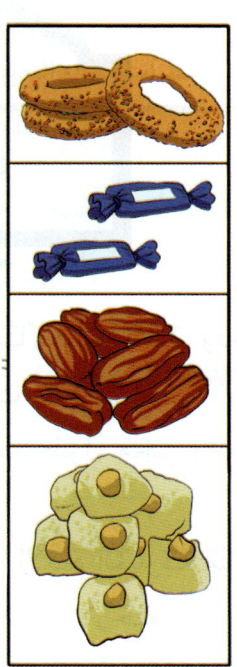

ب ـ اربط بين المناسبة الدينية والشهر الموافق لها

| (أ) | الصيام | الإسراء والمعراج | وقفة عرفات | مولد النبي | عاشوراء | عيد الفطر المبارك |

| (ب) المحرم | ربيع الأول | رجب | رمضان | شوال | ذو الحجة |

ت ـ اذكُر الكلمةَ أو العِبارة الدالة على كلِّ جملة مما يأتي

١. طعامٌ نأكلُه قبلَ الفجرِ في رمضانَ. _____

٢. شيءٌ يُعرَف به بدايةُ الشهورِ الهجرية. _____

٣. ليلةٌ من أهمِّ ليالي شهرِ رمضانَ المُبارك. _____

٤. صلاةٌ نُصلِّيها جماعةً بعد العِشاء في رمضان. _____

٥. نقودٌ يأخذُها الأطفالُ من الأهلِ والأقاربِ يومَ العيد. _____

٦. شخصية دِينية رسميَّة تُعلِن عن موعدِ المُناسباتِ الدِّينية. _____

٧. شيءٌ نُعطيه للفقراءِ والمُحتَاجِين قبل عيدِ الفِطرِ المُبارك. _____

٨. عبادةٌ نمْتَنِع فيها عن الطعام والشراب من الفجر إلى المغرب. _____

ث ـ املأ الفراغات بالكلمة المناسبة مما يأتي

▶ الخلاء - صائم - القارئ - الملبن - مائدة الرحمن - وقفة عرفات - الإفطار - الصلح

١. _____ من أنواع الحلوى.

٢. تُؤَدَّى صلاة العيد عادة في _____

٣. هذا _____ صوتُه جميلٌ جدًّا.

٤. ما أجملَ _____ بعد الخِصام!

٥. _____ تكون يوم التاسع من شهر ذي الحجة.

٦. نحن مدعوُّون غدًا إلى _____ عند أسرة زوجتي.

٧. معذرةً، لا أستطيع أن أشربَ الشاي معكم الآن لأنني _____

٨. من العاداتِ الجميلة في رمضانَ إعدادُ _____ لإفطار الصائمين.

نصب الفعل المضارع

أ لاحظ الأمثلة مع المعلم

١. لن تغادرَ قبل أن تذوقَ كَعْكنا.
٢. كنت مسؤولًا عن تجهيز مائدة الرحمن، لأُفَطِّرَ الصائمين.
٣. سأكتفي بقليلٍ من المُكسرات، لِكَيْلا أُصابَ بالتَّلبُّكِ المَعَوِيِّ.
٤. سأزور كِبارَ السِّنِّ من الأقارب / إذن تزورَ عمَّك عبد الحميد.
٥. لن أبرحَ البيت قبل العصرِ، حتَّى أستقبلَ الزُّوَّار من المُهَنِّئِينَ والأقارب.
٦. كنت مشرفًا على تجميع صَدقات الفطرِ، كي / لكي أُوزِّعَها على الفقراء.

ب ضع خطًّا تحت الفعل المضارع المنصوب (إنْ وُجِدَ) واذكرْ سببَ النصب كما في المثال

قال تعالى: ﴿وَأَخَافُ أَنْ يَأْكُلَهُ الذِّئْبُ وَأَنْتُمْ عَنْهُ غَافِلُونَ﴾. سبب النصب: أنْ ______
١. تَعالَوا نَتَسامَرْ حَتَّى تَعُود الكَهْرَباءُ. ______
٢. علينا أن نبذل جهدًا أكبر في تربية الأولاد. ______
٣. ذهبتُ إلى قسم الشرطة لأُبَلِّغَ عن الحادثة. ______
٤. عَلَيْكَ أَنْ تُمارِس أَيَّ رِياضَةٍ لِكَيْلا يَزيد وَزْنُكَ. ______
٥. كيف تساعد المُصاب في حادثة رَيْثَما يحضر الطبيب؟ ______
٦. أُعاني مِنَ الْتِهابٍ بِالحَنْجَرَةِ. / إِذَنْ نَذْهَبَ إِلَى الطَّبِيبِ فَوْرًا. ______

ت املأ الفراغ بأداة النصب المناسبة مما يأتي مع ضبط الفعل بعدها بالشكل

أن - لن - حتى - كي - لـ - لكيلا - إذن

١. سَمِّ اللهَ قَبْلَ ______ تَأْكُل.
٢. سر ثَلاثَمِئَةَ مِتْرٍ إلى الأمام ______ تَجِد المَحَطَّةَ.
٣. تَفَضَّل عَلَى هَذَا السَّرِيرِ ______ أَفْحصك.
٤. خطِّطْ لمستقبلك ______ تتحقق أهدافك.
٥. لا تترك الشباك مفتوحًا ______ تُصاب بالبرد.
٦. هَلْ يُمْكِنُ ______ أَحجز مَوْعِدًا فِي السَّابِعَةِ مَسَاءً؟
٧. **البنت** : اقترب العيد يا أمي، أ ______ نذهب إلى السوقِ غدًا ______ نشتري ملابس جديدة؟
الأم : بلى، سنذهب إن شاء الله لكنْ انتظري ______ يعود أبوك.
البنت : ها هو ذا أبي قد عاد.
الأم : ______ نخرج بعد ______ نستأْذِنه.

ث أجب عن الأسئلة الآتية بجمل تشتمل على فعل مضارع منصوب واستوفِ كل أدوات النصب

١. لماذا تدرسُ اللغة العربية؟ ______
٢. هل ستُشارِك في الحفل غدًا؟ ______
٣. ما الوظيفة التي ترغبُ فيها في المستقبل؟ ______
٤. لِمَ ينصحُ الأطباء بعدمِ الإكثار من الدُّهون؟ ______
٥. بماذا تجيب من قال لك: "محفظتي سُرقت"؟ ______

تقسيم الفعل إلى صحيح ومعتلّ

أ لاحظ الأمثلة مع المعلم

(١) الفعل الصحيح	(٢) الفعل المُعتلُّ
- ختمتُ القرآنَ ثلاث مراتٍ في رمضان.	- وعَدْتُ عمّي بزيارته اليوم.
- اقرأْ هذا الدرسَ جيدًا.	- يَطُوفُ الأولادُ على الأقاربِ في العيد.
- حجَّ أبي العام الماضي.	- دعوتُ الأقارب إلى الإفطار الليلة.
- المؤمنُ لا يُثَرْثِرُ في حديثه.	- نَوَى شَريفٌ أداءَ العُمرة في رمضان القادم.
- قابلتُ الأصدقاءَ في العيد وتعانَقْنا.	- وَعَى الطالب الدرس.

ب بيِّن نوعَ الفعل الذي تحته خط في الجمل الآتية كما في المثالين

- سمعتُ أن العيد غدًا في تُونس. صحيح
- وجدَ الطالبُ هاتفَه في الصف. معتل

١. قدَّر الله وما شاء فعل. ______

٢. أين اعتكفتَ هذا العام؟ ______

٣. أديتُ العُمرة في رمضان. ______

٤. لن أبرحَ البيتَ قبل العصرِ. ______

٥. لن تُغادِرَ قبل أن تذوقَ كعْكَنا. ______

٦. كنتُ مسؤولًا عن رحلة الطلاب. ______

٧. صليتُ التراويحَ في الحرمِ المكّي. ______

٨. يعجبني الكعكُ المصنوعُ بالسَّمن البَلدي. ______

ت املأ الفراغ بالفعل المعتلِّ مما بين القوسين كما في المثال

- عاينَ الطبيبُ المريضَ. (عاين / فَحَصَ)

١. ______ الغداءَ قبل ساعتين. (تناولتُ / أكلْتُ)

٢. ______ الحقيبةَ بالملابس. (ملأتُ / حَشَوْتُ)

٣. ______ أغراضي في السيارة. (وضعت / أدخلت)

٤. ______ وزني بعد شهرِ رمضان. (نقصَ / زاد)

٥. لا ______ في المَمْنُوعِ. (تقفْ / تنتظِرْ)

٦. ______ أخي بالتلبُّك المَعَوي. (أُصيبَ / مَرِضَ)

٧. ______ الناسُ المُصابين في الحادث. (عَاوَنَ / ساعد)

٨. ______ الزوجة المفتاح في البيت. (تركتْ / نسيت)

٩. تعالوا نَتَسامر حتى ______ الكهرباءُ. (ترجِع / تَعود)

ث اجعل كلَّ اسمٍ مما يأتي فاعلًا لفعل صحيح

المُفتِي : ______

الأقارب : ______

الأطفال: ______

الكهرباء : ______

المسلمون : ______

مُشرِف الرحلة: ______

ج اجعل كلَّ اسمٍ مما يأتي مفعولًا به لفعل معتلٍّ

الأقارب : ______

الملابس: ______

السَّحور : ______

الاعتكاف : ______

صلاة الفجر : ______

شهر رمضان: ______

دولٌ تَتَحَرَّى اليوم هلال رمضان

أ استمع إلى هذا الخبر جيدًا، ثم أجب عن الأسئلة بوضع الحرف الدَّالِّ على الإجابة الصحيحة في المربع

السؤال الأول: الذي أعلنَ عن تَحَرِّي رُؤية الهلال

☐ أ. عِدة دول إسلامية. ت. عدة دول آسيوية.
ب. عدة دول غربية. ث. عدة دول إفريقية.

السؤال الثاني: تَتَحرَّى هذه الدول

☐ أ. هلال شهر شوال. ت. هلال شهر رمضان.
ب. هلال شهر ذي الحجة. ث. هلال العيد.

السؤال الثالث: تُنظِّمُ دارُ الإفتاءِ المصرية في القاهرة

☐ أ. مِهرجانًا شعبيًا وفنيًا. ت. أُمْسِيَّةً دِينية رسْمِيَّة.
ب. احتفالًا رسميًا وشعبيًا. ث. احتفالًا فنِيًّا وغِنائيًا.

السؤال الرابع: الهيئةُ التي تتحرَّى الهلال في دولة قَطَر

☐ أ. وزارةُ الأوقافِ والشؤونِ الإسلامية. ت. دارُ الإفتاء.
ب. المجلِس الأعلى للشؤون الإسلامية. ث. المحكَمَة العُليَا.

ب استمعْ إلى هذه القصةِ أوَّلًا، ثم أجب عن الأسئلة الآتية

السؤال الأول: ضع علامة (√) أمام العبارة الصحيحة وعلامة (×) أمام العبارة الخاطئة

١. كانتْ سِنُّ عمَّار أربع سنوات. ( )
٢. سيرتدي الأولادُ الملابسَ الجديدة التي اشتراها لهم آباؤهم في شهر رمضان. ( )
٣. كان عمَّارٌ ينتظر قدوم العيد ليشتري له والداه الحلوى والمُكسرات. ( )
٤. كان الرجلُ يحمِل في يديه أكياسًا كثيرة. ( )
٥. ظنَّ الولدُ أنَّ رمضان رجلٌ وليس شهرًا. ( )
٦. كان عمَّار ينتظر الرجلَ منذ أربعة أيام. ( )
٧. أعطى الرجل عمارًا الأكياسَ التي كانت في يديه. ( )
٨. حَيَّا عمَّار الرجلَ بيديه وهو ينصرِف. ( )

السؤال الثاني: استمع إلى القصة مرة أخرى ثم أكمل الجمل بالمناسب

١. كان والدا عمَّار ____________
٢. كان أولادُ الجيران يتحدثون عن الملابس الجديدة التي اشتراها لهم آباؤهم ليلبسُوها في ____________
٣. عندما كان عمار يطلب من أبويه شيئًا كانا يقولان له: ____________
٤. سمِع عمَّار رجلًا ينادي آخر في الشارع وهو يقول: ____________
٥. أعطى الرجل للطفل ________ التي كانت في يديه،
وأعطاه أيضًا ________ ليشتري ________ التي يحبها.
٦. ركبَ الرجلُ سيارتَه وانصرفَ وهو ____________
٧. رأيي في هذه القصة أنها قصةٌ ____________
٨. عنوانُ هذه القصة «عمّ رمضان» ويمكن أن نضع لها عُنوانًا
آخر هو ____________

٢ أ. تقبل الله منا ومنك

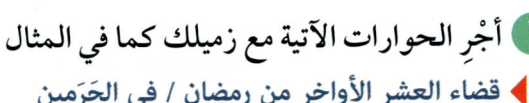

المحادثة

أ أجْرِ الحوارات الآتية مع زميلك كما في المثال

◀ **قضاء العشر الأواخر من رمضان / في الحَرَمين**

١. الحج / هذا العام
٢. أداء العمرة / شهر رمضان
٣. الهجرة إلى كَنَدَا / السنة الماضية
٤. ختْم القرآنِ خمس مرات / رمضان
٥. الالتحاق بجامعة الأزهر / بعد الثانوية
٦. صعود جبل طُور سَيْناء / الرحلة الماضية

ب أجر مع زميلك حوارًا تستخدِم فيه حرف الجواب (إذن) كما في المثالين

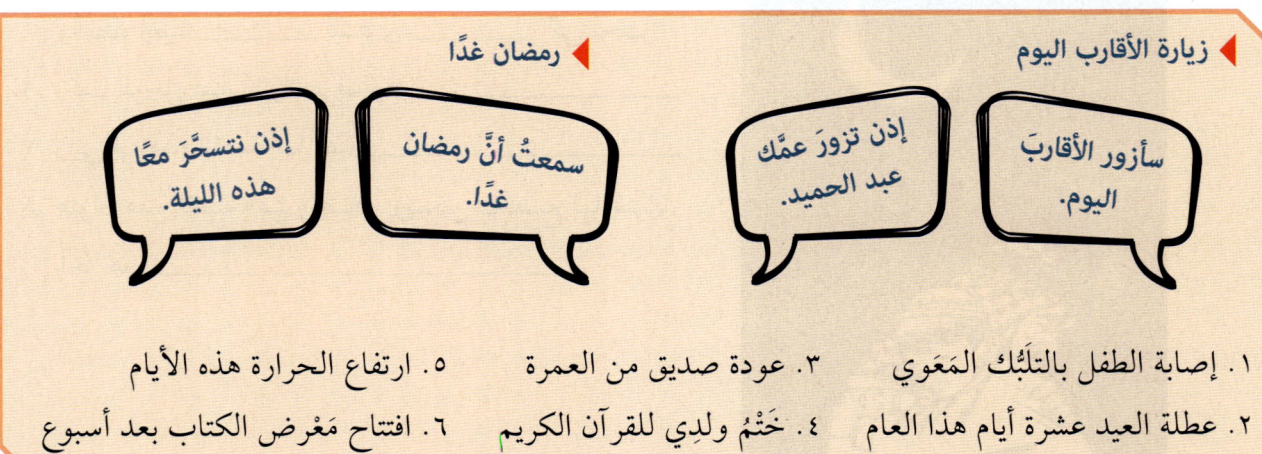

◀ **زيارة الأقارب اليوم**

سأزور الأقاربَ اليوم.

إذن تزورَ عمّك عبد الحميد.

◀ **رمضان غدًا**

سمعتُ أنَّ رمضان غدًا.

إذن نتسحَّرَ معًا هذه الليلة.

١. إصابة الطفل بالتلبُّك المَعَوي
٢. عطلة العيد عشرة أيام هذا العام
٣. عودة صديق من العمرة
٤. خَتْمُ ولدِي للقرآن الكريم
٥. ارتفاع الحرارة هذه الأيام
٦. افتتاح مَعْرض الكتاب بعد أسبوع

ت اختر مناسبةً دينية أو وطنية وتناقش مع زميلك حولها وَفْق النقاط الآتية

١. ما اسم هذه المناسبة؟
٢. متى موعدها؟
٣. أهي مناسبة دينية أم وطنية؟
٤. كيف يتِمُّ الاحتفالُ بها؟
٥. وما الأشياء التي تُحبها في هذه المناسبة والأشياء التي لا تحبها؟

٢أ FEASTS AND RELIGIOUS OCCASIONS الأعياد والمناسبات الدينية

ث انظر إلى هذه الرسوم الكاريكاتيرية، واقرأ التعليقات التي عليها، وتناقش حول كل رسم مع زميلك

الصورة الأولى

قبل الإفطار!   بعد الإفطار!

الصورة الثانية

حان الآن وقت الإمساك

الصورة الثالثة

حان الآن وقت أذان المغرب

اللهم لك صمت،
وعلى رزقك أفطرت.

الصورة الرابعة

رمضان زمان   رمضان الآن

الصورة الخامسة

مصاريف رمضان و..

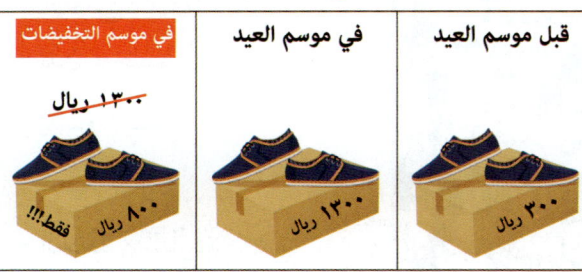

الراتب
المدارس
مصاريف العيد

الصورة السادسة

قبل موسم العيد
٣٠٠ ريال
في موسم العيد
١٣٠٠ ريال
في موسم التخفيضات
١٣٠٠ ريال
٨٠٠ ريال
فقط!!!

ج تناقش مع زميلك حوْل إجابات الأسئلة الآتية

١. ماذا ترى في الصورة الأولى؟ وعلامَ يدل ذلك؟

٢. هل ما تراه في الصورة الثانية يَحدثُ بالفعل؟ وما رأيُك فيه؟

٣. هل تُوافِق على سُلوكِ الرجلِ في الصورة الثالثة؟ ولماذا؟

٤. قارن بين الحالتين في الصورة الرابعة وأضفْ إلى المقارنة أشياء من عندك ليست موجودة.

٥. هل يحدثُ أن تجتَمِع ثلاثُ مناسبات في وقتٍ واحد في بلدك؟ وما تأثيرُ ذلك على مِيزانية الأسرة؟ وكيف يُمكن مُواجهة ذلك؟

٦. ما رأيك في موضوع ارتفاعِ الأسعار في الأعياد والمناسبات المختلفة؟ وكيف يُمكن حل هذه المشكلة؟

٢
ب. لبيك اللهم لبيك
المفردات

أ اقرأ وافهم

مفردات عيد الأضحى:

- فَرِيضَة الحَجِّ
- الازْدِحامُ
- جبلُ عرفات
- مشقة / صعوبة
- الأُضحية
- أيام التَّشْرِيق الثلاثة
- الكَبْش / الخَرُوف
- النَّعْجَة
- الثَّوْر
- البَقَرة
- الجَمَل
- النَّاقَة
- التَّيْس
- العَنْزَة
- قرن (ج) قُرون
- بَدَن / جِسم
- يذبح / يَنْحَر
- يَنْطَح
- الحَادَّة × البارِدة

مفردات أخرى:

- الكَوَّاءُ
- رِباط الحذاء
- يُلَمِّعُ
- يُهْدِي
- يَحْتَفِل بـ

ب صل بين المذكر ومؤنثه مما يأتي

الديك	البقرة
الثور	العنزة
الجمل	الأنثى
الخروف	الدجاجة
الرجل	الفرس
التيس	الناقة
الولد	المرأة
الحِصان	النعجة
الذكر	البنت

ت املأ الفراغات بالكلمة المناسبة من القائمة

سُنَّة الأضحية - السرَطَان - فريضة الحج - صلاة العيد - الصيام - الواجبات المنزلية

١. يُؤَدِّي ________ إلى تَحَسُّن صحة الإنسان.

٢. سنؤدي ________ هذا العام في الخلاء.

٣. يُؤدي المسلمون ________ في شهر ذي الحجة.

٤. أدَّينا ________ وذبحنا ثورًا كبيرًا في عيد الأضحى.

٥. التدخينُ ضارٌّ جدًّا بالصحة ويؤدِّي إلى الإصابة بـ ________

٦. هذا الطالب مُهمِل في دروسه ولا يؤدِّي ________

ث أكمل الجمل بالكلمة / العبارة المناسبة من عندك

١. الذي يَكوِي الملابس هو ________

٢. ليس للجمل ________ لكَي ينطَح بها.

٣. يتميَّز ________ بقُرونِه الطويلة والحادة.

٤. لا يجوزُ الصيام في العيدين و ________

٥. ________ صديقي كتابًا عن فضل الصيام.

٦. ________ المسلمون كلَّ عام بمناسبات دينية مُتعددة.

٧. يشتدُّ ________ فوق جبلِ عرفات يوم التاسع من ذي الحجة.

٨. ________حذائي الجديد ووضعتُ رباطَه فيه حتى ألبسَه في العيد.

٢ ب. لبيك اللهم لبيك الحوار

لَبَّيْكَ اللهُمَّ لَبَّيْكَ

أ اسْتَمِعْ وافهم

التلفزيون: لَبَّيْكَ اللهُمَّ لَبَّيْك، لَبَّيْكَ لَا شَرِيكَ لَكَ لَبَّيْك، إِنَّ الحَمْدَ وَالنِّعْمَةَ لَكَ وَالمُلْكَ، لَا شَرِيكَ لَكَ.

الطفل : أمي أمي، لماذا هذا الازْدِحام الكبير؟

الأم : إنها وَقْفَة عرفاتٍ يا ولَدي، انتظرْ قد نرى أباك الآن وسْطَ هؤلاء الناس.

الطفل : أبي! ماذا يفعل هناك؟

الأم : ألا تعلم أنه يُؤدِّي فريضة الحج هذا العام؟

الطفل : بلى أعلم، ولكن هل يقف الذين يذهبون إلى الحج في هذا المكان؟

الأم : نعم يا ولدي، هذا المكان اسمُه جبلُ عرفات، وهو في مكة المكرمة، ومَن لم يقف بهذا الجبل في يوم التاسِع من ذي الحجة فلا حَجَّ له.

الطفل : إذًا أبي صائم مثلك اليوم هناك.

الأم : لا يا صغيري، كلُّ الناس يمكن أن يصوموا في هذا اليوم ما عَدا الحجاج، لأن الصوم مَشقَّةٌ عليهم.

الطفل : لماذا لم أصمْ أنا أيضًا؟ كنت أريدُ أن أصومَ مثلك، ولكنكِ لم تَسمَحي لي.

الأم : أنت لا تزال صغيرًا، ولكن لا تقلق، فعندما تَكْبر قليلًا ويقْوى بدَنُك الضعيف هذا، سأجعلُك تصوم رمضان كلَّه، وستةً من شوال، ووقفة عرفات، وكل ما تُحِبُّ أن تصوم، وسَاعَتَها لا تقل لي أنا لا أستطيع.

الطفل : لن أقولَ هذا أبدًا. متى سيعود أبي من الحج يا أمي؟

الأم : أبوك سيرجعُ إن شاء الله بعد العيد، وأيام التشريق الثلاثة التي بعده.

الطفل : ومَن سيذبح لنا الأُضْحية هذا العام؟

الأم : جدُّك. أرأيتَ الكبْش الكبير الذي اشتراه أمسِ؟

الطفل : نعم رأيته، إنه قويٌّ وكبيرٌ وقُرونُه طويلة، وكاد يَنْطَحُنِي وأنا ألعب معه.

الأم : لا تقتربْ منه لِكَيْلَا يَجْرَحَكَ بهذه القُرون الحادَّة.

الطفل : هل سنأكلُ هذا الكَبش كلَّه وحدَنا يا أمي؟

الأم : لا يا ولدي، سيقسّمُه جدُّك ثلاثة أقسام: قِسْمٌ يوزِّعُه على الفقراء والمحتاجين، وقِسم يُهْدِيه للأصدقاء والمعارف، وقِسم لنا نحن نأكله.

الطفل : إذن أذهبَ الآن؛ لأجهزَّ ملابسي وأُلَمِّعَ حذائي الجديد استعدادًا للعيد.

الأم : لتنتظرْ حتى أضعَ لك رِباط الحذاء فيه، ولْتَتَّصل أختك بالكَوَّاءِ ليحضر الملابس بِسرعة، وكلُّ عامٍ وأنت بخير يا صغيري.

الطفل : وأنت بخير يا أمي.

ب اقرأ

ت مارس الحوار مع زميلك

٢ ب FEASTS AND RELIGIOUS OCCASIONS الأعياد والمناسبات الدينية

ث لاحظ استعمال التعبيرات في الجمل الآتية، وهات جملًا على غِرارها

١. لَبَّيْكَ: أستجيبُ لأمرِك على الفَوْرِ مرَّة بعد مرة.

- لَبَّيْكَ يا الله. - لَبَّيْكَ اللهُمَّ لَبَّيْك.
- لَبَّيْكَ يا رسول الله. - لَبَّيْكَ يا أبي.
- لَبَّيْكَ يا أستاذي. - لَبَّيْكِ يا أمي.

٢. اللهُمَّ: أَصْلُهَا يا اللهُ.

- اللهُمَّ صَلِّ على سيدنا محمد وعلى آل سيدنا محمد.

٣. ما عَدَا

- نجح الطلاب كلهم ما عدا طالبًا.
- كل الحَوَاسِّ تنامُ ما عدا حَاسَّةَ السَّمْعِ.
- كلُّ الناس يمكِن أن يصوموا يوم عرفة ما عَدَا الحجاجَ.
- يغفر الله لكل الحجاج في عرفات ما عدَا المتخاصِمِينَ.

ج لاحظ معنى «مَنْ» الشرطية في الأمثلة، وهات جملًا على غرارها

١. مَن يدرسْ ينجحْ.
٢. مَن يَتَّقِ اللّٰهَ يَجْعَل لهُ مَخْرَجًا.
٣. مَن عرف مشكلة غيره هانت عليه مشكلته.
٤. مَن لم يقف بهذا الجبل في يوم التاسع من ذي الحجة فلا حج له.

ح لاحظ معاني «مَنْ» فيما يأتي، وهات مع زملائك جملًا لكل معنى

١. مَن الاستفهامية : مَن سيذبح لنا الأضحية هذا العام؟ / مَن هذا؟ / مَن زاركم أمس؟

٢. مَن الشرطية : مَن يدرسْ ينجحْ. / مَن جَدَّ وَجَدَ ومن زرعَ حصَد. / مَن يُجِبْ عن سُؤالي يأخذْ هدية.

٣. مَن الموصولة : أَلْقِ السلام على مَن عرفت ومَن لم تعرف. / قابلت مَن يدرسون معي. / لا تصاحب مَن يكذب.

جزمُ الفعل المُضارع

أ لَاحِظِ الأَمْثِلَةَ مَعَ المُعَلِّم

١. لماذا لَمْ أَصُمْ أنا أيضًا؟
٢. أَبُوكَ لَمَّا يَرْجِعْ.
٣. لِتتصلْ أختُك بالكوَّاء ليُحضِرَ الملابسَ بسُرعة.
٤. لا تَقْتَرِبْ من الكبْش، لِكَيْلَا يجْرَحَك بقُرونه الحادَّة.

ب ضع خطًّا تحت الفعل المضارع المجزوم، واذكر سببَ الجزم كما في المثال

◀ ليجلسْ كل طالب في مكانه. لام الأمر
١. لا تتكبَّر على الناس. ______
٢. لا تقلَقْ فإن بعد العُسر يُسرًا. ______
٣. لا تُؤجِّلْ عمَلَ اليوم إلى الغد. ______
٤. لم أشتركْ في رحلةِ الجامعة هذا العام. ______
٥. لتسترحْ في البيت حتى تتحسنَ صحتك. ______
٦. انتهى مَوسِم العيدِ ولمَّا تنخفِض الأسعارُ. ______
٧. أصيبَ الرجلُ في حادثةٍ، ولما تصلِ الإسعافُ. ______

ت أعد الجملَ التالية مُبتدِئًا بما بين القوسين مع ضبطِ الفعل بالشكل كما في المثال

◀ يذهبُ جدي إلى الحج هذا العام. (لم) لم يذهبْ جدي إلى الحج هذا العام.
١. تذبحُ حيوانًا مريضًا في الأُضحية. (لا) ______
٢. أكتب واجباتي المنزلية حتى الآن. (لما) ______
٣. تلبس ملابس العيد قبل أن تكويها. (لا) ______
٤. تُلَمِّع حذاءك الجديد قبل أن تلبسه. (لِ) ______
٥. تتركُ شربَ الدُّخان لأنه عادة سيئة. (لِ) ______
٦. أعتكفُ في شهر رمضان هذا العام. (لم) ______
٧. أتَسَحَّرُ وقد اقترب موعِد أذانِ الفجر. (لمَّا) ______
٨. يسافرُ الطلاب إلى عائلاتهم في هذا العيد. (لم) ______

ث املأ الفراغ بوضع الفعل المضارع المناسب مما بين القوسين كما في المثال

◀ لم يَظهرْ هلالُ العيد فأكمَلْنا رمضان ثلاثين يومًا. (يَظهرُ - يَظهرْ - يَظهرَ)
١. لا يستطيعُ المريضُ أن ______ (يصومَ - يصمْ - يصومُ)
٢. لا ______ فاطمة تَناولَ اللحوم. (تفضلُ - تفضلْ - تفضلَ)
٣. لا ______ الصيامُ في يوم العيد. (يجوزَ - يجزْ - يجوزُ)
٤. مرَّت ساعةٌ ولمَّا ______ الطفل. (يرجعُ - يرجعَ - يرجعِ)
٥. لن ______ الحافلةُ قبل الساعة الواحدة. (تتحركْ - تتحركَ - تتحركُ)
٦. لِـ______ إلى قسم الشرطة لِنبلِّغَ بالحادثة. (نذهبُ - نذهبَ - نذهبْ)
٧. لا ______ البابَ مفتوحًا وراءك وأنت خارج. (تتركَ - تتركِ - تتركُ)
٨. كنتُ أنوِي الحجَّ ولكنَّ اللهَ لم ______ لي ذلك. (يُقدِّرُ - يُقدِّرْ - يُقدِّرَ)

لم يظهر هلالُ العيد.

أنواعُ الفعل الصحيحِ والمعتلِّ

أ لاحظ الأمثلة مع المعلم

١. أنواع الفعل الصحيح

السَّالِم	ذهب أبي إلى الحج.	ذبح جدي الأضحية.	ترك الطفل الباب مفتوحًا.
المَهْموز	أكل الفقير من الأضحية.	سأل المعلم الطلاب.	بدأ الدرس قبل ساعة.
المُضَعَّف	حجَّ جدي العام الماضي.	عدَّ المحاسب النقود.	ظنَّ الطالب الامتحان صعبًا.

٢. أنواع الفعل المعتل

المِثَال	وَصل القطار متأخرًا.	وَزَن التاجر البضاعة.	وقف الحجاج على عرفات.
الأَجْوَف	صام المسلمون رمضان.	زاد وزنك قليلًا.	نام الولدُ على السرير.
النَّاقِص	دعا زياد أصدقاءه.	شفَى الله المريض.	نَسِيَ عليّ كتابه.
اللَّفِيف المَفْرُوق	وَلِيَ السؤالَ الإجابة.	وَفَى الصديق بوعده.	وَهَى بدنُك من قِلَّة الأكل.
اللَّفِيف المَقْرون	كَوَى الأولادُ ملابسهم.	نَوَى الإمام الصلاة.	قَوِيَ بدَني بالرياضة.

ب بيِّن نوع الفعلِ الذي تحته خط كما في المثالين

◄ سمعتُ هذا الخبرَ من صديقي. **صحيح سالم**

◄ تتحرَّى دارُ الإفتاء هلال شهر رمضان. **معتل ناقص**

١. وَعَى الطالب دروسه. ________

٢. كرِّر الدرس وراء المعلم. ________

٣. شوَيتُ الدجاج في الفُرن. ________

٤. أوشك الدرس أن ينتهي. ________

٥. يشتدُّ الحر في بلادنا صيفًا. ________

٦. أتمنَّى أن أزورَ البلاد العربية. ________

٧. يَسهر الطبيبُ على راحة المَرْضَى. ________

٨. فاز فريقُ الجامعة على الفريقِ المنافس. ________

٩. وُلد النبي ﷺ في الثاني عشر من ربيع الأول. ________

١٠. أمر الله المسلمين بأداء زكاة الفطر في رمضان. ________

ت املأ الفراغَ في كل جملة بالمطلوب مما بين القوسين

١. ________ الإمام الصلاة. **(لفيف مقرون)**

٢. ________ الطبيبُ المريض. **(صحيح سالم)**

٣. ________ اللَّحم في الثلاجة. **(معتل مثال)**

٤. لا ________ الشاي بعد الطعام. **(معتل أجوف)**

٥. طعامُ الواحدِ ________ الاثنين. **(معتل ناقص)**

٦. ________ عَرْضُ الفيلم بعد ساعة. **(صحيح مهموز)**

٧. ________ شقَّتي على حديقةٍ كبيرة. **(صحيح مضعف)**

٨. ________ المريضُ من ألمٍ في بطنه. **(معتل ناقص)**

٩. ________ السيارة أن تضرب الطفل. **(معتل أجوف)**

١٠. ________ الكتاب على عشرةِ دروس. **(لفيف مقرون)**

٢ ب. لبيك اللهم لبيك
القراءة والفهم

عيد الأَضحى المبارك

أ أجب عما يأتي قبل قراءة النص

١- ما أَشْهَرُ مَناسِك الحج؟

٢- ماذا تفعلُ صباح يوم العيد؟

٣- لماذا يذبح المسلمون الأُضحية في رأيك؟

ب صفِ الصورة بأسلوبك

ت اقرأ النصَّ الآتي

يحتفلُ المسلمون في أنحاءِ العالَم الإسلامي كل عام بعيد الأَضحى المبارك، الذي يُوافق العاشر من شهر ذي الحجَّة، ويستمرُّ هذا الاحتفال حتى يوم الثالث عشر من الشهرِ نفسِه، وتُسمَّى هذه الأيام الثلاثة التي تَلِي يومَ العيد أيام التشريق الثلاثة.

وبانتهاءِ أيام التشريق الثلاثة ينتهي الحجاجُ في الأَراضي المقدَّسة من أداءِ مناسِك الحج، التي من أهمها الوقوفُ بجبل عرفات يوم التاسع من ذي الحجة، أي قبل العيد بيوم، ويُشارِك المسلمون الحجاج في كل مكان الاحتفالَ بهذه المُناسبة العظيمة. ويُسمَّى اليومُ الأول من العيد يوم النَّحْر، وفيه يذبح الحجاج في مِنَى بِمكةَ المُكرَّمة الأَضَاحي تقرُّبًا إلى الله عزَّ وجَلَّ، ومعهم كلُّ قادِر من المسلمين في بِقَاع العالَم كافة.

أمَّا العددُ الكبير من الأَضاحي الذي يذْبَحه المسلمون في كلِّ مكانٍ فهو اقتداءٌ بسيدِّنا إبراهيم عليه السلام الذي رَأَى في المَنامِ أنَّ الله عزَّ وجلَّ يأمرُه أن يذبحَ ولَدَه إسماعيل عليه السلام، ومعلومٌ أن «رُؤْيَا الأنبياءِ وَحْيٌ»، فقال سيدنا إبراهيمُ عليه السلام لابنه: ﴿يا بُنَيَّ إِنِّي أَرَى فِي المَنَامِ أَنِّي أَذْبَحُكَ فَانْظُرْ مَاذَا تَرَى﴾، ﴿قَالَ يَا أَبَتِ افْعَلْ مَا تُؤْمَر سَتَجِدُني إِنْ شَاءَ اللهُ مِنَ الصَّابرِينَ﴾، وعندما أرادَ سيدُنا إبراهيمُ عليه السلام أن يذبحَ ابنَه؛ فَدَاه الله عزَّ وجلَّ بِكَبْشٍ عظيم، ومن هنا صارت الأضحية سُنَّةً للمسلمين كافةً في كل بِقاع الأرض.

ويبدأ المسلمون احتفالَهم بأداءِ صلاة العيد عَقِب شُروق الشمس من اليوم الأوَّل للعيد، ويُؤدُّون هذه الصلاة خارج المساجد في خَلاء السَّاحَات والميادين الكُبْرى، ويجوزُ أن تُصلَّى في المساجد أيضًا، وبعد الصلاة ينتشرُ المسلمون ليذبحوا الأضاحِي تطبيقًا لقوله تعالى: ﴿إِنَّا أَعْطَيْنَاكَ الْكَوْثَرَ فَصَلِّ لِرَبِّكَ وَانْحَرْ﴾.

وتكون الأُضحية عادةً من الغَنَمِ أو البقر أو الإبل، وغالبًا ما تكون من الغنم، ويجوزُ أن يشترِكَ أكثرُ من فردٍ في الأضحية خصوصًا إذا كانتْ من البقر أو الإبل.

ث بعد قراءة هذا النص أجب عما يأتي

- كيف تحتفلون بعيد الأضحى في بلادكم؟ ________________________________

____

ج أسئلة وتدريبات حول النص

١. تناقش مع زملائك ثم أجب

أ. اقترح عنوانًا آخر للدرس. ____________________

ب. كيف تستعدُّ للعيد؟ ____________________

ت. لماذا يذبح المسلمون الأضاحي؟ ____________________

ث. متى تنتهي مَناسِك الحج؟ وما أهم مَنْسَك فيها؟ ____________________

ج. كم يومًا يحتفل المسلمون بعيد الأضحى المبارك؟ ____________________

٢. ابحث مع زملائك عن المطلوب ثم ضعه في جملة

أ. مفرد أنحَاء :________ بِقاع :________ الميادين :________ الإبل :________

ب. جمع العيد :________ صلاة :________ الأُضحية :________ سُنَّة :________

ت. مرادف أنحاء :________ النَّحر :________ المَنام :________ صارت :________

ث. مضاد قادِر :________ معلوم :________ شُروق :________ ينتشر :________

٣. ضع علامة (×) أمام الفكْرة التي لم ترِد في النص

أ. الوقوفُ بعرفة من أهمِّ مناسك الحج. ( )

ب. موعدُ احتفال المسلمين بعيد الفطر المبارك. ( )

ت. الحجُّ واجبٌ على القادرين من المسلمين. ( )

ث. العيد مناسبة عظيمة للتَّصالُح وصِلة الأرحام. ( )

ج. أيام احتفال المسلمين بعيد الأضحى المبارك. ( )

ح. نذبحُ الأضاحي في العيد اقتداءً بسيدنا إبراهيم. ( )

٤. تَحاوَرْ مع زملائك حوْل سِر جمال التعبير الآتي

قال تعالى على لسان سيدنا إسماعيل عليه السلام:

﴿يَا أَبَتِ افْعَلْ مَا تُؤْمَرُ سَتَجِدُنِي إِن شَاءَ اللَّهُ مِنَ الصَّابِرِينَ﴾.

٥. استخرجْ من الدرس ما يأتي

أ. فعلًا معتلًّا: ________ وبين نوعه: ________

ب. فعلًا صحيحًا: ________ وبين نوعه: ________

ت. ظرف مكان: ________ وبين علامة إعرابه: ________

ث. فعلًا مضارعًا مرفوعًا: ________ وبين نوعه: ________

ج. فعلًا مضارعًا منصوبًا: ________ وبيّن سبب النصب: ________

ح. اسمًا ممنوعًا من الصرف: ________ وبين علامة إعرابه: ________

أ لاحظ استخدام الروابط التالية، واكتب جملًا على غرارها

١. حيثُ

- يُدْفَن الأنبياءُ حيثُ يموتون.
- اجلسْ حيثُ أنتَ.
- قال تعالى: ﴿وَامْضُوا حَيْثُ تُؤْمَرُونَ﴾.

٢. من حيثُ

- مصرُ من أكثرِ دُول العالَم العربي من حيثُ السكانُ.
- لنبدأْ من حيثُ انتهى الآخرون.
- هذا الهاتف هو الأفضلُ من حيثُ الجودةُ وعُمْر البطَّارِية.
- قال تعالى: ﴿سَنَسْتَدْرِجُهُمْ مِنْ حَيْثُ لَا يَعْلَمُونَ﴾.

٣. لئَلَّا – لكيلا

- تَبَسَّم لئلَّا تمْرض.
- لا تُهمِلوا تربيةَ أولادِكم لئلَّا يَفْشلُوا.
- لا تضيِّعْ وقتك لكيلا يَضِيعَ عُمرك.
- اكتب الكلماتِ الجديدةَ في دفترك لكيلا تنساها.

٤. قبل أن × بعد أن

- فَكِّر قبل أن تتكلم.
- في عيد الفِطْر نفطرُ قبل أن نُصلِّي، وفي عيد الأضحى نفطرُ بعد أن نُصلِّي.
- حاسِبوا أنفسَكم قبل أن تُحاسَبوا.
- مَواكِبُ الحُجَّاج تتجه إلى مُزْدَلِفَة بعد أن شَهِدوا الوَقْفَةَ الكُبرَى في عرفات.

٥. ساعتَها / عندئذٍ / حينئذٍ

- ختمتُ القرآن في صِغري وكنت حينئذٍ في العاشرة من عمري.
- تُوفِّي والدُه وهو صغيرٌ، وعندئذٍ أصبح مسؤولًا عن أسرته.
- سأحصلُ على الرُّخصة بعد شهرين وساعتَها سأتمكن من قيادة السيارة بلا قلق.
- قال تعالى: ﴿فَلَوْلَا إِذَا بَلَغَتِ الْحُلْقُومَ وَأَنْتُمْ حِينَئِذٍ تَنْظُرُونَ﴾.

ب اكتب موضوعًا تُقارن فيه بين عيد الفطر وعيد الأضحى باتباع الخطوات الآتية

١ . اجمع ملاحظاتك عن الأمور الآتية، ودَوِّنْهَا في ورقة خارجية قبل أن تكتب الموضوع

- استعدادك للعيد.
- ما تفعل صباح العيد.
- ما تفعلُ مساءَ العيد.
- أهمّ العادات والتقاليد المرتبطة بكلٍ واحد من العيدين

٢ . رتّب الملاحظات وَفْق أربعة أفكارٍ رئيسية، وسجِّل هذه الأفكار

٣ . اكتب فِقرة عن كل فكرة مُراعيًا علامات الترقيم المختلفة

٤ . حاول أن تستخدم أدوات الربط السابقة عند كتابة الفقرات

ت راجِع موضوعك بعد كتابته من النواحي الآتية

القواعد النحوية والصرفية، الأخطاء الإملائية والأسلوبية، علامات الترقيم

الخَطُّ

• اكتب ما يأتي بخط النسخ وبخط الرقعة كما في النموذجين

إِذَا صَنَعْتَ مَعْرُوفًا فَاسْتُرْهُ وَإِذَا صُنِعَ مَعَكَ فَانْشُرْهُ

إذا صنعت معروفًا فاستره وإذا صنع معك فانشره

الْوَحْدَةُ الثَّالِثَةُ

٣

مُضْحِكٌ جِدًّا

HILARIOUS

أ. هَلْ سَمِعْتَ آخِرَ نُكْتَةٍ؟

ب. مَوَاقِفُ حَقِيقِيَّةٌ مُضْحِكَةٌ

٣

أ. هل سمعت آخر نكتة؟

المفردات

أ اقرأ وافهم

مفردات الطرائف:

- نُكْتَة / فُكَاهَة / طُرْفَة / نَادِرَة
- ضَحِكٌ / تَبَسُّمٌ
- قَهْقَهَةٌ
- مِزاحٌ
- سُخْرِيةٌ / اسْتِهْزَاءٌ / تَهَكُّمٌ × احْتِرَامٌ
- تَرْوِيحٌ / تَرْفِيهٌ
- الحُزْن / الأَسَى × الفَرَح / السُّرور

مفردات حاسُوبية:

- تَحْميل / تَنْزِيل من الإنترنت
- المِلَفُّ

أفعال:

- يَنْفَجِرُ
- ما دَام
- فَزِعَ

صفات:

- ظَرِيفٌ
- سَمِجٌ
- مُمْتِعٌ
- مُمِلٌّ
- سِرّيّ
- عَلَنِيّ

ب ضعِ الفعلَ الماضي واسمَ الفاعل من المصادر الآتية في جُمل مفيدة

المصدر	الفعل الماضي	الجملة	اسم الفاعل	الجملة
سُخْرية	______	______	______	______
تَرْويح	______	______	______	______
تَبَسُّم	______	______	______	______
مِزَاح	______	______	______	______
قَهْقَهَة	______	______	______	______
تَحْمِيل	______	______	______	______

ت هات عكسَ كل كلمة مما يأتي وضعه في جُملة مُفيدة

ظَرِيف : ______ ______
عَلَنِي : ______ ______
مُمِلّ : ______ ______
الأَسَى : ______ ______
سُخْرِية : ______ ______
ضَحِك : ______ ______

ث ضع خطًّا تحت الكلمة / العبارة التي لا تُناسِب الفعل فيما يأتي

١. **يحكِي** : قِصةً - طُرفةً - كتابًا - نُكْتةً
٢. **يُحمِّل من الإنترنت** : فِيلمًا - كتابًا - برنامجًا - سيارةً
٣. **تَبَسَّمَ** : ضاحِكًا - مُتعجّبًا - خائفًا - مسرورًا
٤. **رَوِّحُوا عن** : أنفُسِكم - أولادِكم - أعمالِكم - طلابِكم
٥. **قَهْقَهَ حتى** : وقعَ على بَطْنه - نام الأطفالُ - أيقظَ النائمين - أزْعَجَ الجيران

٣

أ. هل سمعت آخر نكتة؟

الحوار

أ استمع وافهم

هل سمعت
آخر نكتة؟

سَامِر : لماذا تجلسانِ وحدَكُما هكذا؟ يبدُو عليكُما الحُزنُ والأَسَى.

تَيْمُور : دَعْنا وشَأْنَنا، لقد حَصَلْنا على درجة ضعيفة في الامتحان.

سَامِر : لا عليكُما، المُهمُّ ألَّا تُكرِّرا ذلك في المُستقبَل. هل سمِعْتُما آخِرَ نُكتَة؟

تَيْمُور : وهل هذا وقْتُ النِّكَات والطَّرائِف يا ظَرِيفُ؟!

سَامِر : يا أَخِي رَوِّحُوا عن القلوب ساعةً وساعةً.

نَدِيم : دَعْكَ مِنْهُ، وهاتِ ما عندَك فنحن في حاجةٍ إلى شيء يُدخِل السُّرورَ إلى قُلوبنا.

سَامِر : اسمعْ يا سَيِّدِي: قالتْ المعلمةُ للتلاميذ: ما سؤَالُكم في بداية العامِ الدراسي؟ وقفَ تلميذٌ وقال: متى تأتي العُطلةُ يا مُعلمة؟

نَدِيم : هههههه جميلةٌ، هاتِ غيرها.

سَامِر : دخلَ أمريكيٌّ مطعمًا وعلَّق مِعطَفه ووضعَ عليه ورقةً كَتَبَ فيها: «هذا المعطفُ خاصٌّ بِبَطَلِ المُلاكَمَةِ وسيعودُ بعدَ عَشْرِ دقائِق». ولمَّا عادَ لم يجدِ المعطفَ، ورأى مكانَه ورقةً كُتِبَ فيها: أخذَ المعطفَ بَطلُ الجَرْي ولن يعودَ أبدًا...!

نَدِيم : هههههههه ما دُمتَ قد تحدَّثتَ عن النِّكات فاسمعْ هذه: قرأتُ في كتابِ الأَذْكِياء لابنِ الجَوْزي "أنَّ وَلدًا صغيرًا جلس مع قومٍ يأكلُون فبَكَى.

فقالوا : لماذا تَبكِي؟

قال : الطعامُ حارٌّ.

قالوا : أُتْرُكْه حتى يَبْرُدَ.

قال : ولكنَّكم لن تَتْرُكُوه".

سَامِر : رائعةٌ جدًّا. احْكِ لنا نَادِرةً من نَوَادِر جُحَا يا نَدِيم فأنت تعرف كثيرًا منها.

نَدِيم : اسمعْ يا سيِّدي: دخلَ جُحا أحدَ الحمَّامَات العامَّة، فسرقَ أحدُ اللُّصُوص ملابسَه؛ فأخذَ يقول: أنا أعلَمُ، واللِصُّ يسمعُهُ؛ فَفَزِعَ وظنَّ أنه عرفَ شخصيَّتَه، فردَّ الملابسَ مكانَها، وقال لجُحَا: سمعتُك تقول أنا أعلمُ وتُكرِّرُها فما الذي تعلَمُه؟ فردَّ عليه: أعلَمُ: لو سُرِقَتْ مَلابِسي لَمِتُّ من البَرد!

تَيْمُور : ههههههه يكفِي سوف أَنْفَجِرُ من الضَّحِك.. من أين تَأْتِيانِ بهذه الطَرائِف؟

سَامِر : من الإنترنت، وأحيانًا من بعض الكتب.

تَيْمُور : بعضِ الكتب؟! مثل ماذا؟

سَامِر : مثلُ (نوادر جُحا)، و(أخبارُ الحَمْقَى) لابنِ الجَوْزِيّ، وكتاب (الأَذْكِياء) له أيضًا، وكتاب (البُخَلاء) للجَاحِظ.

نَدِيم : وأنا حَمَّلْتُ قبلَ يومين كتابًا من الإنترنت بعُنوان «المِلَفُّ السِّرِّيُّ للنُكتَة العربية» أظنُّه كتابًا شاملًا للنَّوادِر العربية القديمة والحديثة.

ب اقرأ

ت مارس الحوار مع زميلك

ث لاحظ استعمال التعبيرات في الجمل الآتية وهات جملًا على غِرارها

١. دَعْ

- دَعْنا وشأْننا. - دَعْني وشأْني.
- دعْهُ وشأنه. - دعكَ من ـه / ها / هم.
- دعِ ← السيارةَ ← أمام البابِ.
← الكتابَ ← على الطاولة.
← الطعامَ ← في الثلاجة.

______

______

٢. أخذَ

أخذَ ← الطالبُ ← القلمَ من زميلِه. (حَصَل على)
← المعلمُ ← يتحدَّثُ. (بدأ)

______

______

٣. كتاب.... لِـ

- كتابُ ← أخبار الحَمْقَى ← لابن الجَوزيّ.
← البُخَلَاء ← للجاحظ.
← رِيَاض الصَّالِحِينَ ← للنَّوَوِيّ.

______

______

٤. نحن في حَاجَةٍ إلى

- نحن في حَاجَةٍ إلى ← التَّروِيحِ عن النفس.
← النقُودِ.
← تغييرِ الجوّ.

______

______

٥. رَدَّ

- رَدَّ ← اللِّصّ ← الملابسَ إلى جُحا. (أعاد)
← الطالبُ ← على الأستاذ. (أجاب)
← الأبُ ← ابنَه عن السُّوءِ. (منع)

______

______

٦. لا عليكَ = لا بأس = لا تَقلقْ

٧. ساعةٌ وساعةٌ

- ليست الحياة كلُّها أمرًا واحدًا، فللجِدِّ وقتٌ وللمِزَاحِ وقتٌ، وللعملِ وقتٌ وللراحة آخَر، أو لأعمالِ الدُّنيا ساعةٌ، وللآخِرة أخرى وهكذا.

______

______

______

ج لاحظ معنى كل رابط في الجمل التالية وهات جملًا على غرارها

١. ما دام

- اسمعْ هذه ما دُمتَ قد تحدثتَ عن النِّكات.
- ما دُمتَ في المَغْرب فلا تَستَغْرِب.
- يَصيرُ الثَّعْلَبُ وَالِيًا ما دَامَ الوادِي خَالِيًا.

______

______

٢. لو

- لو سُرقتْ ملابسي لَمِتُّ من البردِ.
- لو عرفتُ أنَّ المدرسَ غائبٌ ما حضرتُ.
- لو تركَ الولدُ الطعامَ حتى يبرُدَ لأكلَه الآخرون.

______

______

ح لاحظ حركةَ حرفِ المضارعة في الفعلِ الرُّباعي وأكمل الناقص مضْبوطًا بالشكل

كرَّر يُكرِّر أدخَلَ يُدخِلُ عَلَّق ______ رَوَّح ______ حمَّل ______ سَافر ______ ترجَم ______

الأفعالُ الخمسة وإعرابُها

أ لاحظ الأمثلة مع المعلم

مرفوعٌ بـ(ثُبُوتِ النُّونِ)	منصوبٌ ومجزومٌ بـ(حذْفِ النُّونِ)
١. أنت تتحدثين بالعربية.	١. أنتِ لن / لم تتحدثي بالعربية.
٢. الطالبان يتحدَّثان بالعربية.	٢. الطالبان لن / لم يتحدَّثا بالعربية.
٣. أنتما تتحدَّثان بالعربية.	٣. أنتما لن / لم تتحدثَا بالعربية.
٤. الطلاب يتحدَّثُون بالعربية.	٤. الطلاب لن / لم يتحدثوا بالعربية.
٥. أنتمْ تتحدَّثُون بالعربية.	٥. أنتم لن / لم تتحدثُوا بالعربية.

ب ضع خطًّا تحتَ الأفعال الخمسة فيما يأتي وبين علامة إعرابها كما في المثال

◄ لماذا تجلسانِ وحدكما؟ ثبوت النون

١. قابلتُ مَن يدرسون معي. ______

٢. سَلْمَى وَنَدَى تُعَلِّقَانِ الزِّينَةَ. ______

٣. لماذا لم تُحَضِرا الدرسَ أمس؟ ______

٤. أنتِ لم تسمحِي لي بالصيامِ يا أُمي. ______

٥. خرجَ الأولادُ يطوفونَ على الأقارب. ______

٦. المُهِمُّ ألَّا تُكَرِّرا ذلك في المستقبل. ______

٧. الأخوانِ يتشابهان في كثيرٍ من الصفات. ______

٨. لا تغادِروا الصفَّ قبل أنْ تمسحوا السبورة. ______

ت املأ الفراغات بفعلٍ من الأفعال الخمسة وبين علامة إعرابه

١. عامِل الناس كما تُحب أن ______ ______

٢. البنتان ______ العطلة في القرية. ______

٣. لماذا لم ______ الواجباتِ يا ليلى؟ ______

٤. يا شبابُ، متى ______ طعام الغداء؟ ______

٥. ألن ______ إلى وطَنكُما هذا العام؟ ______

٦. هذان الشابَّان ______ الرياضة بانتظام. ______

٧. يجب على الزَّوجين أنْ ______ مشكلاتهما بهدوء. ______

٨. كم مرَّةً ______ القرآن في شهر رمضان يا فاطمة؟ ______

٩. كلُّ الناس يمكِن أن ______ يوم عَرفات ما عدَا الحُجاج. ______

١٠. المسلمون ______ بعيدِ الأضحَى في العاشر من ذي الحجة. ______

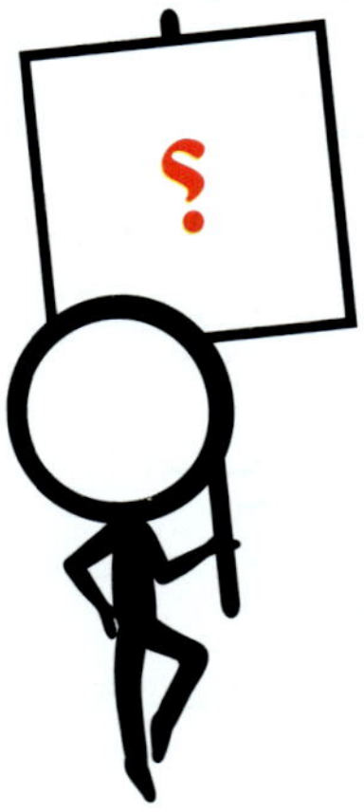

ث ضع مكان كلمة «أخي» في الفقرة الآتية كلمة «أخواي» مرة وكلمة «إخوتي» مرة أخرى مع تغيير ما يلزم

يستيقظُ أخِي كلَّ يومٍ مبكرًا في الساعة السادسة صباحًا، يتوضأُ ويصلِّي الصبح، وقبلَ أن يتناولَ فطوره يقرأُ شيئًا من القرآن الكريم، ثم يتوجَّهُ إلى الجامعة في الثامنة صباحًا، ولا يعودُ من الجامعة قبل أن يُنْهِيَ الدروس كلَّها، لأنه لم يتعوَّدْ إهمال دروسه أو ترك بعضها.

١٣أ HILARIOUS مضحك جدًّا

ضمائرُ الرَّفع البارزة المُتَّصِلة بالأفعال

أ لاحظ الأمثلة مع المعلم

الفعل الأمر	الفعل المضارع	الفعل الماضي	الضَّمير
-	-	لو سُرقتْ ملابسي لـمِتُّ من البردِ.	تَاءُ الفَاعِل
-	-	نجحْنا في الامتحان.	نَا الفَاعِلِينَ
احْكيا لنا طُرْفةً مُضحِكَة.	لماذا تجلسانِ وحدكما هكذا؟	الطالبان حمَّلَا الدرسَ من الإنترنت.	أَلِفُ الِاثْنَيْن
رَوِّحُوا عن القلوب.	هل تستيقِظُون مبكرًا؟	اللُّصوص ردُّوا الملابسَ مكانَها.	وَاوُ الجَمَاعَة
أُتركْنَ الطعامَ حتى يَبرُد.	الطالبات يضحكن كثيرًا.	المعلماتُ شرَحْنَ الدرس جيدًا.	نُونُ النِّسْوَة
علِّقي المعطفَ في الدُّولاب.	من أين تشتَرِين هذه الكتبَ؟	-	يَاءُ المُخَاطَبَة

ب عيِّن ضمائرَ الرفع المتَّصلة بالأفعال كما في المثالين

◄ هل سمعتُما آخرَ نُكْتة؟ تاء الفاعل

◄ من أين تأتيانِ بهذه الطَّرائف؟ ألف الاثنين

١. تَناولي الدواءَ قبلَ النوم يا أمي. ______

٢. دَعِي الطالبات يخرجْنَ مُبكِّرات. ______

٣. متى بدأتم تُشاهدون هذا البَرنامج؟ ______

٤. حمَّلتُ قبلَ يومين كتابًا من الإنترنت. ______

٥. النساءُ صنعْنَ الكعْك بمُناسبة شهر رمضان. ______

٦. الرئيسان تبادَلَا التَّهاني بمناسبة العيد الوطني. ______

٧. لقد حصَلْنا على درجةٍ مُنخفضة في الامتحان. ______

٨. كان أولادُ الجيران يتحدَّثون عن الملابس الجديدة. ______

هل سمعتُما
آخرَ نُكْتة؟

ت استبدل بما بين القوسين ضميرَ رفعٍ بارزًا متَّصِلًا كما في المثالين

◄ دعْ (أنتم) الحاسوبَ مكانه. دَعُوا الحاسوب مكانه.

◄ رُدَّ (الطلاب) الكتاب إلى المكتبة. ردُّوا الكتابَ إلى المكتبة.

١. يحتفلُ (هم) بعيد الأَضْحى في السِّفَارة. ______

٢. اسمَح (أنتِ) لي بالانْصِراف يا أستاذتي. ______

٣. سيرجِع (أبوك وجدك) من الحجِّ هذا الأسبوع. ______

٤. لا يستطيع (كبار السِّن) أن يستعمِل (هم) السُّلَّم. ______

٥. استمِع (أنتم) إلى الدرس ولا تُكرِّر (أنتم) ورائي. ______

٦. رَوِّح (الطالبان) عن أنفسهما بالطَّرائِف المُضْحِكة. ______

٧. انتظر (نحن) المعلماتِ ولم يحضُر (هن) حتى الآن. ______

٨. سرقَ (اللصوص) ملابسي واشترى (أنا) ملابسَ جديدة. ______

ث أسنِدْ الأفعالَ الآتية إلى كلِّ ما تُسنَدُ إليه من ضمائر الرفعِ البارِزة في جُمل مفيدة

تَبَسَّمَ : ______

يَنْفَجِرُ : ______

رَفِّهْ : ______

جُحا والسائِل

أ انظر إلى جُحا في الصور الآتية، وخَمِّن النَّادِرة التي تُعبِّر عنها، ثم احْكِها لزميلك

ب استمع إلى النَّادِرة وقارِنها بحكايتك

ت استمع إلى النادِرة مرَّة أخْرى واملأ الفراغات بهذه الكَلِمات

◄ تحت - أعْلَى - أحد - فلمَّا - لكنَّه - فوق - ذات يوم

__________ كان جُحا في الطَّابقِ العُلوي من منزله، فطَرَقَ بابَه ________ الأشخاصِ، فأَطَلَّ من الشبَّاك فرأَى رجلًا فقال: "ماذا تريدُ؟" قال: "انزلْ تحت لأُكلِمَكَ" فنزل جُحا. فقال الرجل: "أنا فقيرُ الحالِ أريد حَسَنَةً يا سيِّدِي"، فاغْتَاظَ جُحا منه و ________ كَتَمَ غَيْظَه وقال له: "اتبعْنِي" وصعد جُحا إلى ________ البيتِ والرجلُ يتْبعُه، ________ وَصَلَا إلى الطابقِ العُلويّ فالتَفَتَ إلى السائِلِ وقال له: "الله يُعطِيكَ"، فأجابه الفقيرُ: "ولماذا لم تَقل لي ذلك ونحنُ ________؟"، فقال جُحا: "وأنت لماذا أَنْزلتَني ولم تسألني وأنا ________؟"

ث انظر إلى الصور الآتية وتنَاقش حوْلها مع زميلك

ج استمع إلى هذه الفِقرة بعُنوان «من نوادِر البُخَلاء»، ثم أجب عن الأسئلة

١. عُنوان الكتاب الذي ألَّفَه الجاحِظ

أ. الكُرَماء　　ب. الجُبناء　　ت. الظُّرفاء　　ث. البُخَلاء

٢. كان البخيلُ وابنُه يسيران في

أ. جِنازة　　ب. حفلِ زواج　　ت. طريقٍ مَهجُور　　ث. ضِيافة

٣. كان البخيلُ يريد مِصْيَدَةً

أ. يموتُ فيها الفَأْر بعد أن يأكلَ الجُبن.

ب. يموتُ فيها الفَأْر قبل أن يأكلَ الجبن.

ت. يموتُ فيها الفَأر قبلَ أن يدخل المِصيدة.

ث. يموت فيها الفأر دُون أن تنغلق المِصيدة.

٤. أطفأَ الرجل النُّور

أ. ليرمِيَ البرتقالة الثالثة دون أن يراها.

ب. ليأكلَ البرتقالة الثالثة دون أن يراها.

ت. ليفتحَ البرتقالة الثالثة دون أن يراها.

ث. ليأكلَ البرتقالتين الأُولَيَيْنِ دون أن يَراهُما.

٥. عُنوان النادِرة الثانية

أ. جِنازة　　ب. مِصْيَدة للثعالب　　ت. البرتقالُ الفاسد　　ث. مِصْيَدة للفئران

٣

أ. هل سمعت آخر نكتة؟

المحادثة

أ ‏انظر إلى الرُّسُوم المضحكة الآتية واقرأِ التعليقاتِ عليها جيدًا

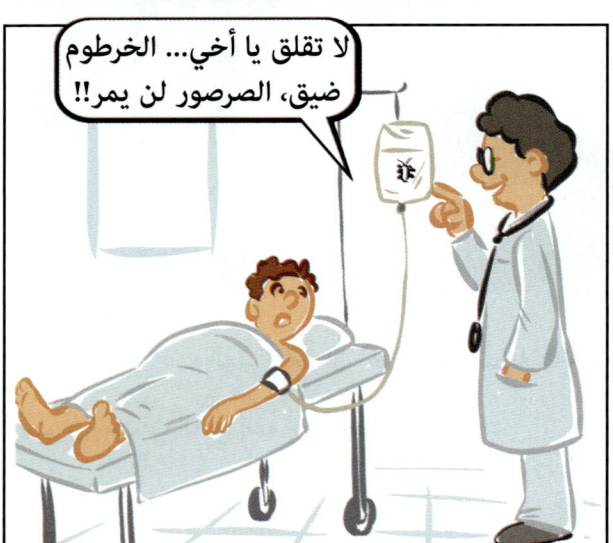

ب ‏اختر واحدةً منها وعبِّر عنها بأسلوبك واحْكِها لنفسك أولًا

٦٤

١٣أ HILARIOUS مضحك جدًّا

ت احْكِ هذه النُّكتة لزميلِك، واستمع إلى حِكايته بفاعلية

مثال:

ط١: ذاتَ يومٍ دخل لِصٌّ منزلًا ليسرقَ ما فيه، فقبضتْ عليه ربَّةُ البيتِ، وجلستْ فوقهُ وكانتْ امرأةً سمينةً جدًّا.

ط٢: ثُمَّ ماذا حدَث؟

ط١: ثم نادتْ ابنها وقالتْ له: يا ولد يا حُسَام، اذهبْ ونادِ أباكَ مِنَ المَقْهَى.

ط٢: وماذا فعل اللصُّ؟

ط١: صَاح اللصُّ مِن تحتِ المرأةِ قائلًا: اجْرِ بسرعةٍ يا حُسَام، لا تتأخرْ.

ط٢: ههههههههههههههه

ث اختر نِكَاتًا وطرائفَ أُخرى من الإنترنت، ومارسْ هذه الطريقة مع زميلك

ج ناقش زميلكَ الأسئلةَ الآتية

١. في أيِّ المواقف يستخدِمُ الناسُ النِّكات والطرائفَ في بلدك؟

٢. هل توجد تعبيراتٌ خاصة تستخدمونها في حكاية النِّكات في لُغتِكم؟ لو وُجد فما هي؟ هل يمكن أن تُترجمها إلى العربية؟

٣. ما أشهر موضوعات النِّكات والطرائفِ في بلدك؟ ولماذا هذه الموضوعات بالذاتِ؟

٤. هل هناك مناطق مُعَيَّنة في بلدك أو جِنسية مُعينة يَكْثُر حولها النكات والطرائف؟ لو يوجد اذكرها، ولماذا؟ وهل هذه الطرائف حقيقية أم خياليَّة؟

٥. هل تذكر موقفًا مُضحكًا حدث في وقتٍ غير مناسب للضحك؟ متى؟

٦. هل لديك صديق يضحكك كثيرًا؟ لماذا؟

٧. هل أنت بارعٌ في قَصِّ الفُكَاهات والنِّكات؟ هل تستطيع أن تقُصَّ علينا واحدة بالعربية؟

ح استفدْ من الأسئلة السابقة وكَوِّن موضوعًا تتحدثُ فيه أمام زملائك عن عاداتِكم وتَقَالِيدكم في موضوع الإضحاك

٣

ب. مواقف حقيقية مضحكة

أ اقرأ وافهم

المفردات

مفردات حاسوبية:
- الشَّبَكَة العَنْكَبُوتِيَّة (الإنترنت)
- المُنْتَدَى
- المُشْرِف
- الأعضاءُ
- المُشَارَكَة
- التَّعْلِيق

مفردات عامّة:
- مَوقِف
- مَطْبَعَة
- الفِيزِيَاء
- أُمِّيّ
- جُمْهُورِيَّة
- مُصَافَحَة
- المَحْكَمَة
- التَّقْدِير
- مُؤَخَّرًا
- مُمَثِّل

أفعال:
- يَتَعَرَّضُ لِ
- طُبِعَ
- يُرَدِّدُ
- يَمْنَع
- يَسْتَغْنِي
- يَكْتَشِفُ
- يَتْلُو
- يُثْرِي

٦٦

ب صلِ الكلمة أو العبارة في العمود (أ) بالكلمة أو العبارة في العمود (ب)

(أ)	(ب)
مَادَّة	في مطبعة الأهرام
مُشْرِف	القُرآن
جُمْهورية	العنكبوتية الدولية
التَّعْليق	الفيزياء
يَتْلو	المُنْتدى
الشَّبكة	وصافحتُه
مَوْقِفٌ	مصر العربية
رَجُلٌ	على الأخبار
طُبِعَتْ المجلة	مضحك جدًّا
سَلَّمْتُ عليه	أُمِّيٌّ

ت املأ الفراغات بالكلمة أو التعبير المناسب من الصندوق

أستغني - جمهورية - يتلو - مشرف المنتدى - يُردِّد - تَعَرَّض - تَمْنَع - اكتشفتُ - أَثْرَى - الفيزياء

١. تقع ________ العِرَاق في قارة آسيا.
٢. لم أدرس مادَّة ________ في الثانوية.
٣. ________ صديقي لموقفٍ مُحْرِجٍ أمس.
٤. ________ أنني نسيتُ الكتابَ في البيت.
٥. الفعل ________ مرادفٌ للفعلِ (يُكَرِّر).
٦. ________ الدولة التدخينَ في الأماكن العامَّة والمُغلَقة.
٧. أحب أن أستمعَ إلى هذا القارئ وهو ________ القرآن.
٨. هل يحصل ________ على راتبٍ من عمله في المُنتدى؟
٩. عملي بعيدٌ عن البيت لذلك لا ________ عن سيارتي الخاصَّة.
١٠. ________ القرآنُ الكريمُ اللغةَ العربية بكثيرٍ من المفردات والتعبيرات.

ث هات عكسَ ما تحته خطٌّ فيما يأتي وغير ما يلزم

١. وصلت الحوالَة البَريدِيَّة مُؤَخَّرًا. ________
٢. الشرطة مَنَعَتْ الوزير من السفر. ________
٣. قابلت رجلًا أُمِّيًّا في مكتب الجوازات. ________
٤. الشركة اسْتَغْنَتْ عن كثير من الموظفين. ________

٣
ب. مواقف حقيقية مضحكة
الحوار

مواقف حقيقية مضحكة

أ استمع وافهم

مُشْرف المنتدى : كثيرةٌ هي المواقِفُ الطَّريفة التي نتعرَّض لها في حياتنا، وكُلَّمَا تذكَّرناها ضَحِكْنا عليها من قُلوبنا. هل يتذكَّرُ أحدٌ منكم موقفًا طرِيفًا شاهَدَه أو تعرَّضَ له في حياته أو سمِعَه من صديقٍ أو قرأه ويَضْحَك كُلَّمَا تَذَكَّره؟

عُضْو في المنتدى: أنا أتذكَّر موقفًا طريفًا: حكَى لي أحدُ أصدقائي -وقد حجَّ قبل سنتينِ- أنه رأَى مجموعةً من النِّساءِ يَبدو أنهنَّ من جُمهورياتِ آسيا الوُسطَى، يتقدمُهن رجلٌ من بِلادهن يقرأُ العربية، لكنَّه لا يَفهمُها فقد كان يقرأُ من كتاب الأَدْعِيَة، وهُنَّ يُردِّدن وراءَه، حتى صَار يقول: طُبِعَ، فيقلن: طُبِـع، فيقول: في الرِّياض، فيقلنَ: في الرياض، فيقول: في مطبعة، فيقلن: في مطبعة... إلخ.

عضو آخر : بمناسبة الحديثِ عن الحجِّ والعُمرة سأذكرُ موقفًا طريفًا حدثَ معي شخصيًّا: كنتُ أُصلِّي في الحَرم المَكِّي، وبسببِ الازْدِحَام أرادَ أحدُ المعتمرينَ أن يَمُرَّ من أمامي، فَمَددتُ يدِي لكي أَمْنَعَهُ فَصَافَحني بِحَرَارة!

عُضْو ثالث : من المواقف المضحكة التي قرأتُها مُؤَخَّرًا ما حدثَ مع عالِم الفِيزياءِ الشَّهير أَيِنْشْتَاين، كان أَيِنْشْتَاين لا يستغني أبدًا عن نظَّارته... وذات مرَّةٍ ذهب إلى أحدِ المطاعم فاكتشفَ أنه نَسِيَ نظَّارته، فلمَّا أتاهُ "النادِل" بقائمة الطعام ليقرأَها ويختارَ منها ما يُريد، طلب منه أَيِنْشْتَاين أن يقرأها له، اعتذر "النادِل" قائلًا: آسفٌ يا سيدي، فأنا أُمِّيٌّ جاهِلٌ مثلُكَ.

عضوٌ رابع : حَكى لي أحدُ أصدقائي من تركيا أنه عندما جاء إلى دولةٍ عربية في أوَّلِ زيارة له أرادَ أن يُمارِسَ اللغة العربية الفُصحَى مع الناس في الشارع، فركبَ سيارةَ أُجْرة ثم قال للسَّائِق هذه العِبارة كلِمةً كلِمةً وبِبُطْءٍ شديد: "أريدُ أنْ أذهبَ إلى حَيِّ الزُّهورِ أمامَ المحكمةِ من فضلك". فقال له السائقُ بعد أن انتهَى من عبارته: "صَدقَ اللهُ العظيمُ"، كأنه يتلو القرآن.

مُشْرف المنتدى : نتقدمُ بخالصِ الشُّكر والتقدير لكلِّ الأعضاء المشاركين الذين أَثروا هذا المُنتدى بمشارَكَاتِهم الرائعة.

ب اقرأ **ت مارس الحوار مع زميلك** **ث اختر موقفًا من المواقفِ السابقة ومثِّلْه مع زميلك**

ج لاحظ استعمال التعبيرات في الجمل الآتية، وهات جملًا على غِرارها

١. ذات

ذات ← مرّةٍ / يومٍ / نهارٍ

____

____

____

٣. مُؤَخّرًا / حديثًا

- قرأتُ روايةً لنَجيب محفوظ مُؤَخّرًا.
- التحقتُ مُؤَخّرًا بدَوْرةٍ لتعلّمِ الإنجليزية.

____

____

____

٢. أَحَد / إِحْدَى

أَحَد ← أصدقائي / الطلابِ / الرجالِ

إِحْدَى ← صديقاتي / الطالباتِ / النساءِ

____

____

____

٤. أبدًا × قَطُّ

- لا يستغني عن نظّارته أبدًا × لم يستغنِ عن نظّارته قَطُّ.
- لن أشربَ الخَمْر أبدًا × لم أشربِ الخَمْر قَطُّ.

____

____

____

ح لاحظ معنى كل رابط في الجمل التالية، وهات جملًا على غرارها

١. كُلَّمَا

كُلَّمَا تذكَّرناها ضحكنا عليها من قُلوبنا.

كُلَّمَا ارتفعَ سِعر البترول غَلَتِ الأسعارُ.

كُلَّمَا اجتهدتَ في دروسِك ازداد حُبّي لك.

____

____

٢. بسببِ

تأخرتُ عن موعدي بسببِ ازدحام المرور.

بسبب عُطْلٍ كهربائيٍّ توقفت الحركة في المطار.

مَنَعَتْ إدارةُ الكلية الطالبَ من الامتحان بسببِ كثرةِ غِيابه.

____

____

خ لاحظ ما يحدثُ عند اتِّصال الفعل الماضي الناقص بتاء التأنيث، وهات أمثلة على غراره

دعَا	دعتْ	________	________	________
حكَى	حكتْ	________	________	________
سعَى	سعَتْ	________	________	________

إعرابُ الفعلِ المضارعِ المُعْتلِّ الآخِر

أ لاحظ الأمثلة مع المعلم

مرفوعٌ	منصوبٌ	مجزومٌ
- ينسَى الطالبُ كتابَه دائمًا.	- لن ينسَى الطالبُ كتابَه أبدًا.	- لم ينسَ الطالب كتابه قطُّ.
- أولُ مرَّة أرَى فيها هذا المَنظرَ.	- لا أستطيع أن أرَى دون نظَّارتي.	- ألم ترَ اللصَّ وهو يسرق؟
- تُنادِي الأمُّ ولَدَها.	- ذهب الطفل ليناديَ أباه.	- لِتُنادِ أباك بسرعةٍ يا حُسَام.
- يحكِي الجَدُّ حكايةً لأحفادِه.	- جلس الجد لكي يحكِيَ حكاية لأحفاده.	- لا تحكِ يا جدي الحكاية قبل أن أرجع.
- يَتلُو الطالب القرآنَ بصَوْتٍ عَذْبٍ.	- هل يمكن أن تَتْلُوَ علينا شيئًا من القرآن؟	- لا تتلُ القرآن دون وُضوء.
- يَدعُو إبراهيمُ زملاءَه إلى بيته.	- أراد إبراهيم أن يَدعُوَ زملاءه إلى بيته.	- لمَّا يدعُ إبراهيم زملاءه إلى بيته.
الضَّمة المُقدَّرَة	الفَتْحَة المُقدَّرَة / الفتحة الظَّاهِرة	حَذْفُ حرفِ العِلَّة

ب ضع خطًّا تحت الأفعالِ المضارعة المعْتَلَّة الآخر فيما يأتي، وبين علامة إعرابها كما في المثال

◄ لن يأتيَ المعلمُ قبل ساعة. منصوب بالفتحة الظاهرة

١. لا تخشَ أحدًا غيرَ الله. ____________

٢. اكتبْ تعليقَكَ لِتُثرِيَ نِقاشَنا. ____________

٣. أرجو أن أزورَ البلادَ العربية. ____________

٤. لا يُمكنُ أن أنسَى هذا الموعد. ____________

٥. يكفي، سوف أنفجرُ من الضَّحك. ____________

٦. أستطيعُ أن أنتهِيَ من العمل اليوم. ____________

٧. لم يستغنِ أينشتاين عن نظَّارته قطُّ. ____________

ت املأ الفراغات بفعلٍ مضارع مُعْتلِّ الآخر مع ضبطه بالشكل ما أمكنَ

١. لا ________ القُمامَةَ في الشارع.

٢. أسألُ اللهَ أن ________ المريضَ.

٣. لا تنسَ أنْ ________ لي في صلاتك.

٤. كيف حالك؟ ________ أن تكونَ بخير.

٥. لا ________ الملابسَ وهي مُتَّسِخة.

٦. ________ الصلواتِ الخَمسَ في المسجد.

٧. لماذا لم ______ الدَّجاج في الفُرن؟ أنا أحبه مَشْويًّا.

٨. هذا الطفلُ ________ كثيرًا ________ أنه مريض.

ث ضع مضارع الأفعال الآتية في جُمل مفيدة بحيث يكونُ مرفوعًا مرَّة ومنصوبًا مرَّة ومجزومًا مرَّة واضبطْ آخره بالشَّكل

- شَكا: ____________ ____________ ____________

- جَرى: ____________ ____________ ____________

- سَعى: ____________ ____________ ____________

- بَقِي: ____________ ____________ ____________

- انتَهى: ____________ ____________ ____________

٣ب HILARIOUS مضحك جدًّا

إسنادُ الفعلِ الناقِص إلى ضمائر الرفع المتصلة

أ لاحظ الأمثلة مع المعلم

الفعل	تاءُ الفاعِل	نا الفاعِلين	ألفُ الاثنين	نونُ النِّسوَة	واوُ الجَماعَة	ياءُ المُخاطَبة
بَدَا	بَدَوْتُ	بَدَوْنا	بَدَوا	بَدَوْنَ	بَدَوْا	-
يَبْدُو	-	-	يَبْدُوانِ	يَبْدُونَ	يَبْدُونَ	تَبْدِينَ
اُبْدُ	-	-	اُبْدُوا	اُبْدُونَ	اُبْدُوا	اُبْدِي
بَكَى	بكَيْتُ	بكَيْنا	بكَيَا	بكَيْنَ	بَكَوْا	-
يَبْكِي	-	-	يبكِيَانِ	يبكِينَ	يبكُونَ	تبكِينَ
اِبْكِ	-	-	ابكِيَا	ابكِينَ	ابْكُوا	ابكِي
سَعَى	سَعَيْتُ	سَعَيْنَا	سَعَيَا	سَعَيْنَ	سَعَوْا	-
يَسْعَى	-	-	يَسْعَيَانِ	يَسْعَيْنَ	يَسْعَوْنَ	تَسْعَيْنَ
اسْعَ	-	-	اسْعَيَا	اسْعَيْنَ	اسْعَوْا	اِسْعَيْ
التَّغْيِيرُ:			تُقْلَبُ حُرُوفُ العِلَّةِ ياءً إذا كان أصلُها ياء أو أَلِفًا، وتُقْلَبُ واوًا إذا كان أصلها واوًا.		تُحْذَفُ حروف العِلَّة. وإذا كان المَحْذُوفُ أَلِفًا يُفْتَحُ ما قبلها.	

ب جَرِّدِ الفعلَ الناقص من الضمير، ثم بيِّن ما حَدثَ من تَغْيير فيه كما في المثال

◀ شَكَوْنَا الموظفَ إلى الإدارة. ـــ شَكَا ـــ قُلِبَتِ الألفُ واوًا ـــ

١. لماذا تَبْكِينَ يا بناتُ؟ ـــــ ـــــــــــ

٢. صَحوتُ من نَومِي مُبكرًا. ـــــ ـــــــــــ

٣. الأولادُ بقُوا في البيتِ وحدَهم. ـــــ ـــــــــــ

٤. نَادِيَا زملاءَكما من المطعم بسرعة. ـــــ ـــــــــــ

٥. نشكرُ الذين أَثْروا المُنتدى بمشاركاتهم. ـــــ ـــــــــــ

٦. تَمَنَّوا الخيرَ لِأصدقائِكم كما تَتَمَنَّوْنَه لأنفسِكم. ـــــ ـــــــــــ

٧. يا فاطمةُ اجري كلَّ يوم نصفَ ساعة لِينقُصَ وزنُك. ـــــ ـــــــــــ

٨. كان جدِّي وجدَّتي يحْكيَان لنا قصصًا مُمتعةً قبل النوم. ـــــ ـــــــــــ

ت خاطِبْ بالعبارات الآتية المفردة والمثنى والجمعَ بنوعيهما

١. الطفلُ صَحا من نومِه فسعَى إلى أمِّه وبكَى عندها.

٢. أنتَ تنسَى واجبَكَ وتأتي متأخرًا كل يومٍ وترجُو أن أُسامِحَكَ!

٣. ارعَ حقَّ أولادِك واسْمُ بأخلاقِهم واحْكِ لهم سيرةَ العُظماءِ وبُطولاتهم.

ث أسنِدِ الأفعالَ الآتيةَ إلى واو الجماعة مع ضبط الحرف الذي قبلها بالشَّكل

- يَسْعَى: ـــــ - رأى: ـــــ - لَقِي: ـــــ - خَلا: ـــــ - يَتَّقِي: ـــــ - يَخفَى: ـــــ

- يُخْفِي: ـــــ - نادِ: ـــــ - ادعُ: ـــــ - اشترِ: ـــــ - اشْتَرَى: ـــــ - ارْقَ: ـــــ

٣ ب. مواقف حقيقية مضحكة
القراءة والفهم

نَصْرُ الدِّين جُحَا

أ أجب عمَّا يأتي قبل قراءة النص

١- ما المعلوماتُ التي تعرِفُها عن جُحا؟

٢- وهل في ثقافتِك شخصيةٌ تُشْبِهُ شخصيةَ جُحا؟

٣- إن وُجدت اذكرْ اسمَها وإحدَى نَوادِرها.

ب صف هذه الصورة بأسلوبك

ت اقرأ النصَّ الآتي

هو شخصية فُكَاهيَّة انتشرتْ في كثيرٍ من الثقافاتِ القديمة ونُسِبتْ إلى شخصياتٍ عديدةٍ عاشتْ في عُصورٍ ومجتمعات مختلِفة. وفي الأدبِ العربيّ نُسِبَ جُحا إلى أَبي الغُصْنِ دُجَين الفَزاري الذي عاصَر الدولة الأموية، وهو أقدمُ شخصياتِ جُحا، والنِّكاتُ العربية تُنسب إليه.

وفي الأدب التركِيّ، نُسبتْ قِصصُ جُحا إلى الشيخ نصرِ الدِّين خُوجه الرُّومِي الذي عاش في قُونْيَة مُعاصِرًا الحكمَ المَغُولِي لبلادِ الأَناضُول ومعظم القصص المعروفة في الأدب العالمي تُنسب إليه.

شخصية جُحا

اختلفَ الرُّوَاةُ والمُؤَرِّخُون في شخصية جُحا. فَصَوَّره بعضُ الناس مجنونًا أو أَبْلَهَ. وقال آخرون إنه رجلٌ عاقل وذكِيٌّ وإنه يَتَحامَقُ ويدَّعِي الغَفْلَةَ، ليستطيعَ عَرْضَ آرائِه النَّقْدية والسُّخْرِية من الحُكَّام بِحُرِّيَّةٍ تامَّةٍ. اجتمعت الآراءُ كلُّها على أنَّ له حِمَارًا يُشاركُه قصصَه.

انتشار قصصِه

كلُّ الشعوبِ وكل الأُمَمِ صَمَّمتْ لها (جُحا) خاصًّا بها حَسَبَ طبيعة تلك الأُمة وظُروفِ الحياة الاجتماعية فيها. ومع أن الأسماء تَختلِفُ وشَكْلَ الحكايات رُبَّمَا يختلفُ أيضًا، فإن شخصيةَ (جُحا) المُغَفَّل الأَحْمق وحِمَاره لم تتغيَّر. وهكذا تَجدُ شخصية (نصْر الدِّين خوجه) في تركيا، و(مُلَّا نصر الدين) في إيرانَ وكُورْدِسْتَانَ إلى آخره.

مِن نوادِرِ جُحا

"مَنْ يَعْلَمُ يُعْلِمُ مَنْ لا يَعْلَم": جلس الشيخ (نصر الدين أفندي) يومًا على مِنَصَّةِ الوَعْظ في أحدِ جَوامعِ "آق شَهر"، وقال: "أيُّها المؤمنون: هل تعلَمونَ ما سأقُولُه لكم؟ فأجابَه السَّامِعون: كَلَّا، لا نَعْلمُ. قال: إذا كُنتُم لا تعلَمونَ؛ فمَا الفائدةُ من التَّكَلُّمِ؟ ثم نزلَ.

وعادَ في يومٍ آخر فألقَى عليهم نفسَ السُّؤال، فأجابُوه، هذه المرَّة: نعم نَعْلَمُ. فقال: ما دُمْتُم تعلَمون ما سأقُوله فَما الفائدَةُ من الكلامِ؟ فَحَارَ الحاضِرون في أمرِهم واتفقوا فيما بينهم، عَلى أن تكونَ الإجابة في المَرَّة القادِمة مُتَنَاقِضَة، قِسْمٌ يُجيبُ: لا، وقِسْمٌ يُجيب: نعم.

ولمَّا أتاهُم المرَّة الثالثة، وألقَى عليهم سُؤالَه الأوَّل. اختلفتْ أَصواتُهم بين: لَا ونَعَم فقال: حَسنًا جدًّا "مَنْ يَعْلَمُ يُعْلِمُ مَنْ لا يَعْلَم".

(من ويكيبيديا، الموسوعة الحرة بتصرف)

٣ب HILARIOUS — مضحك جدًّا

● بعد قراءة هذا النص أجب عمَّا يأتي

- كيف تجد شخصيةَ جحا؟
- هل أنت مع القائلين بأنه أحمقُ أم مع القائلين بأنه عَاقلٌ؟

● أسئلة وتدريبات حول النص

١. تناقش مع زملائك ثم أجب

أ. هل شخصية جحا حقيقية أم خيالية؟ ولماذا؟
_____

ب. أين عاشَ جُحا التركي؟ ولأيِّ حُكم كان معاصِرًا؟
_____

ت. لماذا كان جُحا يتحامَق ويدَّعي الغَفْلة؟
_____

ث. ما الحيوان الذي كان يُلازم جُحا في كلِّ حكاياته؟
_____

ج. ضع عنوانًا آخرَ للنادِرة المذكورة في النص.
_____

٢. ابحث مع زملائك عن المطلوب ثم ضعه في جملة

أ. مفرد   الثقافات: _____   المجتمعات: _____   الرواة: _____   قصص: _____

ب. جمع   الأدب: _____   أَبْله: _____   الأمة: _____   القوم: _____

ت. مرادف   فُكَاهَة: _____   أَبْله: _____   متناقضة: _____   حينما: _____

ث. مضاد   أقدم: _____   مجنون: _____   يتحامق: _____   اتفقوا: _____

٣. ضع علامة (×) أمام الفكرة التي لم ترد في النص

أ. أصلُ نصرِ الدين جحا. ( )   ب. اختلافُ الرُّواة حول شخصيةِ جحا. ( )

ت. لكلِّ أمةٍ جحا خاص بها. ( )   ث. من نوادِر جُحا «خُذْ أنتَ الدَّراهم». ( )

ج. جميعُ حكايات جُحا في الغَرْب تُنسبُ إلى جُحا التركي. ( )

٤. استخرجْ من النص ما يأتي

أ. فعلًا من الأفعال الخمسة: _____ وأعربه: _____

ب. فعلًا مضارعًا منصوبًا: _____ وآخر مجزومًا: _____ وبين السبب والعلامة: _____

ت. فعلًا صحيحًا: _____ وآخر معتلًّا: _____ وبين نوعيهما: _____

ث. ثلاثةَ ضمائر رفع بارزة متصلة: _____ _____ _____

٥. أدخلْ «لم» على الفعل المضارع في هذه الجملة وبين ما حدث فيه من تغيير

"يدَّعِي جُحا الغَفْلَةَ والحَمَاقَة، ولكنه رجلٌ عاقل".
_____
_____

أ لاحظ استخدام الرَّوابط والتعبيرات التالية، واكتب أمثلة على غِرارها

١. فَجْأَةً
- استيقظتُ من النوم فَجْأَةً. - استقال الوزير من منصبه فَجْأَةً.
- ذات يوم كنت جالسًا في البيت وحدي وفَجْأَةً انقطعتْ الكهرباء.

٢. بعدَمَا
- عاد المُهاجِر إلى وطنه بعدَمَا غاب عنه عشر سنوات.
- تَسلَّم الفريق كأسَ البُطولة بعدَمَا فازَ على مُنافسه بثلاثة أهدافٍ نَظيفة.

٣. فـ (العاطفة)
- فتح الطفل العُلبة فوجدَ فيها هدية جميلة. - شعرتُ بدُوَارٍ في رأسي فذهبتُ إلى الطبيب.
- لم أفهمْ هذا الدرس جيدًا فطلبتُ من المدرسِ أن يشرحَه لي مرة أخرى.

٤. ثُمَّ
- ذهبتُ إلى الكلِّيّة صباحًا ثُمَّ عُدتُ بعد صلاة الظهر.
- عندما يَتوبُ الرجلُ ثُمَّ يعود إلى المَعْصِية فماذا يفعل؟
- قَالَ رَسُولُ اللهِ ﷺ: "مَنْ قَامَ مِنْ مَجْلِسِهِ ثُمَّ رَجَعَ إِلَيْهِ فَهُوَ أَحَقُّ بِهِ" (رواه مسلم).

٥. وفي النِّهَايَة
- أراد أن يكونَ غنيًا بسرعة ففكَّر في سَرِقةِ البُنوكِ، وفي النِّهَايَة دخلَ السجن.
- بحثتُ عن هذا العُنوان كثيرًا حتى يَئِستُ، وفي النِّهَايَة وصلتُ والحمد لله.
- اعتمدْ على الله أولًا ثم اجتهدْ واتعبْ كثيرًا وفي النِّهَايَة ستصلُ إلى ما تريد.

٦. بِمُنَاسَبة
- بِمُنَاسَبة الحديثِ عن الطرائف سأحكي لكم قصَّةً طريفةً.
- بِمُنَاسَبة كثرةِ الأسئلة حول هذا الموضوعِ سأجيبُ عنه في فِيسبوك.
- بِمُنَاسَبة بدايةِ العطلة أفكِّر في مكان للاسْتِجْمَام.

٧. لقد
- لقد كان والِدي -رحمه الله- يحبُّ الاستماعَ كثيرًا إلى إذاعة القرآن الكريم.
- يا شبابُ، هَنِّئُوني، لقد نجحتُ والحمد لله.
- لقد قرَّر المديرُ مَنْحَ الطلاب الفائزين في المسابقة جائزة كبيرة.

ب اقرأ القصة التالية واملأ الفراغات بالروابط التالية

◀ لأن - أحدُ - بعدما - ذات يومٍ - ~~أمّا~~ - بعد أن - ولكنَّ - لقد - فجأة - فـ - عندما

________ مرِضَ ______ الأثْرياء ______، وعندما شعرَ بأنه سيمُوت جمعَ أبناءَه الثلاثة، وقال لهم: ______ أموتَ احفروا تحت سريري.

تُوفِّي الثَّريُّ، و ______ انتهتْ مراسمُ العَزَاء حَفَرَ الأبناءُ الثلاثة تحت سريرِ والدِهم؛ فوجدوا ثلاثةَ قُدُورٍ بعضها فوق بعضٍ. أخرجوا الأوَّل وفتحوه فوجدوا فيه طِينًا، وفتحوا الثاني فوجدوا فيه رَوْثًا، وفتحوا الثالث فوجدوا فيه قشًّا، وتحته عُمْلةً مَعْدِنِيَّة.

احتارَ الأبناءُ في فَهْم معنى وَصِيَّة والدِهِم، ______ اتجهُوا إلى طبيب والدهم الخاصّ، و ______ أخبروه بخبرهم، قال لهم: لقد كان والدكم يحب الألغاز كثيرًا، وهذا هو لُغْزه الأخير. ___أمَّا___ الطينُ فمعناه أن يأخذ الابنُ الأكبر الأراضيَ، وأمَّا الرَّوْثُ فمعناه أن يأخذَ الأوسَط قُطْعَانَ المَاشِية، وأمَّا القَشّ فمعناه أن يأخذَ الأصغرُ الذهبَ ______ لونَه أصفر كلون القَشّ.

أُعجبَ الأبناءُ بحلِّ الطبيب، ______ الأصغرَ سَألَه عن معنى العُمْلة المَعْدنية فقال الطبيب: ______ عَلِمَ والدكُم أنكم ستأتون إليَّ لسؤالي، وهذه العُملة المعدنية هي أُجرتي!

ت اقرأ القصة مرَّة أخرى واكتب عُنوانًا مُناسِبًا لها

____

ث اكتب عنوانًا لكل فِقرة من الفِقرات الأربع السابقة في القصة

١. ______________ ٣. ______________

٢. ______________ ٤. ______________

ج اكتب موضوعًا عن قصةٍ حقيقية أو موقفٍ طريفٍ حقيقي وقعَ لك باتباع الخطوات التالية

١. اخترْ عنوانَ القصة أو الموقف الذي حدثَ لك ثم اكتبه.

٢. حدِّد الأشخاصَ والأوقاتَ والأحداث والمشكلة وحلَّها ودَوِّنْ ملاحظاتك عنها.

٣. فكِّر في رُدُود أفعال الناس الذين شاركوك هذا الموقف. يعني: أكانوا مسرورين أم غاضبين أم عَصَبِيِّين؟

٤. حدِّدْ الأفكار الرئيسية التي سيتكوَّن منها الموقف واكتبها.

٥. اكتبْ الموقفَ أو القصة الحقيقية التي وقعتْ لك مستفيدًا من الملحوظات السابقة في حدُود أربع أو خمس فِقرات.

٦. استخدم عددًا من أدوات الربط السابقة لتربط بها بين الجمل.

٧. راجع الموضوع وصحح الأخطاءَ النحوية والصرفية والإملائية والأسلوبية قبل أن تقدِّمه للمعلم.

ح اقرأ قصصَ أو مواقفَ زملائك واختر أفضلَ المواقفِ التي أعجبتك واحكِها لزملائك في الصف

الخَطُّ

● اكتب ما يأتي بخط النسخ وبخط الرقعة كما في النموذجين

رَوِّحُوا القُلُوبَ سَاعَةً وَسَاعَةً

روحوا القلوب ساعة وساعة

الْوَحْدَةُ الرَّابِعَةُ

٤

الطَّبِيعَةُ

THE NATURE

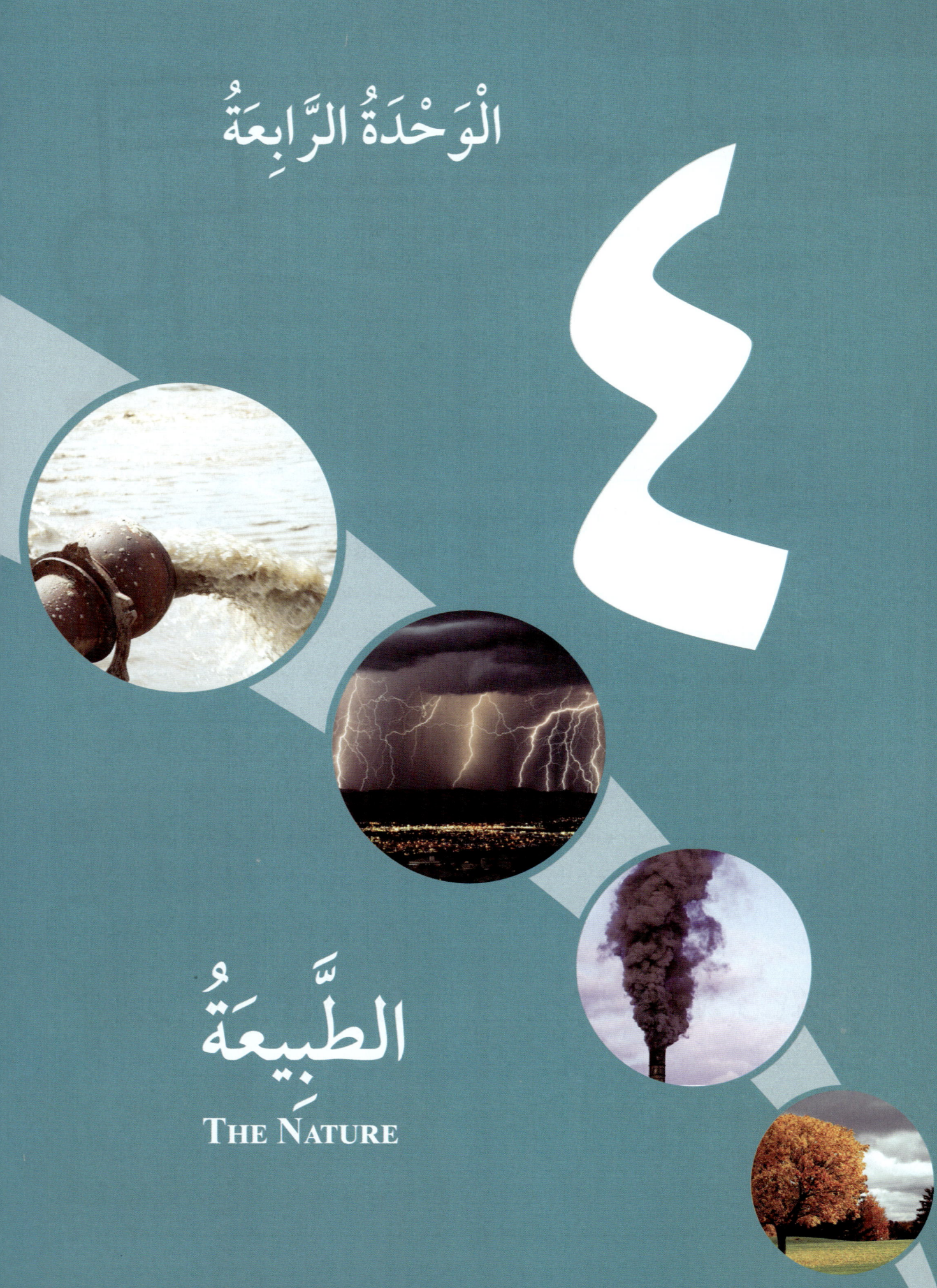

أ. حِوَارٌ بَيْنَ الْبِيئَةِ والتَّلَوُّثِ

ب. بَرْنَامَج «لَا تَتْرُكْ أَثَرًا»

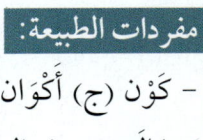

أ اقرأ وافهم

مفردات الطبيعة:

- كَوْن (ج) أكْوَان
- عَالَم (ج) عَوَالِم
- بِيْئَة (ج) بِيئَات
- مُحِيط (ج) مُحِيطات
- صَحْرَاء (ج) صَحَارَى
- غَابَة (ج) غَابَات
- تُرْبَة (ج) تُرَب
- شِعَاب مَرْجَانِيَّة
- جَزِيرة (ج) جُزُر
- كَهْف (ج) كُهُوف
- كَائِن (ج) كَائِنات
- نَبَاتَات بَرّية
- طُيُور جَارِحَة
- حَيَوانات نَادِرَة

مفردات التَّلَوُّث:

- المُلَوِّثات
- دُخَان
- نُفَايَات
- عَادِم السَّيارات
- حَرِيق
- مُبِيدَات حَشَرِيَّة

مفردات الظَّوَاهِر والكَوَارِث الطَّبِيعِيَّة:

- زِلْزَال (ج) زَلَازِل
- بُرْكَان (ج) بَرَاكِين
- فَيَضَان (ج) فَيَضَانات
- إِعْصَار / زَوْبَعَة (ج) أَعَاصِير / زَوَابِع

صفات:

- مُنْبَعِث
- ضَارّ × نَافِع
- سَامّ
- خَطِير
- مُهْلِك
- مُتَعَمِّد
- مُسْتَهْتِر
- عَابِث
- مُهْمِل
- شَاهِق
- شَاسِع
- نَاءٍ
- وَابِل
- نَقِي

أفعال:

- يَخْتَنِق
- يُطَهِّر
- يُعَاقِب
- يَدْفِن
- يَشْتَعِل
- يَتَغَذَّى
- يَنْجُو
- يُفْسِد
- يُصْلِح
- يَفْقِد
- يُكَافِح
- يُلْقِي
- يَغْرُب
- يَصُبّ

مفردات أخرى:

- مَصْنَع
- رِئَة
- تَهْلُكَة
- ثِقَة

أ٤   THE NATURE   الطبيعة

ب صل الكلمة بالتعريف المناسب

١. الزِّلْزَال — مُنْتَشِرٌ ومُنْطلق.
٢. الفَيَضَان — مُهْمِلٌ غيرُ مُهْتَم.
٣. مُتَعَمِّد — اهْتِزازٌ أرضِيٌّ سريعٌ.
٤. الإعْصار — كلُّ ما يُحيطُ بالإنسان.
٥. البِيئَة — مَن يفعلُ الشيءَ قاصِدًا مختارًا.
٦. الجَزيرة — زيادةُ المياهِ بسبب كثرةِ الأمطارِ وشدَّةِ الرياح.
٧. مُسْتَهْتِر — مِنطقةٌ من الأرض تُحيطُ بها المياه من كلِّ جِهة.
٨. مُنْبَعِث — عَاصِفةٌ هوائية شديدةٌ ترتفعُ في الهواء بشكلٍ حلزوني.

ت املأ الفراغ بفعل مناسب مما يأتي

▸ صَبَّ - ينجُو - فَقَدَ - يدْفِنُون - تُكَافِح - عَاقَب - تُلْقِ - يَخْتَنِقُ

١. _____ الشَّابُ صحَّتَه بسبب التدخين.
٢. لا _____ القُمامَة في الشارع لكيلا تُلَوِّثَ البيئَة.
٣. _____ الرجلُ الزَّيتَ على النَّار فزادَها اشْتِعالًا.
٤. كان بعضُ الناسِ قبل الإسلام _____ بناتِهم أحْياء.
٥. كيف تُساعد الطفل عندما _____ ولا يستطيعُ التَّنفُّس؟
٦. _____ المُدَرِّبُ اللاعبَ ومنَعَه مِن المُشاركة في المُباراة.
٧. شابٌ _____ من المَوتِ بأُعْجُوبة بعدما سقطَ من الدَّور العاشر.
٨. _____ الحكومةُ للقَضاء على البَطَالة بتوفير فُرَصِ عملٍ للشباب.

٤ أ. حوار بين البيئة والتلوث
الحوار

حوارُ بين البِيئَة والتَّلَوُّث

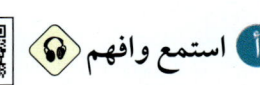

أ استمع وافهم

البِيْئَة : أكادُ أَخْتَنِقُ! ما الذي يحدث؟! ما هذه السُّحب الدُّخانية المُنْبَعِثَة من كل مكان؟!

التَّلَوُّث : إنه أنا، أنا التَّلَوُّثُ، ضَيْفُكِ العزيز يا سيدتي البِيئَة، ألَا تُرَحِّبِينَ بي؟!

البِيْئَة : أَعوذ بالله منك. لَا حَلَلْتَ أَهْلًا، وَلَا نَزَلْتَ سَهْلًا، أُغْرُبْ عن وجهي حالًا، وإلَّا فسأَصُبُّ عليكَ وَابِلًا من الأمطار الغزيرة، حتى أَقْضِيَ عليك، وأُطَهِّرَ الكَوْنَ من آثارِكَ الضَارَّة.

التَّلَوُّث : ولماذا تُعَاقِبِينَنِي أنا وتَتْرُكين الإنسان الذي دعاني؟! ألَا تعلمين يا سيدتي أنني لم آتِ مُخْتَارًا؟!

البِيْئَة : وما ذَنْبُ الإنسان في هذا؟

التَّلَوُّث : ألَا يُلْقِي المُلَوِّثَات في البحار والأنهار والمُحِيطات مُتَعَمِّدًا؟! ألَا يَدْفِن النُّفَايَات السَّامَّة والخَطِيرة في التُّرْبَة والصَّحْرَاء عَابِثًا؟! ألم يُلَوِّث الهواء بعَادِم السيارات ودُخَانِ المَصَانِع مُسْتَهْتِرًا؟! ألَا يَتَسَبَّب في حَرَائِق الغَابَات واشْتِعَالِها مُهْمِلًا؛ فيقضي بذلك على الرِّئَة التي تَتَنَفَّسِين منها الهواء نظيفًا نَقِيًّا؟!

البِيْئَة : بَقِيَ أن تقول لي: إنه هو الذي يُصِيب نفسه بالسَّرَطَانَات والأمراض المُهْلِكة، وإنه هو الذي يَقْتل حيواناتِه التي يَتَغَذَّى على لُحُومِها وأَلْبَانها ومُنْتَجاتها، وإنه هو الذي غَيَّر المُنَاخ في هذه الأيام؛ حتى أصبحنا نرى أيامًا شديدة الحرارة في الشتاء، وأيامًا شديدة البرودة في الصيف!

التَّلَوُّث : نعم مع الأسف، هو الذي فعل، وما زال يفعل كل ذلك بنفسه وبالطبيعة، هو الذي لَوَّث الهواء، ولَوَّث الماء، ولَوَّث التُّرْبَة، فلم تَنْجُ منه المُدُنُ ولا القُرى، حتى الشِّعَابُ المَرْجَانِيَّة في أَعْمَاق البحار والمُحِيطات، وحتى الحيوانات النادِرَة في الصَّحَارَى الشَّاسِعة، والنَّبَاتَات البَرِّيَّة في الجُزُر النَّائِيَة، والطُّيُور الجَارِحَة في الجبال الشَّاهِقَة والكُهُوف الغَائِرَة.

البِيْئَة : كيف يفعل هذا؟! ألم يَقُل الله له: ﴿ولَا تُفْسِدُوا في الأَرْضِ بَعْدَ إِصْلَاحِهَا﴾؟ أَوَلَمْ يَسمع قَوْلَه تعالى: ﴿ولَا تُلْقُوا بِأَيْدِيكُم إِلَى التَّهْلُكَةِ﴾؟! ألَا يعرف أن الله جميلٌ يُحب الجمالَ كما قال الرَّسول الكريم ﷺ؟! أليسَ مَأْمُورًا بالرِّفْقِ بالحيوانات والكَائِنات؟!

التَّلَوُّث : بل ألم تسمعِي أنتِ قَول الله تَعالى: ﴿ظَهَرَ الفَسَادُ في البَرِّ والبحر بِما كَسَبَتْ أَيْدِي الناس﴾؟! عَجَبًا لِأَمْرِ الإنسان! يَشتكي الزَّلَازِل والبَرَاكِين والفَيَضَانات والزَّوَابِع والأَعَاصِير والكَوَارِث الطَّبيعية؛ ثُم يَصْنَع في بيئتِه تَلَوُّثًا بِلَا حُدُود!

البِيْئَة : ولكنني لم أَفْقِد الثِّقَة بالإنسان بَعْدُ، صَحِيحٌ هو الذي أَتَى بِكَ، لكنه هو الذي سَيُكافِحُك أيضًا. إذا عَاد إلى عَقْله وصَوَابِه فَسَيُوَفِّقُه الله ويَقْضِي عليك.

التَّلَوُّث : إذا عاد!

ب اقرأ

ت مارس الحوار مع زميلك

ث لاحظ استعمال التعبيرات في الجمل الآتية وهات جملًا على غِرارها

١. مُنْبَعِث

- الدُّخان مُنْبَعِث من كل مكان.
- الضَّوءُ مُنْبَعِثٌ من الداخل.
- الرائِحةُ مُنْبَعِثة مِنك.

____

____

٢. أعوذُ بالله

أعوذُ بالله من ← كَ. / الشَّيْطان. / الفَقْر.

____

____

٣. حَلَلْتَ أَهْلًا وَنَزَلْتَ سَهْلًا = أَهْلًا وَسَهْلًا وَمَرْحَبًا.

٤. أُغْرُبْ عَن = ابْتَعِد

أُغْرُبْ عَن ← وجهِي. / هذا المكان.

____

____

٥. إلَّا = إنْ + لَا

- أُغْرُبْ عن وجهي حالًا، وَإلَّا فسَأَصُبُّ عليك وَابِلًا من الأمطار الغزيرة.
- تَكَلَّم جيدًا وإلَّا فاسْكُتْ.
- ذاكِرْ واجتهِدْ وإلَّا فسَتَرْسُب.

____

____

ج لاحظ معاني (حتى) في الجمل الآتية، وهات جملًا على غِرارها

حرف نصب : سأصُبُّ عليك وَابِلًا من الأمطار الغزيرة حتى أقضيَ عليك.

حرف عطف : لوَّثَ الإنسان الطبيعةَ حتى الشِّعَابَ المَرْجَانِيَّة في أعماق البحار.

حرف جر : سأنتظِرُكَ حتى الصباحِ.

حرف استئناف : تغَيَّرَ المناخُ في هذه الأيام حتى رَأَيْنا أيامًا حارَّة في الشتاء، وأيامًا باردة في الصَّيف.

ح لاحظ فَتْحَ همزة (إنَّ) وكسرَها في وسَط الكلام، وهات جملًا على غِرارها

- ألَا تعلمِين يا سيدتي أَنَّني لم آتِ مُختارًا؟
- ألَا يعرفُ أَنَّ اللهَ جميلٌ يحبُّ الجمال؟
- بَقِيَ أنْ تقول لي إِنَّه هو الذي يُصيب نفسه بالسَّرَطَانات والأمراض المُهْلِكة.

همزة "إنّ" مفتوحةٌ في وسط الكلام إلا بعد الفعلِ "قال" ومشتقاتِه فإنها مكسورة.

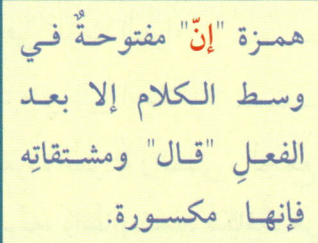

خ لاحظ أداة الشَّرط «إذا»، وهات جملًا على غِرارها

- إذا عاد الإنسان إلى عقله وصَوابه فسيوفقه الله ويقضِي عليك.
- إذا رأيت نُيُوبَ اللَّيْثِ بَارِزَةً   فَلَا تَظُنَّنَّ أَنَّ اللَّيْثَ يَبْتَسِمُ
- ما الشَّيء الذي إذا أكلتَ نصفَه تموت وإذا أكلتَه كلَّه تستفيدُ؟ الجواب: سِمْسِم.

الحَالُ المُفردة وصاحبها

أ لاحظ الأمثلة مع المعلم

١. يُلقِي الإنسانُ المُلَوّثات في البِيئَة مُتعَمِّدًا.	٥. خرج الطالبان من الصف مُعَاقَبَيْن.
٢. نُحب أن نتنفس الهواءَ نَقِيًّا.	٦. سقطَت العُصفورتان من الشَّجرة مَيْتَتَيْن.
٣. تأذَّيْتُ من الدُّخَانِ مُنبَعِثًا من كل مكان.	٧. تَعامَل الناسُ مع البِيئَة مُفْسِدِينَ.
٤. أحب الشايَ حارًّا والعصائرَ باردةً.	٨. عادَت الطالباتُ من الرِّحْلة مَسروراتٍ.

ب ضع خطًّا تحت الحال وخطين تحت صاحبها كما في المثال

- ماتَت البقرةُ مُخْتَنِقَةً بِحَبْلِهَا.

١. ثَار البُرْكَانُ مُشْتَعِلًا.

٢. لا آكُلُ الطعام باردًا.

٣. لم يأتِ التَّلَوُّثُ مُخْتَارًا.

٤. أعاد اللِّصُّ الملابس مُتَّسِخَةً.

٥. رأيتُ مجمُوعةً من النِّساء مُعْتَمِرَاتٍ.

٦. شاهدتُ العجوزَ والفتاةَ خَارجَينِ من السُّوق.

ت املأ الفراغَ بالحال المناسبة مضبوطةً بالشكل كما في المثال

- نزلَتْ الأمطارُ غزيرةً فسَبَّبَتْ فَيَضَانات في البلاد.

١. خرجْنا من الدرسِ اليوم ________

٢. عاد جَدِّي وجدَّتي من الحجِّ ________

٣. لا تتركِي زميلاتكِ ________ ادْعِيهن للجلوس.

٤. وصلَت الشُّرطةُ ________ بعد أن هَرَب اللصوصُ.

٥. ذهبَت الطالبتان إلى الجامعة ________ فَتَعِبَتا كثيرًا.

٦. ختمتُ القرآنَ ________ وأنا في العاشرة من عُمري.

ث حوّل الصفةَ إلى حالٍ فيما يأتي كما في المثال

- أحبُّ أن أشربَ الماءَ الباردَ. — أحبُّ أن أشربَ الماءَ باردًا.

١. عاد الجنودُ المنتصرون إلى وطنِهم. ________

٢. هَبَّت العَاصِفتان الشَّديدتان على البلاد. ________

٣. زَيَّنَت الدولةُ الشارع الجديدَ بالأشجارِ. ________

٤. يدفِنُ الإنسانُ النُّفَايَات السَّامَّةَ في التُّرْبَة. ________

٥. نرحبُ بالضيوف الأَعِزَّاء في حَفْلِنا اليوم. ________

٦. تَتسببُ الحَرَائق المُشْتَعِلة في تَلَوُّث الهواء. ________

٧. أرسلَ المديرُ البريدَ الإلكترونيَّ إلى الطلاب. ________

ج حوِّل الجملة التالية إلى المفردة المؤنثة والمثنى والجمع بنوعَيهما مع ضبطِ الحال فيها بالشَّكل

- **يُعجبني الطالبُ مُؤمنًا بربِّه، وَاثقًا بنفسه، مُكَافِحًا في حياتِه، مُجتهدًا في دُروسِه.**

____

____

____

____

____

إِسْنَادُ الفعل المُضَعَّف والأَجْوَف إلى ضمائر الرفع المتصلة

أ لَاحِظْ مَعَ المُعَلِّم

١. إِسْنَادَ الفعل المضعف إلى الضمائر

الفعل	تاءُ الفاعِل	نا الفاعِلين	نون النسوة	ألف الاثنين	واوُ الجَماعَة	ياءُ المُخاطَبَة
صَبَّ	صَبَبْتُ	صَبَبْنَا	صَبَبْنَ	صَبَّا	صَبُّوا	-
يَصُبُّ	-	-	يَصْبُبْنَ	يَصُبَّانِ	يَصُبُّونَ	تَصُبِّينَ
صُبَّ	-	-	اُصْبُبْنَ	صُبَّا	صُبُّوا	صُبِّي
	يُفَكُّ تضعيفُ الفعل مع ضمائر الرفع المتحركة.			يبقى التضعيفُ مع ضمائر الرفع الساكنة.		

٢. إِسْنَادَ الفعل الأَجْوَف إلى الضمائر

الفعل	تاءُ الفاعِل	نا الفاعِلين	نون النسوة	ألف الاثنين	واوُ الجَماعَة	ياءُ المُخاطَبَة
قَالَ - عَاشَ نَامَ	قُلْتُ - عِشْتُ نِمْتُ	قُلْنَا - عِشْنَا نِمْنَا	قُلْنَ - عِشْنَ نِمْنَ	قَالَا - عَاشَا نَامَا	قَالُوا - عَاشُوا نَامُوا	-
يَقُولُ - يَعِيشُ يَنَامُ	-	-	يَقُلْنَ - يَعِشْنَ يَنَمْنَ	يَقُولَانِ - يَعِيشَانِ يَنَامَانِ	يَقُولُونَ - يَعِيشُونَ يَنَامُونَ	تَقُولِينَ - تَعِيشِينَ تَنَامِينَ
قُلْ - عِشْ نَمْ	-	-	قُلْنَ - عِشْنَ نَمْنَ	قُولَا - عِيشَا نَامَا	قُولُوا - عِيشُوا نَامُوا	قُولِي - عِيشِي نَامِي
يُحْذَفُ حرف العلة في فعل الأمر ومع ضمائر الرفع المتحركة.				يبقى حرف العلة مع ضمائر الرفع الساكنة.		

ب حوِّل الفعلَ الماضِي إلى المضَارع والأمر فيما يأتي كما في المثالين

- رَدَّ زيادٌ على الهاتف. يَرُدُّ زيادٌ على الهاتف. رُدَّ على الهاتفِ يا زيادُ.
- عَادَ الجنودُ المنتصرين إلى وطنهم. يَعُودُ الجنودُ منتصرين إلى وطنهم. عُودُوا مُنتصرين إلى وطنكم يا جنود!

١. جِئْتُ إلى الدرسِ مُبكرًا. ______ ______

٢. غَابَ الطالبان عن الدرس. ______ ______

٣. قَصَّ الجدُّ الحِكاية على أحفاده. ______ ______

ت ضع الفعلَ الذي بين القوسين في صورته الصحيحة

١. ______ أهلًا ونزلتم سَهلًا. (حَلَّ)

٢. النِّساءُ ______ طَوَافَ الوداعِ. (طَافَ)

٣. أنا مَا ______ عن الدرس أمس. (غَابَ)

٤. نحن ______ الشايَ في الأكواب. (صَبَّ)

٥. لماذا ______ من الامتحان يا طالباتُ؟ (يخاف)

٦. الطالباتُ ______ أنهن نجحْنَ في الامتحان. (يظُنّ)

٧. اجْتَهِدْنَ في التَّدريب و ______ في المُسابقة. (فُزْ)

٨. يا طالبات ______ النُّقودَ قبل أن تُغادِرنَ الشُّباكَ. (عدَّ)

ث خاطِب بالعبارات الآتية المفردة والمثنى والجمع بنوعَيهما

١. نَالَ الطالب جائزةَ التَّفوُّقِ.

٢. التاجرُ هَدَّ بيتَه القديمَ وباعَه.

٣. أَخي سيحجُّ هذا العامَ وسيعودُ بعد شهرٍ.

٤. ثُرْ على البَاطِل وَرُدَّ على الإسَاءة بالحُسْنَى.

٤ أ. حوار بين البيئة والتلوث

الاستماع والفهم

أ ادْرُسِ المفردات التالية

خُبَرَاءُ الأَرْصَادِ الجَوِّيَّة - فَادِحَة
خَسَائِر بَشَرِيَّة - أَضْرَار مادِّية - مُدَمِّرة
تَشْرِيد - الجُثَث - الجَفَاف - القَحْط

ب استمعْ إلى الجُزء الأَوَّل ثم أجب عن الأسئلة

١. في أَيِّ عامٍ وقع زِلْزَالُ اليابان؟ وأَيَّ مِنطقةٍ أصابَ؟
_____
٢. ما الخسائرُ البشرية والمادِّية التي نَجَمَتْ عن هذا الزِّلْزَال؟
_____
٣. كم شخصًا قُتِلَ في فَيَضانات باكستان؟ وكم شخصًا تَشَرَّد؟
_____
٤. ما الأخطارُ التي واجهها النَّاجُون من هذه الفَيَضانات؟ وما السبب؟
_____

ت استمع إلى الجزء الثاني ثم أكمل الفراغات

١. وقع بُرْكَان أَيْسِلَنْدا في شهر _____
٢. توقفتْ _____ في مطارات أوروبا بسبب البُرْكَان.
٣. غطَّتِ العاصفةُ عشراتِ المدن والقُرى بطَبقةٍ كثيفة من _____
٤. لم تشهدْ البلادُ عاصفةً رَمْلِيَّة أَسْوأ من هذه منذ أكثرَ من _____

ث استمع إلى الجُزء الثالث ثم ضعْ علامة (✓) أو (×)

١. انتشرَت الحرائقُ في الغاباتِ المُطِلة على مدينة لُوس أَنْجلوس بسبب المطر. (   )
٢. تُوفِّي في حَرائق كَاليفورنيا عشرةُ أشخاصٍ وفي إِعْصارِ كَاترينا نحو أَلْفَي شخصٍ. (   )
٣. شهدَت المناطقُ الجنوبية من ولاية كَاليفورنيا نحو ستة وثلاثين حَريقًا رئيسيًّا. (   )
٤. يحتلُّ إِعْصارُ كاترينا المركزَ الرابعَ بين أقوى الأَعَاصِير التي ضَرَبَت الولايات المتحدة في تاريخها. (   )

ج استمع إلى الموضوع كاملًا وقارنْ بين الخسائرِ البشرية والأضرار المادية وَفقَ هذا الجدول

الكارثة الطبيعية	الخسائر البشرية	الأضرار المادية
إِعْصار كَاترينا		
الفَيَضانات		
حرائق الغابات		
البُرْكَان		

٨٤

أ٤ THE NATURE الطبيعة

ح استمع مرَّة أُخرى واكتب البلد وتاريخ حدوثِ الكارثة تحت الصورة

زِلْزَال ـــــــــ عام ـــــــــ

بُرْكَان ـــــــــ عام ـــــــــ

إِعْصَار ـــــــــ عام ـــــــــ

حرائق ـــــــــ عام ـــــــــ

فَيَضَانات ـــــــــ عام ـــــــــ

عَواصف ـــــــــ عام ـــــــــ

٤. أ. حوار بين البيئة والتلوث

المحادثة

الجزء الأوَّل | أنواعُ التَّلوث البيئي

أ انظر إلى الصور التالية وتناقش مع زميلك في واحدة منها

التَّلوُّث الهوائي

التلوث المائي

التَّلوُّث الضَّوضَائي السمعي

تَلوُّث التُّربة

ب استعن بالأسئلة التالية للمناقشة حوْل المشكلة

١. هل تُعانُون واحدة من هذه المشكلاتِ؟ ما هي؟
٢. ما مَظاهرُ هذا التَّلوُّث؟
٣. هل تُحاولون مُكافحةَ هذا التَّلوُّث؟
٤. كيف ذلك؟

ت أُنقل إلى الصف إجابات زميلك كما في المثال

زميلي يُعاني في بلدِه من _____ ومن مَظاهرِ هذا التَّلوُّث _____

وهناك مُحاولاتٌ من طَرَفِ _____ لمكافحةِ هذا التَّلوُّث عن طريق: ١. _____ ٢. _____ ٣. _____

الجزء الثاني الكَوارث الطبيعية

أ املأ جدولَ البيانات التالية مع زملائك في الصف (اختر زُملاء من جنسيات أو بلاد مختلفة)

اسم الزَّميل				
البلد				
آخر كارثةٍ طبيعية حدثتْ				
التاريخ				
الخسائِر البشرية				
الأضرار المادِّية				
كيف تمَّ التَّغَلب على الآثار؟				

ب اختر حالةً من الحالات السَّابقة أو أكثر وانقل بأسلوبِك إلى الصف تقريرًا بالبيانات التي حصلت عليها (يُمكنك الاستعانة بهذا النموذج)

زميلي ____________ من __________ آخرُ كارثةٍ طبيعية حصلتْ في بلدِه هي ____________

وذلك في ____________ حيثُ ____________ وقد نَتَج عن ذلك:

خسائر بشرية: ____

وأضرار مادِّية: ____

وتمَّ التغلُّبُ على آثار هذه الكارثة عن طريق:

١. ____

٢. ____

٣. ____

ت مُناقشة مفتوحة

كيف ترى مستقبل كوكب الأرض في ظِلِّ الأوضاعِ الحالية؟

هل أنتَ مُتفائل أم مُتشائِم؟

أيِّد رأيكَ بالأدِلَّة والبَراهين.

٤

ب. برنامج «لا تترك أثرًا»

المفردات

أ اقرأ وافهم

مفردات إعلامية:
- مُذِيع
- مُشاهِد
- مُراسِل
- ضَيف
- بَرنامَج (ج) بَرامِج
- على الهواء / مُباشِر

مفردات الرحلات:
- تَخْطيط
- البَرّ × البَحر
- رَحَلات بَرِّيَّة × رَحَلات بَحرية
- التَّخْييم
- هِوايَة (ج) هِوايات
- رَمْل (ج) رِمال
- نَشاط (ج) نَشاطات
- حَطَب
- وَجَبات شَعْبِيَّة
- طَهْي
- تحضير
- مُعَسْكَر (ج) مُعَسْكَرات
- التَّفَكُّر / التَّأَمُّل

تعبيرات:
- راحةٌ نفسيَّة
- تَحَمُّل المَسؤوليَّة
- الاعتِمادُ على النَّفْس
- سُلوكِيّاتٌ سَلْبِيَّة × سُلوكِيّاتٌ إيجابِيَّة
- باخْتِصارٍ
- الآوِنَة الأخيرة
- مخلُوقات فِطْرِيَّة

صفات:
- قِيمَة
- عَميقة
- مُحَدَّد

أفعال:
- يُؤَثِّر على

- يَوَدُّ أن
- أَطَّلِعُ
- يُضايِق
- يُزيل
- يُدَمِّر
- يُطَبِّق

- يَتَخَلَّص مِن
- يُشَجِّع على

مفردات أخرى:
- مُخَلَّفات / نُفايات
- مَبْدَأ (ج) مَبادِئ
- تَفاصيل

- رابِط
- مَجال
- شَراكَة

٨٨

ب استبدل بالكلمة التي تحتها خط المرادف لها مما بين القوسين

١. لا تتحدثْ بكلامٍ يُضَايِقُ الآخرين. (يُعاقب - يُزعج - يُزيل)
٢. كيف يتخلّص المُدخِّن من التدخين؟ (يترك - يطبق - يفسد)
٣. تساعدُ البنتُ أمَّهَا في تحضيرِ الطعام. (تقديم - إعداد - الإتيانِ بـ)
٤. أجبْ عن هذه الأسئلة باختصارٍ شديدٍ. (وُضُوح - تفصيل - إيجاز)
٥. ماذا تودُّ أن تفعل في بدايةِ العام الجديد؟ (تتمنَّى - تأخذ - تبحثُ)
٦. ما أفضلُ الطُّرُق لطَهْي الدَّجاج في الفُرن؟ (قَلْي - خَبْز - طَبْخ)
٧. الخِبرة والجَودة من المبادِئ الأساسية في العمل. (القواعد - الشُّروط - الظُّروف)
٨. يجب أن نُعَلِّم أبنَاءَنا الابتعادَ عن السُّلُوكيَّات الخاطئة. (الألعاب - الأفكار - التَّصرُّفات)
٩. في الآوِنَةِ الأخيرة تعلمتُ كيف أُحافِظ على البِيئَة من التلوُّث. (الخُطَّة - الصَّفْحة - الفَتْرة)
١٠. التَّزلج على الجليدِ من النَّشَاطات التي يُمارسُها السُّيَّاح في الشتاء. (الزِّيارات - الأعمال - الانتقالات)

ت املأ الفراغات بالتعبير المناسب مما يأتي

الراحة النفسية - تَحَمُّل المسؤولية - السُّلُوكيّات السَّلْبِيَّة - السُّلُوكيّات الإيجابية - الرحلات البحرية - الوجبَات الشعبية
المخلوقات الفُطْرِيَّة - الاعتماد على النفس

١. من ________ في سُوريا (المَقْلوبة) وفي السعودية (الكَبْسة).
٢. أشعر بالهدوء و ________ عندما أقوم برحلة في الأماكن الطبيعية.
٣. رفض الموظف ________ لِلقرار الذي صدر وحوَّل الأمرَ إلى المدير.
٤. من ________ تنظيم الأدوات والملابس والمحافظة على أثاث المنزل.
٥. تُنظِّم الشركات السياحية في الغردقة ________ لمشاهدة الشِّعاب المَرجانية.
٦. أوصانا الإسلامُ بحُسْن التَّعامُل مع ________ والكَائِناتِ الحيَّةِ الموجودة في الطبيعة.
٧. يجب على الآباء أن يُعَوِّدُوا أطفالهم ________ وعدم الاعتماد على الآخرين في سِنٍّ مبكرة.
٨. النومُ نهارًا وتركُ العملِ والإسرافُ في الطعام والشراب ليلًا مِن ________ في شهرِ رمضان.

ث ضع كل فعل مما يأتي تحت الحرف المناسب ثم ضعه في جملة مفيدة

يَستمتع - يُؤَثِّر - يتعرَّف - ينتقِل - يتخلَّص - يبتعِدُ - يعتمِدُ - يتأمَّل - يقترِب - يُحافِظ - يُشجِّع - يتحدث - يكتفِي - يُوصِي - ينظُر - يشعُر

على	إلى	في	بـ	من	عن

٤
ب. برنامج «لا تترك أثرًا»
الحوار

بَرْنَامَج «لا تترك أثرًا»

أ استمع وافهم

المُذِيع : أَعِزَّائي المُشاهدين والمشاهِدات، يحْرِصُ كثيرٌ من العائِلات والسُّيَّاحِ على القيامِ برحلات بَرِّيَّة في المناطق الصحراوية في الإجازات؛ وذلك لمشاهَدة المناظر الطبيعية البدِيعَة والاستمتاع بها. ولِتَعرُّفِ كيفية المحافظة على البيئَة خِلال هذه الرحلات ننتقل إلى مُراسِلتنا «بُدُور»... إليكِ الكلمةَ يا بُدُور

المُرَاسِلة : شكرًا لك يا فَيْصَل، وتحيَّةً لضُيوفك الكِرام ولكلِّ المشاهِدين الأكارِم في كل مكان.

المُذِيع : أين أنتم بالتَّحْديد يا بُدُور؟

المُرَاسِلة : نحن في مِنطَقة صَحراوية تَبْعُد عن المدينة نحو عشرة كيلومترات. وهي مِنطَقة يأتي إليها كثيرٌ من السَّائحين والزُّوار للتَّخْييم، خصوصًا في الفترة المسائية عندما تنخفضُ درجاتُ الحرارة ويتحسَّنُ الجوُّ.

المُذِيع : ما أهمُّ النشاطاتِ التي يقوم بها الزُّوَّار عندك يا بُدُور؟

المُرَاسِلة : في الحقيقة، الزُّوار هنا يقْضون أوقاتًا ممتعةً على الرِّمَال الذَّهبية، حيثُ أرَى الشباب يُمارسون هِوَايَاتهم الرياضية المُفضلة، كمَا نُشاهد بعضَ العائلات وهي تطْهو عديدًا من الوجَبَاتِ الشَّعبية على الحَطَب، إضافةً إلى تحضير القهوةِ والشايِ بالطُّرق القديمة، هذا إلى جانب مُعَسْكَرات الطلبةِ والمعلمين التي تأتي لبَرامِج مُحَدَّدة.

المُذِيع : ما الفوائدُ التي تَعُود على الزُّوار من خلالِ هذه الرحلات؟

المُرَاسِلة : أولًا: هذه الرحلاتُ تُحقق السَّعادَةَ والمُتعةَ من خِلال التَّأمُّل والتَّفكُّر في بَديعِ صُنعِ الله. ثانيًا: تُوفِّر الراحَة النَّفسية، وتُشجِّع الأبناءَ على تحَمُّلِ المسؤولية، وتُعوِّدُهم الاعتمادَ على النَّفْس.

المُذِيع : حَدِّثِينا عن طبيعةِ المُخَيَّم الذي أنتِ فيه الآن.

المُرَاسِلة : نحن الآن في مُخَيَّمٍ لبَرْنَامَج اسمُه «لا تترك أثرًا»، ومعِي على الهواء مُباشَرة لِيحدثَنا عن هذا الموضوع الأستاذ أحمد مُشْرِف البَرْنَامَج. أهْلًا وسهلًا يا أستاذُ أحمد، لماذا تطبّقون هذا البَرْنَامَج؟

الضيف : في الآونَة الأخيرة كثُرتْ أعدادُ سُيَّاحِ المناطقِ الطبيعية، وظهَر إلى جانب ذلك عددٌ من السُّلوكيَّات السَّلْبيَّة التي تُؤثِّر على السِّياحة في هذه المناطق ومنها: قَطْعُ الأشجارِ، وقَتْلُ الكائنات الحيَّة في هذه المناطق، ورَمْيُ المُخَلَّفاتِ بها، ومُضايَقة الناسِ الموجودين فيها، إضافةً إلى إزالةِ أو تدمير آثارٍ تاريخية أو طبيعية قيِّمَة.

المُرَاسِلة : ما أهمُّ أهدافِ هذا البَرْنَامَج؟

الضيف : من أهمِّ أهدافِ هذا البَرْنَامَج أن يستَمتِعَ الزُّوار بالطبيعة مُحافظين عليها.

المُرَاسِلة : كيف يتمُّ ذلك؟

الضيف : من خلالِ تطبيقِ عِدَّة مبادِئ بسيطة، لكنَّها عَمِيقَة المعنى، وهي باختصار: التَّخْطيط قبل الرِّحلة، الاختيار السَّليم لأماكنِ التَّخْييم، التَّخلُّص من النُّفايَات بطرقٍ سليمَة، التقليلُ من الآثارِ السَّلْبيَّة لإشْعَال النَّار التي تُستخدم في طَهْيِ الطعامِ أو صُنْعِ الشاي والقهوة، حُسْن التعاملِ مع المَخلوقات الفُطْرِيّة بِأنواعها كافَّة، عدمُ تغييرِ أيِّ شيءٍ في الطبيعة،

احترامُ مشاعر السُّكَّان والزُّوار الآخرين. يعني باختصارٍ شديدٍ: استمتعْ بالطبيعةِ، ودَعْ غيرَكَ يستمتعْ بها، فالطبيعةُ شَرَاكَةٌ للجميع.

المُراسِلة : كُنَّا نَوَدُّ أن تُطْلِعَنا على تفاصيلَ أكثر حوْل هذه المبادِئ، ولكن نظرًا إلى ضِيقِ الوقتِ سنكتفِي بهذا القَدْرِ من المعلومات. وفي النهايةِ نَشكُر لَكم جُهودكم في هذا المجالِ، ونتمنَّى أن يُطبَّق البَرْنَامَج في أماكنَ كثيرة لِلحفاظ على البِيئَة.

الضيف : شُكرًا لكم أنتم، وبالمناسبة يستطيع المشاهِد الكريم أن يُتابِعَ تَفَاصيل البَرْنَامَج كاملةً عَبْر الشَّبَكة العَنْكَبُوتِيَّة من خِلال هذا الرَّابِط: www.lnt.org.sa

---

ب اقرأ

ت مارس الحوار مع زميلك

ث لَاحِظِ التَّعْبِيرَاتِ الآتِيَة وهات أمثلة على غِرارها

١. القِيام بـ - يقُوم بـ

- يحرصُ السُّياح على القِيام بالرَّحلات البرية.
- ما أهم النشاطات التي يقوم بها الزُّوار؟
- قُمْ بواجبك نحوَ والديك.

٢. بَرْنَامَج

بَرْنَامَج ← تِلفزيوني إذَاعِي تَعْليمي

بَرْنَامَج ← الدُّروس اليوم الحفل

بَرْنَامَج ← حاسوبي سياسي انتخابي

٣. إليكَ

إليكَ / لكِ / لكم / لكن ← عَنِّي = ابتعدْ عَنِّي / اُتْرُكْني

← الكلمةَ / الكتابَ / تَفَاصيلَ البَرْنَامَج = خُذْ / تفضل

٤. بالتحْدِيد

- أين أنتم بالتحدِيد؟
- كم سنُّك بالتحدِيد؟
- متى ليلةُ القَدْرِ بالتحدِيد؟
- لا أعرفُ أين نحن بالتحدِيد؟

ج لاحظ معنى كل رابط في الجمل التالية وهات جملًا على غرارها

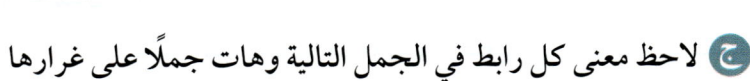

١. نَظَرًا إلى = بسببِ

- نَظَرًا إلى ضِيقِ الوقتِ سنكتفي بهذا القَدْرِ.
- شركةُ مِصر للطيران تُلْغِي رِحْلَتَيْها إلى نيويورك نَظَرًا إلى سُوءِ الأحوال الجوية.
- منعتْ إدارةُ الكلية الطالب من الامتحان نَظَرًا إلى كثرةِ غِيابه.

٢. من خِلالِ

- ما الفوائِدُ التي تعُودُ على الزُّوار من خِلالِ هذه الرحَلات؟
- هذه الرحلاتُ تُحقِّق السَّعادة والمُتعة من خِلالِ التأمُّل والتفكُّر في بديعِ صُنعِ الله.
- يمكنكُم مُتابعَةُ تفاصيلِ البَرْنَامَج من خِلالِ هذا الرَّابط.

٣. وذلك

- يجبُ أن أذهبَ الآن وذلك لأنَّ لَدَيَّ موعدًا.
- تحرصُ العائلاتُ على زيارةِ المناطق الصَّحراوية في الإجازات، وذلك للاستمتَاعِ بالمناظِر الطبيعية بها.

٤ ب. برنامج «لا تترك أثرًا»

القراءة والفهم

من الشِّعرِ العربيِّ:
«تِلكَ الطَّبيعةُ» لأميرِ الشُّعَراء «أحمد شَوْقِي»

أ أجب عمَّا يأتي قبل قراءة النصِّ

١- في الطَّبيعةِ مظاهرُ رائعةٌ، اذكرْ بعضًا منها.

٢- كيف تَدُلُّ الطَّبيعةُ على عَظَمَة الخالِقِ وقُدْرتِه؟

ب اقرأ

الشَّاعر

- وُلِدَ الشَّاعرُ أحمدُ شَوقِي في القاهرة سنة ١٨٦٨م.
- تَخَرَّج في مدرسة الحُقوقِ بمصر، ثم أكملَ دراسةَ الحُقوقِ في باريس بفرنسا لمدّة سنتين أُخْرَيينِ.
- لُقِّبَ بأميرِ الشُّعراء عام ١٩٢٧م وتُوفِّي عام ١٩٣٢م.
- له ديوانٌ عُنوانه «الشَّوْقيَّات» يقعُ في أربعة أجزاءٍ، ويَتَضمَّنُ سيرتَه ومُجْمَل شعره.

القَصيدة

تتحدثُ الأبياتُ في هذه القصيدةِ عن جمالِ الطبيعة، وكيف أنها تَدُلُّ على بَديع صُنع الله عَزَّ وجَلَّ، فَيطلبُ الشَّاعِر من رَفيقه أن يقِفَ ليتأملَ معه جمالَ الطبيعةِ التي تَدُلُّ على عَظَمَة خالِقِها، فكلُّ شيء في هذا الكَوْنِ ينطِقُ بهذه العَظَمَة ويدُلُّ عليها، وهذه الأدِلَّة الكَوْنية كافيةٌ لإزالةِ الشَّكِّ والإنْكارِ ومَحْوِهما مِن كلِّ نَفْسٍ، وهي في الوقت نفسِه أقوى من أدِلَّة كِبار الفُقَهاءِ والعُلماء.

أُدرسْ واحفظْ

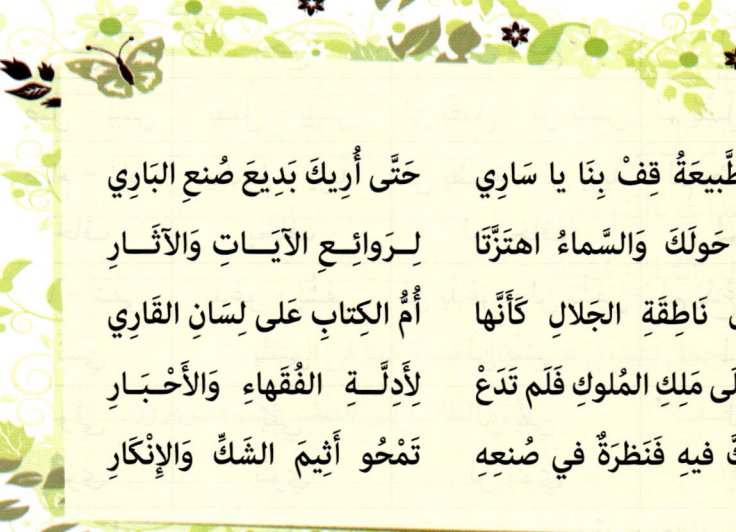

تِلكَ الطَّبيعةُ قِفْ بِنَا يا سَارِي	حَتَّى أُرِيكَ بَدِيعَ صُنعِ البَارِي
الأَرضُ حَولكَ والسَّماءُ اهتَزَّتَا	لِرَوائِعِ الآيَاتِ والآثَارِ
مِن كُلِّ نَاطِقَةِ الجَلالِ كَأَنَّها	أُمُّ الكِتابِ عَلى لِسَانِ القَارِي
دَلَّتْ عَلى مَلِكِ المُلوكِ فَلَم تَدَعْ	لِأَدِلَّةِ الفُقَهاءِ والأَحْبَارِ
مَن شَكَّ فِيهِ فَنَظرَةٌ في صُنعِهِ	تَمْحُو أَثِيمَ الشَّكِّ والإنكَارِ

معاني الكلمات

لُقِّبَ: سُمِّي.	الفُقَهاء : جمعُ فقيهٍ، وهو العَالِم بالفقه.
تلكَ: اسمُ إشارة للبعيدِ يدلُّ على العظمَة والجَلالِ.	تمحُو : تُزيل وتَمْسَح.
السَّارِي: الماشِي أو المسافر ليلًا.	دِيوَانٌ : كِتابٌ تُجْمَعُ فيهِ قَصائِدُ شاعِرٍ أَوْ شُعَراء.
البَارِي : البارئ، اسمٌ من أسماءِ اللهِ الحُسْنَى. ومعناه: الخالِق المُوجِدُ.	البَدِيعُ : الرَّائِعُ الذي لا نَظِير له.
أمُّ الكِتاب: سُورة الفاتحة.	اهتزَّتَا : تَحَرَّكَتَا فرَحًا بما فيهما من الجمال.
مِن كُلِّ ناطِقَةِ الجَلالِ: بسبب كلِّ آيةٍ وعلامةٍ تُظْهِر جَلَالَ خالِقها وعظمته.	القَارِي : القارئ، اسمُ فاعلٍ من الفعل (قرأ).
	الأَحْبَار : جمعُ الحَبْر، وهو العَالِم الوَاسِع العِلْم.
	أَثِيم الشَّكِ والإنكار: ذَنْب الشُّبْهَة والتَّكْذِيب.

ت أسئلة وتدريبات حوْل النص

١. تناقش مع زملائك ثم أجب

أ. ضعْ عنوانًا آخرَ للنصِّ الشِّعري مُبيّنًا سببَ الاختيار. ________

ب. أين ومتى وُلِد الشَّاعر أحمد شَوْقِي؟ وبِمَ لُقِّبَ؟ ________

ت. لماذا دعَا الشَّاعر السَّارِيَ إلى التَّوَقُّف؟ ________

ث. بِمَ شَبَّهَ الشَّاعر الآياتِ الدَّالة على عظَمَة الله وقُدْرَته؟ وعَلامَ يَدُلُّ هذا التَّشْبِيه؟ ________

ج. ماذا يفعلُ التَّأمُّل في صُنْع الله وقُدْرَتِه؟ ________

ح. اذْكُر فائدةً مِن النصِّ تسْتَفِيد بها في حَيَاتِك. ________

٢. ابحثْ مع زملائك عن المطلوب ثم ضعْه في جملة

أ. مُفْرد رَوَائع :________ الآثار :________ أَدِلَّة :________ الفُقَهاء :________

ب. جمع سَارِي :________ بديع :________ القَارِئ :________ الشَّك :________

ت. مُرادِف اهتزَّ :________ أُمُّ الكتاب :________ تَدَع :________ الأَحْبَار :________

ث. مُضَاد قِفْ :________ ناطِقة :________ الشَّك :________ الإِنْكار :________

٣. تَحاوَر مع زملائك حوْل سِرِّ جمال التعبيرات التَّالية

أ. كَأَنَّها أُمُّ الكِتابِ عَلى لِسَانِ القَارِي.　　ب. تَمْحُو أَثِيمَ الشَّكِّ وَالإِنكارِ.

٤. استخرجْ من النصِّ ما يأتي

أ. اسمَ فاعلٍ من فِعلٍ مُعتلٍّ: ________ وآخر من فعل صحيح: ________

ب. فعلًا مُضَعَّفًا: ________ وآخرَ مثالًا: ________ وآخر ناقصًا: ________

ت. فعلًا مضارعًا منصوبًا: ________ وبيّن علامةَ النَّصب: ________

أ كَوِّن جملًا مُفيدةً من الجدول آخِذًا كلمةً واحدةً من كُلِّ عَمُودٍ كما في المثال

أَمرَنا	المُذِيعُ	مع	المَوتِ	على	الحيواناتِ
تُكافحُ	المياه	من	الصَّحة	على	التَّلَوُّثِ
أَدْعُوكم	ضارّ	بِـ	الخضروات	بِـ	أُعْجُوبة
يَتَغَذّى	الطفل	بِـ	الاستِمتاع	بِـ	كل جِهَة
التَّدْخين	الطفلة	لِـ	المُراسِل	و	الهواء
تُحيطُ	الدَّولةُ	لِـ	الرِّفْقِ	و	يُسبِّب الموت
نَجَتْ	الإسْلامُ	على	القَضاءِ	من	الطَّبيعة
تَحدَّثَ	غدًا	بِـ	الجَزيرة	بِـ	الفواكه

١. أمرنا الإسلامُ بالرفقِ بالحيوانات.
٢. ____________________
٣. ____________________
٤. ____________________
٥. ____________________
٦. ____________________
٧. ____________________
٨. ____________________

ب استخدِمِ التَّعبيراتِ والكلماتِ الآتيةَ في جُملٍ مفيدةٍ من إنشائك

١. نَظَرًا إلى : ____________________
٢. بسبب : ____________________
٣. إذا : ____________________
٤. كُلَّما : ____________________
٥. لو : ____________________
٦. إضافةً إلى : ____________________
٧. وذلك : ____________________

ت هل تعرِفُ ما التَّحْقِيقُ الصَّحَفِي؟

- هو نَوعٌ من أنواعِ الكِتابة في الصُّحُفِ والمَجَلّات، ويتحدثُ عن موضوعٍ مُهِمٍّ أو قَضِيَّةٍ حَيَاتِيَّة.

ث اكتبْ تحقيقًا صحفيًّا باتِّباعِ الخُطوات التَّالية

١. اخترْ واحدًا من الموضوعاتِ التَّالية لِلكتابة فيه

- تَنْظيمُ الرِّحلاتِ لِلاستمتاع بالطَّبيعةِ ومَناظرِها البَدِيعة.
- التَّلَوُّثُ البِيئِي: أنْواعُه، ومَظَاهر كل نَوعٍ، وكيفِية مُكافَحتِه.
- الكَوارِثُ الطَّبيعيةُ في بلدِكَ، أنواعها، وخَسائرها البَشَرية، وأَضْرَارها المَادِّيَّة، وجُهُود الدَّولة المُختلفة في هذا الموضوع.

٢. اجمعْ معلوماتِكَ وأرقامَكَ عن الموضوع من المَصَادِرِ التَّالية

- بعض البَرَامِج التِّلفزيُونية، أو بعض الصُّحُف والمَجَلّات.
- الدُّروس في هذه الوَحَدات، والوَحَدات السَّابقة.
- المكتبة.
- الشَّبَكَة العَنْكَبُوتية (الإنترنت).
- مِن بعضِ المعَارِف أو الزُّمَلاء والأصدقاء.

٣. استفدْ مِن المعلومات السَّابقة التي جمعتَها وأعِدَّ التَّحْقِيق الصَّحَفِي على النَّحْو التالي

أ. الفِقْرة الأُولى (مُقَدِّمة): تُبيِّن فيها أهميةَ الموضوع.

ب. الفِقْرة الثانية (أَصْل الموضوع): تُوَضِّح أصلَ الموضوع الذي تَكْتُبُ عنه.

ت. الفِقْرة الثالثة (المعلومات والأرقام): تَضعُ المعلومات والأرقامَ التي جمعتَها في شَكلٍ مُنظَّمٍ وتُوضِّح مصادرها.

ث. الفِقْرَة الرابعة (إجرَاء مُقَابلات): تُجْرِي بَعض المُقابلات القصيرة لِتُوضحَ رأْيَ الناس في الموضوع.

ج. الفِقْرة الخامسة (الخَاتمة): وفيها تُلَخِّص النتائجَ التي توصَّلْتَ إليها.

٤. اكتبْ الموضوع في دفترِكَ وابتعدْ عن التّكْرار ما أمْكَن

٥. راجعِ الموضوعَ وصَحِّحِ الأخطاءَ النَّحويةَ والصَّرفيةَ والإملائية والأُسْلوبية قبل أنْ تُقَدِّمَه للمعلم

ج اقرأ تحقيقاتِ زملائكَ الصَّحَفية واخترْ أحدَ الموضوعاتِ وقُل رأيكَ فيه

الخَطُّ

- **اكتب ما يأتي بخط النسخ وبخط الرقعة كما في النموذجين**

إِنَّ فِي خَلْقِ السَّمَاوَاتِ وَالأَرْضِ وَاخْتِلَافِ اللَّيْلِ وَالنَّهَارِ لَآيَاتٍ لِأُولِي الأَلْبَابِ

إن في خلق السماوات والأرض واختلاف الليل والنهار لآيات لأولي الألباب

الْوَحْدَةُ الْخَامِسَةُ

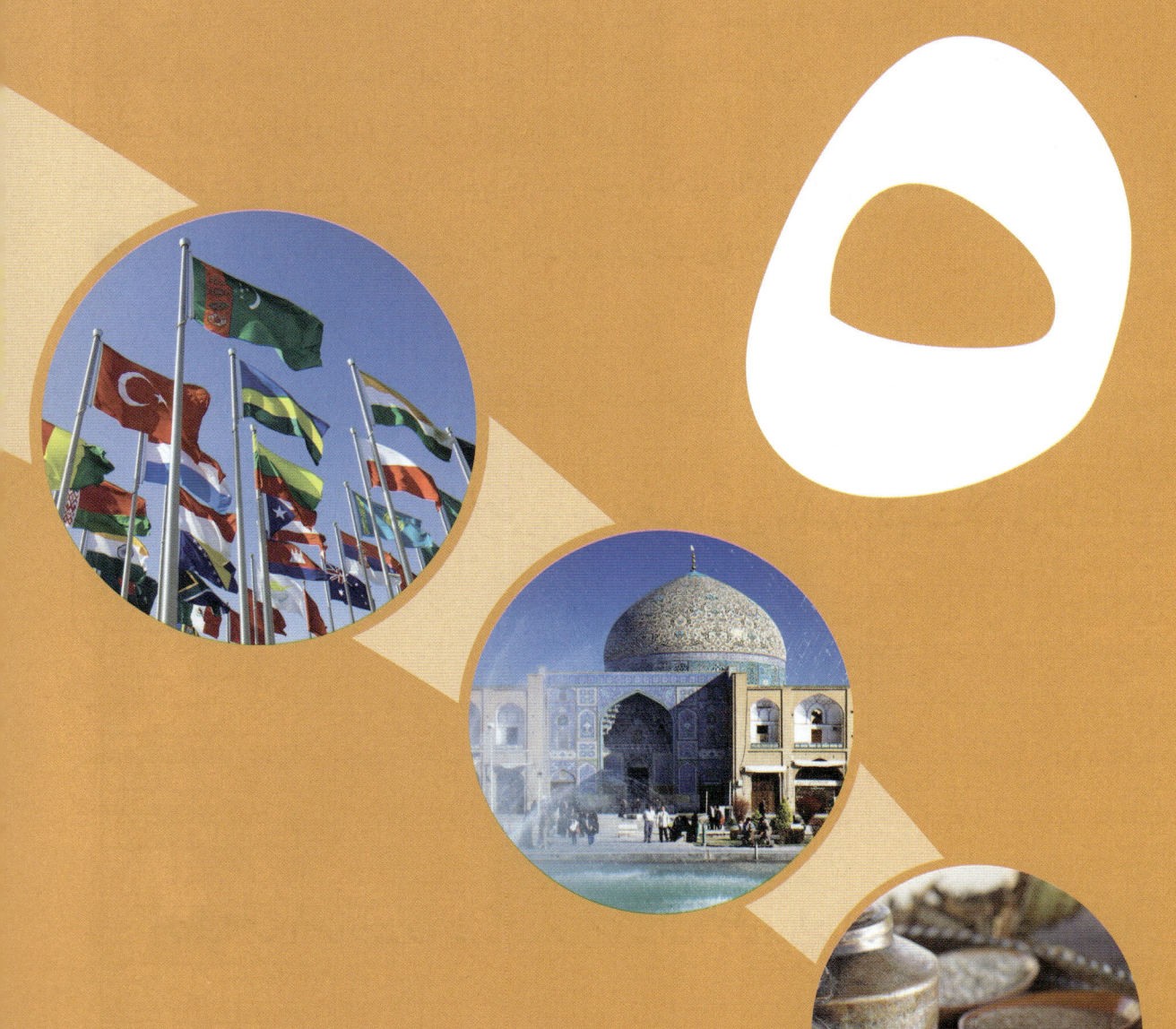

٥

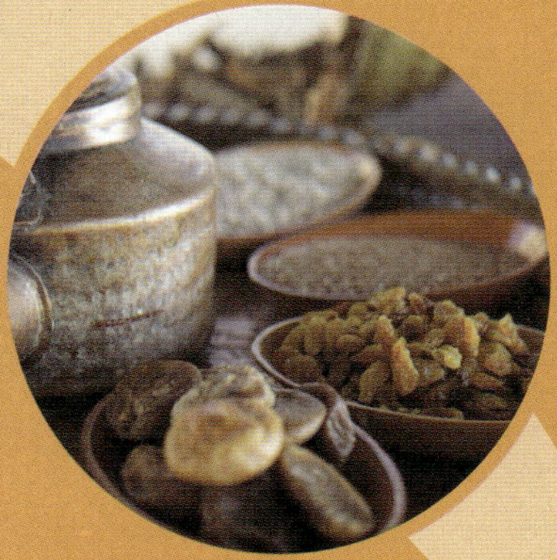

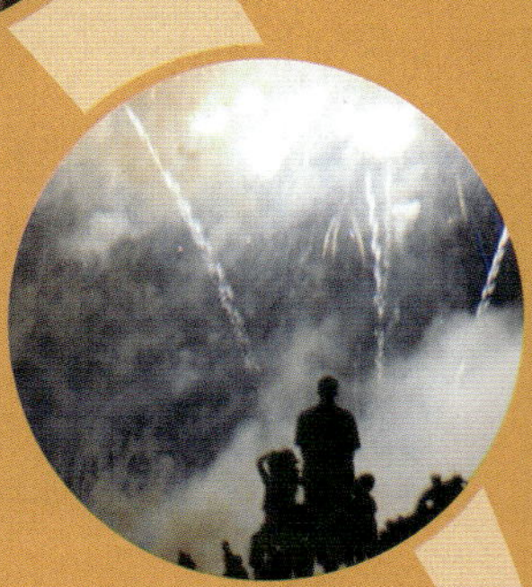

ثَقَافَاتٌ مُخْتَلِفَةٌ

DIFFERENT CULTURES

أ. مِهْرَجَانُ أَيَّامِ الشُّعُوبِ

ب. كُلُّ لِسَانٍ إِنْسَانٌ

٥
أ. مهرجان أيام الشعوب
المفردات

أ اقرأ وافهم

مفردات الثقافة:

- تُرَاثٌ
- عُرُوضٌ شَعْبِيَّة
- أطباقٌ شَرْقِيَّة
- رَقْصٌ شَعْبِيٌّ
- الرَّقْصَة المَوْلَوِيَّة
- الأَعْرَاسُ والأَفْراح
- أَزْيَاءٌ شَعْبِيَّة
- مِهْرَجَان
- لوْحَات فَنِيَّة
- مُجَسَّمٌ (ج) مُجَسَّمَات
- أَنَاشِيدُ وطَنِيَّة

مأكولات ومشروبات ومناطِق:

- المَنْدِي اليَمَنِيّ
- المَنْسَف الأُرْدُنِي
- المَقْلُوبَة السُّورِيَّة
- الفَلَافِل الفِلسطِينية والسُّورية
- الكَبْسَة السُّعودِية أو الخَلِيجِيَّة
- الكُشَرِي المصري
- الكُسْكُسِي أو المَفْتُول في شَمال إفريقيا
- الشَّاي الأخضر المُنَعْنَع في شَمال إفريقيا
- الكُفْتَة النَّيِّئَة في تركيا (تِشي كفته)
- الكَعْك الأَلْمَاني
- لحم الحِصان في آسيا الوسطى
- ألبانُ الخيلِ في آسيا الوسطى

عادات وأَزْيَاء:

- التَّحِيَّة اليَابانية
- الزِّيّ الياباني (الكِيمُونُو)
- نَقْشُ الحِنَّاء
- الكُحْل

صفات:

- المُقْبِل
- مُصَغَّر
- فَنِّي
- نَيِّئ
- تَقْلِيدي
- شَعْبِيّ
- وطني
- شَرْقِي
- مُمَيَّز
- ثقَافي
- تُرَاثي
- حَمَاسِي
- اسْتِوائي
- زَاهٍ

أفعال:

- يُنظِّم
- يجْذِب

مفردات أخرى:

- جَنَاح (ج) أَجْنِحَة
- على التَّوالي
- الصَّلْصَة
- دَقَّة الثَّوْم
- مِنطَقَة البحر الأسود
- المنطقة الاسْتِوائية
- طَابع

ب املأ الفراغاتِ بالكلمة المناسبة مما بين القوسين

من عادةِ الناس في ______ **(العُرُوض - الأَعْرَاس - المِهرجانات)** والأفراحِ تقديمُ ______ **(الأَزْيَاء - الرَقَصات - الوَجبات)** الشعْبيّة مثل المَنْدي في ______ **(اليَمَن - مصر - المغرب)** و ______ **(الكُشَري - المَفْتُول - المَقْلُوبة)** في شمال إفريقيا، وقبلَ الزَّواج بيومٍ أو أكثر يقومُ العَروسان بنَقْشِ ______ **(الكُحْل - اللوحات - الحِنَّاء)** في أيديهما. أمَّا في آسيا الوسْطى فيقدمون لحُوم ______ **(الغَنَم - الخَيل - الإبل)** للمدعوين، كما يَحرصُ أصدقاءُ العروسين على مُشَاركتهما الاحتفالَ بهذه المناسبة من خِلال أداء ______ **(الرَّقْصة المَوْلَوِيَّة - الرَّقْص الشَّعْبِيّ - التَّحِيَّة الشَّعْبِيّة)** وغِناء بعض ______ **(الأناشيد - المُجَسَّمات - العادات)** التُّراثِية التي تُعبر عن هذه المناسَبة.

ت ضعِ الكلمةَ المُعَبِّرة عن كلِّ تعريفٍ مما يأتي كما في المثال

◄ نباتٌ أخضرُ له رائحةٌ طيبة يُوضعُ مع الشاي في بعض البلاد. **النَّعْنَاع**

١. نَمُوذجٌ صغير لبناءٍ أو غيرِه. ______

٢. شيء تَضَعُهُ النِّساءُ في الأَعْيُن للزِّينَة. ______

٣. الجانبُ والنَّاحِية المُسْتَقِلَّة عن غيرِها. ______

٤. احتفالٌ عظيمٌ بعِيدٍ أو مناسبةٍ أو ذِكْرَى. ______

٥. جزءٌ مُحَدَّدٌ من الأرضِ له عَلامَاتٌ خاصَّة. ______

٦. لم يتمَّ طَبْخُه أو لم يُطْبَخ أصلًا من المأكولات. ______

٧. مجموعةٌ من العاداتِ والتَّقاليدِ والعُلوم والمَعارف والآداب. ______

٨. ما ينتقِلُ من عاداتٍ وتقاليدَ وعلومٍ وآدابٍ وفنونٍ ونحوها من جيلٍ إلى جيلٍ. ______

ث هات عكسَ ما تحته خطٌّ فيما يأتي وغير ما يلزم

١. اللَّحمُ <u>النَّيِئ</u> يَضرُّ المَعِدَة كثيرًا. ______

٢. سأزورُ دولة مُوريتانيا الشَّهر <u>المُقْبل</u>. ______

٣. تُقدِّم الشركة عرضًا <u>مميَّزًا</u> لعُملائِها الدَّائمين. ______

٤. عَقَدتِ الشركة اجتماعًا <u>مُصَغَّرًا</u> برئاسَة مديرِها. ______

٥. تَكْثر الألوان <u>الزَّاهية</u> في فَصْلَي الربيع والصيف. ______

٦. مدينةُ القاهرة من المُدُن التي <u>تجْذِب</u> عددًا كبيرًا من السُّكان كلَّ عام. ______

٧. الجِلْبَابُ والعِقَالُ والكُوفِيَّة من الأَزْيَاء <u>التُّراثية</u> لمنطقة الخَليج العربي. ______

٨. «أُمّ عَلِي» من الأطباق <u>الشَّرْقِيَّة</u> اللذيذة التى تُقدَّم في شهر رمضان المبارك. ______

٥ أ. مهرجان أيام الشعوب
الحوار

مِهْرَجَانُ أيّامِ الشُّعوب

أ استمع وافهم

زِيَادٌ : هل ستُشارِك في مِهرَجان الشُّعُوب الذي ستُنظِّمه الجامعة؟

سَلْمَانُ : أنا بالفعلِ مُشارِكٌ في هذا المِهْرَجان، وهذه هي المرَّة الثالثة على التَّوالي التي نُشارك فيها.

زِيَادٌ : متى موعدُ هذا المِهرجان؟

سَلْمَانُ : أوائلَ الشهر المُقْبِل.

زِيَادٌ : مَن الذي فاز بالمركز الأوَّل العام الماضي؟

سَلْمَانُ : دولة اليَمَن، فقد كان جَناحُها رائعًا؛ احتوى على عددٍ من مُجَسَّماتٍ لأَهَمِّ المَعابِد والمساجد والمتاحف التي تُعَرِّفُ بحضارة اليَمَن وتُراثِهِ بالإضافة إلى أكْلَة المَنْدِي اليَمَنِيَّة الشهيرة.

زِيَادٌ : وماذا قدَّمتم في جَناحِكم العام الماضي؟

سَلْمَانُ : قدَّمنا لوحاتٍ فَنِّيَّةً تُعبِّر عن الأماكن التاريخية الشهيرة في إسطنبول، وبعضَ العُرُوض الشَّعْبِيّة لمنطقة البحر الأسود، وأعددنا طعام الكُفْتَة النِّيّئة أمام الجمهور مُباشرة، وقد جَذَبَتْ عددًا كبيرًا من الجُمهور للمُشاهدة.

زِيَادٌ : وماذا ستقدمون هذا العَامَ؟

سَلْمَانُ : سنقدِّم هذا العامَ الرَّقْصَةَ المَوْلَوِيَّة الشهيرة، التي نشأتْ في مدينة قُونية مَدفنِ الشَّاعر والفقيه الإسلامي مولانا جَلَال الدِّين الرُّومِي، بالإضافةِ إلى القهوة التركية التي يُرافِقُها عادةً حلوَى المَلْبَن التقليدية.

زِيَادٌ : ما الذي لَفَتَ نظرَك من ثقافات الشُّعوب في المِهْرَجان الماضي؟

سَلْمَانُ : في الحقيقة، المِهْرَجان كل عامٍ يحمل طَابعًا يتميَّزُ عن العام الذي سبقه؛ إذ تحرص كل دولةٍ على تقديم الجديدِ كل عامٍ لكيلا تُكرِّرَ نفسها، لكنَّ أهمَّ ما لفت نظَري هو الأطباقُ الشَّرْقِيَّة في الأَجْنِحة العربية.

زِيَادٌ : أَتَّفِق مَعكَ في هذا الرَّأْيِ؛ الأطعمة العربية مُمَيَّزَة جدًا خصوصًا المَنْسَف الأُرْدُنِي.

سَلْمَانُ : بالفعل، المَنْسَفُ لذيذٌ جدًّا، وكذلك المَقْلُوبة والفَلافِل في سُوريا وفِلسطين، والكُسْكُسِي أو المَفْتُول في جَنَاح شمال إفريقيا الذي يضُم ثقافة شُعوب كل من ليبيا وتونس والجزائر والمغرب ومُوريتانيا.

زِيَادٌ : ولا تَنسَ الشَّاي الأخضر المُنَعْنَع، فهو من أشهر مشروبات هذه المنطقة.

سَلْمَانُ : أنت على حقٍّ، وإنْ أَنَس لا أَنْسَ الكَبْسَة السُّعودية ولا الكُشَرِي المِصري بالصَّلْصَة ودَقَّة الثَّوْم.

زِيَادٌ : دعْنَا من الطَّعام والشَّراب حدِّثْنا عن العُرُوض الفَنِّيّة الثَّقافية والأَزْياء الشَّعْبِيّة التُّراثية.

سَلْمَانُ : أبرزُ العُرُوض التي أعجبتني كان تمثيلًا مُصَغَّرًا للعُرس السُّوداني بعاداته وتقاليده، ومنها نَقْشُ الحِنَّاء والكُحل، وكذلك قدَّم الجَناحُ الفلسطيني عَرْضًا فوق العادة تَضمَّن أناشيدَ وطنية حَماسِية تَتحدَّث عن القُدْس والمسجِد الأقصى.

زِيَادٌ : وماذا عن الأَجْنِحة غيرِ العربية؟

سَلْمَانُ : كان هناك عَرْضٌ ياباني مُتَمَيِّزٌ بالزِّيّ الياباني الشهير (الكِيمُونُو) والتَّحِيَّة اليابانية التقليدية، وفي الجَناح الألماني كانوا يُعَرِّفون ببعضِ العادات التُّراثية الألمانية ويُوزِّعون كَعْكًا طعمُه لذيذٌ على الجُمهور، نَاهِيكَ بالأَجْنِحة الآسيوية مثل الصِّين ومَاليزيا وإنْدُونيسْيا، بأطعمتها الاستِوَائية الحارَّة وملابسِها الزَّاهية.

زِيَادٌ : وهل تناولتَ لحمَ الحِصان وشربتَ أَلْبان الخَيلِ في جَناح كازاخستان وقِرْغيزستان؟

سَلْمَانُ : لا، لم تُشارك هاتان الدولتان في الأعوامِ الثلاثة السَّابقة، لكنِّي سمعتُ أنهما ستشاركان هذا العام.

زِيَادٌ : لقد شَوَّقْتَني إلى حُضور هذا المِهْرَجان، سأحرِصُ على زيارته هذا العام لأتعرف ثقافات العالم المتعددة.

ب اقرأ

ت مارس الحوار مع زميلك

ث لَاحِظِ استعمال التَّعْبيرَاتِ في الجمل الآتية وهات جملًا على غِرارِها

١. على التَّوَالي

- زِلزالٌ يضْربُ البلادَ لليومِ الثاني على التَّوالي.
- حقَّقَ الفريقُ مُفاجأةً قويةً بفَوْزه للمرَّة العاشِرة على التَّوالي.
- بسبب تَساقُط الثُّلوجِ استمرَّ غِيابُ الطلابِ عن الدِّراسة لليوم الرابعِ على التَّوالي.

____

____

____

٢. إنْ أَنْسَ لا أَنْسَ

إنْ أَنْسَ لا أَنْسَ ←
- الأيامَ التي قضيتُها معكم العامَ الماضِي.
- الكَبْسَةَ السُّعودية ولا الكُشَري المصري.
- وقُوفَك بجانبي وقتَ الشَّدائد.

٣. جَنَاحُ

جَناح ←
- الطَّائِر
- القَصْر / الفندق / البيتِ
- الأُرْدُن / السعودية
- في الْمَعرِض / المهرجان

٤. نَاهِيكَ بـ = عِلَاوة على / بالإضافة إلى

- أقرأُ أيَّ كتابٍ يقعُ بيدي نَاهِيكَ بالجرائدِ والمجلات.
- لا يمكنُ أنْ أُصاحِب الكذَّابَ نَاهِيكَ بالسَّكنِ معه.
- هذا رجلٌ لا يستطيعُ أن يُدِيرَ شَرِكة نَاهِيكَ بدولة.

____

____

ج لاحظ الفرقَ بين الفعلينِ (اشْتَاقَ - شَوَّقَ) وهاتِ جملًا تعبِّر عنهما

اشْتَاقَ - اشْتِيَاق

اشْتَاقَ الطالبُ إلى رُؤيةِ أهلِه.

شَوَّقَ - تَشْوِيق

شَوَّقَ الأستاذُ طلابَه إلى زيارة الأماكِنِ التاريخية.

٥ أ. مهرجان أيام الشعوب

القواعد

أنواعُ النَّعْتِ

أ لاحظ الأمثلة مع المعلم

الأمثلة	نوع النعت
١. مَن الذي فاز بالمركزِ الأوَّلِ العام الماضِي؟	مفرد
٢. كان هناك عرْضٌ ياباني مميزٌ بالزِّيِّ الياباني الشهير.	مفرد
٣. هل ستُشارك في مِهْرَجان الشعوبِ الذي ستُنظِّمه الجامعة؟	مفرد
٤. المِهْرَجانُ كلَّ عامٍ يحملُ طابعًا يتميَّزُ عن العام الذي سبقه.	جملة فعلية
٥. كانوا يُوزِّعون كَعْكًا طعمُه لذيذٌ على الجمهور.	جملة اسمية
٦. قَدَّمْنا لَوحاتٍ عنِ الأماكِنِ التاريخيَّة.	شِبه جملة (جار ومجرور)
٧. قدَّم الجَناحُ الفلسطيني عَرْضًا فوق العادة.	شبه جملة (ظرف)

ب ضع خطًّا تحت النعت وبين نوعه كما في المثال

	نوع النعت
◄ نحن في منطقة تَبْعدُ عن المدينة نَحْوَ عشرة كيلومترات.	جملة فعلية
١. يصنع الإنسان في بيئته تلوُّثًا بلا حدود.	
٢. أريد أن أتعرَّف ثقافاتِ العالمِ المتعددة.	
٣. قال تعالى: ﴿وَقَالَ اللَّهُ لَا تَتَّخِذُوا إِلَٰهَيْنِ اثْنَيْنِ﴾.	
٤. هذه مِنطقة يأتي إليها كثيرٌ من السائحين والزوار.	
٥. نحن الآن في مخيمٍ لبرنامجٍ اسمه: «لا تتركْ أثرًا».	
٦. قال تعالى: ﴿وَجَاءَ مِنْ أَقْصَى الْمَدِينَةِ رَجُلٌ يَسْعَىٰ﴾.	
٧. تضمَّن العرْضُ أناشيدَ تتحدث عن القُدس والمسجد الأقصى.	

ت حوِّل النعتَ المفرد فيما يأتي إلى نعت جملة كما في المثالين

◄ هذه عُروضٌ كثيرةُ الجمهورِ.   ـــــــــ هذه عُروضٌ جمهورُها كثيرٌ.

◄ عرضنا لوحاتٍ مُعَبِّرةً عن التاريخ.   ـــــــــ عرضنا لوحاتٍ تُعبِّر عن التاريخ.

١. تناولتُ لحمًا لذيذَ الطعم.

٢. قرأتُ كتابًا كبيرَ الحَجْمِ في أسبوعٍ.

٣. زرتُ جناحًا مُتميِّزًا عن سائرِ الأجنحة.

٤. ساعدتُ رجلًا عجوزًا مُتَوَكِّئًا على عصاه.

٥. تلوُّث الهواءُ بدُخَانٍ خارجٍ من السيارات والمصانع.

٦. هذان أخوانِ توأمانِ مُتَّفقانِ في شكْلِهما مُختلفانِ في سُلوكهما.

١٠٤

ث حوِّل النعت الجملة فيما يأتي إلى نعت مفرد كما في المثال

◄ يزور المدينةَ سُيَّاحٌ يَقْدَمون من كلِّ مكان. ~~يزور المدينةَ سُيَّاحٌ قادِمون من كل مكان.~~

١. وقعَ اليوم زلزالٌ درجتُه عالية.
٢. ابني خَجُولٌ بشكلٍ يَلفِتُ النَّظرَ.
٣. كتبتُ تعليقًا كلماتُه قليلةٌ في تويتر.
٤. اشترى صديقي منزلًا يتكوَّن من ثلاثِ غُرفٍ وصالة.
٥. يُوَزِّع بعضُ الناسِ كعْكًا طعمُه لذيذٌ في المناسبات الدينية.
٦. احتوى المَعرِض على مُجَسَّمات تُعرِّف بحضارةِ البلد وتاريخه.

ج حوِّل الحال في الجمل الآتية إلى نعت مغيرًا ما يلزم كما في المثال

◄ رأيتُ الأسدَ يُطارِد الغزالة. ~~رأيتُ أسدًا يُطارِدُ الغزالة.~~

١. رأيتُ الطفلَ يبكِي.
٢. عاد الحجاجُ وجُوهُهم مُنِيرةٌ.
٣. أكلتُ الكَعْكَ محْشُوًّا بالعَجْوَة.
٤. لا تشترِ السِّلْعَة صلاحيتُها مُنتهية.
٥. استمعتُ إلى المحاضرةِ عبرَ الإنترنت.
٦. أرى الشبابَ يُمارسون هواياتِهم الرياضية المفضَّلة.

ح لاحظ ما يأتي: **الجُمَلُ وأشباه الجُمَلِ بَعْدَ النَّكِرَاتِ صِفَاتٌ وَبَعْدَ المَعَارِفِ أَحْوَالٌ.**

اسمَا الزَّمان والمكانِ

أ لاحظ الأمثلة مع المعلم

من الثلاثي على وزن "مَفْعِل"	من الثلاثي على وزن "مَفْعَل / ة"	من غير الثلاثي على وزنِ "اسم المفعول"
- متى مَوعِدُ المِهرجان؟	- سدَّد اللَّاعبُ الكرةَ إلى المرمَى.	- أُمارس الرياضةَ في مُتَنَزَّه المدينة.
﴿وَجَعَلْنَا بَيْنَهُم مَّوْبِقًا﴾.	- المطْعَمُ مفتوحٌ يوميًّا.	- ذهبتُ في الصيف إلى مُخَيَّمِ شبابي.
- مصر مَدْفِنُ الإمام الشافعي.	- مَجْمَعُ الطلابِ صباحًا.	- ﴿عِندَ سِدْرَةِ الْمُنتَهَىٰ﴾.
﴿حَتَّىٰ يَبْلُغَ الْهَدْيُ مَحِلَّهُ﴾.	- يملِكُ جدِّي مَزْرَعَةً كبيرة.	- ﴿بِسْمِ اللَّهِ مَجْرَاهَا وَمُرْسَاهَا﴾.

ب استخرج اسْمَي الزَّمان والمكان من الجمل التالية واذكر فعلهما

١. مَحطَّة الحافلات قريبةٌ من البيت.
٢. اجتمع الأعضاءُ في مَجلِس الشَّعْب.
٣. ضعْ هذا الدواءَ بعيدًا عن مُتَناول الصِّغار.
٤. مَن الذي فاز بالمركز الأوَّل العَامَ الماضي؟
٥. مَولِدُ النبي ﷺ في الثاني عشر من ربيع الأول.
٦. عليكَ التَّسْجيل في المُنْتدى قبلَ المشاركة فيه.
٧. قال تعالى: ﴿وَلِلَّهِ الْمَشْرِقُ وَالْمَغْرِبُ فَأَيْنَمَا تُوَلُّوا فَثَمَّ وَجْهُ اللَّهِ﴾.

اسمَ الزَّمان / المكان	فعله
______	______
______	______
______	______
______	______
______	______
______	______
______	______

ت املأ الفراغات باسمِ زمانٍ أو مكانٍ مناسب من الفعل الذي بين القوسين

١. تُطلُّ شقتي على ______ رائعٍ. **(نظر)**
٢. افتتحَ الرئيسُ ______ جديدًا اليوم. **(صنع)**
٣. لِكل ______ ثقافته الخاصة به. **(اجتمع)**
٤. صدَر هذا الكتابُ عن ______ دارِ البروج. **(طبع)**
٥. لا تجلس في ______ الهواء لكيلا تمرض. **(جرى)**
٦. البَقِيعُ هي ______ الرئيسية لأهلِ المدينة المنورة. **(قبر)**

أَوَّلًا مفاهِيم ثقافية

أ استمع واكتب رقم العبارة التي تسمعها أمام العبارة المناسبة

العبارة	الرقم
- هنيئًا مَريئًا.	______
- في أمان الله.	______
- تَقبَّل الله منك.	______
- رمضان كريم.	______
- باركَ الله لكما.	______
- تُصْبِح على خيرٍ.	______
- شفاكَ الله وعافَاك.	______
- كُلّ عامٍ وأنتم بخير.	______
- حَمدًا لله على السَّلامة.	______
- لبستَ جديدًا وعشتَ سعيدًا.	______

ب استمعْ إلى العبارة، ثم اختر الحرف الدَّال على الإجابة الصحيحة

١. أ. التَّمر ب. التِّين ت. العِنَب ث. الرُّمَّان

٢. أ. السبت ب. الخميس ت. الأحد ث. الجمعة

٣. أ. الهاتف ب. المُنبه ت. الأذان ث. الجرَس

٤. أ. طابَ يومُكم ب. عِمْتُم صباحًا ت. السلام عليكم ث. نهارُكَ سعيدٌ

٥. أ. زكاةُ الفِطر ب. زكاة رمضان ت. زكاة العيد ث. زكاة الصيام

ثانيًا المقال المسموع

أ استمعْ إلى المقال جيدًا ثم أجبْ عنِ الأسئلة الآتية

١. المقال تنبيهات رمضانية لدى الدولة ________ **(الأيُّوبيّة - العُثمانيّة - الفاطِميّة)**

٢. قبل حلول رمضان بـ ______ يومًا تبدأ التحضيرات. **(خمسة عشر - ستة عشر - سبعة عشر)**

٣. قِيامُ السلطانِ ذاتِه بالإشْرافِ على التَّحضِيرات دليل على ______ **(اعتنائه - إهماله - اهتمامه)**

٤. يقوم ______ بتنبيه الأهالي في الشوارع للالتزام. **(الوعاظ - المنادون - السلطان)**

ب استمعْ مرة أُخرى ثم أكمل الناقص فيما يأتي

١. يأمر السلطان بتشكيل ________ لمراقبة ________
في الأسواق، و ________ أسعارها.

٢. كان السلطان يقوم بـ ______ و ______ نوعية القمح
الذي سيصنع منه ______ في رمضان.

٣. تُقدَّمُ ________ كبيرةٌ لأوّلِ مَنْ ________ هِلالَ رمضان
المبارك، ويُخبِرُ ______ العُليا بذلك.

ت استمعْ مرة أُخرى وضع علامة (✓) أو (×) ثم صحح الخطأ

١. يزور الناس منازل أصحابهم دون دعوة منهم. ( ) ________

٢. يُطلبُ منَ الأهالي أن يدعوا للأمةِ الإسلامية بالفوز والنَّجاح. ( ) ________

٣. أهل الخبرة من الأهالي كانوا يقومون بتحديدِ وزنِ الخبز وكميَّة المِلح له. ( ) ________

٤. مِنْ تنبيهاتِ رمضانَ أن يقومَ الأهالي بتناولِ الأطْعِمةِ والأشْربة في الشوارع.( ) ________

٥ أ. مهرجان أيام الشعوب
المحادثة

أ اقرأ التعليقاتِ المُصاحبة لهذه الرُّسُوم وتناقش مع زميلك في الصُّور والتَّعْليقات التي عليها

ب ناقِش زميلَكَ في النِّقَاط التالية ودَوِّن مُلاحظاتِك حوْل ما تسمعُه منه (اختر زميلًا من جِنسية مختلفة أو من جنسيتك ولديه معلومات عن جنسية أخرى)

١. ألوانُ العَلَم الوطَني ودِلَالَات هذه الألوان.
٢. الأديَانُ والأَجْناسُ الموجودة في بلدِك والنِّسْبَة المِئويَّة لكل طَائفة.
٣. أشهرُ الأجناسِ في بلدِكَ وخُصُوصيَّة هذا الجِنْس.
٤. الزِيّ الوطَني الشَّعْبِيّ، مُكوّناته ودلَالَاته.
٥. الشِّعَار الوطَني الذي تَعْتَزُّون به في بلادكم، وإلامَ يَرمُز، مثلًا: نسْرٌ / أسد / سيفٌ / هلال / صَلِيب... إلخ.
٦. بعضُ الأسماءِ الخاصَّة بثقافتكم ومعناها بالعربية، مثلًا: اسم إنسان أو مكان أو معنى من المعاني.
٧. شخصيةٌ مشهورة في بلدِك وسبب شهرتها.
٨. أشهرُ طعامٍ وأشهرُ شرابٍ ومكوناتهما.
٩. أغْرَبُ العادات والتقاليد بالنسبة إلى الآخرين، مثل:
- عادات الزواج،
- عادات الطعام والشراب،
- عادات التَّحِيَّة والسَّلام واستقبال الضيوف.
١٠. النشيد الوطني وترجمة أهم معانيه إلى العربية.
١١. أغنيةٌ تُرَاثية أو نَشيد تُرَاثي مشهور ومعانيه بالعربية.
١٢. أشهر الآلاتِ الموسيقية في بلدك.
١٣. أشهر المعَالِم التاريخية والأثرية في بلدك.
١٤. العُمْلة الوطنية ونِظَام الحُكم واسم رئيس البلاد الحالي.

ت أُنقل إلى الصف أو إلى زميل آخر ما سمعته من زميلك باختصار

ث اعقِدْ مُقارنة بين بلدِك وبلد زميلك في النقاط التالية

- الزِّيّ الوطني
- أشهر المأكولات ومكوناتُ كل أَكْلة
- العادات والتقاليد
- دَلَالة مَعاني الأسماء في كلِّ بلد
- دَلالة الألوان والرُّموز في كل علَم
- المشترَك الثقافي بينكما
- أهم الاختلافات بينكما

ج لُعبة لُغَوية

يختار المعلِّم أو أحدُ الزملاء اسمَ دولة من الدول ويسأله الطلابُ أسئلة مُتنوعة تتضمَّن معلومات ثقافية عن هذه الدولة حتى يتوصلوا إلى معرفة اسم الدولة.

ملحوظة: عدد الأسئلة لا يزيد على سبعة، ولا يُذكَر اسم الدولة إلا في آخر سؤال.

أمثلة:

- ما الألوان الموجودة في علم هذه الدولة؟
- كم عدد السكان؟ وأيّ الأجناس موجود فيها؟
- هل يتناولون طعام ________________؟
- ما أشهر العادات والتقاليد فيها؟ ________ إلخ.

٥ ب. كل لسان إنسان
المفردات

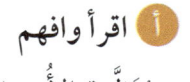

أ اقرأ وافهم

- مُنَظَّمَة الأُمَم المتَّحِدَة
- الدِّين
- السِّيَاسة
- الاقْتِصَاد
- العَسْكَرِيَّة
- اللهَجَات
- انْطِبَاع
- العَامِّيَّة
- الفُصْحَى
- مَنْهَج
- الشَّدَائِد
- أَعْوَان
- مُحَاوَلات
- مُؤَسَّسَة

أفعال:

- يُبَادِر إلى
- يَحْظَى بِـ
- يَلِيقُ بِـ
- يَخْتَلِطُ بِـ
- يَأْمُل أَنْ
- يَسُود
- يُتْقِنُ
- بَاتَ - يَبِيتُ

صفات:

- مُتَطَوِّر
- جَادٌّ

ب أكمل الفراغات بالكلمة المناسبة مما بين القوسين

١. ________ هذا المِهْرَجان بشَعْبِيّة كبيرة. **(يتأثَّر - يحظَى - يتعرَّف)**

٢. ________ إلى الصلاةِ عند سَماع الأذان. **(انتقِلْ - تَعَوَّدْ - بَادِرْ)**

٣. ________ هي رعايةُ شُؤُونِ الدولة الدَّاخلِية والخارجية. **(السياسة - الاقتصاد - العسكرية)**

٤. الأحوالُ الاقتصادية في دُولِ الخليج العربي ________ بسبب البترول. **(مُتطورة - سَائدة - ضَعيفة)**

٥. دارُ المُسِنِّينَ ________ خَيْرِيَّة تُساعد كِبارَ السِّنّ الذين لا يجدون مَن يرْعَاهم. **(مُحاوَلة - مُنَظَّمة - مُؤَسَّسَة)**

ت اختر المعنى المناسب مما بين القوسين للكلمات التي تحتها خط في الجمل الآتية

١. هذا الثَّوبُ لا <u>يليقُ</u> بِكَ. **(يصِحُّ - يجوزُ - يُناسِب)**

٢. أريدُ أَن <u>أُتْقِنَ</u> أربعَ لُغاتٍ. **(أدرسَ - أفهَمَ - أُجِيدَ)**

٣. سوف <u>تَسُودُ</u> العربيةُ في العالَمِ. **(تُعْرَف - تَنْتَشِر - تُصْبِح)**

٤. كلامُكَ تركَ <u>انْطِباعًا</u> حَسَنًا في نفْسِي. **(شُعورًا - حُبًّا - راحةً)**

٥. يحتاجُ الحاكمُ إلى <u>أَعْوَانِه</u> لِمُمَارَسة أعماله. **(أصدقائه - مُساعديه - زُملائه)**

كلامُكَ تركَ انْطِبَاعًا حَسَنًا في نفْسِي.

٥ ب. كل لسان إنسان
الحوار

أ استمع وافهم

كُلُّ لِسَانٍ إِنْسَان

عِمَادُ الدين : هل سمِعتَ بأبياتِ صَفِيّ الدِّين الحِلّيّ؟

حُسَامُ الدين : ومَن صَفِيُّ الدِّينِ الحِلّيُّ؟

عِمَادُ الدين : هو شَاعر عَربيٌّ، يُنْسبُ إلى مدينة الحِلَّة العِراقية التي وُلِدَ فيها. عاش في القَرنين السَّابع والثامن الهجريين.

حُسَامُ الدِّين : وعن أيِّ شَيءٍ تتحدثُ أبياتُه؟

عِمَادُ الدين : تتحدَّثُ عن أهميةِ تَعلُّمِ اللُّغات.

حُسَامُ الدين : إذًا أَسْمِعْنِيها.

عِمَادُ الدين : يقول الشَّاعر:

بِقَدْرِ لُغاتِ المَرْءِ يَكْثُرُ نَفْعُهُ
فَتِلْكَ لهُ عندَ الشَّدائِدِ أعْوَانُ
فَبَادِرْ إلى حِفْظِ اللُّغاتِ مُسَارِعًا
فَكُلُّ لِسانٍ في الحَقيقَةِ إنْسَانُ

حُسَام الدين : أبياتٌ جميلةٌ جدًّا، أظنُّ أنني استمَعْتُ إليها قبلَ ذلِك مِنَ المِذْيَاع، واستمعتُ أيضًا إلى القول المأْثُور:
«مَنْ تَعلَّم لُغَةَ قَوْمٍ أَمِنَ مَكْرَهُم».

عِمَاد الدين : أَمِنَ مَكْرَهُم، وفَهِم مُحاورَاتِهِم، واطَّلَعَ على ثَقافتِهِم، ودخلَ إلى قُلوبِهِم، واستفادَ مِن عُلومِهِم ومَعارِفهِم، وأثَّرَ فيهِم، وتأثَّر بالأخلاقِ الحَسَنةِ لهم.

حُسَام الدِّين : في الحقيقةِ لقدْ باتَ تعَلُّم اللغاتِ الأجنبية أمرًا ضَروريًّا في عصْرِنا الذي نعيشُ فيه.

عِمَادُ الدين : سمعتُ أنّ الناس يُقْبِلُون إقبالًا كبيرًا في مُختلفِ دُولِ العَالَم على تَعلُّم اللغات المختلفة. ولَا سِيَّمَا العربية.

حُسَامُ الدين : لماذا تَحظَى العربيةُ بهذا الاهتمامِ المُتزَايِد؟

عِمَادُ الدين : العربيةُ ليْستْ كأيِّ لُغةٍ، فهي لغةُ الصَّلاة لكلِّ مُسلِم، لذلك يحرِصُ المسلمونَ على تَعلُّمها فَهْمًا للقرآن الكريم والسُّنَّة النبوية المُطَهَّرة، وهي أيضًا إحدَى اللغاتِ الرَّسمية في مُنظَّمَةِ الأُمَمِ المتَّحِدَة، كمَا أنَّ الإقبَالَ على تعلُّمها يزدادُ يومًا بعد يومٍ لأغراضٍ مُتعَدِّدة.

حُسَامُ الدين : ما أهمُّ هذه الأغراض؟

عِمَادُ الدين : أغراضٌ دِينية وسِياسية واقتصادية وثَقافِية، بلْ حتَّى سِياحِية وعَسكرية.

حُسَامُ الدين : لكِنَّ بعضَ الدَّارسين يَظنُّ أنَّ العربيةَ صعبةٌ.

عِمَاد الدين : هذا ليس صحيحًا، فالعربيةُ في حَدِّ ذَاتِها ليستْ صعبةً، بلْ هناك لُغاتٌ أصعبُ منها بكثير، ولكنَّ الظُّروفَ التي تُحيطُ بها تُعطِي انطباعًا بذلك.

حُسَامُ الدين : مِثْل ماذا؟

عِمَادُ الدين : مثل انتشارِ اللهَجات العَامِّيَّة في البُلْدَان العربية، وعدَمِ تقديمِ العربية في مَنَاهِج مُتطَوِّرة تَلِيقُ بها -كما هو الحالُ في بعضِ اللغاتِ الأُخرَى- وعَدمِ الاختلاطِ بالمجتمعِ العربيّ، وتعرُّفِ ثقافته من قُرب.

حُسَامُ الدين : وهل هناك مُحاولاتٌ جادَّةٌ لِحَلِّ هذه المُشكلات والقَضاءِ عليها؟

عِمَاد الدين : بالتأكيد، هناك جُهودٌ كبيرة لِنَشْر العربية وتعلِيمِها من مُؤَسَّساتٍ عربيةٍ وإسلامية دَاخِلَ الوطن العربي وخارجه، لَا سيَّمَا مع تَزَايُدِ الإقبَالِ على تعلُّمِ العربية وإتقانِها، لأنها -كما قلنا- المِفْتَاحُ لفَهْم القرآنِ الكريمِ والسُّنَّة النَّبوية.

حُسَامُ الدين : آمُلُ أنْ يأتيَ اليومُ الذي تُصبحُ فيه العربية الفُصْحى هي اللغةَ السَّائِدةَ بينَ النَّاس في العالَم العربي والإسْلامِي حتَّى في أحادِيثِهم اليومِية.

عِمَاد الدين : كُلُّ آتٍ قريبٌ إنْ شاءَ الله.

ب اقرأ

ت مارس الحوار مع زميلك

ث لَاحِظِ استعمال التَّعْبِيرَاتِ في الجمل الآتية، وهات جملًا على غِرارها

١. بَاتَ

- باتتْ الخضراوات عند البائع. (مَضَتْ عليها ليلة)
- باتَ الطالبُ في بيتِ صديقه. (نام ليلًا)
- بات الطلابُ يذاكرون استعدادًا للامتحان. (قَضوا الليل)
- بات تعلُّمُ اللغاتِ ضَروريًّا. (صار)

٢. يومًا بعدَ يوم

- الإقبالُ على تعلُّم العربية يزدادُ يومًا بعد يومٍ.
- يزدادُ السُّكان في العالَم يومًا بعد يومٍ.
- الحالة الاقتصادية للبلاد تتحسنُ يومًا بعد يومٍ.
- تنتشرُ المدارس في العالم يومًا بعدَ يومٍ.

٣. ليسَ كأيٍّ

- العربيةُ ليستْ كأيِّ لغةٍ.
- إنْسانُنا الذي نُريدُ ليسَ كأيِّ إنسانٍ.
- هذا يومٌ ليسَ كأيِّ يومٍ.
- شُروقُ الشمسِ فوقَ جَبلِ طُورِ سَيْناءَ ليسَ كأيِّ شُروقٍ.

٤. انْطِبَاع

- الظُّروفُ التي تُحيطُ بها تُعطِي انْطِباعًا بأنها صعبةٌ.
- كيف تتركُ انْطِباعًا جيدًا عنْك لدَى الآخرين؟
- الانْطِباعُ الأوَّلُ يدُومُ.
- ما أهمُّ انطباعَاتِك عن دراسةِ اللغةِ العربية؟

٥. كمَا هو الحالُ

- يجبُ تقديمُ العربيةِ في مناهجَ مُتطوِّرة تليقُ بها كما هو الحالُ في بعضِ اللغاتِ الأُخرى.
- حَاوَلَ الاستِعْمارُ نَشْرَ لغتِهِ والقضاءَ على اللغةِ العربيةِ كما هو الحالُ في بعضِ الدُّول العربية.

ج لاحظ الفرق بين الفعلين فيما يأتي، وهات أمثلة على غرار ذلك

سَمِعَ :	سمعَ الطُّلّابُ القصيدةَ.	أَسْمَعَ :	أَسْمَعَ المعلِّمُ الطُّلّابَ القصيدةَ.
فَهِمَ :	________	____ :	________
جَلَسَ :	________	____ :	________
نَزَلَ :	________	____ :	________
خَرَجَ :	________	____ :	________
قَرَأَ :	________	____ :	________
عَادَ :	________	____ :	________
قَامَ :	________	____ :	________
ضَاعَ :	________	____ :	________

المفاعِيلُ الأربعَة

أ لاحظ الأمثلة مع المعلم

(٢) المفعولُ المُطْلَقُ	(١) المفعولُ به
١. يُقبلُ الناسُ على تَعَلُّمِ اللغاتِ إقبالًا كبيرًا. ٢. صاحَ الرَّجلُ صِياحًا عاليًا. ٣. يحرصُ المسلمون عَلى تَعلُّمِ العربيةِ حِرصًا شديدًا.	١. قدَّم الجَناحُ اليَمَنِيّ عَرْضًا مُتميزًا. ٢. أَسْمعتُ صديقي الأبياتَ. ٣. ظَنَنتُ العربيةَ صعبةً.
(٤) المفعولُ فيه	**(٣) المفعولُ (لأجلِه / له)**
١. هناكَ جُهودٌ كبيرة لنشرِ العربيةِ داخلَ الوطنِ العربي وخارجَه. ٢. الإقبالُ على تعلُّمِ العربيةِ يزدَادُ يومًا بعدَ يومٍ. ٣. سيُقَامُ المِهْرَجَان أوائلَ الشهرِ المُقبلِ.	١. أتعلَّمُ العربيةَ فهْمًا للقرآنِ. ٢. سأُجهز ملابسي الجديدةَ استعدادًا للعيد. ٣. يقِفُ الطلابُ في الصفِّ احترامًا للمعلِّم.

ب استخْرِج المفاعيلَ من الجُمل الآتيةِ واذكرْ نوعَها

١. اتْعبْ اليومَ تَسْترحْ غدًا.
٢. مَنْ تعلَّمَ لغةَ قومٍ أَمِنَ مكْرَهُم.
٣. تأثَّرَ الاقتصادُ بالأزْمَةِ تأثُّرًا كبيرًا.
٤. أسرعتُ إلى الصفِّ خَوفًا من التأخُّرِ.
٥. تحرِصُ كلُّ دولةٍ على تقديمِ الجديدِ كلَّ عامٍ.
٦. عقدَتِ الشركة اجتماعًا مُصغرًا بِرئاسةِ مُديرِهَا.
٧. تجتهدُ المُؤسساتُ في تعليمِ العربيةِ الفُصحى أمَلًا في انتشارِها.

نوعه	المفعول
________	________
________	________
________	________
________	________
________	________
________	________
________	________

ت املأ الفراغات في الجمل الآتية بما بين القوسين

١. تغَيَّرَ المُناخُ ______ **(مفعول مطلق)**
٢. سَمِّ اللهَ ______ الطَّعامِ. **(مفعول فيه)**
٣. سيعودُ الحُجَّاجُ من مكَّة ____ **(مفعول فيه)**
٤. حيَّا الجُمهورُ اللَّاعبين _____ **(مفعول مطلق)**
٥. تُنظِّمُ الشركاتُ السياحِية _____ مختلِفة. **(مفعول به)**
٦. استَمتِعْ بالطَّبيعةِ ودَعْ ______ يسْتَمْتِعْ بها. **(مفعول به)**
٧. أعادَ اللصُ المَسْرُوقاتِ _____ من الشُّرطة. **(مفعول لأجله)**
٨. تبْذُلُ الدَّولة مجهوداتٍ كبيرةً ____ على البيئة. **(مفعول لأجله)**

ث اسأل عن الكلمات التي تحتها خطّ فيما يأتي بأداة الاستفهام المناسبة

١. أنتظرُ الحافلةَ أمامَ الجامعةِ. ____________________؟
٢. أُتابعُ الأخبارَ اليوميَّة كلَّ مساءٍ. ____________________؟
٣. يضمُّ المِهْرَجَان ثقافةَ شُعوبٍ كثيرة. ____________________؟
٤. تهتمُّ الدولةُ بالآثارِ تشجيعًا للسياحة. ____________________؟
٥. أنشدَ الشَّاعرُ أبياتَ صَفيِّ الدِّين الحِلِّي. ____________________؟
٦. عرَضَ اليَمَنُ ثقافته في المِهْرَجَان عرْضًا مُميَّزًا. ____________________؟
٧. يجبُ علينا أن نتعامَلَ مع الطبيعةِ تعامُلًا حَسنًا. ____________________؟
٨. زرتُ المِهْرَجَان رغبةً في تعرُّف الثقافات المختلفة. ____________________؟

ج ضع كلمةَ (احترام) في ثلاثِ جُملٍ بحيثُ تكونُ مفعولًا به مرّة ومفعولًا لأجله مرّة ومفعولًا مُطلقًا مرة

الجملة الأُولى : ______________________________

الجملة الثانية : ______________________________

الجملة الثالثة : ______________________________

اسمُ الآلَةِ

أ لاحظ الأمثلة مع المعلم

الأمثلة	الوزن	الفعل
١. استمعتُ إلى المِذْيَاع. / العربيةُ هي المِفْتَاحُ لفَهْمِ القرآنِ والسُّنة.	(مِفْعَال)	ذاع - فتح
٢. المِصْعَدُ إلى اليَسارِ في نِهايَةِ المَمَرّ. / يستخدِمُ الحَلّاقُ المِقَصّ في عَملِه.	(مِفْعَل)	صعِد - قَصّ
٣. المِسْطَرَةُ من أدواتِ الهندسة. / نجتمِعُ حَوْلَ المِدْفَأَةِ في الشتاء.	(مِفْعَلَة)	سَطَرَ - دَفِئَ
٤. يفحصُ الطبيبُ المريضَ بالسَّمَّاعَة. / وصفَ لِي الطبيبُ نَظَّارَةً طبيّة.	(فَعَّالَة)	سمِع - نظَر
٥. هَبَطَ الصَّارُوخُ على سَطْحِ القَمَرِ. / للحَاسُوبِ فوائِدُ كثيرة.	(فاعُول)	صرخ - حسَبَ

ب استخرِج اسمَ الآلَةِ من الجُمَل التالية واذكرْ فعله

١. خلعتُ المِسْمَارَ من الحَائِط.

٢. مِقْوَدُ السيارةِ في بريطانيا جِهَةَ اليمين.

٣. يَستخدِمُ النَّجَّارُ المِنْشَارَ والمِنْزَعَةَ والمِثْقَب.

٤. قال تعالى: ﴿مَثَلُ نُورِهِ كَمِشْكَاةٍ فِيهَا مِصْبَاحٌ﴾.

٥. استخدامُ مُجَفِّفِ الشَّعرِ بدلًا من المِنْشَفَةِ ضارٌّ.

٦. فِي المطْبَخِ غَسَّالَةٌ لِلمَلَابِسِ، وَأُخْرَى لِلأَطْبَاقِ.

٧. مِن أدواتِ المطبخِ المِغْرَفَةُ والشَّوَّايَةُ والمِقْلَاةُ والمِيزَانُ.

اسم الآلَة	الفعل
______	______
______	______
______	______
______	______
______	______
______	______
______	______

ت هاتِ من الأفعال الآتية أسماءَ آلةٍ على وزنِ الصِّيغة التي بين القوسين

١. كَوى : ______ سَطَر : ______ صَفَا : ______ نَقَل : ______ (مِفْعَلَة)

٢. دَبَّ : ______ سَار : ______ طَار : ______ بَرَى : ______ (فَعَّالَة)

٣. حَكَمَ : ______ نَقَس : ______ نَقَر : ______ حَسَب : ______ (فَاعُول)

٤. شَرَطَ : ______ بَرَد : ______ غَزَل : ______ دَفَع : ______ (مِفْعَل)

٥. فَتَح : ______ زَمَر : ______ نَظَر : ______ سَبَر : ______ (مِفْعَال)

ث املأ الفراغاتِ باسم آلةٍ مناسب من الفعل الذي بين القوسين

١. المؤمنُ ______ أخيه. (رَأَى)

٢. أحب رُكوبَ ______ (دَرَجَ)

٣. ______ البابِ مكسورٌ. (قَبَضَ)

٤. يَستخدِمُ الجَزَّارُ ______ لِتَقْطِيعِ اللَّحْم. (سَطَرَ)

٥. اجلسْ على ذلك ______ الفارغِ هناك. (قَعَدَ)

٦. وضعتُ الشَّوكةَ والسِّكينَ و ______ على الطاولة. (لَعَقَ)

أ أجب عن الأسئلةِ التالية باستخدام ما بين القوسين

١. ما الدولةُ التي تفضّل زيارتها؟ **(في الحقيقة)**

____

٢. كيف تصفُ شُعورَك عندَ عودَتِك إلى بلدك بعد طُولِ غِيابٍ؟ **(باختصار)**

____

٣. كم لغةً تُجيدُها؟ **(مع الأسف)**

____

٤. هل تُفكِّر في السَّفر خارجَ البلاد؟ **(بالفعل)**

____

٥. متى يُقامُ مَعْرِض القاهرة للكتاب؟ **(بالتحديد)**

____

٦. هل يُمكن أن تُشَرِّفَنا بالزِّيارةِ خلالَ هذا الأسبوع؟ **(بالتأكيد)**

____

ب اكتبْ شرحَ البيتين التاليين بأُسلوبك

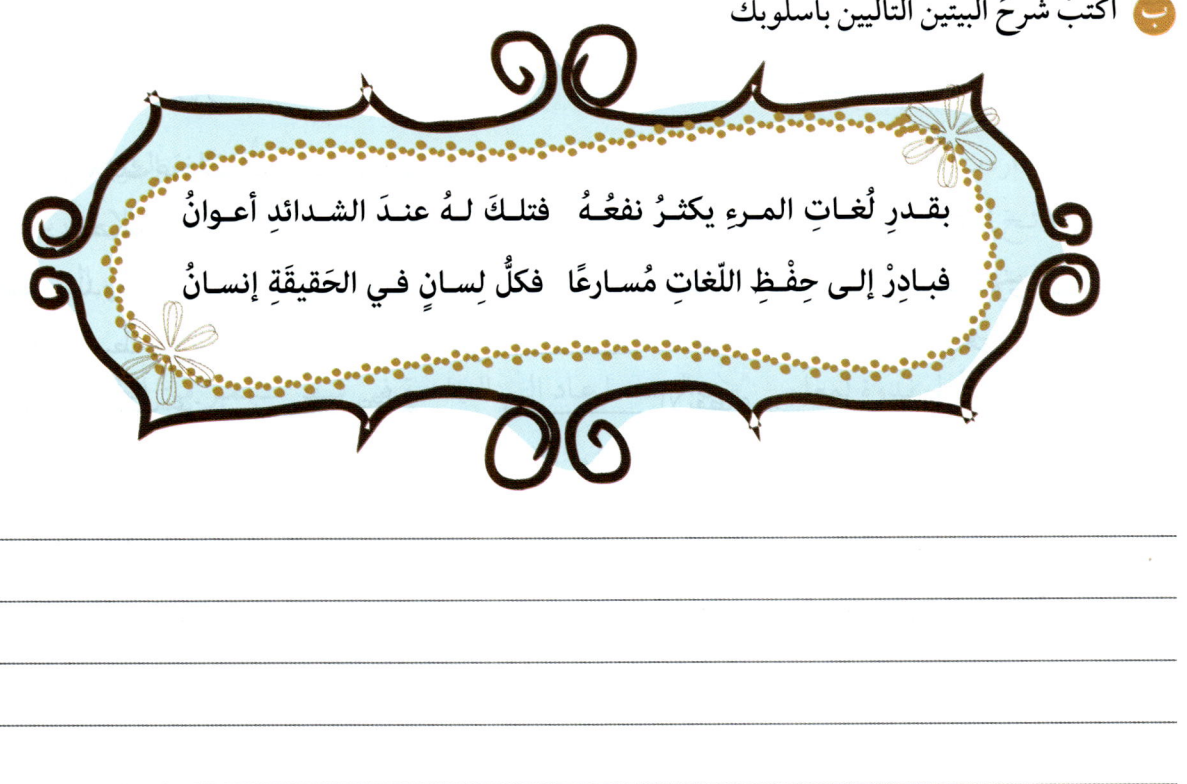

بقدرِ لُغاتِ المرءِ يكثُرُ نفعُهُ فتلكَ لهُ عندَ الشدائدِ أعوانُ
فبادِرْ إلى حِفْظِ اللّغاتِ مُسارعًا فكلُّ لِسانٍ في الحَقيقَةِ إنسانُ

____

____

____

____

____

____

____

____

٥ب DIFFERENT CULTURES ثقافات مختلفة

ت اكتب موضوعًا عن أهمية تعلم اللغاتِ عمومًا والعربية خصوصًا وَفْق العناصر الآتية

١. المقدمة: اللغةُ آيةٌ من آياتِ الله.

(اسْتَشْهِد بآيةٍ قرآنيةٍ أو حديثٍ نَبَوي أو قَوْل مأثُورٍ)

٢. الفِقرة الأولى: أهميةُ تعلم اللغاتِ بشكلٍ عام.

(اذكرْ أربعةَ أسبابٍ على الأقَلّ)

٣. الفِقْرة الثانية: فضلُ اللغة العربيةِ ومكانتُها قديمًا وحديثًا.

(أيِّدْ كلامَكَ بالأدِلة والأرقامِ والإحصائيّات)

٤. الفِقْرة الثالثة: إقبال كثير من الأفرادِ والمُؤسسات والدول على تعلمِ العربية. (اذكر أمثلةً)

٥. الفِقْرة الرابعة: تجربتُكَ الخاصّة في تعلُّمِ العربية.

(صفْ أحاسِيسَكَ ومشاعِرَك والصُّعوباتِ التي واجهتْكَ وكيف تغلَّبْتَ عليها)

٦. الفِقْرة الخامسة: نصائحُ للمبتدئين في تعلُّمِ العربيةِ وخاتمة.

(تتكوَّنُ هذه الفِقرة من مقدمة وعِدَّة عناصر ثم أمَلٍ ورجاء)

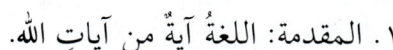

الخَطُّ

• اكتب ما يأتي بخط النسخ وبخط الرقعة كما في النموذجين

أَنَا الْبَحْرُ فِي أَحْشَائِهِ الدُّرُّ كَامِنٌ فَهَلْ سَاءَلُوا الْغَوَّاصَ عَنْ صَدَفَاتِي

أنا البحر في أحشائه الدُّرُّ كامن فهل ساءلوا الغواص عن صدفاتي

الْوَحْدَةُ السَّادِسَةُ

٦

أَمْثَالٌ وَتَعْبِيرَاتٌ وَحِكَمٌ

IDIOMS, EXPRESSIONS AND WISE SAYINGS

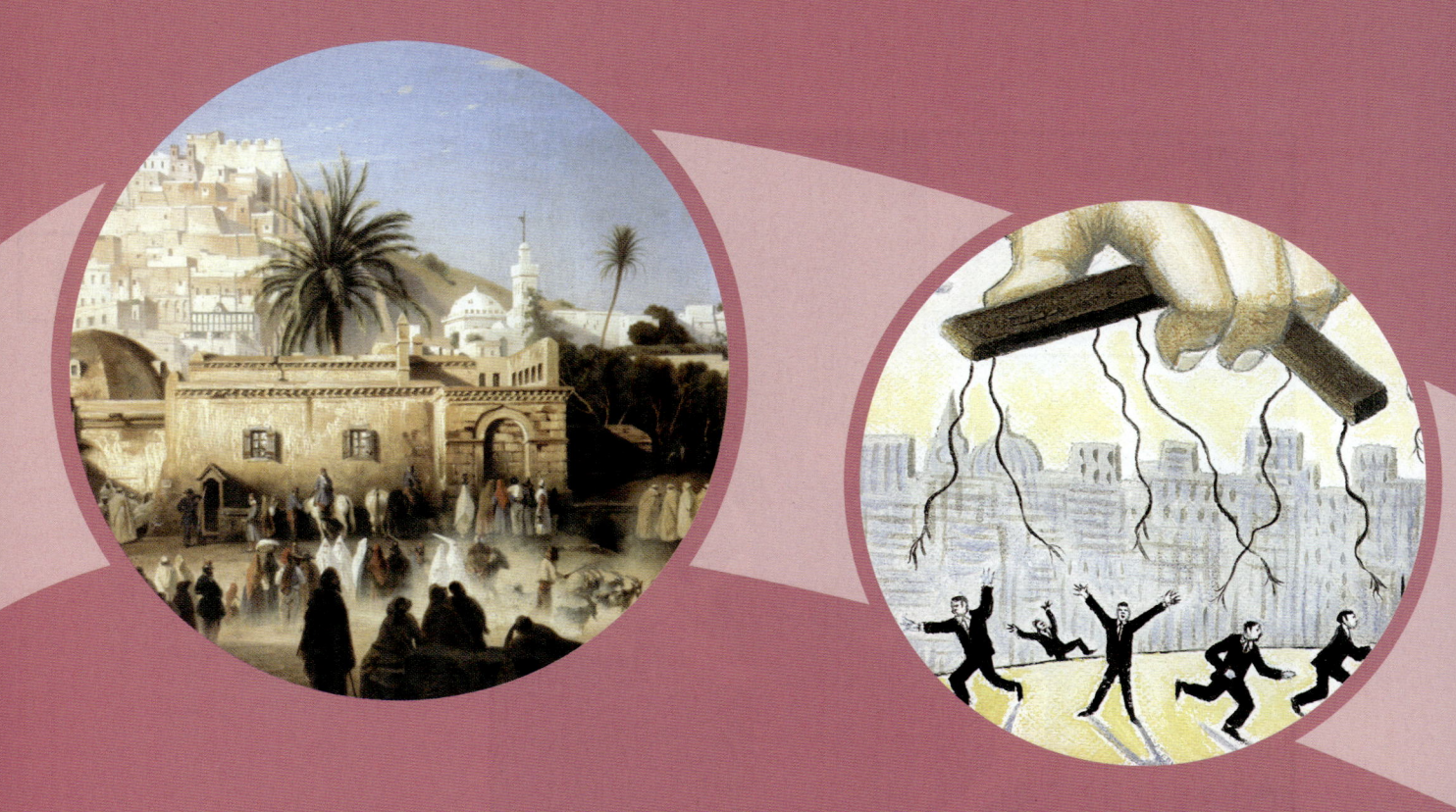

أ. عَلَى رَأْيِ المَثَل

ب. أَنْتُمْ تَلْعَبُونَ بالنَّارِ

٦

أ. على رأي المثل

المفردات

أ اقرأ وافهم

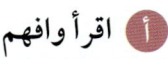

أسماء:
- مَثَل (ج) أَمْثَال
- حِكْمَة (ج) حِكَم
- عُذْر (ج) أَعْذَار
- جَوَاد (ج) جِيَاد
- كَبْوَة (ج) كَبَوَات
- نَمِر (ج) نُمُور
- عَصَا (ج) عِصِيّ
- الحِلْم
- البَارِحَة
- غِبّ
- الغَيْظ
- لِحَاءُ الشَّجَرَة
- الحَدِيد
- الكَرَامَة × الإِهَانَة
- سَقْطَة (ج) سَقَطَات
- عَدِيل (زوج أخت الزوجة)
- مِطْرَقَة

أفعال:
- كَرِهَ × أَحَبَّ
- عَزَّ × هَانَ
- أَنْبَأَ - يُنْبِئ
- عَاتَبَ - يُعَاتِب
- لَامَ - يَلُومُ
- طَرَقَ - يَطْرُقُ

صفات:
- كَاظِم
- الحَابِل
- النَّابِل

- عُضَال
- حَمِيم

تعبيرات:
- رَجَعَ بِغَيْرِ الوَجْهِ الذي ذَهَبَ بِهِ
- كَأَنَّ عَلَى رَأْسِهِ الطَّيْرَ
- مِرَارًا وتَكْرَارًا
- ظُرُوف صَعْبَة
- صَدِيقٌ حَمِيمٌ
- سَرِيعُ الغَضَبِ سَرِيعُ الرِّضَا
- دَاءٌ عُضَال
- كَالدَّاخِلِ بَيْنَ العَصَا وَلِحَائِهَا
- أَيُّ الرِّجَالِ المُهَذَّبُ؟
- لَعَلَّ لَهُ عُذْرًا وأَنْتَ تَلُومُ.

- زُرْ غِبًّا تَزْدَدْ حُبًّا.
- رُبَّ أَخٍ لَكَ لَمْ تَلِدْهُ أُمُّكَ.
- إذا عَزَّ أَخُوكَ فَهُنْ.
- اختَلَطَ الحَابِلُ بالنَّابِلِ.
- اُطْرُقِ الحَدِيدَ وهو سَاخِنٌ.
- عِنْدَ الشَّدَائِدِ تُعْرَفُ الإِخْوَانُ.
- لَبِسَ له جِلْدَ النَّمِرِ.
- الحِلْمُ سَيِّدُ الأَخْلَاقِ.
- لَا يَأْبَى الكَرَامَةَ إلَّا حِمَارٌ.
- لِكُلِّ جَوَادٍ كَبْوَةٌ.
- والكَاظِمِينَ الغَيْظَ والعَافِينَ عَنِ النَّاسِ.
- لو كَرِهَتْنِي يَدِي لَقَطَعْتُهَا.
- ما أَشْبَهَ اللَّيْلَةَ بالبَارِحَةِ.
- قَطَعَتْ جَهِيزَةُ قَوْلَ كُلِّ خَطِيبٍ.
- الصَّدَاقَةُ كالمِظَلَّةِ تُظَلِّلُكَ إذا سَاءَ الجَوُّ.

١٢٢

أ6 IDIOMS, EXPRESSIONS AND WISE SAYINGS

أمثال وتعبيرات وحكم

ب- اختر المعنى المُرادف للكلمات التي تحتها خطّ في الجمل الآتية

١. انتهيتُ من أعمالي البَارِحَةَ. (أمسِ - قبل يومين - هذا الصباحَ)

٢. أحبُّ السِّباحةَ وركوبَ الجِيَادِ. (الدراجات - السيارات - الخَيْل)

٣. لِكَاظِمِ الغَيْظِ أجرٌ كبيرٌ عند اللهِ. (كَاتِم - مَانِع - مُنْشِئ)

٤. حَسَنٌ ابنُ خالتي وعَدِيلِي أيضًا. (أخو زوجتي - زوجُ أختِ زوجتي - زوج أختي)

٥. قال تعالى: ﴿قَالَتْ مَنْ أَنْبَأَكَ هَذَا﴾. (أخبرَكَ - علَّمكَ - فهَّمكَ)

٦. تُوفِّي المريضُ بعد إصابته بمَرَضٍ عُضَالٍ. (يسيرٍ - مُعْدٍ - مُسْتَعْصٍ)

٧. خَسِرَ الفَارِسُ بعد كَبْوَةِ حصانه في السِّباقِ. (جَرْحٍ - بُطْءٍ - سَقْطَةٍ)

٨. كان القُدَماءُ يصنَعُونَ الوَرَقَ من لِحاءِ الأشجارِ. (وَرَق - ثِمَار - قِشْرٍ)

ت- اختر المعنى المُضاد للكلمات التي تحتها خط في الجمل الآتية

١. عَزَّ مَنْ قَنِعَ. (سَاءَ - بَعُدَ - ذَلَّ)

٢. زُرْ غِبًّا تَزْدَدْ حُبًّا. (دائمًا - مُتَقَطِّعًا - غَالِبًا)

٣. محبةُ الناسِ غايةٌ لا تُدْرَكُ. (كَراهية - رِضًا - مُحاربة)

٤. لا تجعلِ الغَيْظَ يتَحَكَّم فيكَ. (الهُدوء - الكُرْه - المَحَبَّة)

٥. خيرُ الناسِ مَنْ عُدَّتْ سَقَطَاتُه. (عُيُوبه - مُمَيِّزَاتُه - نشاطاتُه)

٦. هل من المُمكن نِسْيَانُ الإهانةِ؟ (السَّعَادَة - الذِّكْرِيات - الكَرَامَة)

٧. عَاتَبَني المعلِّمُ على تأخُّري اليوم. (لَامَنِي - سَامَحَنِي - سَاعَدَنِي)

٨. الحِلْمُ صِفةٌ من الصِّفات الحميدة. (الألَم - الشِّدَّة - الرَّأْفَةُ)

لا تجعلِ الغَيْظَ يتَحَكَّم فيكَ.

ث- صل المَثَل في العمود (أ) بالمعنى المناسب له في العمود (ب)

(أ)	(ب)
١. زُرْ غِبًّا تَزْدَدْ حُبًّا.	- عَامَلَهُ بِعُنْفٍ وشِدَّةٍ.
٢. إذا عَزَّ أخوكَ فهُنْ.	- اضْطَرَبَت الأمورُ وتَعَقَّدتْ وصارتْ فوْضى.
٣. لَبِسَ له جِلْدَ النَّمِرِ.	- يُطيلُ السكوتَ ولا يَتَكَلَّم كأنه عَمودٌ أو جِدَارٌ.
٤. كأنَّ على رأسِه الطَّيْرَ.	- لا تُكْثِرْ من الزِّيارةِ لِكي تَزيدَ مَحَبَّتُكَ عند الآخرين.
٥. اختلطَ الحابِلُ بالنَّابِلِ.	- استَفِدْ من الظُّروفِ المُناسِبة وخُذْ خُطْوةً إلى الهَدَفِ.
٦. رُبَّ أخٍ لَكَ لم تَلِدْهُ أُمُّكَ.	- قد يرتبطُ اثنانِ بعلاقةِ الأُخُوَّةِ دُون أَنْ تكونَ بينَهما قَرابةٌ.
٧. أُطْرُقِ الحديدَ وهو سَاخِنٌ.	- سَامِحْ صَديقَكَ واعْفُ عنه إذا غَضِبَ أو أخطأَ في حقِّكَ.
٨. عند الشَّدائدِ تُعرَفُ الإخوانُ.	- الأصدقاءُ الحَقيقيُّون هم مَن يقِفُونَ مع أصدقائِهم وقْتَ الأزَمَاتِ.

٦ أ. على رأي المثل

على رَأْيِ المَثَل

أ استمع وافهم

عَلِيٌّ : مَا لِي أرَاكَ رجعتَ بِغيرِ الوجهِ الذي ذهبتَ بِه؟

إبْراهِيمُ: ذهبتُ إلى أيُّوبَ كالعادة فلمْ يُرحِّبْ بي، وجلسَ مَعِي كأَنَّ عَلى رأْسِه الطَّيرَ!

عَلِيٌّ : يا أخي، لعَلَّ لهُ عُذْرًا وأنتَ تَلُومُ!

إبْراهِيمُ: أيُّ عُذْرٍ وأنا معه كُلَّ يومٍ؟

عَلِيٌّ : إذًا زُرْ غِبًّا تَزْدَدْ حُبًّا.

إبْراهِيمُ: إنني أَعْتَبِره أخي، لذلكَ لا أُريدُ مُفارَقَتَه. وعَلَى رأْيِ المَثَل: "رُبَّ أَخٍ لكَ لم تَلِدْهُ أمُّك"، ولكِنْ بعد مَا فَعَله لأُقَاطِعَنَّهُ، ولن أذهبَ إليه بعدَ اليومِ.

عَلِيٌّ : يا صديقي: الحِلْمُ سَيِّدُ الأخْلاقِ، وإذا عَزَّ أخوكَ فَهُنْ.

إبْراهِيمُ: أتريدُ مِنّي أنْ أُعَاوِدَ زيارتَه وألّا أغضبَ لِكَرَامَتي؟ لا واللهِ لا يَأبَى الكَرَامَةَ إلَّا حِمار.

عَلِيٌّ : ليسَ الأمرُ مُتَعلِّقًا بالكَرَامَة، ولكُلِّ جَوَادٍ كَبْوَةٌ. أَنَسِيتَ قَوْله تعالى: ﴿وَالكَاظِمِينَ الغَيْظَ وَالعَافِينَ عَنِ النَّاسِ﴾؟ لِمَ لَمْ تَسْألْه عن حالِهِ تِلكَ؟

إبْراهِيمُ: لقد حاولتُ مِرارًا وتَكْرارًا، ولكنَّه كان يَتَهَرَّب من الإجابة، وبَدَا لِي أنه يُريدُنِي أن أنْصَرِف مِن أمامِه وأنه يَكْرَهُنِي؛ ولو كَرِهَتْني يَدِي لَقَطَعْتُها.

عَلِيٌّ : أَرَى أنكَ تُبالِغُ، لقد حَدَثَ مِثْلُ هذا المَوْقِف بينكُما من قَبلُ وكنتَ على نَفْسِ الحال وكان الرَّجل يَمُرُّ بظروفٍ صعبةٍ، ولم يُرِد أنْ يُزعِجكَ بهذه الظروف، فَمَا أشْبَه الليلةَ بالبَارِحة. إنَّكَ سَريعُ الغَضَبِ سريع الرِّضَا.

إبْراهِيمُ: لا، هذه المرَّة الأمْرُ مُختلِفٌ، لا تَخْلِط الحابِلَ بالنَّابل، أكُنْتَ تُريدُني أنْ أنتظرَ حتَّى يلْبَس لي جِلْدَ النَّمِر؟ كلّا وألْفُ كلّا.

عَلِيٌّ : على كُلِ حالٍ أنتما صديقانِ حَمِيمَانِ والداخِلُ بينكُما كالدَّاخل بينَ العَصَا ولِحَائِها، ثُم إذا كنتَ في كل أمرٍ مُعاتِبًا صديقك فلن تجد من تصاحبه، فأَيُّ الرِّجالِ المُهَذَّبُ؟ لا يَخْلُو أحدٌ من العُيوبِ والسَّقَطَات.

مُحَمَّدٌ : السلامُ عليكمْ.

عَلِيٌّ وإبْراهِيمُ : وعليكمُ السلام ورحمةُ الله وبركاته.

مُحَمَّدٌ : ما رأْيُكما أنْ نزورَ أخانا أيوب اليومَ؟ فقدْ علِمْتُ أنَّ الطبيبَ أخبرَه بأنَّ عنده داءً عُضالًا.

إبْراهِيمُ : من أنْبَأَكَ بهذا؟

مُحَمَّدٌ : زوجتي هي التي أخبرتني، ألَا تعْلَم أني عَدِيلُه؟

عَلِيٌّ : أَسمِعْتَ؟ قَطَعَتْ جَهِيزَةُ قَوْل كلِّ خطيبٍ. علينا أنْ نذهبَ الآنَ، فَعِندَ الشدائِدِ تُعرَفُ الإخوانُ.

إبْراهِيمُ : هل ترى أن هذا الوقتَ مُناسِبٌ للذَّهاب؟

عَلِيٌّ : يا أخي اطْرُقِ الحَدِيدَ وهو سَاخِنٌ، والصَّداقةُ كالمِظلَّة تُظَلِّلُكَ إذا سَاءَ الجَوُّ.

إبْراهِيمُ : إذًا هيَّا بنا!

ب اقرأ

ت مارس الحوار مع زميلك

IDIOMS, EXPRESSIONS AND WISE SAYINGS
أمثال وتعبيرات وحكم

ث لاحظ استعمال الحروف الآتية وهات جملًا على غِرارها

١. رُبَّ

- رُبَّ ضارَّةٍ نافعَةٌ.
- رُبَّ فقيرٍ علْمه غزيرٌ.
- رُبَّ أخٍ لكَ لم تلِدْه أمُّك.
- رُبَّ قريبٍ بعيدٌ ورُبَّ بعيدٍ قريبٌ.
- رُبَّ مريضٍ بدَاءٍ عُضَالٍ يُشْفَى بإذن الله.

____

٢. إلَّا

- لا أشربُ إلَّا الشَّايَ.
- لا يَأْبَى الكرامَةَ إلَّا حِمار.
- لا يتناولُ الدَّواءَ إلَّا مريضٌ.
- لم أتناولْ منَ الطعامِ إلَّا الحَساءَ.

____

٣. نُونُ التَّوكيدِ

- اعرِفَنَّ للكبِير حَقَّه.
- ﴿كَلَّا لَيُنبَذَنَّ في الحُطَمَةِ﴾.
- لا تتأَخَّرَنَّ عنِ الدرسِ يا طالبُ.
- لَأُقَاطِعَنَّهُ ولنْ أذهبَ إليه بعدَ اليومِ.

ملحوظة: لا يُؤكَّد الماضي بنُونِ التَّوكِيدِ.

____

٤. كَلَّا

- أتوافقُ على الظُّلْمِ؟ كَلَّا وألفُ كَلَّا.
- أتريدُ أن أنتظرَ حتَّى يغضبَ عَلَيَّ؟ كَلَّا.
- أتسمحُ أنْ يدخل الأعداءُ إلى بِلادِك؟ كَلَّا.

____

ج لاحظ جَزْمَ الفعلِ المضارعِ في جوابِ الطَّلَبِ (الأمر والنَّهي) وهاتِ جُملًا على غِرارها

- زُرْ غِبًّا تَزْدَدْ حُبًّا.
- لا تُكثِر من الأَكْلِ يَسْلَمْ بدنُكَ.

____

- ابْتَسِمْ تَبْتَسِمْ لكَ الحياةُ.
- لا تَكُن فَظًّا مع الناسِ يأْلَفُوكَ.

____

٦ أ. على رأي المثل

القواعد

أُسلُوبُ الشَّرط

أ لاحظ الأمْثِلَةَ وتحليلها مع المعلم

المثال	الأداة	جُملة الشَّرط	جَوابُ الشَّرط	حُكْمُ الأداة
إذا عَزَّ أخوك فهُنْ. قال تعالى: ﴿فَإِذَا عَزَمْتَ فَتَوَكَّلْ عَلَى اللَّهِ﴾.	إذا	عَزَّ عَزَمْتَ	فَهُنْ فَتَوَكَّلْ	غير جازمة
لو كَرِهَتْنِي يدي لقطعْتُها. قال تعالى: ﴿وَلَوْ يَشَاءُ اللَّهُ لَانْتَصَرَ مِنْهُمْ﴾.	لو	كرهتني يَشاءُ	لقطعتها لانتَصَرَ	غير جازمة
إنْ أنسَ لا أنسَ مساعدتَكَ لي. قال تعالى: ﴿إِنْ أَحْسَنْتُمْ أَحْسَنْتُمْ لِأَنْفُسِكُمْ﴾.	إنْ	أنسَ أَحْسَنْتُمْ	لا أنسَ أَحْسَنْتُمْ	جازمة
مَن جَدَّ وَجَدَ ومن زَرَعَ حَصَدَ. قال تعالى: ﴿وَمَنْ يُؤْمِنْ بِاللَّهِ يَهْدِ قَلْبَهُ﴾.	مَنْ	جد / زرع يُؤْمِنْ	وجد / حصد يَهْدِ	جازمة
ما اسْتَشَرْتَ في أُمورِكَ فلن تندَمَ. قال تعالى: ﴿وَمَا تَفْعَلُوا مِنْ خَيْرٍ يَعْلَمْهُ اللَّهُ﴾.	ما	اسْتَشَرْتَ تَفْعَلُوا	فلن تندمَ يَعْلَمْهُ اللهُ	جازِمة
مَهْمَا تُخْفِ من طباعك تظهر. مَهْمَا تمطر السماء تُعْطِ الأرض خيرها.	مَهْمَا	تُخْفِ تمطر السماء	تظهر تعطِ الأرض	جازمة
أَيْنَما وجدْتَ العدْلَ فذلك شَرْعُ الله. قال تعالى: ﴿أَيْنَمَا تَكُونُوا يُدْرِكْكُمُ الْمَوْتُ﴾.	أينما	وجدتَ تكُونُوا	فذلك شرع الله يُدْرِكْكُمْ	جازمة

ب عيِّن أداةَ الشَّرطِ وبيِّن نوعها وجملةَ الشَّرط وجوابَه كما في المثال

◄ إذا كنتَ في كل الأمور مُعاتِبًا صديقَكَ فلن تجد من تُصاحبُه.

١. ما تقرأْ من كُتبٍ يُفِدْكَ.

٢. أَيْنَمَا تُسافِرْ أُسافِرْ مَعَكَ.

٣. إذَا قَرَأْتَ كَثِيرًا اسْتَفدتَ.

٤. لو تُتْقِن عَمَلَكَ يَرْتَفِع قَدْرُكَ.

٥. ما تَدَّخِرُوه اليومَ تَجِدُوه غدًا.

٦. أَينَمَا تُسافِرُوا تَكْتَسِبُوا الْخِبْرَاتِ.

٧. مَنْ يَسعَ لِلخيرِ يَنَل مَحبَّةَ الْجميعِ.

٨. مَهْمَا عَلَتِ الشَّجَرةُ فَلَن تَصلَ السَّمَاءَ.

٩. إنْ تُداوم عَلَى صُنعِ المَعْروفِ يُقدركَ الناسُ.

أداة الشرط	جملة الشرط	جواب الشرط
إذا / غير جازمة	كنتَ في كل الأمور	فلن تجد

ت اربط بين الجملتين بما بين القوسين مُغيِّرًا ما يلزم

١. تنصُرون الله / ينصُركُم (إن) ____________
٢. يؤمِنُ بالله / يدخلُ الجنَّةَ (من) ____________
٣. تنتظرُ / فلن تأتيَ الحافلةُ (مَهْمَا) ____________
٤. كان الأمرُ بِيَدي / لَساعدْتُكَ (لو) ____________
٥. حَفَرَ حُفْرَةً لأخيه / وقع فيها (مَن) ____________
٦. ينتشِرُ التعليمُ / تكثُرُ الفُصْحى (أينما) ____________
٧. تُساعِدِ المحتاجين / يخلفُ الله عليكَ (ما) ____________
٨. رجعتَ من السفرِ / فأَحضرْ هديةً لأَهْلكَ (إذا) ____________

ث ضع في كلِّ فراغٍ مما يأتي جوابَ شرطٍ مناسبًا

١. من تعلَّم لغةَ قومٍ ____________
٢. لو كان الفَقْرُ رجُلًا ____________
٣. إن كانَ بيتُكَ من زُجَاجٍ ____________
٤. أينَمَا تجدْ صديقًا صَالحًا ____________
٥. إذا عرفتُم جوابَ هذا السؤالِ ____________
٦. ما تجتهدْ في دُروسكَ وقتَ الدراسةِ ____________

ج عبِّر عن المعاني الآتية مُستخدِمًا أدوات الشرط المناسبة

١. عندما يَكثُرُ التَّلوُّثُ تنتشرُ الأمراضُ. ____________
٢. بِقَدْرِ اللغاتِ التي تتعلَّمها تزيدُ ثقافتَك. ____________
٣. مَرِضْتَ لأنكَ ارتديتَ ملابسَ خفيفةً في الشتاء. ____________
٤. الأمُّ الاجتماعيةُ سيصبحُ أبناؤها اجتماعِيّين مِثْلَها. ____________
٥. حينَ تُحافظُ على البيئةِ تحْمِي نَفْسَكَ من الأمراضِ. ____________
٦. تأكَّدْ من الخبرِ الذي جاءَكَ من الكاذبِ قبلَ أن تَحْكمَ به. ____________

ملحوظة ١: يُجزَمُ الفعلُ المضارعُ إذا وقعَ في جملةِ الشرطِ أو جملةِ الجوابِ أو فيهما معًا، لأن الأدوات الجازمة تجزم فعلين. أما إذا كان الشرطُ والجوابُ غيرَ مضارعَيْنِ فإنه يكونُ في محلِّ جَزْمٍ.

ملحوظة ٢: يَتَّصِلُ جوابُ «لَوْ» الشرطيةِ باللَّامِ إذا كانَ جُملةً فعليةً فِعْلها ماضٍ مُثْبَت.
- لو اطَّلَعْتُم على الغيبِ لاختَرْتُم الواقع.
- لو ذاكرتَ دروسكَ لنجحتَ.

مراجعةٌ عامَّة على المصادرِ والمشتقَّات

أ لاحظ تصريف الأفعال في الجدول التَّالي مع المعلم

الفعل	الوَزْن	المصدر	اسم الفاعل	اسم المفعول	اسم الزمان / المكان	اسم الآلة
نَشَرَ	فَعَلَ	نَشْرٌ	نَاشِر	مَنْشُور	مَنْشَر	مِنْشَار
عَسْكَرَ	فَعْلَلَ	عَسْكَرَةٌ	مُعَسْكِر	مُعَسْكَر	مُعَسْكَر	ـــــ
عَلَّقَ	فَعَّلَ	تَعْلِيقٌ	مُعَلِّق	مُعَلَّق	مُعَلَّق	عَلَّاقَة
أَقَامَ	أَفْعَلَ	إِقامَة	مُقِيمٌ	مُقَام	مُقَام	ـــــ
هَاجَرَ	فَاعَلَ	مُهاجَرَة	مُهَاجِر	مُهَاجَر	مُهَاجَر	ـــــ
تَنَاوَلَ	تَفَاعَلَ	تَنَاوُلٌ	مُتَنَاوِل	مُتَنَاوَل	مُتَنَاوَل	ـــــ
اجْتَمَعَ	افْتَعَلَ	اجْتِمَاعٌ	مُجْتَمِع	مُجْتَمَع	مُجْتَمَع	ـــــ
اسْتَقْبَلَ	اسْتَفْعَلَ	اسْتِقْبَالٌ	مُسْتَقْبِل	مُسْتَقْبَل	مُسْتَقْبَل	ـــــ

ب بيِّن نوعَ ما تحته خطٌّ في الجمل التالية واذكرْ فعلَه كما في المثال

◀ قال تعالى: ﴿وَمَنْ يُطِعِ اللهَ وَرَسُولَهُ فَقَدْ فَازَ فَوْزًا عَظِيمًا﴾. ـــ مصدر ثُلَاثِيٌّ ـــ فِعْلُه: فَازَ

١. أشعرُ بصداعٍ شديدٍ. ــــــــ ــــــــ

٢. أيُّ الرجالِ المُهَذَّبُ؟ ــــــــ ــــــــ

٣. صعدَ الخطيبُ المِنْبَرَ. ــــــــ ــــــــ

٤. فِلسطينُ مَوْطِنُ الأحرارِ. ــــــــ ــــــــ

٥. الأمرُ مُختلِفٌ هذه المرَّة. ــــــــ ــــــــ

٦. منَ الصَّعبِ نِسيانُ الإهانَةِ. ــــــــ ــــــــ

٧. سأُجهِّز ملابسي الجديدةَ استعدادًا للعيدِ. ــــــــ ــــــــ

٨. قال تعالى: ﴿سَلامٌ هِيَ حَتَّى مَطْلَعِ الْفَجْرِ﴾. ــــــــ ــــــــ

٩. قال تعالى: ﴿وَمَن قُتِلَ مَظْلُومًا فَقَدْ جَعَلْنَا لِوَلِيِّهِ سُلْطَانًا﴾. ــــــــ ــــــــ

١٠. قال تعالى: ﴿لَوْ أَنْزَلْنَا هَٰذَا الْقُرْآنَ عَلَىٰ جَبَلٍ لَرَأَيْتَهُ خَاشِعًا﴾. ــــــــ ــــــــ

ت أعرب الكلمات التي تحتها خطٌّ في السؤال (ب) (شفويًّا) كما في المثال

قال تعالى: ﴿وَمَنْ يُطِعِ اللَّهَ وَرَسُولَهُ فَقَدْ فَازَ فَوْزًا عَظِيمًا﴾.

فَوْزًا: مفعولٌ مُطلقٌ منصوب وعلامة نصبه الفتحة الظاهرة.

ث املأ الجدولَ بالمطلوبِ كما في المثال

الفعل	المشتقُّ	نوعه	الجملة
تَطَوَّرَ	مُتَطَوِّر	اسم فاعل	الاقْتِصَادُ في بلدِنا مُتَطَوِّرٌ.
كَتَبَ	مَكْتُوب	______	______
نَزَلَ	مَنْزِل	______	______
ظَلَّلَ	مِظَلَّة	______	______
فَضَّلَ	مُفَضَّل	______	______
انْتَشَرَ	انْتِشَار	______	______
صَلُحَ	صَالِح	______	______
انْتَدَى	مُنْتَدَى	______	______

ج املأ الفراغات بالمطلوبِ بين القوسين

١. المؤمنُ ______ أخيهِ. (اسم آلة)

٢. لا تُصَاحِبِ إلَّا ______ (اسم فاعِل)

٣. لا تَتَأَخَّر عن ______ غدًا. (اسم زمان)

٤. الرسالةُ ______ بخطٍّ جميلٍ. (اسم مفعول)

٥. كثْرةُ ______ والعِتابِ تُفرِّق الأَحْبابَ. (مصدر ثلاثي)

٦. تهْتَمُّ الدَّولةُ بالرِّعايةِ الصِّحية ______ كبيرًا. (مصدر خُماسي)

٧. يُذاكِرُ الطلاب دروسَهم ______ للامتحانِ. (مصدر سُداسي)

٨. الأُمُّ ______ إذا أعدَدْتَها أعددتَ شعبًا طَيِّبَ الأَعْرَاقِ. (اسم مكان)

٦

أ. على رأي المثل

الاستماع والفهم

أوّلًا مَوْقِفٌ ومَثَل

أ اقرأ الأمثال الآتية قبل الاستماع وناقش معانيها مع زملائك

- الجَارُ قبلَ الدَّارِ. ☐   - الرَفيقُ قَبلَ الطَّريقِ. ☐
- اُطْلُبُوا العِلْمَ مِنَ المَهْدِ إلى اللَّحْدِ. ☐   - يَدُ اللهِ مَعَ الجَمَاعَةِ. ☐
- كُلُّكُم رَاعٍ وكُلُّكُم مَسْؤولٌ عن رَعِيَّتِه. ☐   - خَيْرُ جَلِيسٍ في الزَّمانِ كِتَابٌ. ☐
- إنَّكَ لا تَجْنِي مِنَ الشَّوْكِ العِنَبَ. ☐   - عِنْدَ الشدائِدِ تُعْرَفُ الإخوانُ. ☐

ب استمعْ إلى المَوْقِفِ وضع الرقم أمام المَثَل المُناسب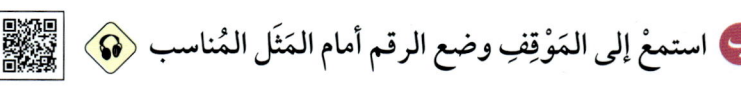

ت استمع مرَّة أُخرى واختر مَوْقِفًا وناقِشْه مع زملائك

١٣٠

ثانيًا قِصَّةٌ وَمَثَل

أ استمعْ إلى المثل جيدًا ثم أجبْ عنِ الأسئلة الآتية

١. شَنٌّ من ______________ العرب. **(أغبياء - جهلاء - أذكياء)**

٢. قال الرجل لشن يا ______________ **(عالم - جاهل - راكب)**

٣. هذا المثل يضرب لكل اثنين ______________ **(مختلفين - متوافقين - متقاربين)**

ب استمعْ مرة أُخرى ثم أكمل الناقص فيما يأتي

١. لمَّا دَخل شَنٌّ والرجل القرية قابلَا ______________

٢. كان للرجل ________ يقالُ لها: "طبقة"، فلما دخل عليها أبوها سألتهُ عن ________؛ فأخبرها بأمره وشكا إليها ________ وحدَّثها بحديثِهِ.

٣. قالت البنت: يا ________ ما هذا بجاهلٍ.

ت استمعْ مرة ثالثة وضع علامة (✓) أو (×) ثم صححِ الخطأ

١. قال شن للرجل ما رأيت أجهل منك. (   ) ______________

٢. كان رأي البنت موافقًا رأي أبيها في جهل شَنٍّ. (   ) ______________

٣. الرجل لم يُفسر لِشَنٍّ ما سأله عنه. (   ) ______________

٤. طبقة تُشبه شَنًّا أو تفوقه في الذكاء. (   ) ______________

المحادثة

أ. على رأي المثل

أوّلًا صورة ومَثَل

أ **أُنْظر إلى الصورتين التاليتين وخمِّن المَثَل الذي يُعبر عن كل واحدة منهما**

اطلبوا العلم من المهد إلى اللحد.

ب **انظرْ إلى الصورة الأُولى وناقِش زميلك في الأسئلة التالية**

١. ما معنى المَثَلِ في الصورة الأولى؟

٢. وهل يحدثُ بالفعلِ؟ وما رأيكَ فيه؟

٣. ماذا تفعلُ لو كنتَ مكانَ هؤلاءِ الناس؟

٤. ما الفرق بين التعليم في الصِّغَر والتعليم في الكِبَر؟

٥. ما أهميةُ التعليمِ للفردِ والمجتمع؟

ت **انظر إلى الصورة الثانية وناقِش زميلك في الأسئلة التالية**

١. ما معنى المَثَلِ في الصورة الثانية؟ وعلى أيِّ شيءٍ يدلُّ؟

٢. هل تُوافقُ على هذا المعنى؟ ولماذا؟

٣. تصوَّر موقِفًا يدلُّ على معنى هذا المَثَل؟

٤. هل بين المَثَلِ في هذه الصورة والصورة الأولى علاقة؟ كيف؟

٥. هل القِيمةُ في هذا المَثَل خاصةٌ أم مُشترَكة بين كلِّ الناس؟

عُصْفُورٌ فِي اليدِ خيرٌ من عشرة على الشجرةِ.

ث **حاوِلْ أن تجدَ في لُغتكَ أَمْثالًا تتفقُ في المعنى مع هذين المَثَلين وترجِمْها إلى العربية وتناقش فيها مع زملائك**

أ٦ IDIOMS, EXPRESSIONS AND WISE SAYINGS
أمثال وتعبيرات وحكم

ثانيًا مَوقِفٌ ومَثَل

أ تخيَّل موقفًا يُناسِب كلَّ مَثَلٍ من الأَمثَال الآتية وناقِشه مع زملائك في الصف

- عَدوٌّ عاقِلٌ خيرٌ من صديقٍ جاهلٍ.
- مَنْ غَضِبَ مِنْ لا شَيء رَضِيَ بِلَا شَيءٍ.
- من خالَطَ الفُصَحَاء صارَ منهم.
- إنَّ الجَبَانَ حَتْفُهُ مِنْ فَوقِه.
- الغِنَى غِنَى النَّفْسِ.

ب صوِّتْ مع زملائك على أحسنِ موقفٍ استمعتَ إليه وتناقش فيه مع زملائك

ثالثًا أفكارٌ عامَّة للمناقشة

أ ناقِش مع زميلك في الصف هذه الأفكار حوْل ثقافةِ الأَمثَال

١. ما تعريفُ المَثَل؟ وهل له شكلٌ خاصٌّ في لُغتك؟ كيف؟

٢. هل للأَمثَالِ دورٌ في واقِعنا اليوم؟ كيف ذلك؟

٣. ما مصادرُ الأَمثَال العربية في رأيك؟ اذكرْ مثالًا لكل مصدر ما أمكن؟

٤. هل تُؤثِّر الأَمثَالُ في سُلوكِ الناس؟ كيف؟

٥. ما نوعيَّةُ القِيَمِ التي تحمِلُها الأَمثَال؟ وهل كلُّها قِيَمٌ إيجابية؟ كيف ذلك؟

٦. هل نحن مسؤولون عن الحِفاظ على هذه الثقافة من الأَمثَال؟ لماذا؟ وكيف؟

ب انقل إلى الصف مُلخَّصَ آراءِ زميلِك حوْل الأفكارِ السَّابقة

٦ ب. أنتم تلعبون بالنار
المفردات

أ اقرأ وافهم

أسماء:

- القِمار
- الخَمْر
- رَفيقٌ (ج) رُفقَاء
- التَّهْلُكَة
- الخَبيث × الطَّيِّب
- الخَبائِث × الطَّيِّبات
- التَّوبَة
- العَذَلُ
- دَيْنٌ
- وَعْدٌ
- الأُنْس × الوَحْشَةُ
- العُنْقُودُ
- عِفْرِيتٌ
- الحُرُّ × العَبْدُ

أفعال:

- يَقْنَطُ
- يَنْفُخُ
- يُسَدِّدُ / يَدْفَعُ
- يَمُنُّ

تعبيرات:

- رِفْقَة الأُنْسِ
- أُمُّ الخَبائِثِ
- اللَّعِبُ بالنَّارِ
- أَلْقَى بِيَدَيْهِ إلى التَّهْلُكَةِ
- آخِرُ العُنْقُودِ
- غَسِيلُ المُخِّ
- التَّوبةُ النَّصُوحُ
- على كَفِّ عِفْرِيتٍ
- ينفُخُ في غَيْرِ نَارٍ
- يَرْكَبُ رَأْسَه
- دَرْسُ عِلْمٍ
- حَلْقَةُ القُرْآنِ
- رَأْسُ الأَفْعَى
- الفُرْصَةُ سَانِحَةٌ
- عَادَ إلى صَوَابِه

أَمْثَال:

- رجعَتْ حَلِيمةُ إلى عَادَتِها القديمة.
- سَبَقَ السَّيْفُ العَذَلَ.
- بعْدَ خَرَابِ مَالْطَة.
- وَعْدُ الحُرِّ دَيْنٌ عَلَيْهِ.

ب **املأ الفراغات بالكلمة المناسبة مما يأتي**

القِمَار - التَّهْلُكَة - تَنْفُخْ - سَدَّدَ - دَيْنَهُ - الخَمْرِ - يَقْنَطُ - وَعْدَه

١. إنَّ اللهَ لا يُخْلِفُ ________

٢. لا ________ في الطَّعام الحارّ.

٣. خَسِرَ الرجل ثروَتَه في ________

٤. ________ التاجرُ دُيونَه قبلَ وقتِها.

٥. التدخينُ أَسْرَعُ الطُّرقِ إلى ________

٦. دَفَعَ الرجلُ ________ على أَرْبَعَةِ أَقْسَاطٍ.

٧. ابتعدْ عن التدخينِ و ________ تسلَمْ صِحَّتُكَ.

٨. عجِبْتُ لِمَن ________ مِنْ رحمَةِ اللهِ، ومعَهُ الاستغفارُ.

ت **صِلِ التعبيرَ بالمعنى المناسب**

١. رِفْقَة الأُنْس	يفعلُ ما يشاءُ دونِ تفكيرٍ.
٢. آخِرُ العُنْقُودِ	يُحاولُ بلا فائدَةٍ ولا نتيجةٍ.
٣. اللعبُ بالنار	الرأسُ المُدبّر لكلّ الشُّرورِ.
٤. غسيلُ المُخّ	في خَطَر شديدٍ وعدم استقرارٍ.
٥. يركَبُ رأسَه	العملُ الذي يُعَرّضُ صاحبَه للخطَرِ.
٦. رأسُ الأَفْعَى	آخرُ طفلٍ أو طفلةٍ في سِلسِلة العائلة.
٧. التَّوبَةُ النَّصُوح	رجعَ إلى طبيعتهِ أو إلى الحقّ والخيرِ.
٨. عادَ إلى صَوابِه	جماعةٌ من الأصدقاء ذاتُ مُيُولٍ واحِدة.
٩. ينفخُ في غيرِ نارٍ	تَغييرُ الأفكارِ تحت ضَغْطِ آخرينَ وتأثيرِهم.
١٠. على كَفّ عِفْرِيتٍ	الابتعادُ عن الأعمالِ السَّيئة وعدمُ العودةِ إليها مجددًا.

ث **استخدِمِ المَثَل المناسب لكلِّ موقفٍ مما يأتي**

١. يُحاول أن ينصحَ صديقَه ليبتعدَ عن رُفَقَاءِ السُّوءِ، ولكنْ بلَا فائدةٍ.

____

٢. نبَّهَ عليه زميلُه أن يلتزِمَ بالموعدِ المُتَّفَقِ عليه، لأنَّ هذا مِن أخلاقِ الكِرام.

____

٣. مَرِضَ ابنُه ببردٍ شديدٍ وانْفُلوَنْزَا حادَّةٍ، فَعَاتَبَه أصدقاؤه على إهمالِه ابنه إلى هذا الحدِّ.

____

٤. كان يُواظِبُ على حُضور الدروسِ في أوقاتها بعدَما نبَّهَه المعلمُ، ثم عادَ للتَّأخر مرَّة أخرى.

____

٥. اتَّصَل به جيرانُه وهو في الخارج عندمَا رأوا شخصًا غريبًا يحُومُ حوْل منزلِه، فاتصلَ بالشرطةِ، ولكنها جاءتْ بعدما سَرق اللصوصُ المنزلَ.

____

٦ ب. أنتم تلعبون بالنار
الحوار

أ استمع وافهم

أنتم تَلعبونَ بالنَّارِ

أَدْهَم : إلى أين أنتَ ذاهبٌ؟

جَمَال : أنا ذاهبٌ إلى النادِي الرياضِيّ، لَدَيَّ تدريبُ سِباحةٍ.

أَدْهَم : ما شاءَ اللهُ، رجعتْ حَلِيمةُ إلى عَادَتِها القدِيمة.

جَمَال : وإلى أين أنتَ ذاهبٌ؟

أَدْهَم : أنا ذاهبٌ إلى رِفْقَةِ الأُنْسِ.

جَمَال : أمَا زلتُم تلعبونَ القِمارَ، وتشربونَ أُمَّ الخَبائِثِ (الخَمْر)؟ أنتُم تلعبون بالنَّارِ، وإنْ لم تَنْتهوا عمَّا تفعلونَ فَستُلقُونَ بأَيْدِيكم إلى التَّهْلُكَةِ.

أَدْهَم : انظُروا مَن يتكلَّمُ! أنسيتَ أنَّكَ كنتَ آخِرَ عُنْقُودِ هذه الرِّفْقَة قبلَ أنْ تتركَها؟ ماذا جَرَى لكَ؟ هل غَسَل أصدقاؤكَ الجُدُدُ مُخَّكَ إلى هذه الدَّرَجة؟

جَمَال : نعم، لقد كُنْتُ رَفِيقَكُم، ولكنَّ اللهَ تابَ عليَّ تَوْبَةً نَصُوحًا، أدعُو اللهَ أنْ يَمُنَّ عليكَ بمِثْلِها.

أَدْهَم : أيُّ توبةٍ يا عزيزي بعدَ خَرَابِ مَالْطَة؟ لقدْ خَسِرتُ نُقودي، وفقَدْتُ عائلتي وأصبحتْ حياتي نَفْسُها على كَفّ عِفْريتٍ.

جَمَال : يا أخي، لا تَقْنَطْ من رحمةِ اللهِ، إنَّ اللهَ يغفِرُ الذُّنُوبَ جميعًا، وبابُ التَّوبةِ مفتوحٌ في كلِّ وقتٍ.

أَدْهَم : وهل ستُعِيدُ التَّوْبَةُ نُقودي التي خَسِرْتُها، أو عائلتي التي فَقَدْتُها؟ مَهْمَا فعلتُ فلن يتغَيَّر شيءٌ، سَبَقَ السَّيْفُ العَذَلَ، لا تُتْعِبْ نفسَكَ؛ إنكَ تَنْفُخُ في غيرِ نارٍ.

جَمَال : إن كنتَ قدْ خَسِرتَ دُنياكَ فلا تَخْسَر آخِرَتَكَ أيضًا، الفُرْصَة أمامَك سَانِحَةٌ لكَي تَعودَ إلى صَوَابِك كَما عُدتُ، ويُمكن بفضلِ اللهِ ورحْمَتِه أنْ تُعوّضَ ما فَقَدْتَهُ، فلا تَرْكَبْ رَأْسَكَ وتَستمرَّ على مَا أنتَ عليه، ما رأْيُكَ أنْ تأتيَ مَعِي إلى النادي الآن، وفي المساءِ عندنا درسُ علْمٍ مع أصدقاءَ صالحينَ، يُمكِنُنِي أنْ أُعرِّفَكَ إليهم وتشترِكَ معنا في حَلْقَةِ قِراءةِ القرآنِ.

شِهَاب : أَدْهَمُ، يا أَدْهَمُ، هيَّا بنا تأخَّرنا.

جَمَال : لن يَنْصَلِحَ حالُكَ أبدًا ما دُمتَ مُصاحِبًا لِرأسِ الأَفْعى هذا!

أَدْهَم : اعْذِرْني لا بدَّ أنْ أذهبَ، أَلَا أَجِدُ معكَ مئةَ جنيه دَيْنًا؟ وسأُسَدِّدُها لكَ في أقْرَبِ وقتٍ.

جَمَال : أتريدُ دَيْنًا جديدًا لِتلْعَبَ به القِمَارَ؟! ولكنَّكَ لم تُسدِّد دُيُونَك القديمة.

أَدْهَم : هذه آخِرُ مَرَّة، وأَعِدُكَ أنْ أُسدِّدَ دُيُوني كُلَّها لكَ.

جَمَال : مِن أينَ وأنتَ لا تَعْمَلُ؟!

شِهَاب : أَدْهَمُ، يا أَدْهَمُ، إن لم تَأْتِ الآن فأنا ذاهبٌ.

أَدْهَم : أرجوكَ أعطني النقودَ وأَعِدُكَ أنني سَأُسَدِّدُ دُيُوني وسآتي مَعَك دَرْسَ القرآنِ هذا المساء، ما رأْيُكَ؟

جَمَال : وَعْدٌ؟

أَدْهَم : نعم، وَعْدٌ.

جَمَال : حَسَنًا، وَعْدُ الحُرِّ دَيْنٌ عليه، خُذْ وسأَنتظِرُكَ في المسجد عندَ صلاةِ المغرب.

ب اقرأ

ت مارس الحوار مع زميلك

ث لَاحِظِ استعمال التَّعْبِيرَاتِ في الجمل الآتية، وهات جملًا على غِرارها

١. أُمّ

الخمرُ / مصرُ / مَكةُ / الفاتحةُ ← أُمّ → الخبائثِ. / الدنيا. / القُرى. / الكتابِ.

____

____

٢. إلى هذه الدَّرَجة

- هل وصلَ الحالُ إلى هذه الدَّرجة؟
- هل الموضوعُ مُهِمٌّ إلى هذه الدَّرجة؟
- هل غَسَلَ أصدقاؤك الجُدُدُ مُخَّكَ إلى هذه الدرجة؟

____

____

٣. بمِثْلِها

- لا ترُدَّ على الإساءةِ بِمِثْلِها.
- أدعو اللهَ أن يَمُنَّ عليكَ بمِثْلها.
- هذه القصةُ لم أسمع بمِثْلِها من قبل.
- قال تعالى: ﴿وَالَّذِينَ كَسَبُوا السَّيِّئَاتِ جَزَاءُ سَيِّئَةٍ بِمِثْلِهَا﴾.

____

____

٤. سَدَّدَ

سَدَّدَ ← اللهُ عملَكَ. = أَصْلَحَ
سَدَّدَ ← التَّاجرُ دينَهُ. = دفع
سَدَّدَ ← اللاعبُ الكرةَ إلى المَرْمى. = صوَّب

____

____

٥. مَنَّ - يَمُنُّ - مَنًّا - مَنَّان

- مَنَّ اللهُ علينا بِنِعَمٍ كثيرةٍ.
- لا تَمُنَّ على الفقيرِ بصَدَقَتِك.
- قال تعالى: ﴿لقد مَنَّ اللهُ عَلَى المُؤمِنِينَ إِذْ بَعَثَ فِيهِمْ رَسُولًا مِنْهُمْ﴾.

____

____

ج لاحظ الفرقَ بين صِيغَتَيْ (فَعَلَ - أَفْعَلَ) في الجمل الآتية، وهاتِ جُملًا على غِرارها

فَعَلَ		أَفْعَلَ
عادَ الغائبُ من السَّفرِ.	←	أعادتِ الشرطةُ المَسْرُوقاتِ لصاحِبِها.
تَعِبَتِ الأمُّ من عَمَلِ المنزلِ.	←	أتعَبَ الأطفالُ أمَّهم بكثرةِ الأسئلةِ.
نَزَلَ القرآنُ مُتَفَرِّقًا.	←	أنْزَلَ اللهُ القرآنَ مُتَفَرِّقًا.
١. جلس ______________	←	أجلس ______________
٢. خرج ______________	←	أخرج ______________
٣. فهم ______________	←	أفهم ______________

اقْتِرانُ جوابِ الشرطِ بالفاء

أ لاحظ الأَمْثِلَةَ وتحليلها مع المعلم

المثال	الجواب	سبب اقتران الجواب بالفاء
- أَيْنما وجدتَ العدْلَ فذلكَ شَرْعُ اللهِ.	فذلكَ شَرْعُ اللهِ	جملة اسمية
- إذا عَزَّ أخوكَ فَهُنْ.	فَهُنْ	أَمْر
- إنْ خسِرتَ دُنياكَ فلا تَخْسر آخرتَكَ.	فلا تَخْسر آخرتَكَ	نَهْيٌ
- إن جئتُ متأخرًا فماذا أقولُ للمدرس؟	فماذا أقول للمدرس؟	استفهام
- مَن أطاعَ اللهَ فقدْ فازَ.	فقد فازَ	مُقْتَرِن بـ«قد»
- إن تأخرتَ فسأذهبُ.	فسأذهبُ	مُقْتَرِن بـ«السين»
- مَن يجتهدْ في دُروسه فسوف ينجحُ.	فسوف ينجحُ	مُقْتَرِن بـ«سوف»
- مَهْما فَعَلتُ فلن يتغيرَ شيءٌ.	فلن يتغيرَ شيءٌ	مُقْتَرِن بـ«لن»
- مَن شابَهَ أباهُ فما ظَلَمَ.	فما ظَلَمَ	مُقْتَرِن بـ«ما النافية»
- مَنْ غَشَّنا فَلَيس مِنَّا.	فَلَيس مِنَّا	«ليس» فعلٌ جامد غير متصرِّف

ب عيِّن جوابَ الشرطِ فيما يأتي، وسببَ اقترانِه بالفاء كما في المثال

◀ قال تعالى: ﴿وَإِذَا سَأَلَكَ عِبَادِي عَنِّي فَإِنِّي قَرِيبٌ﴾.
١. مَهْمَا تَسْأَلْ فلا تَنْتَظِرْ جَوابًا.
٢. ما ارْتَكَبْتَ من خطأ فستحاسَب عليه.
٣. مَن لم يهْتمّ بأمرِ المسلمين فليسَ منهم.
٤. قال تعالى: ﴿فَإِذَا عَزَمْتَ فَتَوَكَّلْ عَلَى اللهِ﴾.
٥. لو كنتَ مَيْسُورَ الحالِ فهل تُساعدُ المحتاجِين؟
٦. إن لم تنتهُوا عمَّا تفعلونَ فستُلْقُون بأيديكم إلى التهلُكة.
٧. قال تعالى: ﴿وَمَن يُطِعِ اللهَ وَرَسُولَهُ فَقَدْ فَازَ فَوْزًا عَظِيمًا﴾.

الجواب	سبب اقترانه بالفاء
فَإِنِّي قَرِيبٌ	جملة اسمية
______	______
______	______
______	______
______	______
______	______
______	______
______	______

ت اكتبْ جوابَ الشرطِ في الجمل الآتية بحيثُ يكونُ مقْرُونًا بالفاء

١. مَهْمَا تَقُلْ ______
٢. أينَمَا تذْهبْ ______
٣. مَن يزرعِ الشَّرّ ______
٤. لو تُذاكرُ جيدًا ______
٥. إنْ تُصادِقِ الصَّالحين ______
٦. إن كَشَفْتَ عُيوبَ صاحبِكَ ______
٧. إذا استمعتَ إلى نُصْحِ الطبيبِ ______
٨. مَن كانَ يُؤمِنُ باللهِ واليَوْمِ الآخِرِ ______

ث اجعلْ كلَّ جملة مما يأتي جوابًا للشرطِ وأدخلِ الفاءَ على ما يلزَم منها مع ذِكرِ السببِ

١. ______ يَمْرَض.
٢. ______ لهُ جائزةٌ كبيرةٌ.
٣. ______ قَد يَقْبلُ اللهُ تَوبَتَكَ.
٤. ______ ليسَ أَمِينًا على الأَسْرار.
٥. ______ لا تُزْعِجْهم بِكثْرَةِ الزِّيارَةِ.
٦. ______ لن أنسَى لكَ هذا المَعْرُوفَ.
٧. ______ لِيُوَاظِبْ على الصَّلاةِ في وقْتِها.
٨. ______ خَسِرْتَ نُقودَكَ، وفَقَدْتَ صِحَّتَكَ.

المُجَرَّدُ والمَزِيدُ من الأفعالِ

أ لاحظ الأمْثلة وتحليلها مع المُعَلِّم

الفعل المُجَرَّدُ	نوعُه	وزنُه	الفعل المَزِيدُ	نوعُه	وزنُه
- سَمِعَ الطالبُ القصيدةَ.	ثلاثي	فَعِلَ	أَسْمَعَ المعلمُ الطلابَ القصيدةَ.	ثلاثي مزيد بحرف	أَفْعَلَ
- حَفِظَ الطفلُ القرآنَ.	ثلاثي	فَعِلَ	حَفَّظَ المعلمُ الطفلَ القرآنَ.	ثلاثي مزيد بحرف	فعَّلَ
- صَلُحَ أخي بعد فَسادٍ.	ثلاثي	فَعُلَ	صَالَحَ الصديقُ صديقَهُ.	ثلاثي مزيد بحرف	فَاعَلَ
- نَصَرَ اللهُ المُسلمينَ.	ثلاثي	فَعَلَ	انْتَصَرَ المسلمون في غَزْوةِ بَدْرٍ.	ثلاثي مزيد بحرفين	افْتَعَلَ
- عَقَدَ المديرُ اجتماعًا.	ثلاثي	فَعَلَ	انْعَقَدَ الاجتماعُ في الشركةِ.	ثلاثي مزيد بحرفين	انْفَعَلَ
- خَضُرَ النباتُ في الرَّبيعِ.	ثلاثي	فَعُلَ	اخْضَرَّ النباتُ في الربيعِ.	ثلاثي مزيد بحرفين	افْعَلَّ
- إذا سَأَلْتَ فاسأل اللهَ.	ثلاثي	فَعَلَ	تَسَاءَلَ الطلابُ عن زميلهم.	ثلاثي مزيد بحرفين	تَفَاعَلَ
- قَدِمَ الحُجَّاجُ من السفرِ.	ثلاثي	فَعِلَ	تَقَدَّمَ الطالبُ بشَكْوَاه إلى المديرِ.	ثلاثي مزيد بحرفين	تَفَعَّلَ
- قَبِلَ الفقيرُ الصَّدقةَ.	ثلاثي	فَعِلَ	اسْتَقْبَلَ المُرشِدُ السائحين.	ثلاثي مزيد بثلاثة أحرف	اسْتَفْعَلَ
- دَحْرَجَ اللاعبُ الكرةَ.	رباعي	فَعْلَلَ	تَدَحْرَجَتِ الكرةُ.	رباعي مزيد بحرف	تَفَعْلَلَ
- طَمْأَنَ الطبيبُ المريضَ.	رباعي	فَعْلَلَ	اطْمَأَنَّ المريضُ بالشِّفاءِ.	رباعي مزيد بحرفين	افْعَلَلَّ

ب ضَعْ خَطًّا تحت الفعلِ الثُّلاثي المجردِ، وَخَطَّيْنِ تحْت الفعلِ الثلاثي المزيد فيما يأتي

استشار - خسِر - أطاع - شابَهَ - تغير - اقترن - ألقى - غش - سدد - انصلح - تعاون - اصفرَّ

ت ضَعْ خَطًّا تحت الفعلِ الثُّلاثي المجردِ، وَخَطَّيْنِ تحْت الفعلِ الرباعي المجرَّد فيما يأتي

كَهْرَبَ - نَظَرَ - قَالَ - وَسْوَسَ - أَمِنَ - ظَرُفَ - زَلْزَلَ - بَعْثَرَ - حَسُنَ - عَقْرَبَ - تَرْجَمَ

ث اجعل الأفعالَ الآتية مزيدةً بحرفٍ، ثم ضعها في جمل مفيدة

صَدَقَ - نَزَلَ - جَلَسَ - كَبِرَ - طَلَبَ - قَطَعَ - كَهْرَبَ - حَصْحَصَ

____

____

ج اجعل الأفعالَ الآتية مزيدةً بحرفين، ثم ضعها في جمل مفيدة

دَفَعَ - حَمُرَ - طَلَقَ - عَلِمَ - رَجَعَ - عَهِدَ - زَرِقَ - قَشْعَرَ

____

____

ح اجعل الأفعالَ الآتية مزيدةً بثلاثة أحرف، ثم ضعها في جمل مفيدة

غَفَرَ - عَمِلَ - خَدَمَ - خَرَجَ - عَلِمَ - رَخُصَ - لَقِيَ - عَادَ

____

____

خ أَلْحِقْ بكلِّ فعلٍ مما يأتي كل ما يَقْبَلُه من حُروف الزِّيادة، ثم أَدْخِلْهُ في جمل مفيدةٍ

١. قَبِلَ : ________________

٢. حَسُنَ : ________________

٣. جَمَعَ : ________________

٤. خَرَجَ : ________________

٥. فَتَحَ : ________________

٦. قَطَعَ : ________________

٧. عَرَفَ : ________________

٨. قَامَ : ________________

عند الشدائدِ تُعرفُ الإخوانُ

أ اكتبْ موقِفًا يُناسِب كلَّ مَثَلٍ مما يأتي

١. عند الشدائدِ تُعرفُ الإخوانُ. ____________________

____

____

٢. مَن حفرَ حُفرةً لأخيهِ وقعَ فيها. ____________________

____

____

٣. لعَلَّ له عُذْرًا وأنتَ تلُومُ. ____________________

____

____

ب استخدم التعبيرات الآتية في جمل من إنشائك

١. مِرارًا وتَكرارًا : ____________________

٢. ما شاءَ اللهُ : ____________________

٣. إنْ لم : ____________________

٤. ما دُمتَ : ____________________

٥. أَعِدُكَ : ____________________

٦. لا مَثيلَ له : ____________________

٦ب IDIOMS, EXPRESSIONS AND WISE SAYINGS أمثال وتعبيرات وحكم

ت تخيل أن «أَدْهَم» في الحوارِ السابق قد أَوْفَى بوَعْدِه واكتب حوار الجزءَ الثَّاني بينه وبين جَمَالٍ باتباعِ الخطوات التالية

١. فكِّرْ في حُلولٍ لِجَمَال يستطيعُ أنْ يُساعِدَ بها أَدْهَم للخروجِ من مُشكلتِه.

٢. فكِّر في رُدُودِ فعلِ أَدْهَم على تلك الحُلولِ.

٣. دَوِّن هذه الحُلولَ ورُدُودَها في ورقةٍ خارجيةٍ.

٤. أَشْرِكْ شخصيةً أو شخصيتين مُساعدتين في هذا الحوار.

٥. استخدمْ عددًا من الأَمْثَال والتعبيراتِ التي تعلمْتَها في هذه الوَحدة.

٦. اكتبِ الحوارَ في دفترِكَ ثم راجِعْه إملائيًّا ونحْويًّا وصرفيًّا وأسلوبيًّا.

٧. اطَّلِعْ على الحواراتِ التي كتبها زملاؤك واخترْ حوارًا أعجبكَ ومارِسْهُ مع صاحبِه.

الخَطُّ

● اكتب ما يأتي بخط النسخ وبخط الرقعة كما في النموذجين

الرَّاحِلُونَ وَإِنْ طَالَ الزَّمَانُ بِهِـم   بَاقُونَ فِي القَلْبِ مَا غَابُوا وَلَا رَحَلُوا

الراحلون وإن طال الزمان بهم   باقون فى القلب ما غابوا ولا رحلوا

الْوَحْدَةُ السَّابِعَةُ

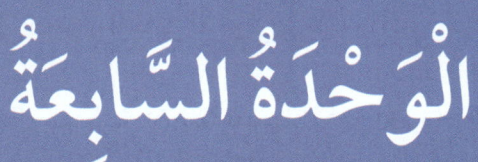

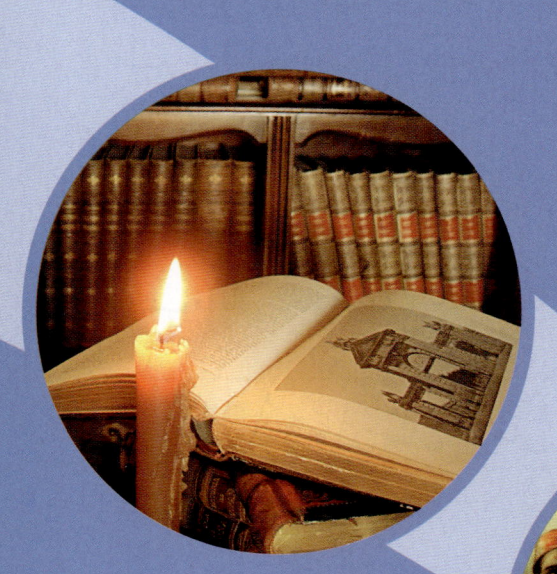

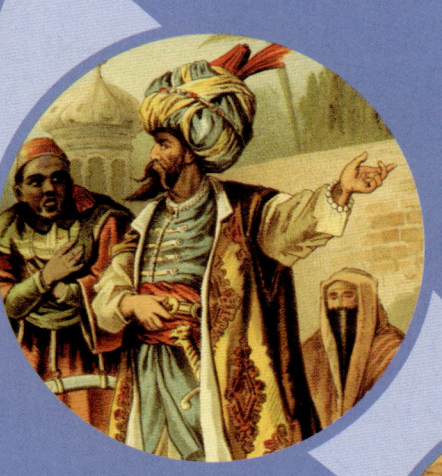

٧

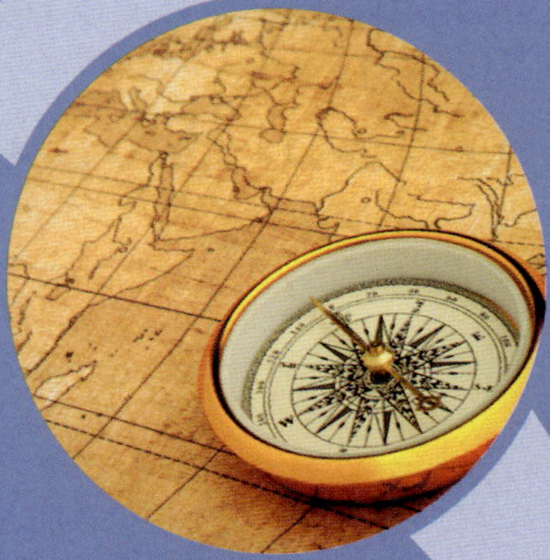

شَخْصِيَّاتٌ لَهَا تَارِيخٌ

HISTORICAL FIGURES

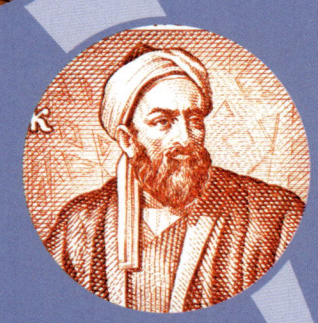

أ. أَبُو الرَّيْحَانِ البَيْرُونِي

ب. العِزُّ بنُ عبدِ السَّلَامِ

٧ أ. أبو الريحان البيروني

المفردات

أ اقرأ وافهم

ألقابُ أصحابِ العُلومِ والفُنون:

- عالِم
- عَلَم
- شخصية
- مُبْدِع
- نابِغَة
- مُفكِّر
- مُفسِّر
- مُحدِّث
- فَقِيه
- أُصوليّ
- حَكِيم
- أَدِيبٌ

- شاعِر
- نَحْوِيّ
- بَلاغِيّ
- مُؤرِّخ
- رِيَاضِيَّاتِيّ
- فِيزْيَائِيّ
- فَلَكِيّ
- رَحَّالَة
- فَيْلَسُوف
- جُغْرَافِيّ
- جُيُولُوجِيّ
- صَيْدَلِيّ

ألقاب المناصب:

- حاكِم / رَئِيس
- سُلْطَان
- مَلِك
- إمْبرَاطُور
- أَمِير
- وَالٍ
- وَزِير

ألقابُ الدُّولِ والإدَاراتِ:

- دولة / جُمْهُورِيَّة
- سَلْطَنَة
- مَمْلَكَة
- إمْبرَاطُورِيَّة

- إمَارَة
- وِلَايَة
- وِزَارَة

ألقابٌ دِينِيَّة:

- صَحَابِيّ
- تَابِعِيّ

أفعالٌ بِحروفِ الجرِّ:

- يُرَكِّز على
- اشتغَلَ بِـ
- اعْتَزَّ بِـ
- مكثَ بِـ / في
- طَوَّفَ بِـ / في / على
- حفلَ بِـ

- نَبَغَ في
- اقْتَصَر على
- تَرْجَمَ إلى / عن
- استَزَادَ مِن

أفعالٌ أُخرى:

- وَفَّقَ بين
- حَذَقَ
- عَقَدَ
- هَجَا
- مَدَحَ

كلماتٌ أُخرى:

- هِجَاء × مَدْح
- أَصْلٌ / عِرْقٌ

- فَنٌّ
- عَصْر
- قَرْن
- جِيل
- التَّجْدِيد
- الاجتِهَاد
- النَّهْضَة

رَوَابِط:

- فَضْلًا عن
- لَا سِيَّمَا
- فَحَسْب
- نَحْوًا من

١٧ HISTORICAL FIGURES — شخصيات لها تاريخ

ب ضع خطًّا تحت الكلمةِ المناسبةِ للكلمةِ الأُولَى في كلِّ سطرٍ مما يأتي

١. حَفَلَ بِـ ــــــــــــ (امتلأ بـ - اجتمعَ - كَثُرَ)
٢. نَبَغَ في ــــــــــــ (تحرّكَ - اتّسعَ - تفوّقَ)
٣. فَحَسْب ــــــــــــ (تقريبًا - فَقَط - هكذا)
٤. مكثَ بِـ ــــــــــــ (انتظر - أقام في - استراحَ)
٥. اشتغَلَ بِـ ــــــــــــ (عمل بـ - اجتهدَ في - مارَسَ)
٦. نحوًا مِن ــــــــــــ (مُقَابِلًا لِـ - قريبًا من - بِجانب)
٧. حَذَقَ ــــــــــــ (مَهَرَ في - أَسْرَعَ إلى - انْتَبَهَ لِـ)
٨. لا سِيَّما ــــــــــــ (عُمُومًا - في كُلِّ حالٍ - خُصُوصًا)
٩. طَوَّفَ بِـ ــــــــــــ (تَجَوَّلَ كثيرًا - تجوَّلَ قليلًا - تَجَوَّلَ)
١٠. اقتصَرَ عَلى ــــــــــــ (اكْتَفَى بِـ - قَصَرَ طُولَه - سَارَ وَرَاءَ)

ت املأ الفراغاتِ بالكلمةِ المناسبةِ من عندك

كَرَّم السَّيِدُ ــــــــــــ جُمهوريةِ مصر العربية عددًا كبيرًا مِن ــــــــــــ و ــــــــــــ
و ــــــــــــ وشَكَرَهم على جُهودِهم في مجالِ الرياضةِ والفِيزْيَاء والأَدَبِ. كما قال السيّدُ ــــــــــــ
الثقافةِ في كلِمَتِهِ التي ألقاهَا بِمُناسَبةِ هذا الحفْلِ: «إنَّ الدولةَ ــــــــــــ بالمُبْدِعِينَ في كلِّ مَجالٍ،
و ــــــــــــ المجالاتِ التي تُساعِدُ عَلى ــــــــــــ البِلادِ وتَقَدُّمِها».

١٤٧

التَّمْييزُ

أ لاحظ الأمْثِلَة وتحليلها مع المعلم

التَّمْييزُ الملْحُوظُ	التَّمْييزُ المَلْفُوظُ	تَمْييزُ العددِ
- ركَّزَ الكاتبُ على الأَعْلامِ تجديدًا. - كان البَيرُونيُّ من أكثرِ الناسِ نُبوغًا. - مُؤلَّفاتُ البيرونيّ من أكثرِ الأعمالِ أثرًا. - يُعْجِبُني الكتابُ تنظيمًا. - أَتْقنتُ العربيةَ تَحدُّثًا. - ما أجملَ السيارةَ لونًا!	- أَعِدّي لي كُوبًا شايًا / من شايٍ / كُوبَ شايٍ. - اشتريتُ كِيسًا تَمْرًا / من تمرٍ / كيسَ تمرٍ. - شربتُ لترًا حَليبًا / من حليبٍ / لترَ حليبٍ. - أحضرْ معكَ كيلو أرزًا / من أرزٍ / كيلو أرزٍ. - استورَدْنا ألفَ طُنٍّ دَقيقًا / من دَقيقٍ / طُنَّ دَقيقٍ. - زرعتُ فَدّانًا قَمْحًا / من قَمْحٍ / فَدّانَ قَمْحٍ.	- لدَيَّ ثلاثةُ أولادٍ وأربعُ بناتٍ. - قرأتُ عشَرَةَ كتبٍ في التاريخِ. - رَأيْتُ أَحَدَ عَشَرَ طالبًا. - للهِ تِسعةٌ وتِسعونَ اسمًا. - في الكليةِ مِئةُ طالبٍ. - راتبِي ألفُ رِيالٍ في الشَّهْرِ.
يُمَيِّزُ جُملةً قبلَه، وهومنصوبٌ دائمًا.	يُمَيِّزُ لفظًا قبلَه من ألفاظ الكيل أو المساحة أو الوزن. وهو منصوبٌ ويجوزُ جرُّه بـ«مِنْ» أو بـ«الإضافةِ».	يُمَيِّزُ ألفاظَ العدَدِ ويكون جمعًا مجرورًا أو مُفردًا منصوبًا أو مفردًا مجرورًا.

ب عيِّن التَّمْييزَ فيما يأتي كما في المثال

◄ هذا الطالبُ الأكثرُ هُدُوءًا بينَ زملائِهِ. ______ هُدُوءًا

١. فاض الكوب ماءً. ______
٢. احْمَرَّ وجهُ البنتِ خَجَلًا. ______
٣. حَصَدَ الفَلّاحُ هِكْتارًا قَمْحًا. ______
٤. بزيارتِكُم لنا امتلأَ البيت نورًا. ______
٥. أتناولُ في اليومِ ثلاثَ وجَباتٍ. ______
٦. اشتريتُ كَرتونَةَ بيضٍ من السُّوقِ اليوم. ______
٧. القاهرةُ من أكثرِ المدنِ سُكّانًا في العالَمِ. ______
٨. احتفلت الجامعةُ بمُرورِ مئةِ عامٍ على إنشائِها. ______
٩. تَرْجَمَ الكتابُ لخمسةٍ وأربعينَ عَلَمًا من أعلامِ الإسلامِ. ______
١٠. قال تعالى: ﴿واشْتَعَلَ الرَّأْسُ شَيْبًا وَلَمْ أَكُنْ بِدُعَائِكَ رَبِّ شَقِيًّا﴾. ______
١١. قال تعالى: ﴿فَإِن طِبْنَ لَكُمْ عَن شَيْءٍ مِنْهُ نَفْسًا فَكُلُوهُ هَنِيئًا مَرِيئًا﴾. ______

ت حول ما تحته خط إلى تمييز مع تغيير ما يلزم كما في المثال

◄ قَلَّ عِلمُ الطالبِ لِغيابِهِ عن الدروسِ. قَلَّ الطالبُ عِلْمًا لِغيابِهِ عن الدروسِ.
١. امتلأتِ الحديقةُ بالوُرُودِ. ________
٢. يزيدُ وزنُ الطفلِ كلَّ أسبوعٍ. ________
٣. كَبُرَتِ الشركةُ حَجْمَ مُنْتَجاتِها. ________
٤. تكْبُرُ مَنْزِلتُكَ في نَفْسي كلَّ يومٍ. ________
٥. حِفْظُ الشِّعرِ أسرعُ من حِفْظِ النَّثْرِ. ________
٦. تَفجَّرتْ عُيونُ الماءِ من كلِّ مكانٍ. ________
٧. مَكَانةُ العِلْم أفضلُ من مَكَانةِ المالِ. ________
٨. لا تُصغِّرْ قِيمَةَ الآخرينَ وَتُسَفِّهْ عُقولَهم. ________

ث املأ الفراغ بالشكل الصحيح للتَّمييز مما بين القوسين

١. اشتريتُ عُلْبَتَيْ ______ أمسِ. (كِبْرِيتًا - كِبْرِيتٍ - كِبْرِيتٌ)
٢. يُجِيدُ هذا العَالِمُ خَمسَ ______ (لغاتٍ - لُغَاتًا - لغاتٌ)
٣. لا تشترِ زيتًا. عندي زُجاجتانِ ______ (زَيْتٍ - زَيْتٌ - زَيْتًا)
٤. مَرَّ على ميلادِ البَيْروني أكثَر من ألفِ ______ (عامٌ - عامًا - عامٍ)
٥. تستخدمُ مصرُ طائرَ النَّسرِ ______ في عَلَمِهَا. (رَمزٌ - رَمزٍ - رَمْزًا)
٦. يحتاجُ القميصُ والبنطلون إلى ثلاثة أمتارٍ ______ (قُماشٍ - قُمَاشٌ - قُمَاشًا)
٧. كان جَناحُ اليَمَنِ أكثرَ الأجنحةِ ______ في المَعْرِضِ. (تميُّزٌ - تميُّزٍ - تميُّزًا)
٨. كان البَيرُوني أكثَر الناسِ ______ للعربيةِ منَ الفارسيَّة. (حِذْقٍ - حِذْقٌ - حِذْقًا)

ج املأ الفراغات بوضعِ التَّمْييزِ المناسبِ مع ضبطه بالشَّكلِ فيما يأتي

١. ازْدادَ الطالب ________
٢. كُلَّما درستُ العربيةَ ازددْتُ ________ لَهَا.
٣. امتلأتِ القَاعَةُ ________ في أثناء الحفْلِ.
٤. اشتريتُ الحاسوبَ بألفٍ وخمسمئةٍ ________
٥. اشترَت الأسرةُ صُندُوقَ ________ مِن السُوقِ.
٦. لن يدخلَ الجنَّةَ مَن كانَ في قلبِهِ مِثْقالُ ذَرَّةٍ ________
٧. صببْتُ للضيفِ ثلاثةَ ________ مِن ________
٨. يُعتبَرُ جُحَا من أكثَرِ الشخصيات الفُكَاهِيةِ ________ في العَالَمِ العربيّ.

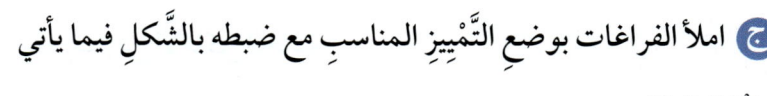

الفعلُ اللّازِمُ والفعلُ المُتَعَدِّي

أ لاحظ الأمْثِلةَ وتحليلها مع المعلم

الفعلُ اللّازِمُ	الفعلُ المُتَعَدِّي
- نَبَغَ البَيْرونيُّ في عُلومٍ كثيرةٍ. - إذا عزَّ أخوكَ فهُنْ. - تَدُورُ الأرضُ حوْلَ محورِها. - اقتصرَ الكتابُ على خَمْسَةٍ وأربعين عَلَمًا. - اشتدَّتْ حرارةُ الجوِّ.	- حَذَقَ البيروني اللغَةَ العربيةَ. - ظَنَنْتُ البيرونيَّ عالِمًا في الفلسفةِ فَحَسْبُ. - وَجدتُ العِلْمَ مُفِيدًا. - أَعْطَى المعلمُ الطالبَ جائزةً. - أَنْبَأَ المديرُ الطلابَ المعلمَ غائِبًا.
الفعل اللازم: هو ما لا ينصب مفعولًا به.	**الفعل المتعدي: هو ما ينصبُ مفعولًا به أو أكثر.**

ب مَيِّزِ الفعلَ اللّازِمَ من المُتَعَدِّي مما تحته خط فيما يأتي

١. الابنُ وما مَلَكَهُ لأبيه.
٢. ابتسمْ تَبْتسمْ لكَ الحياةُ.
٣. حسِبَ الطالبُ الأمرَ سَهْلًا.
٤. منَحَ الأبُ ابنَه فُرْصةً جديدةً.
٥. مكثْتُ في الرياضِ ثلاثةَ أشهرٍ.
٦. قطعَتْ جَهيزةُ قولَ كلِّ خطيبٍ.
٧. مرَّ على وفاة البيروني أكثرُ من ألفِ عام.
٨. لأنْ يَهْدِيَ اللهُ بكَ رجُلًا واحدًا خيرٌ لكَ منَ الدُّنيا وما فِيها.

لَازِمٌ	مُتَعَدٍّ
________	________
________	________
________	________
________	________
________	________
________	________
________	________
________	________

ت أكمل الجمل التالية بوضع مفعولٍ به أو مفعولين في الأماكنِ الخالية

١. تناولَ المريضُ ________
٢. اشترَتِ الأمُّ ________
٣. كرَّمَ الرئيسُ ________
٤. وجدتُ ________ نائمِينَ.
٥. كَسَوْتُ ________ ثوبًا.
٦. أعطيتُ ________ ________
٧. لا تحْسَب ________ صعبةً.
٨. جعلَتِ الأمطارُ الأرضَ ________
٩. ظننتُ ________ ________
١٠. رَأَى الطبيبُ ________ سليمًا.
١١. قرأتُ ________ في الفِيزياءِ.
١٢. أخبرتُ ________ التدخينَ ________

ث جِدِ الفعلَ المتعدي من الأفعالِ التالية وضعْه في جملةٍ مفيدة

◀ انْكَسَرَ - اجْتَهَدَ - اشْتَعَلَتْ - كَسَرَ - تَعاوَنَ - أَشْرَقَتْ

الفعلُ هو ________ الجملة ________________________

____

ج جِدِ الفعلَ اللّازِمِ من الأفعالِ التالية وضعه في جملة مفيدة

◀ مَلَأَ - يَرَى - يَسْتَجِيبُ - كَبُرَ - قَدَّمَ - أَرْسَلَ

الفعلُ هو ________ الجملة ________________________________

ح اختر الفعل المناسب مما بين القوسين ثم بين نوعه كما في المثال

◀ انْتَصَرَ المسلمُون على المشركينَ في غَزْوةِ بَدْرٍ. (نَصَرَ - انْتَصَرَ) فعلٌ لازمٌ

١. ________ خبرًا سارًّا اليوم. (سمعت - استَمَعْتُ) ________

٢. الإسلامُ ________ بالدعوة لا بالحرب. (نَشَرَ - انْتَشَرَ) ________

٣. ________ مِيَاهُ البحرِ بِقوةٍ نحوَ الشاطِئِ. (تندفع - تدفع) ________

٤. ________ الطالبُ أستاذَهُ فطَرَدَهُ من الصفِّ. (غَضِبَ - أَغْضَبَ) ________

٥. ________ رئيسُ الوزراءِ جولَتَهُ في الخارج. (أنهى - انتهى) ________

٦. ________ الكرةُ من حارسِ المرمَى فدخلتْ المرمَى. (تَدَحْرَجَتْ - دَحْرَجَتْ) ________

خ اقرأ القطعةَ التاليةَ ثم ميِّزِ الأفعالَ اللّازمةَ من المُتعدّيةِ الواردةِ فيها

«قريةٌ كأيِّ قريةٍ من رِيفِ الشَّرْقِ الشهيرِ ببساطَتِه وطبيعتِهِ الخَلّابَةِ، وفَضائِهِ الفَسِيحِ، لم تَمْسَسْها يدُ المَدِينةِ بِسُوءٍ، تَحُوطُها الجبالُ العاليةُ على مَدِّ بصرِكَ من كلِّ جانبٍ، كأنّما تُطَوِّقُها بذِراعَيْها لِتَحْفَظَهَا من كلِّ سُوءٍ؛ وَرَدَ إلى خاطِري عند رُؤْيَةِ تلكَ الجبالِ المُحِيطَةِ قولُه تعالى: ﴿وَالْجِبَالَ أَوْتَادًا﴾، وتَذَكَّرْتُ ما ذَكَرَهُ الأستاذُ عن جَدِّهِ حولَ الأوتادِ في هذه القريةِ...».

الأفعالُ اللّازمةُ	الأفعالُ المُتعدّيةُ
________	________
________	________
________	________
________	________
________	________
________	________
________	________

أ استمع، واكتبِ الرقمَ أمام اللَّقَبِ المناسب (التعريفات من قاموس المعاني بتصرف)

اللَّقَبُ	الرقم	اللَّقَبُ	الرقم
الصَّحابِي		المُؤرِّخ	
الرَّحَّالة		الفلَكِي	
المُحَدِّث		الفَيلسُوف	
المُفَسِّر		المَلِكُ	
المُفَكِّر		الوَزِير	

ب استمع إلى المعلوماتِ، وخَمِّن اسمَ الشخصية مما يأتي

١. أ. عائشةُ بنتُ أبي بكرٍ الصديقِ ب. أسماءُ بنتُ أبي بكرٍ الصديقِ ت. حفْصَةُ بنتُ عُمرَ بنِ الخطَّابِ
٢. أ. سُلَيْمَانُ القَانُوني ب. مُحَمَّدٌ الفَاتِحُ ت. مُرَادٌ الثَّانِي
٣. أ. جِراهَام بِل ب. أَلْبِرت أَينشْتَاين ت. كَارل بِنْز
٤. أ. الإمامُ مُسلِمٌ ب. الإمامُ التِّرمِذِيُّ ت. الإمامُ البُخَارِيُّ
٥. أ. طَهَ حُسَيْن ب. أحمدُ شَوْقي ت. حَافِظ إبراهِيم

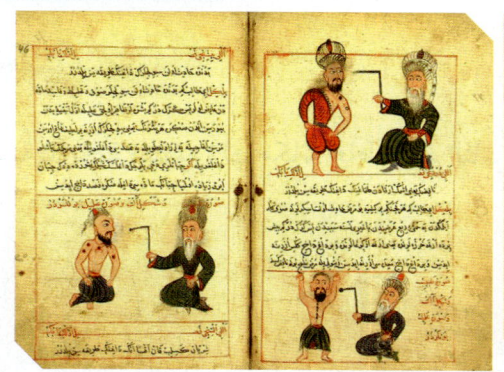

ت استمعْ إلى المقال جيدًا، ثم أجبْ عنِ الأسئلة الآتية

١. وُلِدَ الزَّهْرَاوِي في مدينة ______________ **(قرطبة - الزهراء - مونبيلييه)**

٢. كان الزَّهْرَاوِي رائدًا في علم ______________ **(الفلك - الجراحة - العلوم)**

٣. كانت مهنة الجراحة في العصور الوسطى ______________ **(محبوبة - مكروهة - مقبولة)**

٤. تَولَّى الزَّهْرَاوِي التَّدريسَ في جَامعة ______________ **(قُرْطبَة - أوروبا - الزهراء)**

٥. تذكر بعض المراجع ________ أن الزهراوي أحد أركان الثالوث الطبي. **(العربية - الأوروبية - الفرنسية)**

ث استمعْ مرة أُخرى، ثم أكمل الناقص فيما يأتي

١. ألف الزهراوي كتبًا مفيدة في الطب، منها كتاب ______________ وكتاب ______________ ولكنه اشتهر بكتابه في الجراحة الذي يسمى ______________

٢. قيمة هذا الكتاب الطبية تتجلى في أنه ظل ______________ الذي يرجع إليه الأطباء والجراحون في ______________

٣. كان الزهراوي أول من استعمل ______________ في ترويق شراب العسل البسيط، وأول من استعمل قوالب خاصة لصنع ______________

٤. يتألف كتاب "التصريف" من ________ فصلًا في ________ و________ ثلاث منها فقط ________ للأبحاث الطبية، والمقالات الباقية كانت صيدلانية ________

ج استمعْ مرة ثالثة وضع علامة (√) أو (×) ثم صحح الخطأ

١. ابتكر الزَّهْرَاوِي كثيرًا من الأجهزة الطبيَّة التي كان يستخدمها. ( ) ______________

٢. عالج الزَّهْرَاوِي أكثر من سبعين داءً بِالكَيِّ بالنار. ( ) ______________

٣. حقق الزهراوي كثيرًا من الإنجازات الطبية. ( ) ______________

٤. كان الزهراوي رائدًا في كثير من العمليات الجراحية. ( ) ______________

٥. كتابه الضخم "التصريف" ليس له قيمة عند مدارس الطب المتقدمة. ( ) ______________

ح اخترْ شخصيةً من الشخصياتِ المشهورة التي أفادت البشرية، ثم اكتبْ مُلَخَّصًا لها واعْرِضْها على زملائك في الصف

المحادثة

٧ أ. أبو الريحان البيروني

أوّلًا شخصيةٌ مشهورةٌ

أ اختر شخصيةً تاريخيةً مشهورةً لها مكانةٌ خاصَّة عند الناس، وقدِّمها لزملائكَ في الصفِّ من النَّواحِي التالية

١. أين ومتى وُلد؟
٢. حياتُه ونشْأَتُه.
٣. أهمُّ أعمالِه.
٤. رأْيُ المجتمعِ فيه.
٥. سبَبُ مكانَتِهِ بينَ الناسِ.
٦. رأْيُكَ الشخصيّ في هذه الشخصيةِ.
٧. أهمُّ أقوالِه المأْثُورَة.

ب تناقش مع زميلكَ في الأسئلة التالية

١. هل تتمنَّى أن تكونَ شخصيةً مشهورةً؟ ولماذا؟

٢. في أيِّ مجَالٍ تُريد أنْ تَخْدُم الإنسانيةَ؟

٣. لو كنتَ شخصيةً تاريخيةً فمَن تُحبُّ أن تكونَ؟ ولماذا؟

٤. هل تحبُّ قراءةَ تاريخِ الشخصياتِ التاريخيةِ؟ ولماذا؟

ت انقُل للصف إجاباتِ زميلكَ عن الأسئلة السابقة

ثانيًا لقاء تلفزيوني

أ أجرِ مع زميلكَ لقاءً تلفزيونيًّا باتباعِ الخطواتِ التالية

١. اخْتَارَا شخصيةً مشهورةً واجْمَعَا مَعلوماتٍ عنها.

٢. لِيَقُم أحدُكما بِدَوْرِ مُقَدِّمِ البرنامج، ولْيَقُم الآخرُ بِدَوْرِ الشخصيةِ.

٣. يُقَدِّمُ المذيعُ مَعلوماتٍ عن الضَّيْفِ دُونَ أنْ يذكُرَ اسمَهُ.

٤. يُلْقِي المذيعُ بعضَ الأسئلةِ على الضيفِ حوْلَ الأمورِ التالية:

- بِطَاقَتهُ الشخصية
- أكثرُ الأشخاصِ تأْثيرًا في حياتِه
- أوَّلُ مَقَالٍ / كتابٍ / عملٍ قَامَ بِهِ
- آخِرُ مقالٍ / كتابٍ / عملٍ قامَ به

٥. في نهايةِ الحَلْقَة يَشْكُرُ مُقَدِّمُ البرنامجِ الضيفَ، ويَتَوَجَّهُ إلى الصف لِسُؤالِ الطلابِ عن اسم هذا الضيفِ.

٧ ب. العز بن عبد السلام

المفردات

أ اقرأ وافهم

أسماء:

- رِيق
- نَفَس (ج) أَنْفَاس
- مُظَاهَرَة
- تَظَاهُر
- مُتَظَاهِر
- قُنْبُلَة (ج) قَنَابِل
- غَاز
- خَزِينَة (ج) خَزَائِن
- سَاقٌ (ج) سِيقَانٌ
- مَثْوَى / إِقَامَة
- الغَزْو
- الاحْتِلَال
- مَعْرَكَة / حَرْب
- مَعَارِك / حروب

أفعال:

- يَلْهَثُ
- يُطَارِدُ
- يَبْلَع
- يَلْتَقِطُ
- يَهْدَأُ
- يُطْلِقُ
- يَغْلِي
- يُلَقَّب / يُسَمَّى بِ
- يَبْرُز في
- يَستَقِرُّ في
- يَحْتَلُّ
- يَنْحَازُ إلى
- يَتَصَدَّى لِ
- يُعْتَقَل
- يُعَبِّرُ عَن
- يتظَاهَرُ
- يُضْطَرُّ إلى
- يَعْزِل
- يُفْتِي بِ
- يَتَدَخَّلُ في
- يَحُضُّ على
- يَسْتَرْضِي
- وَلِيَ / يَلِي
- وَلَّى / يُوَلِّي

صفات:

- عَطْلَان
- مُعَاصِر لِ
- رَقِيق / عَبيدٌ
- دَقِيقٌ

تعبيراتٌ اصطلاحية:

- أَبْلِعْنِي رِيقِي
- يلتَقِطُ أَنْفَاسَه
- أَكْرِمْ مَثْوَاه
- غَازٌ مُسَيِّلٌ للدُّمُوعِ
- أَطْلَقَ سَاقَيْهِ لِلرِّيحِ
- التَّعْبِيرُ عن الرَّأْيِ
- الدولة الأَيُّوبِيَّة
- الدولة المَمْلُوكِيَّة

شخصياتٌ وأحداثٌ تاريخية:

- صَلَاحُ الدِّينِ الأَيُّوبِي
- الظَّاهِرُ بَيْبَرْس
- الصَّلِيبِيُّونَ
- المَغُولُ / التَّتَار
- مَعْرَكَة عَيْنِ جَالُوت

ب **املأ الفراغات بالكلمة المناسبة مما يأتي**

◄ **مُظَاهَرة - الاحْتِلالِ - الرَّقِيق - وَلِيَ - يَلْهَثُ - بَلَعَ - مَعْرَكَة - هَدَأَ - استرْضَى**

١. بَكَى الطفلُ كثيرًا ثُمَّ ________ ونامَ.
٢. انتهتْ تِجَارَةُ ________ في القرْنِ العشرين.
٣. ________ اللّاعبُ لِسانَه في الملعبِ فماتَ.
٤. ________ الطالبُ معلمَه واعتذرَ له عن خطئه.
٥. تحرَّرَت الجزائرُ مِن ________ الفرنْسِي.
٦. هذا الولدُ يبدو مريضًا، لأنَّه ________ لأقَلِّ مَجْهُودٍ.
٧. ________ الظَّاهِرُ بَيْبَرس حُكْمَ مِصرَ بعدَ وفاةِ القائدِ قُطز.
٨. انتصَرَ المسلمونَ على المَغُولِ في ________ عينِ جَالُوت.
٩. خرجَ الآلافُ من الطلابِ في ________ كبيرةٍ اعتراضًا على ارتفاعِ رُسومِ الدراسة.

ت **املأ الفراغات التاليةَ بحرفِ الجرِّ المناسبِ من عندك**

١. استقرَّتِ الأسرةُ ________ السكن الجديد.
٢. لُقِّبَ سيدُنا عثمانُ ________ ذِي النُّورين.
٣. بَرَزَ أبو الريحان البَيْروني ________ عُلُومٍ كثيرةٍ.
٤. مَن تَدَخَّلَ ________ مَا لا يَعْنِيهِ لَقِيَ ما لا يُرْضِيهِ.
٥. عبَّرَ الرئيسانِ ________ أهميةِ الصَّداقةِ بين البلدين.
٦. أفْتَى العَالِمُ ________ حُرْمَةِ الاعْتِداءِ على الآمِنِينَ.
٧. القاضِي العادلُ لا يَنْحَازُ ________ طَرَفٍ ضِدَّ آخر.
٨. يحضُّ الإسلامُ ________ العدْلِ والإحْسَانِ وصِلةِ الرَّحِمِ.
٩. اضْطُرَّ الطلابُ ________ الغِيابِ بسببِ سُوءِ الأحوالِ الجوية.
١٠. تصدَّى الإمامُ الشافعِي ________ لِلدِّفَاعِ عن السُّنَّةِ النَّبوية.

ث **هات مُرادِفَ الكلمات الآتية في جمل مِن عندك**

- مَثْوَى: ________
- الغَزْو: ________
- يلتقِطُ: ________
- يَبْرُزُ: ________
- يعْتَقِل: ________
- ينحَازُ: ________

ج **هاتِ عكس الكلمات الآتية في جمل مفيدة**

- يغْزِل: ________
- عَطْلَان: ________
- رَقِيق: ________
- يستَقِرّ: ________
- الاحْتِلال: ________
- يَسْتَرْضِي: ________

خ **صل كلَّ تعبيرٍ مما يأتي بالفعلِ المناسب**

أَبْلِعْنِي رِيقِي	أَطْلَقَ سَاقَيْهِ للرِّيح	أَكْرَم مَثْوَاهُ	يَلْتَقِطُ أَنْفَاسَه
جَرَى	رَحَّبَ بِه	يَهْدَأُ	انْتَظِر

٧ ب. العز بن عبد السلام
الحوار

العِزُّ بنُ عبدِ السَّلَام

أ استمع وافهم

الأب: لماذا تلْهثُ هكذا كأنكَ لِصٌّ تُطارِدُه الشُّرطةُ؟

الابن: أَبْلِعْني رِيقِي أولًا، ودَعْني أَلْتَقِطْ أَنْفَاسِي.

الأب: تَفَضَّلْ، ابْلَعْ رِيقَكَ، وإنْ شِئْتَ فَابْلَعْ نَهرَ النّيل كلَّه... هَا... هَدَأْتَ؟

الابن: الحمدُ لله، لقد كادَ قلْبي يتَوَقَّفُ من الجَرْيِ وصُعُودِ السُّلمِ.

الأب: جَرْيٌ! وصُعُودُ السُّلَّم! لماذا كلُّ هذا؟

الابن: لقد كانتْ في المَيْدان الذي بجوَارِنا مُظاهَرة، وكانت الشرطةُ تُطارِدُ بعضَ المُتَظاهِرينَ وتطلق عليهم قنابِلَ الغَازِ المُسَيِّلِ للدُّمُوع.

الأب: وما علاقَتُكَ أنتَ بالتَّظَاهُرِ والمُتَظاهِرين؟

الابن: لا عَلَاقَةَ لِي بالمُتَظاهِرينَ، لقد وَجَدْتُ نَفْسي فَجْأَةً بينهم، والشرطةُ تُطارِدُني معهم. فأَطْلَقْتُ سَاقَيَّ للرِّيحِ وجَرَيْتُ، حتى وَصَلْتُ إلى هنا، وعِندما وصلتُ اكْتَشفتُ أَنَّ المِصْعَد عَطْلانُ، فصَعِدْتُ سِتةَ أدْوَارٍ على السلَّم.

الابنة: الشَّاي جاهِزٌ يا أَبي.

الأب: أَحْضِري لأَخِيكِ كُوبًا من الماءِ واصْنَعِي له أيضًا كوبًا من الشَّاي.

الابن: لَا دَاعِيَ للماء، لستُ بِعَطْشَانَ، أريدُ كوبًا من الشَّاي فقط.

الابنة: لماذا لا يُجَهِّز لنفسِهِ الشّايَ؟ أنا أريدُ أن أستَمِعَ إلى قِصةِ العِزِّ بنِ عبدِ السلام.

الابن: العِزُّ بنُ عبدِ السلام! أنتم تَحكُونَ القصصَ هنا، والشَّارعُ يَغْلِي في الخارج!

الأب: اجلسْ واستمعْ كيف يكونُ التعبيرُ الحقِيقي عن الرَّأْيِ، لَا الفَوْضَى مَطْلُوبةٌ، ولَا السُّكُوتُ عن الحقِّ أيضًا.

الابن: سمعتُ أنه كان يُلقَّبُ بسُلطانِ العُلَماء، وبائِعِ الأُمَراء، وأنه كان مُعَاصِرًا للدولتين الأَيُّوبِيَّة والمَمْلُوكِيَّة.

الأب: هذا صحيحٌ. لقد وُلِدَ بدِمشقَ وامتدَّتْ حياتُه من عصْرِ صلاحِ الدِّين الأيوبيّ إلى عصْرِ الظَّاهِر بَيْبَرس.

الابن: العجيبُ في أَمْرِ هذا الرَّجلِ حَسْبَما قرأتُ أنه ابْتَدأ العِلْمَ في سِنٍّ مُتأَخِّرَة نِسْبِيًّا، ثُمَّ برزَ فيه حتى صَار أحدَ أَعْلَمِ زمانِه، ومِنْ ثَمَّ لُقِّبَ بشَيْخِ الإسلام.

الأب: ما شاءَ الله! معلُوماتُك دَقيقةٌ.

الابن: مَن شَابَه أباَهُ فما ظَلَم، لا أَحَدَ هُنا يعْرِف قِيمَتِي.

الابنة: أَنْتَ مَغْرُورٌ بلَا شَكٍّ، لكنْ يا أَبِي لماذا غَادَرَ دِمَشْقَ واسْتَقَرَّ في القاهرة؟

الأب: لقد كان العَصْرُ الذي عاش فيه العِزُّ بنُ عبدِ السَّلام عصرَ احتِلَالِ الصَّلِيبِيّين لإماراتٍ عربية. وكانَ هناك في الوقتِ نَفْسه صِرَاعٌ بين الأُمراءِ الأَيُّوبِيين. وعندما انْحازَ وَالِي دِمَشْقَ إلى الصَّلِيبيينَ ضِدَّ سُلْطَانِ مصرَ، تصدَّى له العِزُّ بنُ عبدِ السَّلام مِن فوق مِنْبرِ الجامِعِ الأُمَوِيّ بدمشقَ، فَعَزَلَه الوَالِي عن الإِفْتَاءِ والتَّدرِيسِ والخَطابَة، واعْتُقِلَ حتى اضْطُرَّ إلى الهِجرة إلى مصر.

الابنة: وماذا فعلَ بعدما عاد إلى مصر؟

الأب: لقد استقْبَلَه المَلِكُ الصَّالِحُ نَجْمُ الدِّينِ أَيُّوب فرحَّبَ به وأكرَمَ مَثْواه، ووَلَّاهُ الخَطَابَةَ والقَضَاءَ والتدريسَ. وتنازَلَ له مُفْتِي مصر عن مَنْصِبِ الإفْتَاءِ قائلًا: «كُنَّا نُفْتي قبلَ حُضُورِ الشيخِ عِزِّ الدِّين، وأمَّا بعد حُضُورِه فمَنصِبُ الفُتْيا مُتَعَيِّن لَه».

الابنة: لماذا لُقِّبَ بسُلطَانِ العُلَماء وبائِعِ الأُمراء؟

الأب: لقد كان سُلطَانُه وقِيادَتُه للعلماء أَعْلَى من سُلطانِ سَلاطِينِ الدولةِ، فقد كان لَا يسْمَحُ لِلسُّلْطَانِ بأن يتدَخَّلَ في القَضَاءِ. وعندما كان يغضبُ من السُّلطان فيخْرجُ من القَاهِرة مُهاجِرًا يَخرجُ له السلطانُ لِيَسْتَرْضِيَهُ. أَمَّا تسميتُه بائِعَ الأُمراء فقد وَجدَ الأمراءَ المماليكَ يَظْلِمُون الناسَ، فوقفَ ضدَّ

ظُلْمِهم هذا، وأَفْتى بِبَيْعِهم، لأنهم رَقيقٌ لَدَى الدولةِ لَا مِن حقِّهم بَيْعٌ ولا شِرَاءٌ ولا تَصرُّف في أموالِهم، وبالفعلِ بَاعهم ووَضَعَ أثمانَهم في خزائنِ الدولة.

الابنة: ما أعظمَ هذا العالِمَ وما أشجعَه! لَا طالبَ حقٍ يَضيعُ حقُّه.

الأب: إنَّ مواقفَ العزِّ بنِ عبدِ السلامِ كثيرةٌ، خصوصًا مواقفَه ضِدَّ الغَزْوِ الصَّلِيبي وضِدَّ المَغُولِ التَّتار في مَعْرَكة عَيْنِ جَالُوت، فقد حضَّ الناسَ على الجِهادِ ضدَّهم؛ حتى تحققتِ الانتصاراتُ في هذه المعارِك. رَحِمَهُ اللهُ رَحْمَةً واسِعةً.

ب اقرأ **ت** مارس الحوار مع زميلك

ث **لَاحِظِ التَّعْبِيرَاتِ الآتِيَةَ وهاتِ جملًا على غِرارها مع زملائك**

١. امْتَدَّتْ ..... من ...... إلى

- امْتَدَّتِ النَّدْوةُ من الصَّباح إلى المسَاءِ.
- تَمْتَدُّ تِجارةُ هذا الرجلِ من نُيويُوركَ إلى طُوكْيُو.
- امتدتْ حياتُه من عصْرِ صلاحِ الدِّينِ الأيُّوبي إلى عصرِ الظَّاهِرِ بَيْبَرس.

٢. ما عَلَاقَتُكَ بِـ

المُظَاهَرَات / الأَمْرِ / الموضوعِ.

٣. يَنْحَازُ ..... إلى .... ضِدَّ

- انحازت الصَّحِيفَةُ إلى الحقيقةِ ضِدَّ الكَذِبِ.
- يجبُ على رئيسِ الدولةِ أن يَنحَازَ إلى المظْلُومينَ ضِدَّ الظالمين.
- عندما انحازَ وَالِي دِمشقَ إلى الصَّليبيين ضِدَّ سُلطان مصر؛ تصَدَّى له العزُّ بنُ عبدِ السَّلام.

٤. مُعَاصِرٌ لِـ

- كان العزُّ بنُ عبدِ السلامِ مُعَاصِرًا للدولة الأيُّوبية.
- التَّابعيُّ هو من كان مُعَاصِرًا للصحابةِ وماتَ على الإسلام.
- كان الإسكَندرُ الأكبرُ مُعَاصِرًا للفيلسوفِ أَرِسْطُوطَاليس.

٥. كادَ قلْبي

كادَ قلْبي ← يتوقَّفُ / يَطِيرُ / يَتَقَطَّعُ ← من ← الجَزْعِ. / السَّعادَة. / الحُزْنِ.

٦. قُنْبُلَة ← غاز / دُخَّانِيَّة / نَوَوِيَّة / يَدَوِيَّة / المَوْسِم

٧. غَازٌ ← طَبيعِيٌّ / مُسَيِّلٌ للدُّمُوعِ / الأَعْصَابِ

ج **لاحظِ الصيغ المختلفة في كلِّ مجموعة مما يأتي وهات مثالًا من عندك لكلِّ صيغة**

١. بَلَعَ - أَبْلَعَ - بَلَّاعَة ______________________

٢. مُظَاهَرة - مُتَظَاهِر - تَظَاهُر ______________________

٣. وَلِيَ - تَوَلَّى - وَلَّى - وِلَايَة - وَالٍ - وَلِيٌّ - أَوْلِياء ______________________

ح **لاحظ استعمالَ (ومِنْ ثَمَّ) وهاتِ أمثلةً عليه**

- صارَ العزُّ بنُ عبدِ السَّلامِ أحدَ أعلَمِ علماء زمانِه، ومِنْ ثَمَّ لُقِّبَ بشيخِ الإسلامِ.
- الأطفالُ عِمادُ المُستَقبَلِ، ومِنْ ثَمَّ تَهتمُّ الدُّولُ المُتحضِّرةُ بِهم.

ثَمَّ = ظرفُ مكانٍ بمعنى (هُنا)

____

____

٧

ب. العز بن عبد السلام

القواعد

لَا النَّافِيَةُ لِلْجِنْسِ

أ لاحظ الأمثلة وتحليلها مع المعلم

١. «لَا» النَّافِيَةُ لِلْجِنْسِ العَامِلَةُ عَمَلَ «إِنَّ»

الأمثلة	نوع اسم «لا»	إعراب اسم «لا»
- لَا داعِيَ لِلْماءِ.	مُفرد: أي ليس مضافًا ولا شبيهًا بالمضاف.	مبني على الفتح في محل نصب
- لَا خائِنِينَ محبوبونَ.		مبني على الياء في محل نصب
- لا طالبَ حقٍّ يضيعُ حقُّه.	مضاف: وهو ما تَرَكَّبَ من مضافٍ ومضافٍ إليه.	منصوب وعلامة نصبه الفتحة
- لا صانِعَيْ معروفٍ يندمان.		منصوب وعلامة نصبه الياء
- لا واثِقًا بنفسِه مغرورٌ.	شَبِيهٌ بالمضاف: وهو ما اتصل به اسم يكمل معناه ليس مجرورًا به.	منصوب وعلامة نصبه الفتحة
- لا طالباتِ علمًا كَسولاتٌ.		منصوب وعلامة نصبه الكسرة

ملحوظة (١): تعمل «لَا» عملَ «إنّ» إذا كان اسمُها نكرةً، ومُتَّصِلًا بها، ولم يتصل بها حرفُ جرٍّ.

ملحوظة (٢): إذا كان اسم «لَا» مفردًا يُبْنى على ما كان ينصب به.

٢. «لَا» غَيْرُ العَامِلة عملَ «إِنَّ»

الأمثلة	سبب عدم إعمال «لا»	إعراب اسم «لا»
- لَا المُبَالغةُ مطلوبةٌ ولَا التهاونُ أيضًا.	اسم «لا» هنا معرفة	لا تُؤَثِّر «لا» هنا فيما بعدها ويجبُ تَكرارُها.
- لا الطالبُ في الفصلِ ولا المعلمُ.		
- لا من حقِّهم بيعٌ ولا شِراءٌ.	فُصِلَ بين «لا» واسمها بفاصلٍ	لا تُؤَثِّر «لا» هنا فيما بعدها ويجبُ تَكرارُها.
- لا في الشارعِ سياراتٌ ولا ناسٌ.		
- أنتَ مغرورٌ بلا شكٍّ.	اتصل بـ«لا» حرفُ جرٍّ	لا تُؤَثِّر «لا» هنا فيما بعدها، ويعرب اسمًا مجرورًا بحرف الجر.
- طاردت الشرطةُ المُتظَاهِرين بلا رَحْمَةٍ.		

ب بيِّن نوعَ «لَا» في كلِّ جملةٍ مما يأتي مع ذِكْرِ عملِها كما في الأمثلة

◀ لا دُخانَ دون نارٍ. **لا نافية للجنس تعمل عملَ إنَّ.** ◀ لا يَنْجَحُ الكسلانُ. **لا حرف نفي لا يعمل شيئًا.**

◀ لا تَخْشَ إلَّا اللهَ. **لا حرف نهي يَجْزِمُ الفعلَ المضارعَ.** ◀ لماذا جئتَ بلا مَوعِدٍ؟ **لا مُهْمَلة لا عمل لها.**

١. لا رادَّ لقضاءِ اللهِ. _____

٢. لا يأسَ معَ الحياةِ. _____

٣. الجبانُ يخافُ من لا شيءٍ. _____

٤. لماذا لا يُجَهِّزُ لنفسِه الشايَ؟ _____

٥. لا بُدَّ أنَّكَ سمعتَ بمجيءِ خالدٍ. _____

٦. قال تعالى: ﴿لا تحزنْ إنَّ اللهَ مَعَنَا﴾. _____

٧. قال تعالى: ﴿فَلَا صَدَّقَ وَلَا صَلَّى﴾. _____

٨. كان لا يَسمحُ للسُّلطانِ بأن يتدخَّلَ في القضاءِ. _____

ت بيِّن في الجمل الآتية: «لا» العامِلةَ عملَ «إنَّ» و«لا» غيرَ العامِلة مع بيان السبب كما في المثالين

- سافرتُ بلا زادٍ. "لا" هنا غير عاملة لاتّصالها بحرف الجر
- لا أحدَ في البيتِ. "لا" هنا عاملة لتوافر الشروط

١. لا دينَ لِمَن لا أَمَانَةَ لَه. ________
٢. لا عَلاقَةَ لِي بالمُتظَاهِرين. ________
٣. لا في البيتِ سُكَّرٌ ولا زَيْتٌ. ________
٤. يصنعُ الإنسانُ في بيئتِه تلوُّثًا بلَا حُدُود. ________
٥. قال تعالى: ﴿وَلَا أَنْتُمْ عَابِدُونَ مَا أَعْبُدُ﴾. ________
٦. قال تعالى: ﴿إِنْ يَنْصُرْكُمُ اللهُ فَلَا غَالِبَ لَكُمْ﴾. ________
٧. قال تعالى: ﴿لَا فِيهَا غَوْلٌ وَلَا هُمْ عَنْهَا يُنْزَفُونَ﴾. ________
٨. قال تعالى: ﴿لَا عَاصِمَ الْيَوْمَ مِنْ أَمْرِ اللهِ إِلَّا مَنْ رَحِمَ﴾. ________

ث بين نوع اسم «لا» النافية للجنسِ وأعربه كما في المثالين

لا درسَ اليومَ.	اسم لا: مفرد	مبنيٌّ على الفتحِ في محلِّ نَصْبٍ
لا حديقةَ حيواناتٍ في مدينتِنا.	اسم لا: مضاف	منصوب وعلامة نصبه الفتحة الظاهرة
١. لا فضلَ كفضْلِ الأمِّ.	________	________
٢. لا تاركًا صلاتَه مُوفَّقٌ.	________	________
٣. لا مَفَرَّ مِن الامتحاناتِ.	________	________
٤. لا خيبةَ أَملٍ لِلسَّاعِي لِلخيرِ.	________	________
٥. لا جدْوَى مِنَ النِّقَاشِ معكَ.	________	________
٦. لا مُوَاظِبًا على دُروسِهِ فاشِلٌ.	________	________
٧. لا ذا خُلُقٍ مكرُوهٌ بين الناسِ.	________	________
٨. قال تعالى: ﴿لَا تَبْدِيلَ لِخَلْقِ اللهِ﴾.	________	________

ج أجب عن الأسئلة الآتية مُستخدمًا «لا» النافية للجنس

١. هل مِن أحدٍ في البيتِ؟ ________
٢. هل يُنْجِي الكذبُ صاحبَه؟ ________
٣. ألديكَ وقتٌ لكي أزوركَ اليوم؟ ________
٤. هل هناك مُتردِّدٌ في عملِه ناجحٌ؟ ________
٥. هل في هذا الدرس شيءٌ لم تفْهمْهُ؟ ________
٦. هل يمكنُ أن تتقدَّمَ الأُمَمُ بغيرِ العِلمِ؟ ________

ح حوِّل اسمَ «لا» فيما يأتي إلى المثنى والجمع بنوعَيهما وغيِّرْ ما يلزم

- لا مُجتهدَ فاشلٌ. ________ - لا طالبَ علمٍ كسُولٌ. ________ - لا مُتقنًا عملَه مَذْمومٌ. ________

مِن مَعاني الزِّيادةِ في الأفعال

أ لاحظ الأَمْثِلَةَ وتحليلها مع المعلم

المعنى	الأمثلة		الأوزان
١. التَّعْدِيةُ (تحويلُ اللّازمِ إلى مُتَعَدٍّ، والمُتَعَدِّي لواحدٍ إلى اثنين)	- ظهرَ الحقُّ وزَهَقَ الباطِلُ.	- أظْهرَ اللهُ الحقَّ وأَزْهقَ الباطِلَ.	أَفْعَلَ
	- نزلَ القرآنُ مُفَرَّقًا.	- نزَّلَ اللهُ القرآنَ مُفرَّقًا.	فَعَّلَ
٢. التَّكْثيرُ والمُبالَغَةُ وبذل الجهد	- طوَّفَ البيروني في بلادٍ كثيرةٍ.	- كسَّرَ الولدُ الأقْلامَ.	فَعَّلَ
	- اجتهدَ الطالبُ في دروسِه.	- لِلنَّفْسِ ما كَسَبَتْ وَعَلَيْهَا ما اكْتَسَبَتْ.	افْتَعَلَ
	- تَخْضَرُّ الأرضُ في فصلِ الرَّبيع.	- تَصْفَرُّ الأسنانُ عندَ إهمالِ نظافَتِها.	افْعَلَّ
	- اقْشعَرَّ جِلْدي من الرُّعْبِ.	- أَلَا بِذِكْرِ اللهِ تَطْمَئِنُّ القُلُوبُ.	افْعَلَلَّ
٣. المُشارَكَةُ	- صَافَحَ الطالبُ أستاذَه وعَانَقَهُ.	- لاعَبَ الوالِدُ أولادَه.	فاعَلَ
	- إذا اختلفَ اللِّصّان ظهرَ المَسْروقُ.	- تَعاوَنُوا عَلَى البِرِّ والتَّقْوَى.	افْتَعَلَ - تَفاعَلَ
٤. المُطَاوَعَةُ	- كسرْتُ الزُّجاجَ فانْكَسَرَ.	- مَزَجْتُ الشايَ بالسُّكرِ فامْتَزَجَ.	انْفعَلَ - افْتَعَلَ
	- سلَّمتُه الرسالَةَ فتَسلَّمَها.	- بعْثَرَ الطفلُ الأوْراقَ فتَبَعْثَرَتْ.	تَفَعَّلَ - تَفعْلَلَ
٥. الطَّلَبُ والسؤالُ	- اسْتَأْذَنَ الطالبُ للخُروجِ.	- اسْتَغْفَرَ المؤمنُ ربَّه.	اسْتَفْعَلَ
٦. الاخْتِصارُ	- أَمَّنَ المُصلُّونَ وراءَ الإمامِ.	- كَبَّرَ الإمامُ لِلصَّلاةِ.	فَعَّلَ
٧. الصَّيرورةُ	- أَثْمَرَت الشجرةُ.	- عَافَى اللهُ المريضَ.	أَفْعَلَ - فاعَلَ
	- تَزَبَّبَ العِنَبُ.	- اسْتَحْجَرَ الطِّينُ.	تَفَعَّلَ - اسْتَفْعَلَ
٨. التَّكَلُّفُ والتَّظَاهُرُ	- تَشجَّعْ ولا تَتخاذَلْ.	- تَمارَضَ الولدُ لِكيلا يفعلَ الواجباتِ.	تَفَعَّلَ - تَفاعَلَ
مُلاحظات: ١. إذا زادَ المَبْنَى زادَ المَعْنَى. ٢. هذه المعاني سماعيَّة لا يُقاسُ عليها، وتُفْهمُ من سِياقِ الكَلامِ.			

ب ضعِ الفعلَ الذي بين القوسينِ في الصِّيغةِ التي بجَانِبِه وبيِّنْ معناه كما في المثال

◀ طَارَدَتْ الشرطةُ المُتَظاهِرين. (طَرَدَ – فَاعَلَ) المُشارَكة

١. الحمدُ للهِ الَّذي ______ عَنَّا الحَزَنَ. (ذهب – أَفْعَلَ) ______

٢. ______ العزُّ بنُ عبدِ السلامِ لِوَالِي دِمشقَ. (صَدَى – تَفَعَّلَ) ______

٣. ما خابَ مَن ________ (شَارَ – اسْتَفْعَلَ) ________

٤. لو صَلُحَ الأبُ ________ الأسرةُ. (صَلُحَ – انْفَعَلَ) ________

٥. ________ للهِ ما في السَّماواتِ والأَرْضِ. (سَبَحَ – فَعَّلَ) ________

٦. ________ المجرِمُ لِكَي يُفْلِتَ من العِقابِ. (غَبى – يَتَفَاعَلُ) ________

٧. مَجْلِسُ الوُزَراءِ ________ اليوم تَطْويرَ التعليمِ. (نَقَشَ – فاعَلَ) ________

٨. ________ الوَفْدُ مِنَ المُؤتمرِ اعتراضًا على كلمةِ الرَّئيسِ. (سحب – انفعل) ________

ت اقرأ الأمثلة الآتية ثمَّ املأ الجدول

- قال تعالى: ﴿رَبَّنَا إِنِّي أَسْكَنتُ مِن ذُرِّيَّتِي بِوَادٍ غَيْرِ ذِي زَرْعٍ﴾.
- قال تعالى: ﴿يَوْمَ تَبْيَضُّ وُجُوهٌ وَتَسْوَدُّ وُجُوهٌ﴾.

١. لا تَتَكاسَلْ عن أداءِ الصلاةِ في وقتِها.

٢. تنَافَس الفريقانِ في الحُصولِ على المركزِ الأوَّلِ.

٣. قال تعالى: ﴿وَغَلَّقَتِ الْأَبْوَابَ وَقَالَتْ هَيْتَ لَكَ﴾.

٤. لَبَّى الحَجيجُ وهَلَّلُوا.

٥. أشْعلتُ الفُرنَ فاشْتَعَلَ.

٦. اسْتَدْعاني المديرُ لأمرٍ هَامٍّ.

٧. أزْهرَتِ الأشجارُ في فصل الربيع.

٨. قال تعالى: ﴿إِذَا السَّمَاءُ انشَقَّتْ﴾.

الفعل	وزنه	مُجَرَّدُه	حروفُ الزِّيادة	معنى الزِّيادة
أَسْكَنْتُ	أَفْعَلَ	سَكَنَ	الهمزة	التَّعْدِية
تَبْيَضُّ / تَسْوَدُّ	افْعَلَّ	بيَض / سود	الألف والتَّضْعيف	تكْثيرُ اللَّونِ وشِدَّتُه
تكَاسَل	________	________	________	________
تنَافَس	________	________	________	________
غَلَّقَ	________	________	________	________
لَبَّى - هَلَّلُوا	________	________	________	________
أشْعلتُ	________	________	________	________
اسْتَدْعى	________	________	________	________
أزْهرتِ	________	________	________	________
انْشَقَّتْ	________	________	________	________

ث مثِّلْ لكلِّ وزنٍ مما يأتي بفعل في جملة من عندك وبيِّن معناه

١. انْفَعَلَ : ________ ________

٢. اسْتَفْعَلَ : ________ ________

٣. فَعَّلَ : ________ ________

٤. تَفَعْلَلَ : ________ ________

٧ ب. العز بن عبد السلام
القراءة والفهم

الجَاحِظُ

أ أجب عمّا يأتي قبلَ قراءةِ النصّ

١- في أيِّ فرعٍ من فُروعِ المعرفةِ تُحبُّ أن تقرأَ؟

٢- مَن عالِمُك المفضَّل؟ وماذا تَعرف عنه؟

٣- ماذا تعرفُ عن الجَاحِظ؟ ولماذا لُقِّبَ بهذا الاسم؟

ب صِفِ الشخصَ الذي في الصُّورة المقابلة بأسلوبك

ت اقرأ النصَّ الآتي

الجاحِظُ هو أبو عثمانَ عَمْرُو بنُ بَحْرِ بنِ محبوبٍ الكِناني، ولُقِّبَ بالجاحِظِ لِجُحُوظِ عيْنَيْه.

وُلدَ في البَصْرة بالعِراق نحو ١٦٠هـ، ونشأَ يتيمًا فقيرًا، لكنَّه كان مَيّالًا إلى أخْذِ العِلمِ، فأخذَ يذهبُ إلى المساجدِ ومنازلِ العُلماء، وإلى سُوق المِرْبَد، ليتلقَّى العلْمَ والمعرفةَ عن بُلغاءِ العرب وشُيوخِهم، وكان مُحبًّا للقراءةِ، حتى إنه كان يسْتأْجِرُ دَكَاكِين الوَرَّاقِينَ ويَبيتُ فيها للقراءة.

كان الجاحظُ دَمِيمًا وظَرِيفًا، حُلْوَ الحديثِ وصاحِبَ نُكْتَةٍ، حتى على نفْسِه. يُروَى عنه أنه في أحدِ الأيَّام كانتْ امرأةٌ تشكُو عدَمَ نومِ أطفالِها ليلًا، وأنهم دائمًا يُسبِّبُون لها ولِلجيران إزْعَاجًا، فاضْطُرَّتْ إلى الذَّهابِ إلى صانِعِ الحُليِّ لكي يَصُوغَ لها خَاتَمًا مُخِيفًا لتُخِيفَ به أطفالَها حتى يناموا. ولكنَّ الصائغَ اعتذرَ إليها لأنّه لا يعرِفُ الشكْلَ الذي تُريد المرأةُ أن تَرْسُمه على الخَاتَم. فخَرجَتْ من عندِ الصائغِ غاضبةً، وبينَمَا هي تمشِي في السُّوق رأتِ الجاحظَ، فأخذَتْه من يَدِه وانْطَلَقَتْ إلى الصائغِ ثم قالتْ بِسعادة: مِثْلَ هَذَا. وَوَلَّتْ مُسرِعةً تَارِكةً الجاحظَ أمام الصَّائغ.

انْدَهَشَ الجاحظُ من المَوْقِف، فاسْتَفْسَرَ مِنَ الصائغِ عن حقيقةِ الأمرِ؛ فأخبرَه بقصَّةِ المرأةِ، فاسْتَغْرَبَ الجاحظُ من قصتِها وانْطَلَق إلى حالِ سَبِيلِه.

تُوفِّي عام ٢٥٥هـ فكانتْ حياتُه نَحْوَ قرْنٍ من الزَّمان. وَلِمَوْتِ الجاحِظِ قصةٌ، فمع أنه قد بَلَغَ من الكِبَرِ عِتِيًّا، واشْتَعَلَ منه الرأسُ شيبًا، فقد كان ما زالَ مُحبًّا لِلقراءة، مُصِرًّا على السَّهرِ ليلًا، مُكِبًّا على أُمَّهاتِ الكتبِ العربية، حتى نَهَضَ مُتَثاقِلًا إلى أحدِ الكتب على أحد الرُّفُوفِ، فسقطَ الرَّفُّ على رأسِ الجاحظِ، فسقطَ على الأرضِ فَاقِدًا الوَعْيَ ولَافِظًا آخِرَ أَنْفَاسِه بينَ أعزِّ رِفَاقٍ له (الكتب)، فماتَ شَهِيدًا للمعرفة. ولم يبْقَ من حديثٍ لِأهل البَصْرة إلا عن فَضْلِه وعلمِه، وفِكْرِه، وأدبِه، ووَدَّعُوه إلى مَثْواه الأخير.

بلَغَ عَدَدُ كتبِ الجاحظِ ٣٥٠ كتابًا ورسالةً، في الفَلسفَةِ، والأدبِ، والاعْتِزالِ، والسِّياسَة، والاقْتِصادِ، والتاريخ، والجغرافيا، والطَّبيعيَّات، والرياضِيَّات، والعَصَبيَّة، وتأْثِير البيئةِ، والاجْتِماع، والأخْلاقِ، والحيوان. وفي ذِرْوَةِ مُؤلَّفاته كانتْ كتبُه الخالِدة: «البَيَان والتَّبيين»، و«الحَيَوَان»، و«البُخَلَاء»، و«المَحَاسِن والأَضْدَاد».

٧ب HISTORICAL FIGURES شخصيات لها تاريخ

ث بعد قراءةِ هذا النصِّ أجبْ عمَّا يأتي

ماذا تفعلُ لو كُنتَ مكانَ الجاحظِ في قصّة المرأةِ؟

ج أسئلةٌ وتدريباتٌ حولَ النصِّ

١. تناقَش مع زملائك ثم أجبْ

أ. اقترحْ عُنوانًا آخرَ لهذا النصِّ. ________________

ب. لماذا لُقِّبَ عَمْرو بنُ بَحْر بالجاحظِ؟ ________________

ت. في أيِّ قرنٍ هجريٍّ عاشَ الجاحظُ؟ وكمْ سنةً عاش بالضَّبْطِ؟ ________________

ث. كيف تستَدِلُّ من النصِّ على حُبِّ الجاحظِ القراءة والاطِّلاع؟ ________________

ج. ماذا استفدتَ من هذا النصِّ؟ ________________

٢. ابحثْ مع زملائك عن المطلوب ثم ضعْه في جملة

أ. مفرد	دَكَاكِين: ______	مُؤَلَّفات: ______	أَنْفَاس: ______	الأَضْداد: ______
ب. جمع	يَتِيم: ______	نُكْتَة: ______	المعْرِفَة: ______	المرأة: ______
ت. مرادف	دَمِيم: ______	وَلَّتْ: ______	اسْتَغْرَب: ______	تَجْذِبُ: ______
ث. مضاد	مُحبّ: ______	يسْتَأْجِر: ______	يَئِسَتْ: ______	مَنَعَ: ______

٣. ضع علامة (×) أمام الفكْرَة التي لم ترِدْ في النصِّ

أ. وُلِدَ الجاحظُ بالبصرَة، ونَشَأَ بها وتَعَلَّم على أهمِّ شُيوخِ عَصْرِه. ( )

ب. اشْتهَر الجاحظُ بالظُّرْفِ وحَلاوَة الحديثِ. ( )

ت. طوَّفَ الجاحظُ ببلادٍ كثيرةٍ لتَلقِّي العلْمِ والمعرفة على علماء زمانِه. ( )

ث. عمَّرَ الجاحظُ عُمرًا طويلًا وكان لموْتِه قصةٌ عظيمةٌ. ( )

ج. تبِعَ جِنازَةَ الجاحظِ الخليفةُ والأمراءُ وكثيرٌ من علماء عصرِه. ( )

٤. تحاوَر مع زملائك حوْلَ سرِّ جمال التعبيراتِ التالية

أ. كانتْ آراؤه تجْذِبُ الآخرين. ب. وَاشْتَعَلَ مِنه الرَأْسُ شَيْبًا.

٥. استخرِجْ من الدرس ما يأتي

أ. فعلًا لازمًا: ________ وآخرَ مُتعدِّيًا: ________

ب. حالًا: ________ وبين نوعها: ________________

ت. تمييزًا: ________ وأعربه: ________________

ث. خبرًا لفعلٍ ناسخٍ: ________ وأعربه: ________________

ج. فعلًا على وزن اسْتَفْعَلَ: ______ وآخر على وزنِ أَفْعَلَ: ______ وبيّن معنى الزِّيادة في كل منهما: ______

أ لاحظ استخدامَ الروابط التالية واكتبْ جملًا على غِرارها في دفترك

الرَّوابطُ المُزْدَوِجَة

١. سواءٌ/ سواءً كان ... أمْ

- لن يدخلَ الطلابُ الغائِبونَ الامتحاناتِ سَواءٌ اجتهدوا أم لم يجتهدوا.
- لحمُ الخِنزيرِ حرامٌ شَرْعًا في الإسلام سَواءً كانَ ضارًّا أمْ نافِعًا.

٢. مُنْذُ/ مِن ... حتَّى / إلى

- امتدتْ حياتُه من / منذ عصرِ صلاحِ الدِّين الأيُّوبي حتى / إلى عصرِ الظَّاهِر بيْبَرس.

٣. لو ... لـ

- لو اطَّلعتُم على الغَيبِ لَاختَرتُم الوَاقِعَ.
- لو ذاكرتَ دُروسَك لَنجحتَ.

٤. لا .... ولا

- لا الطالبُ في الصف ولا المعلمُ.
- لا عندي رغبةٌ في الكلامِ ولا الضَّحكِ.
- صديقي لا يحبُّ الموسيقى ولا الرَّقْصَ.
- لا كتبتُ واجبي ولا قرأتُ الدرسَ الجديد.

٥. لم / لا / لن / ليس ..... فَحَسْب بَلْ .... أيضًا / كذلِك

- لم ينْبُغ البيروني في الفلسفة فحسْب بَلْ نبَغ في التاريخ والرياضياتِ والفَلَكِ أيضًا / كذلِك.
- لا أمارسُ السباحَةَ فحسْب بل الرِّمايَة وركُوب الخيلِ أيضًا / كذلك.
- لن أسافر إلى مصرَ وسوريا فحسْب بل سأزورُ دُول الخليجِ أيضًا / كذلِك.
- ليستْ مؤلَّفات البيروني مُفيدةً للمسلمين فحسْب بل للعالَم أيضًا / كذلِك.

ب اقرأ رسالةَ الشكرِ التالية ثم أجبْ عن الأسئلة

رسالةُ الشُّكرِ والتقْدير

المملكة العربية السعودية
مجمع اللغة العربية على الشبكة العالمية
الرقم: ٢/٢١٣٠
التاريخ: ١٤٣٨/٠٩/٢٣هـ

(شكر وتقدير)

سعادة الأستاذ/ صابر المشرفي يحفظه الله
الكاتب والباحث الأكاديمي ومؤلف مناهج تعليم العربية للناطقين بغيرها

السَّلامُ عَلَيكُم وَرَحمَةُ اللهِ وَبَرَكاتُهُ،، وَبَعدُ:

إنَّ مجمعَ اللُّغة العربية على الشبكة العالمية لَيَفْخَرُ ويَسْعَدُ أن يتقدَّمَ إليكم بأجلِّ كلمات التحية، وأطيب معاني الشكر كِفَاءَ ما وهبتموه مِنْ عَزَماتِ الجِدِّ المتواترة، وعطايا الجُهْد المتناصرة، حياطةً للعربية ومقامِها العالي، وصيانةً لحريمها وحَرَمِها السامي، سائلين الله تعالى أن يتقبلَ عملَكم بواسع الرضا والرزق، وأن يجيبَ في حفظكم أفضلَ دعاء الخلق، وأن يضاعفَ لكم مع السابقين ثوابَ السَّبق.

وإنَّ مجمعَكم (مجمع اللُّغة العربية على الشبكة العالمية) ليَعدُّ ذاته مجمعَكم ويَمدُّ يدَ الصلة لكم، آملين من الله أن تثْبُتَ وطائدُ المودَّة، وترسوَ قواعدُها وتتوكَّدَ علائقُها، والمجمع يرحِّبُ بكل ما ترونه من أوجه التعاون في كل ما يخدُم العربية بحثًا ودراسة وتصحيحًا واستشارةً ومنهجةً؛ ويَشرُف بمد يد العَوْنِ لكلِّ جُهد في سبيل خدمة لغة القرآن، وتيسيرها، وإبراز محاسنها والذبِّ عنها.. والله يحفظكم ذخرًا للعربية وأهلها.

والله يحفظكم ويرعاكم،،

أ.د. عبد العزيز بن علي الحربي
رئيس المجمع

١. ما اسمُ المرسَل إليه؟ وما لقَبُه؟
____
____

٢. ما اسمُ المرسِل؟ وما وَظيفتُه؟
____
____

٣. بمَ حيَّا المرسِل المرسَل إليه في الرسالة؟
____
____

٤. على أيِّ شيءٍ شَكرَ المرسِل المرسَل إليه؟
____
____

ت اكتب رسالةَ شُكرٍ إلى معلِّمِك تشكُرُه فيها على جُهودِهِ معكَ طَوال الدراسةِ باتباعِ الخطوات التالية

١. ابدأ الرسالةَ بكتابةِ البَسْمَلة أعلى الصَّفْحَةِ.

٢. اكتبْ اسمَ المرسَل إليه ولقبه يمِينَ الصَّفحة.

٣. المُقدِّمة، وتَشمل: تَحيَّة المرسَل إليه، والسؤال عن أحْواله.

٤. الغَرَضُ الأساسِي منَ الرِّسالة وهو شُكرُ الأستاذِ على جُهودِه في التدريس وإخْلَاصِه في العمل.

٥. الخَاتِمَة، اخْتِمِ الرسالةَ بالتعْبير عن مَشَاعِرِ الوُدِّ والاحترامِ، ثُمَّ السلام.

٦. اكتبْ اسمَ وعُنوانَ (المرسِل) وتاريخِ الرسالة.

ث اكتبْ مقالًا قَصِيرًا عن شخصيةٍ تَخْتارها باتباع الخطوات التالية

١. اجمع المعلوماتِ والحقائقَ المتعلِّقَة بالشخصيةِ وسجِّلْها في ورقَةٍ خارجية.

٢. اخترْ موقفًا أو موقفين من المواقفِ المُشرِّفَة في حياتها، وركِّزْ على مَواطِنِ العِبْرَة في الأحداثِ وسجِّلْها.

٣. قَسِّم الموضوعَ إلى ثلاثِ فِقْرات:

أ. فِقْرَة (المقدِّمَة): تحدثْ فيها عن أهميَّةِ الشخصية، والدَّوْرِ الذي قامتْ به لخدمَةِ المجتمع.

ب. فِقْرَة (الموضوع): تحدثْ فيها عن سِيرةِ حياةِ الشخصية من جِهةِ مكان وتاريخِ الوِلادَة، وكيفيَّة النشأَة والتعليمِ، وأهمِّ أعمالِها ومؤلَّفاتِها وموقف أو موقفين من مَواقِفِها المشهورة في حياتها.

ت. فِقْرَة (الخاتمة): قدِّم النصيحةَ والعِبرةَ المُسْتَخْلَصة من دراسةِ هذه الشخصيَّة، وما الذي يُمكنُ للشبابِ أن يسْتَفِيدُوه منها، وعبِّرْ عن رأْيِكَ الشخصي في هذه الشخصية.

٤. ابدأ في كتابةِ الموضوعِ مُراعيًا سلامَةَ اللغةِ، وجمالَ الأُسلوب، وعَلامَاتِ التَّرقيم.

٥. راجِعْ مع أحدِ زُملائكَ موضوعَك واقرأْه عليه بصوتٍ عَالٍ، وصَحِّحِ الأخطاءَ في المَقَالِ.

٦. اقرأ عناوينَ موضوعاتِ زملائكَ، واختر العناوِينَ التي أَعجبتْكَ، ثمَّ اقرأْ موضوعاتِها وتَنَاقَش فيها مع أصحابِها.

٧. بعد اسْتِعْرَاضِ الموضوعاتِ صَوِّتْ مع زملائك على أحسنها، واختارُوا واحدًا منها وعلِّقُوه في الصف.

الخَطُّ

● اكتب ما يأتي بخط النسخ وبخط الرقعة كما في النموذجين

اُطْلُبُوا الْعِلْمَ مِنَ الْمَهْدِ إِلَى اللَّحْدِ

اطلبوا العلم من المهد إلى اللحد

الْوَحْدَةُ الثَّامِنَةُ

٨

التَّعْلِيمُ

EDUCATION

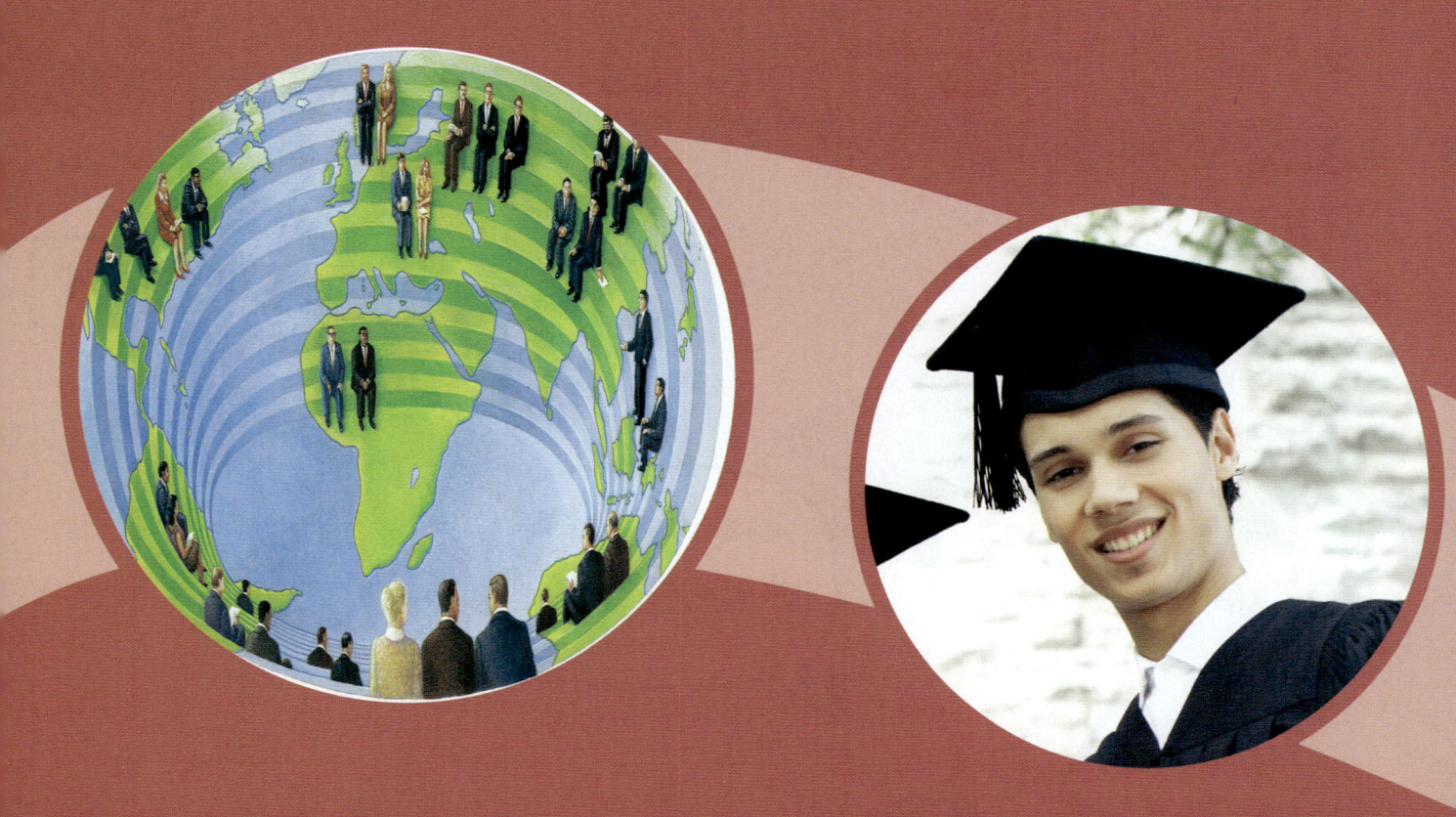

أ. رِسَالةُ دُكْتُوراه

ب. نِقَاشٌ مَفْتُوحٌ

٨ أ. رسالة دكتوراه
المفردات

العلْمُ يرفعُ بيتًا لا عِمادَ له
والجَهْلُ يهْدِمُ بيتَ العزِّ والشَّرَفِ

أ اقرأ وافهم

المَرَاحِل الدِّراسيَّة:

- الحَضَانة / رَوْضَة الأطفال
- الابْتِدَائِيَّة
- الإعْدَادِيَّة / المُتَوسِّطة
- الثَّانوية
- الجَامِعَة
- الدِّراسات العُلْيَا
- دِبْلُومَة
- الماجِسْتِير
- الدُّكْتُوراه

تَخَصُّصَات وألقَاب:

- النَّانو تِكْنُولُوجي
- الهندسَةُ الفضَائيَّة
- أُستاذٌ مُتَقاعِد
- أستاذ دُكْتُور
- أستاذ مُسَاعِد
- مُعِيدٌ
- بَاحِثٌ
- البَحْثُ العِلْمِي

تعبيراتٌ تعليمِية:

- تعليمٌ نِظَامِي (تَقْلِيدِي)
- تعليمٌ حُرٌّ (مَفْتُوح)
- التعليمُ الفَنِّي (تِجَارِي-صِنَاعِي-زِرَاعِي)
- المَصْرُوفاتُ الدراسية
- مِنْحَةٌ دراسية
- دُرُوسٌ خُصُوصِيَّة
- التعليمُ الإجْبَارِي
- التعليمُ الحُكُومِي المَجَّانِي
- التعليمُ الخاصُّ بمصْرُوفَات
- المدارِس الخاصَّة للُّغات
- المدارِس الخاصة الدَّوْلِية
- المدارِس الحُكومِيَّة
- المعاهِد الفنِّية
- التعليمُ الأَزْهَرِي / الدِّينِي
- وِزارَة التَّرْبِية والتعليم

صفات:

- طَمُوحٌ
- مُتَفَوِّق
- ثَرِيٌّ / غَنِيٌّ
- مُخْتَرِعٌ
- أَسْمَى
- مُسْتَعْصٍ

مفردات أخرى:

- مَقَام / مَنْصِب / جَاهٌ / مَكَانَة / مَنْزِلَة / مَرْتَبَة
- الطَّبَقَات العُلْيَا
- عِمَادٌ (ج) عَمَدٌ
- العِزُّ
- الشَّرَفُ
- الطَّاقَةُ الشَّمسِية
- فَخْرٌ
- التَّفَوُّق
- النَّجَاحُ

أفعال:

- يعْشَقُ
- يزْرَعُ
- يَرْتَقِي بِـ
- يَتَفوَّقُ

ب رتِّب الكلماتِ الآتيةَ لتُكوِّن منها جملًا مُفيدة

١. الفِيزياءِ - الدُّكتُوراه - من - حَصَلَ - اليابانِ - صديقي - علَى - في

____

٢. عشرةُ - يدرسُ - سِنُّه - ابني - أعوامٍ - المرحلةِ - الابْتدائيةِ - وهو - في

____

٣. الشَّمسيةِ - هل - طريقِ - الماءَ - يمكنُ - عن - أنْ - نُسخِّنَ - الطاقةِ - ؟

____

٤. الجمهوريةِ - التعليمِ - رئيسُ - وزير - يستقبلُ - في - التربيةِ - مكتبِهِ - و - اليومَ

____

٥. مُؤَسَّسةٌ - هي - المدرسةَ - رَوْضةُ - تعليميةٌ - الأطفالِ - للأطفالِ - دخولِهم - قبلَ

____

٦. فَصلٍ - كلِّ - هذه - تُدْفَعُ - المَصْروفاتُ - دراسيٍّ - بدايةَ - الدراسيَّةُ - الجامعةِ - في

____

ت ضع كلَّ تعبيرٍ من التعبيرات الآتيةِ أمام التعريفِ المناسبِ مما يأتي

البحثُ العلميُّ - التعليم الفنّي - المُعِيد - مدارسُ اللغاتِ الخاصَّة - المِنْحة الدراسية - التعليم الإجْبَارِي

١. ________ هي مدارسُ تدرّس مناهِجَ الدولةِ باللغاتِ الأجنبيةِ بمصْروفاتٍ خاصة.

٢. ________ هي رُتْبَةٌ تعليميَّةٌ تُمنَح لأوائِلِ الطَّلَبةِ في الكُلياتِ حَسَبَ طَلَبِ الجامعة.

٣. ________ هو دِراسةٌ مُنَظَّمَة لموضوعٍ مُعَيَّن حسَبَ مَنْهجٍ خاصٍّ لتحقيقِ هدَفٍ مُعَيَّن.

٤. ________ يبدأُ من سِنِّ السَّادِسَةِ أو السَّابِعَةِ حتى سنِّ الخامسةَ عشرَة أو السابعةَ عشرة.

٥. ________ هي الدراسةُ في داخِلِ أو خارجِ الدَّولةِ علَى نفقَةِ الدولة أو مُؤسَّساتٍ خاصة.

٦. ________ يهدِفُ إلى إعْدادِ الفنّي المطلوب لسُوقِ العملِ في التّجارة والصناعَة والزّراعة.

ث أخرجِ الغريبَ من كلِّ مجموعة مما يأتي

١. العزُّ - المال - الشرفُ - الفَخْر

٢. الأدَب - الهنْدَسة - الفِيزيَاء - الطّب

٣. ثَريٌّ - مُخترِع - باحِث - أستاذ دُكتور

٤. التَّفوُّق - النجاح - الرسُوب - الطُّمُوح

٥. الطَّاقةُ الشمْسِية - الكَهْرباء - الغازُ الطَّبيعي - النَّبات

٦. التعليمُ المجَّاني - المدارس الخاصة - المدارس الحُكومِية - التعليم الإجبَارِي

رِسَالَةُ دُكْتُورَاه

أ استمع وافهم

تاجِر الأثاثِ : ما الذي تُعلّقُه على الجِدَار؟
تاجِرُ الأخْشَابِ: إنه إعْلانٌ عن مُناقَشَةِ رسالَةِ دُكتوراه في النَّانُو تِكْنُولُوجِي.
تاجِرُ الأثاث : وما شأْنُكَ أنتَ ورسائل الماجستيرِ والدُّكتوراه؟
تاجر الأخشابِ: إنها لأختي الكُبرَى.
تاجر الأثاثِ : ما شاءَ اللهُ. لم أكنْ أعرفُ أنَّ في عائلتِكَ عُلماءَ بهذا القَدْرِ منَ التعليم.
تاجر الأخشابِ: إنَّ زوجَها أيضًا أستاذٌ دُكتورٌ في الهندَسة الفضائية، وحَمُوها أستاذٌ مُتَقاعِدٌ في الفيزياء.
تاجر الأثاث : ما شاءَ اللهُ. ومُتزوّجةٌ أيضًا؟
تاجر الأخشاب: نعم، ولَدَيْها ولدانِ وبنتٌ.
تاجر الأثاث : سُبحانَ اللهِ. ومن أين وجَدتْ كلَّ هذا الوقتِ للماجستير والدُّكتوراه؟
تاجر الأخشاب: إنها طَمُوح مُنذ صِغرها، وتَعْشَقُ التعليمَ والدراسةَ والبحثَ العلميّ. وتعْتَقِدُ أنّ رسالة الإنسانِ في الحياة هي التعلُّم وتعليمُ الآخرين. وهي تُحاوِل مع زوجِها زَرْعَ هذه المَبادِئِ في أولادِها.
تاجر الأثاث : مع أنكُم أسرةٌ غنيَّة، وكان من المُمكن أنْ تكْتفِيَ بمقامِ أبيها وثَرْوته.
تاجر الأخشاب: إنها تَرى أنَّ المكانَةَ التي يحْتَلُّها الإنسانُ بالعلمِ والمعرفةِ أَسْمَى من أيّ مكانةٍ أخرَى، ولذلِك اختارَتْ زوجًا من أسرةٍ عِلميةٍ رَغْمَ أنها تَقدَّم للزواج بها كثيرٌ من أبناء الأَثْرِياء والطَّبَقة العُلْيا. تَصوَّر أنها لم تُكَلِّفْ أبي شيئًا من المصْروفات الدراسيةِ فقد كانتْ دائمًا تحصُلُ على مِنَحٍ دِراسيةٍ بسببِ تفوُّقِها، ولم تَحْتَجْ قطُّ إلى دُروسٍ خُصُوصِيَّة إلا مرَّة أو مَرَّتين طَوالَ دِراستِها.
تاجر الأثاث : صَدَق الشاعرُ الذي يقول: العلْمُ يرفعُ بيتًا لا عِمادَ له والجَهْلُ يهْدِمُ بيتَ العزِّ والشَّرَفِ
تاجر الأخشاب: هل تعلمُ أنَّ اثنينِ من أولادِها قد حصَلا على دِبلُومةٍ عَالَمِية في الاخْتِراعات؟
تاجر الأثاث : ما شاءَ اللهُ. كَم سنهما؟ وفي أيّ مجَالٍ كانتْ هذه الاختراعات؟
تاجر الأخشاب: أحدهما سنه ١٢ سنة، وهو في الصفِّ الأول الإعدادِي. والثاني سنُّه عشرُ سنواتٍ، وهو في الصفّ الخامِس الابتدائي. وفِكْرَةُ اختراعِهما تقُومُ على تحويلِ الطَّاقةِ الشمسيةِ إلى كَهْرَباءَ من النَّباتِ وأشياءَ أخرى لا أَفْهمُهَا. فأنا كما تعْلَم أفهَمُ في كلِّ العُلوم إلا الفِيزياء.
تاجر الأثاث : الفيزياءُ فقط، هههههههه المُهمُّ، وماذا عن البنتِ؟
تاجر الأخشاب: البنتُ؟ إنها طالبةٌ في المرحَلة الثانوية وهي شاعِرةٌ وأدِيبَةٌ تَنْظِمُ القصائِدَ وتكتُبُ رِوايَاتٍ أَدَبيَّةً طويلةً، وأُسْلُوبُها رَاقٍ، وفازتْ أكثرَ من مرَّة بالمركزِ الأوَّل في المِهْرَجَانَات الأَدَبيَّة داخلَ البلادِ وخارِجها. ودائمًا تختارُها وِزارةُ التربيةِ والتعليمِ لِتُمَثِّلَ البلادَ في المُسابَقَاتِ الدَّولية.
تاجر الأثاث : صحيحٌ يا أخي مَن شَابَهَ أباهُ فما ظَلَمَ، والولدُ سِرُّ أبيه كما يقولون.
تاجر الأخشاب: في الحقيقةِ المدرسةُ لها دورٌ كبيرٌ في هذا التفوُّق والنجاحِ.
تاجر الأثاث : كيف ذلك؟
تاجر الأخشاب: في المدرسةِ التي يدرُسون بها مجموعةٌ من المعلمينَ والمعلّماتِ لا هَمَّ لهم إلا الوصُولُ بالطلابِ إلى أَعْلى مُستوى عِلمِيّ وأخلاقِيّ، وهذه سِياسةُ المدرسةِ كلّها. بدْءًا من المديرِ وحتى العاملِ الذي يُنظِّفُ الفُصولَ. فهُمْ مُختارُونَ بِعنايةٍ للارتِقَاءِ بمُسْتوى الطلابِ علْميًّا وأخلاقيًّا ورُوحيًّا.

تاجر الأثاث : لن تنهَضَ هذه الأمَّةُ إلا بالعلْمِ والإيمانِ، لكِنْ قُل لي، لماذا اختارَتْ أُخْتُكَ هذا التَّخَصُّص الدَّقِيقَ؟

تاجر الأخشاب : إنها بعد تَخَرُّجِهَا في الجامعةِ كانتْ تبْحثُ عن تَخَصُّصٍ يُساعِدها على فهْمِ أسرَارِ الكَونِ وحَلِّ كثيرٍ من المُشكلَاتِ المُسْتعْصِيةِ، فاختارَتْ هذا التَّخصُّص لأنه مُرتبطٌ بعلومٍ كثيرةٍ مثلِ الطِّب والفيزياء والهندسة، ويُساعِد على حَلِّ كثيرٍ من المشْكِلات.

تاجر الأثاث : وهل كلُّ إخوتِكَ مثْلُها؟

تاجر الأخشاب : في الحقيقةِ أنا كما تَرى لا أفْهَم إلَّا في التِّجارةِ، وحَاصِلٌ على دُبلومٍ فنيٍّ تجارِيٍّ، ولم يتفوَّقْ من إخوتِي البناتِ إلَّا الأخت الكُبْرى، والأُخرياتُ إمَّا حَصَلْنَ على شهادةٍ مُتوَسِّطَة وتَزَوجْنَ وإمَّا لم يُكْمِلنَ تعليمَهنَّ وتزوجْنَ أيضًا، لذلكَ نَعْتبرُ أختي الكُبْرى فخرًا لَنَا، بلْ وللعائلةِ كلِّها.

تاجر الأثاث : فعلًا، إنها كذلِكَ.

ب اقرأ **ت** مارس الحوار مع زميلك

ث لَاحِظِ استعمال التَّعْبِيرَاتِ في الجمل الآتية، وهات جملًا على غِرارها

١. علَّق

علَّق ← المديرُ القرارَ = لم يُنَفِّذْهُ.
علَّق ← الأستاذُ على كلامِ الطالب.
علَّق ← الطالبُ المِعطفَ على العلَّاقة.

٢. أعلَن

أعلن / تْ ← الكاتبُ رأيَهُ / عن رأيِه.
أعلن / تْ ← التلفازُ الخبرَ / عن الخبرِ.
أعلن / تْ ← الشركة بِضاعتَها / عن بِضَاعتِها.

٣. أستاذٌ في... دِبْلُوم / ة في ...

- هذا الرجلُ أستاذٌ في الفِيزياء.
- هو حاصل على دبلوم / ة في التربية.

٤. سِياسَة

- سِيَاسَة: المدرسة / الحكومة / البلاد / التعليم

٥. شأنٌ (ج) شُؤُون

- دَعْني وشأْنِي.
- لا شأْنَ لي بهذا.
- هذا رجلٌ له شأنٌ كبيرٌ.
- ما شأْنُكَ بهذا الموضوع؟

٦. تَصَوَّر

- لَيس عندي تَصَوُّرٌ عن هذا الموضوع.
- تصوَّرْ أنَّكَ رئيسُ الجُمهوريَّةِ فماذا كُنْتَ تَفْعَلُ؟

٧. شَهَادَة

- شَهَادَة: مِيلاد / وَفَاة / خِبْرَة / جَامعيَّة / المَاجِسْتِير / الدُّكتوراه / صِحِّية

ج لاحظ استخدام الرابط التالي في الجمل التالية، وهاتِ جملًا على غِرارها

إمَّا ... وإمَّا

- إمَّا تزورونَ صديقَكُم المريضَ وإمَّا تتَّصِلونَ به.
- إمَّا تكتُبونَ مُلخَّصًا للدرس وإمَّا تُعلِّقونَ عليه شَفَويًّا.
- الأخرياتُ إمَّا حصلنَ على شَهَادةٍ مُتوسِّطة وتزوَّجْنَ وإمَّا لم يُكْملنَ تعليمَهنَّ وتزوجْنَ أيضًا.

إعرابُ المُسْتَثْنَى بـ«إلَّا»

أ لاحظ الأمثلة مع المعلم

حُكْمُ المُسْتَثْنَى	نوعُ الأُسلوبِ	الأمثلة
واجبُ النَّصبِ	تَامٌّ مُثْبت	- أفهمُ في كلِّ العلومِ إلَّا الفيزياءَ. - حضرَ الطلابُ الدرسَ إلَّا طالبًا. - قال تعالى: ﴿فَشَرِبُوا مِنْهُ إِلَّا قَلِيلًا مِنْهُم﴾.
يجوزُ النَّصبُ أو إعْرابُه تابِعًا للمُسْتَثْنَى مِنْهُ	تَامٌّ مَنْفِيٌّ	- لا تخشَ أحدًا إلَّا اللهَ. - لن يحضرَ مُناقشةَ الرسالةِ أحدٌ إلَّا الأساتذةَ (الأساتذةُ). - لم يتفوَّقْ من أَخَواتِي البناتِ إلَّا الأختَ (الأختِ) الكبرى.
يُعْرَبُ حسَبَ مَوْقِعِه في الجُمْلَةِ	مُفَرَّغٌ (نَاقِصٌ مَنْفِيٌّ)	- لَا أفهمُ إلَّا في التِّجَارةِ. - قال تعالى: ﴿لَا يُكَلِّفُ اللهُ نَفْسًا إِلَّا وُسْعَهَا﴾. - لَا هَمَّ لهم إلَّا الوصولُ بالطلابِ إلى أَعْلَى مُستوى.

ملحوظة: ١. الأسلوب التام: هو ما ذُكر فيه المستثنى منه. ٢. الأسلوب الناقص: هو ما حُذف فيه المستثنى منه.

ب بيِّن أركانَ أُسْلوبِ الاسْتِثْنَاءِ كما في المثال

◀ صَلَّيتُ التَّراويحَ مع الإمامِ إلَّا ركعتينِ.
١. لن نتقدم إلَّا بالعلم.
٢. لا أحترمُ إلَّا المجتهدَ.
٣. لا يَأْبَى الكَرَامَةَ إلَّا حِمارٌ.
٤. ما قُطِفَتِ الأَزْهَارُ إلَّا زَهْرَةً.
٥. لم نذبَحْ منَ الغَنَمِ إلَّا خَروفًا.
٦. سَرَقَ اللُّصوصُ الملابِسَ كلَّها إلَّا الحِذاءَ.
٧. راجعتُ دُروسَ الكتابِ إلَّا الدرسَ الأخيرَ.
٨. قال تعالى: ﴿فَلَبِثَ فِيهِمْ أَلْفَ سَنَةٍ إِلَّا خَمْسِينَ عَامًا﴾.
٩. لم يُشارِكْ في المِهْرَجَانِ من الدُّوَلِ العربيةِ إلَّا الإماراتُ.
١٠. كُلُّ المسلمين يُمكِنُ أنْ يَصوموا يومَ عَرَفاتٍ إلَّا الحُجَّاجَ.
١١. قال تعالى: ﴿وَمَا مُحَمَّدٌ إِلَّا رَسُولٌ قَدْ خَلَتْ مِن قَبْلِهِ الرُّسُلُ﴾.

المستثنى منه	الأداة	المستثنى
التراويحَ	إلَّا	ركعتينِ

ت بين نوعَ أُسلوب الاستثناء، وحكمُ المُسْتَثْنَى كما في المثال

	نوع الأسلوب	حكم المستثنى
قال تعالى: ﴿وَلَا يَلْتَفِتْ مِنكُمْ أَحَدٌ إِلَّا امْرَأَتَكَ﴾.	تام منفي	المستثنى يجوز نصبه
١. ليسَ في الصفِّ إلَّا طالبٌ.		
٢. كلُّ الطلابِ مُتفوِّقون إلَّا طالبًا.		
٣. قال تعالى: ﴿قُمِ اللَّيْلَ إِلَّا قَلِيلًا﴾.		
٤. لم يتخرجْ في الجامعةِ أَحَدٌ إلَّا عَلِيٌّ.		
٥. لا أُمارِسُ من الرياضاتِ إلَّا كُرةَ القدمِ.		
٦. تسلَّمتُ الرسائلَ الواردَة كلَّها إلَّا رسالتَكَ.		
٧. لم يبقَ على انتهاءِ الدَّرسِ إلَّا خمسُ دقائقَ.		
٨. لم يُعجبني من أثاثِ البيتِ إلَّا حُجرة الجُلوسِ.		

ث اخترِ الضبطَ الصحيحَ للمُستثنَى كما في المثال

- قرأتُ شخصيَّاتِ الكتابِ كلَّها إلَّا البيرونيَّ (البيرونيُّ - البيرونيَّ - البيرونيِّ)

١. لا قيمةَ للإنسانِ إلَّا بـ ________ (العلمُ - العلمَ - العلمِ)

٢. لم أمكُثْ في الخارجِ إلَّا ________ (أسبوعٌ - أسبوعًا - أسبوعٍ)

٣. لا يُتقِنُ الحديثَ بالعربيةِ إلَّا ________ (طالِبَانِ - طَالِبَيْنِ)

٤. طوَّفَ العالِمُ في كلِّ البلادِ إلَّا ________ (العراقُ - العراقَ - العراقِ)

٥. لم أحملْ معي منَ الملابسِ إلَّا ________ (الخفيفةُ - الخفيفةِ - الخفيفةَ)

٦. لم أتناول منذُ الصباحِ طعامًا إلَّا ________ (بسكويتٌ - بسكويتًا - بسكويتٍ)

٧. حَذَقَ الإمامُ السُّيوطِي كُلَّ العلومِ إلَّا ________ (الحسابُ - الحسابَ - الحسابِ)

٨. استَوْرَدْنَا المُنْتَجَاتِ الغذائيةَ من الخارجِ إلَّا ________ (القمحُ - القمحَ - القمحِ)

ج عبِّر عن المعاني الآتيةَ بأُسلوبِ استثْناءٍ، واضبطْ المُستثنَى بالشَّكْلِ

١. جادِلْ الآخرينَ بالحُسنَى. ________

٢. درَسَ أَخِي المرحَلةَ المُتوسِّطة فَقَط. ________

٣. أحبُّ الفواكِهَ كلَّها ولا أحبُّ البِطِّيخ. ________

٤. يتبَقَّى على امتحانِ آخرِ العامِ أسبوعان فقط. ________

٥. قرأتُ فُصولَ الرِّوَاية كلَّها وتركتُ فصلًا واحدًا. ________

٦. حصلتُ من الدراساتِ العُليا على الماجستير فقط. ________

الاسم المَقْصُور والمَنْقُوص والمَمْدُود

أ لاحظِ الأمثلةَ مع المعلِّم

نوع الاسم	الأمثلة	علامات إعرابه
المَقْصُور	زارَ مُصطفى عِيسى في المُستَشْفَى. إنَّ المُستوَى العِلمِي أَسْمَى من أيِّ مكانةٍ أُخرَى.	يُرفَعُ بضمةٍ مُقدَّرة، ويُنْصبُ بفتحةٍ مُقدَّرة، ويُجرُّ بكسرةٍ مُقدَّرَة.
المَنْقُوص (المعرَّف بأل أو المضاف)	جاءَ مُفْتِي البلاد مع القَاضِي. درسنَا الفعلَ المَاضِيَ في المُسْتَوَى الأولِ.	يُرفعُ ويُجرُّ بعلاماتٍ مُقدَّرة، ويُنْصبُ بفَتْحةٍ ظَاهِرةٍ.
المَنْقُوص (المُجرَّد من أل والإضافة)	أُسلُوبُ البنتِ رَاقٍ. قال تعالى: ﴿أَلَيْسَ اللهُ بِكَافٍ عَبْدَهُ﴾. اشتَرَيتُ حِذاءً غَالِيًا.	يُرفعُ بضمةٍ مُقدَّرة وتُحذف الياء، ويُجرُّ بكسرةٍ مُقدَّرَة وتُحذف الياء، ويُنْصبُ بفَتْحةٍ ظَاهِرةٍ ولا تُحذف الياء.
المَمْدُود	الفِيزياءُ مادَّةٌ شَائقةٌ. في مصرَ نُولِّدُ الكَهْرباءَ من الماءِ.	يُرفعُ بضمةٍ ظَاهِرة، ويُنْصبُ بفَتْحةٍ ظَاهِرةٍ، ويُجرُّ بكسرةٍ ظَاهِرة.

ملحوظة: ١. الاسم المقصور: هو اسم معرب آخره ألف لازمة مفتوح ما قبلها.
٢. الاسم المنقوص: هو اسم معرب آخره ياء لازمة مكسور ما قبلها.
٣. الاسم الممدود: هو اسم معرب آخره همزة قبلها ألف زائدة.

ب ضع دائرةً حوْل الاسم المَقْصُور مما يأتي

مصطفَى	سعَى	ليلَى	الأضحَى
الفُصحى	إلى	يَنسَى	دُعاء
الأَسَى	أَعْلَى	سَامِي	مَتَى

ت ضع دائرة حوْل الاسم المَنْقُوص مما يأتي

النَّادِي	جَرْيٌ	دَلْوٌ	التَّالِي
المُحَامِي	أَهَالٍ	يقْضِي	الذِي
أخِي	فِيزيَائِي	الوطَنِي	مَاشٍ

ث ضع دائرة حوْل الاسم المَمْدُود مما يأتي

الشِّتاء	أَسَاءَ	الإِفْتَاءُ	نَبأٌ
الوضُوءُ	سَمَاءٌ	غَذَاءٌ	بَطِيءٌ
مَلْجَأٌ	يَشَاءُ	حذَاءٌ	بِنَاءٌ

ج ضع خطًّا تحتَ الإعرابِ الصحيح مما بين القوسين

١. يعملُ أبي ________ (قاضٍ - قاضِيًا - قاضِيٌّ)

٢. أُعجبتُ بقميصٍ لونُه ________ (زاهِيًا - زَاهِيٌّ - زَاهٍ)

٣. تناولتُ ________ لذيذًا في الغَداءِ. (حساءٌ - حساءً - حساءٍ)

٤. أصبحَت ________ السِّمَةَ الرئيسية للمُدنِ. (الضَّوضَاءُ - الضَّوضَاءَ - الضَّوضَاءِ)

٥. الوقتُ ________ فاسْتَفِيدُوا منه قبلَ أنْ يضيعَ. (غَالِيًا - غَالِيٌّ - غَالٍ)

٦. تبادلَ الرئيسانِ ________ بمناسبةِ العيدِ الوَطَنِي. (التَّهاني - التَّهانيَ - تهانٍ)

٧. أعلنَتْ دارُ ________ عن رُؤْيةِ الهلالِ قبلَ تمامِ الشهرِ. (الإفتاءُ - الإفتاءَ - الإفْتَاءِ)

٨. كنَّا نكتبُ على الخِطاباتِ قديمًا: شُكرًا لِـ ________ البريدِ. (سَاعِي - سَاعٍ - سَاعِيًا)

ح عيِّن الاسمَ المَقْصُور والمَنْقُوص والمَمْدُود كما في المثال

◀ سأدرسُ النِّداءَ في المُسْتَوَى التَّالِي.

١. يرتدي الفقيرُ ملابسَ باليةً.

٢. هذه الرسالةُ لأُختي الكُبْرَى.

٣. صاحَتِ المرأةُ صِياحًا عَالِيًا.

٤. صليتُ صلاةَ العيدِ في الخَلاءِ.

٥. كان الرجلُ عجوزًا وظَهْرُهُ مُنحَنٍ.

٦. طبيبُ العُيونِ في الدَّور الثاني من المُسْتَشْفَى.

٧. لم يكْتَشِفِ الأطبَّاءُ دواءً لهذا المرضِ المُسْتَعْصِي.

٨. قال تعالى: ﴿وَمَا تِلْكَ بِيَمِينِكَ يَا مُوسَى قَالَ هِيَ عَصَايَ﴾.

المَقْصُور	المَنْقُوص	المَمْدُود
المستوى	التالي	النداء
________	________	________
________	________	________
________	________	________
________	________	________
________	________	________
________	________	________
________	________	________
________	________	________

خ ضع الأسماءَ الآتية في جُمل مُفيدة واضبطها بالشَّكلِ

النادِي: ________ لَيَالٍ: ________

صَمَّاء: ________ مَسَاء: ________

المُنْتَدَى: ________ دُعاء: ________

الحَمْقَى: ________ مَاشِيًا: ________

الأقْصَى: ________ مُلتحٍ: ________

التوالِي: ________ العَصا: ________

٨ أ. رسالة دكتوراه
الاستماع والفهم

أوّلًا قصةٌ وحِكمةٌ

القصةُ الأُولى

أ استمع إلى القصةِ، ثم أجبْ عن الأسئلة

١. لماذا دَوَّن الطالبُ المسألتينِ وبدأَ في حَلِّهما؟

٢. هل استطاع الطالبُ حَلَّ المسألتين؟ ولماذا؟

٣. ماذا كان ردُّ فعلِ الأستاذِ على الطالب؟

٤. علامَ يدلُّ هذا العملُ؟ وهل تُوافِق على الحِكْمةِ التي ذُكِرتْ في القصة أم لا؟ ولماذا؟

القصة الثانية

مَن يستطيعُ أن يُخرجَ الدَّجاجةَ من الزُّجاجةِ؟!

ب استمع إلى القصة التالية، ثم أجب عن الأسئلة

١. ما الرَّسْمُ الذِي رسمَه المعلمُ على السبورة؟ ولماذا رسمه؟

٢. هل استطاع الطلاب حل اللغز؟ كيف ذلك؟

٣. من كان حاضرًا مع المعلم في هذا الدرس؟ وما سببُ حضورهم؟

٤. ما رأيُكَ فيما فعلَه المعلِّم؟ وماذا تفعلُ لو كنتَ مكانَه؟

٥. ما الحِكمةُ التي نستفيدُها من هذه القصة؟

ثانيًا المقال المسموع

أ استمعْ إلى المقال جيدًا، ثم أجبْ عنِ الأسئلة الآتية

١. الفلاسفة زعموا أن ________ عند الإنسان يغلب الطبع. (التعليم - التربية - التطبّع)

٢. أصر الفلاسفة على أن التعليم ________ الطبع البشري. (يغلب - يروّض - يفوز)

٣. ذهب العلماء إلى أن الإنسان يغلب عليه ________ وطبعه. (تطبعه - هواه - علمه)

٤. الطبع كان دائمًا أقوى من ________ المجرد. (التعليم - التربية - التطبع)

٥. قامت الهرّة بتوزيع المشروب ________ على الحاضرين. (المعظم - المفضل - المحرم)

ب استمعْ مرة أُخرى، ثم أكمل الناقص فيما يأتي

١. الطبع يجري مع الدم في ________ وعليه فإن العلماء ميزوا بين التعليم وبين التربية، وأكدوا على أن ________ التربية مع التعليم المتين، هما فقط اللذان يمثّلان ________ فتحة التصريف الجيدة التي تخفف من حدة تدفق ________ المجرّدة.

٢. طلب العلماء من ________ أن يسمح بعقد ________ أخرى في الليلة التالية، وأن تُظهر فيها ________ مرة أخرى ________ التي دربها الفلاسفة عليها.

٣. هذه الحكاية تتحدث و ________ شديد عن المسائل الرئيسة التي تطرح مع ________ و ________ كل إجراء تعليمي وكل إجراء ________.

ت استمعْ مرة ثالثة وضع علامة (√) أو (×)، ثم صححِ الخطأ

١. الطبع هو باطن الإنسان الثابت الذي يقبل التغيير. ( ) ________________

٢. أراد الفلاسفة أن يبرهنوا على أن التعليم أهمُّ من الطبع. ( ) ________________

٣. العلماء لم يعجبوا بما فعلته الهرة. ( ) ________________

٤. هذه الحكاية حول الطبع والتَّطبُّع. ( ) ________________

٥. الهرة رمت الأكواب وانطلقت خائفة من الفئران. ( ) ________________

أ. رسالة دكتوراه
المحادثة

أَوّلًا صورة وتعليق

أ انظر إلى الصُّورتين التاليتين وتناقشْ مع زميلكَ فيما تدُلّان عليه

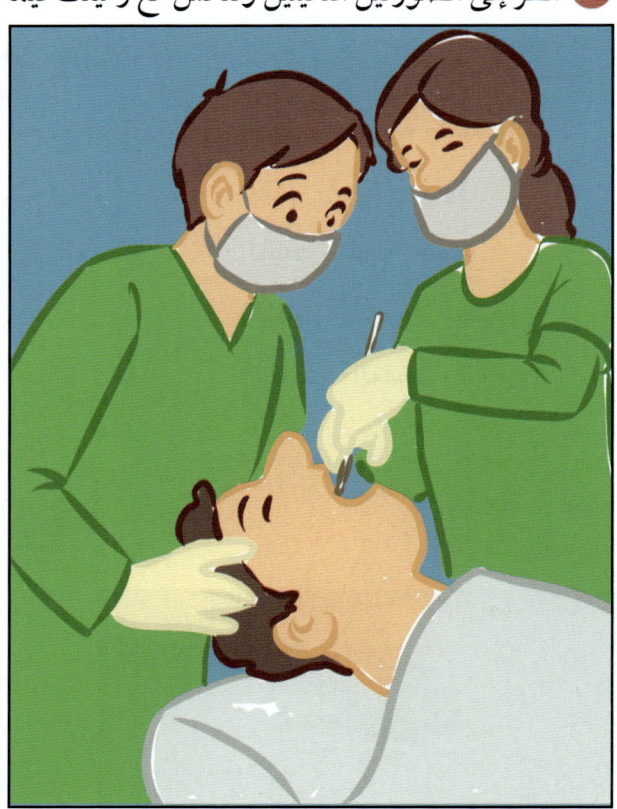

ثانيًا التعليمُ على المستوى الشَّخْصِي

أ تناقشْ مع زميلكَ حول النِّقاط التالية

١. ما أعْلَى شَهادة عِلْمِية في أسرَتِك؟ ومن الذي حَصَل عليها؟

٢. ما أهمُّ الوظائِف في أسرتِكَ التي ترتَبِطُ بالمُستَوى التعليمي؟

٣. اذكر عدَّةَ آراءٍ مُختلِفة لأشخاصٍ من عائلتِكَ حوْل التعليمِ ورسالتِه في الحياة.

٤. صفْ تجربتَكَ الخاصّة في التعليمِ من النَّواحِي التالِية:
الإيجابيات - السَّلبيات - المشكلات التي تَعَرَّضْتَ لها. وكيف تَغَلَّبْتَ عليها؟

٥. أيُّهما كان أكثرَ تأثيرًا في حياتِك الدراسية: الأسرةُ أم المدرسةُ؟ وكيف ذلك؟

٦. هل أنتَ الآن في الموقِع المناسبِ الذي كنتَ تتوقَّعُه أو تَتمناه وأنتَ صغيرٌ؟ ولماذا؟

٧. ماذا تتوقَّعُ في المستقبلِ بخُصُوص التعليم؟

٨. هل تتمنَّى لِأولادِكَ أن يمُرُّوا بالتجارِب التي مَررتَ بها في أثناء عملِيَّة التعليمِ؟ ولماذا؟

ب قارنْ إجاباتِك مع إجابات زميلِك وانقلْ إلى الصف نتائجَ هذه المُقارنة

ثالثًا التعليمُ في بلدي

أ تناقش مع زميلك حوْل النِّقاط التالية

١. في أيِّ سنٍّ يذهبُ الأولادُ في بلدِك إلى المدرسة؟

٢. هل التعليمُ بِمراحِله المدرسية والجامعية كافَّةً في بلدِك مجّانيٌّ أم بمصْروفات؟

٣. هل هناك شُروطٌ خاصّة تشْترِطها الدولة في الفردِ لكي يكونَ معلِّمًا؟ وما هي؟

٤. هل يتمُ تطويرُ المناهِجِ الدراسية بشكلٍ دائم؟ وإنْ كان يتمُّ، ففي كلِّ كَمْ سنةٍ يتمُ هذا؟

٥. ما أكثرُ المشكلاتِ التي يُعاني منها الطلابُ في التعليم؟
وهل تَسعى الدولة لِحَلِّها؟ كيف ذلك؟

٦. هل يحصلُ الطلابُ في بلدِك على مِنَحٍ دِراسية؟
وكيف شَكْلُ هذه المِنَح؟ ومن الذي يحصلُ عليها؟

٧. ما أهمُّ أنواعِ التعليمِ في بلدِك؟ وما مُميزاتُ كلِّ نوعٍ وعُيوبُه؟

٨. ما نوعُ التعليمِ الذي درستَ فيه؟ وما الصُّعوباتُ التي وَاجَهَتْك فيه؟

٩. أيُّ نوعٍ من أنواعِ التعليم الأكثرُ شهرةً ورغبةً فيه؟ ولماذا؟

١٠. ما عَلاقة التعليمِ بِسُوق العمل في بلدِك؟
وهل يجدُ كلُّ الخرِّيجين وظائفَ مناسبة لتَخَصُّصِهم؟ ولماذا؟

ب انقل إلى الصف نتائجَ هذا الحوار بينَك وبين زميلِك

٨ ب. نقاش مفتوح
الحوار

نِقَاشٌ مَفْتُوحٌ

أ استمع وافهم

مديرُ النَّدْوَةِ: أَعِزَّائي الضيوف الكِرام، السَّادَةُ والسيِّدَاتُ، يُشَرِّفُنا حُضُوركُم الليلَةَ في هذه النَدْوَة، التي عُنوانُها «نِقاشٌ مَفْتُوحٌ حَوْلَ مُشكِلاتِ التعْليم»، فأهلًا وسهلًا بِكم في هذا اللقَاءِ الثقَافِي المَفْتوح.

يمُرُّ التعليمُ في وقْتِنا الحاضِر بِأَزَماتٍ ومشكِلَات مُتَعدِّدة، بدْءًا من الهدَفِ من التعليمِ بشكْلٍ عامٍّ، ومَدَى تَلْبيتِه حاجَاتِ المُجْتَمَع الضَّروريَّةِ والأخلاقِيَّة، ومُرُورًا بأَضْلاعِ العَمَليَّة التعليمِيَّة، التي تَتَمثَّلُ في المنَاهِجِ والمُعلِّمينَ والطلابِ إلى جَانِبِ أولياءِ أُمُورِهم، ثُمَّ انْتِهاءً بِمشكِلَات أُخْرى عَلى هامِشِ العَمَلِيَّة التعليمية، مِثْل: الدُّروسِ الخُصُوصِيَّة، وتَسَرُّبِ الطلابِ من التعليم، وكذلكَ مُشكلةُ الضَّربِ في المدَارِس، وغيرها من المُشكلات.

واليومَ ندعو كلَّ واحدٍ من المشاركينَ في هذه النَّدْوة أنْ يَطْرَح مُشْكلةً من هذه المُشكلاتِ، مُحاوِلًا حَلَّها من وِجْهةِ نَظَرِه، ثُمَّ نَتَنَاقَشُ بعد ذلك في جَدْوَى هذِه الحُلُول. نَبْدَأ من الجِهَةِ اليُمنَى، تَفَضَّل عرِّف نَفْسَك وعمَلَك، واطْرَحْ مُشكلَتك وطريقَةَ حَلِّهَا.

أحدُ المُشارِكين: اسمِي: أحمدُ رَمضَان، مُعلِّمٌ للمرحلَةِ الابتدائية. أعْتَقِدُ أنَّ المُشكِلة الرَّئيسيَّة هي طريقةُ التدريسِ التي عليها أكثرُ المُعلِّمين مَا عَدَا قليلًا مِنهم؛ إذ يعتمِدُون على طريقةِ التَّلْقِينِ والحِفْظِ لا الفَهْمِ، كذلك الوِزَارة لا تُوَفِّر للمعلِّمينَ في المدارِسِ الوسَائِلَ التعْليميةَ الحديثَةَ المُسَاعِدةَ مثلَ الحَاسُوبِ والإنترنت، بالإضافةِ إلى اعْتِمادِ المعلمينَ على الاختبارَاتِ التَّحريريَّةِ وَسيلةً وَحِيدةً لِقِياسِ مُستوى الطلابِ العِلْمِيّ.

مديرُ النَّدْوَة: وكيفَ تَرَى الحلَّ من وِجْهَة نَظَرِكَ؟

أحمدُ رَمضَان: الحَلُّ هو البُعْدُ -قَدْرَ المُسْتطَاعِ- عن طَرِيقةِ التَّلْقين، واتِّبَاعُ الطُّرُقِ الحديثةِ في التعليم مثلِ المُناقَشَة والحِوَار، وتَزْوِيدِ المدارس بأحدثِ وسائِلِ العَصْرِ التي تُسَاعِدُ عَلى التعليم الفَعَّالِ، وأَنْ نستخدِمَ أنواعًا أُخرى من الاختبارات غيرِ الاختبارِ التحْريري، مثلَ الاختباراتِ الشَّفَوِيَّة والتَّجارِبِ العِلْمِية.

مديرُ النَّدوَة: شُكرًا جزيلًا لهذه المشَارَكة. هل يمكنُ أنْ نستمِعَ إلى مُشاركة أُخرى من هذه الجِهَةِ؟ تفضَّلْ.

مُشارِكٌ آخَرُ: اسمي أَحمدُ عُثمان، مُحاسِبٌ، ووَليُّ أمرٍ لِثلاثَةِ طُلابٍ في مَراحِلَ تعْليميَّةٍ مُخْتَلِفةٍ، وفي الحَقيقَةِ قَبْلَ أن نَتَكَلَّمَ عن إصْلاحِ طُرُقِ التعليم لا بُدَّ أنْ نتحدث عن المعلِّم، فهو لُبُّ العَمَليَّةِ التعليمية.

أيُّها السَّادَة المُحْترمُون، أنا وَزَوْجَتي نَكُدُّ ونَكْدَحُ في العملِ لِكي نُحَسِّنَ تعليمَ أبنائِنا، ومُعظَمُ مِيزانِيَةِ الأسرةِ مُوَجَّهٌ -مع الأسفِ- لِلدُّروسِ الخُصُوصِيَّة في جميعِ الموادِّ تقْريبًا سِوى مَادَّةٍ أو مَادَّتَين، ومن هنا أقولُ: إذَا كان الطالبُ يَحْصلُ على دُروسٍ خُصوصِيَّة مَنْزلية في جميعِ الموادِّ خَلَا مَادَّةٍ أو مادَّتَين -كما ذَكَرْتُ- فما فائِدَةُ المدرسةِ والمعلِّمين؟

مديرُ النَّدْوَة: إذًا أنتَ تُلْقِي باللَّوْمِ كلِّه على المُعلمينَ وتَعْتَبِرُهم المسؤولِينَ عن كلِّ مُشكِلَات التعليمِ؟

أَحمدُ عُثمان: لا، هذه المُشكِلَة لا تَقَعُ على عَاتِقِ المُدَرِّسِ وَحْدَه، ولكنَّ المسؤوليَّةَ فيها مُشْتَرَكة بين المُعلِّمِ والدَّوْلةِ، فمِن جِهَةِ الدولةِ نجدُ أنَّ دخْلَ المعلمِ مُنخفِضٌ؛ وهو ما يَجْعله لا يَهْتَمُّ بعمَلِه في المدرسةِ أوْ يَتَّجِهُ إلى الدروسِ الخُصُوصِيَّة لِتَحْسِينِ دَخْلِه، وكَذَلِكَ يَقَع عليها أيضًا أن تختَارَ لِمِهْنَةِ التعليمِ المؤهَّلين عِلميًّا وفَنِّيًّا، ومن جِهَةِ المُعلِّم يجبُ أنْ يسْعَى لِتَحْسِينِ مُستواهُ العِلمِيّ باستِمْرَارٍ، وأنْ يحرِصَ على استعمَالِ الطُّرُقِ التي تَجْذِبُ انْتِبَاهَ الطلابِ واهتمامَهم، حتَّى لا يُضْطَرُّوا إلى أَخْذِ الدُّروسِ الخُصُوصِيَّة، وأنْ يعرِفَ أنَّه قُدْوةٌ لطلابِه، ومن ثَمَّ فَعَليه أنْ يكونَ حريصًا في سلُوكِه وأَخلاقِه أمامَ الطلابِ حتى تَعُودَ لِمِهْنَةِ التدريسِ هَيْبَتُهَا التي كانتْ عليها.

مديرُ النَّدْوَة: شكرًا جزيلًا لكَ. تفضَّلْ، الأستاذُ في الآخرِ هُناك.

مُشَارِكٌ ثالِث: اسمي عَادِل عَطِيَّة، معلم ثانوي، كنتُ أودُّ التعْقيبَ على مُداخلَةِ الأُسْتاذِ أحمد عُثمان، وَلِيّ الأَمْر.

في رأيِي قَبْلَ أنْ نُحَمِّلَ المعلِّمَ وَحْدَه المسؤولية كلَّها يجبُ أنْ يعرِفَ أولياءُ الأمور وكذلك الطلابُ أنَّ عليهم مَسْؤوليَّةً في التعليم، فَهُم جزءٌ أيضًا من مشكلات التعليم؛ فأولياءُ الأُمورِ حَاشَا المتَعَاوِنينَ منهم لا يَحْتَرِمون المَدْرسةَ ولا المعلمين، ولا يَتَعاوَنُون مع المؤسَّساتِ التعلِيمية في حَلِّ مُشكِلات أبنائِهم، بَل وينظُرونَ نظرةً

سَلْبِيَّة إلى التعليم، وهذا الانْطِباعُ يَنتقِلُ بالضرورَةِ إلى أبنائِهم. ورأيِي أنَّه إذا تَغيَّرتْ نظرةُ وَلِيِّ الأمْرِ إلى المعلِّم والمدرسةِ والتعليم فسوف يُحَلُّ كثيرٌ من المشكلات.

مديرُ النَّدْوَة: أرجو مِن السَّادَةِ المشاركينَ أن يُعبِّر كلٌّ منهم عن وِجْهَةِ نظَرِه، وألَّا يُعقِّبَ على آراءِ الآخرين حتى يكونَ الحوارُ أكثرَ فائِدَةً.

استمَعْنا إلى وِجهةِ نظَرٍ من طَرَفِ المعلِّمين وأُخرى من طَرَفِ أولياءِ الأمور. أرجُو أن نستمِعَ إلى وِجْهَةِ نظرِ الطلاب. تفضَّلْ عرِّفْنا بنفسِك، وفي أيِّ مرْحَلَةٍ تعليمية تدْرُس؟

مُشارِك رابِعٌ: اسمي عَبْدُ اللهِ مَنْصور طالبٌ في المرحلَةِ الثانوية. أنا أَشْتركُ في الرَّأْيِ مع كُلِّ ما سبق، وأُضِيفُ إليه مُشكلة أُخرى تَتعلَّقُ بالمناهِجِ الدراسيةِ، فالمناهِجُ الدراسية مَحْشُوَّةٌ بما لا يُفيدُ الطلاب، وليس لها عَلاقَة بالواقِعِ الذي نعِيشُه سِوى مَواضِيعَ مَحْدودة، وكثافَةُ الطلابِ في الفُصولِ من أربعين إلى خمسين طالبًا في الفَصْلِ الواحِدِ ما عَدا المدارسَ المُتَميِّزَةَ وهي قلِيلةٌ جدًّا، ولا يَدْخلُها غيرُ الطلابِ المتفوِّقِين. فكيف يستطيعُ الطالبُ أن يسمعَ المعلمَ وَسْطَ هذا العَدَدِ الكبير، فضلًا عنْ أن يفهَمَ شَرْحَ الدرسِ؟

مديرُ الندوةِ: أعتقِدُ أنَّ درجةَ حَرارةِ الحوارِ قدِ ازدَادَت، ولذلك وقبلَ أنْ نَسْتَمِعَ إلى آراءِ المُخْتَصِّينَ والخُبَراءِ التَّرْبَوِيِّينَ لِلتَّعقِيبِ على مُشارَكَاتِكم، سنأْخُذُ استراحَةً قَصِيرَةً ثُمَّ نَسْتَأْنِفُ الحِوارَ بعدَهَا.

ب اقرأ

ت اختر رأيًا من آراءِ المشاركين في النقاش السابق وعقِّب عليه

ث لَاحِظِ استعمال التَّعْبِيرَاتِ في الجمل الآتية وهات جملًا على غِرارها

١. قَبلَ أنْ ... لا بُدَّ أنْ ...

- قبلَ أنْ تتكلَّمَ لا بُدَّ أنْ تُفكِّرَ.
- قبلَ أن تُفتِّشَ في عُيُوبِ الآخَرينَ لا بُدَّ أنْ تبحثَ عن عُيُوبِك.

٢. يُشَرِّفُنا

- يُشَرِّفُنا الاستماعُ إلى مُشاركَاتِكم.
- يُشَرِّفُنا قُدومُكم إلى هذه النَّدْوَة.
- يُشَرِّفُنا حضُورُكم.

٣. فضلًا عن

- لا يستطيعُ الطلابُ سماعَ المدرسِ فضلًا عن فَهْمِ الدرسِ.
- الوسائلُ التعليميةُ تُساعِد على توصيلِ المعلومةِ للطلابِ فضلًا عن اختصَارِ الوقتِ والجُهْدِ للطالِبِ والمعلمِ.

٤. الذي عُنْوانُه – التي عُنْوانُها

- قرأتُ الدرسَ السَّابِعَ من الكتابِ الذي عُنوانُه: «مع الأمثالِ العربية».
- هل قَرَأَ أحدُكم رِوايَةَ نَجيب مَحْفُوظ التي عُنوانُها: «زُقاق المِدَقّ»؟

٥. قَدْرَ المُسْتَطَاع

- اختَصِرْ كلامَكَ قَدْرَ المُسْتَطَاعِ.
- أَكْثِر من قِراءَة القُرآن قَدْرَ المُسْتَطَاعِ.
- ابتعِدْ عن أصدقاءِ السُّوءِ قَدْرَ المُسْتَطَاعِ.
- أيُّها الأبُ ابْقَ مع أسرتِكَ قَدْرَ المُسْتَطَاعِ.

٦. هامِش

- اقرأ التعليقَ في هَامِشِ الكتابِ.
- يعيشُ بعضُ النَّاسِ على هامِش المجتمع.
- سنلْتَقِي مع وسائلِ الإعلامِ على هامِشِ النَّدْوةِ.

٧. بدْءًا بـ ... ومُرورًا بـ ... ثم انتهاءً بـ ...

- تحدثَ المؤلِّف في هذا الكتابِ عن قَصَصِ النبيين بدْءًا بسيّدنا آدمَ عليه السلام، ومُرورًا بسيّدنا إبراهيمَ عليه السلام، ثُمَّ انتهاءً بخَاتَمِ الأنبياءِ سيّدنا محمدٍ ﷺ.
- لم يكْتَفِ العَقَّادُ بمُطالَعَةِ الأدبِ العربيّ بدْءًا بالعصرِ الجاهلي ومُرورًا بالعصرين الأُمَوِيّ والعَبَّاسِي ثم انتهاءً بالعصر الحديثِ وإنَّما اطَّلعَ على الآدَابِ الغَرْبِيَّة أيضًا.

المُسْتَثْنَى بِـ«غَيْر وسِوَى»

أ لاحظِ الأمثلةَ مع المعلِّم

الأمثلة	نوعُ الأُسلوبِ	حُكْم غَيْر وسِوَى
- نَستخدِم أنواعًا من الاختباراتِ غَيْرَ / سِوى الاختبارِ التحْريري. - أفهمُ في كلِّ العلومِ غَيْرَ الفِيزياءِ. - حضرَ الطلابُ الدرسَ سِوى طالبٍ.	تامٌّ مُثْبت	وُجوبُ النَّصبِ
- لم تتفوَّق من البناتِ غيرَ طالبةٍ أو (غيرِ طالبةٍ). - لن يحضُرَ مُناقشةَ الرسالةِ أحدٌ غيرَ الأساتذةِ أو (غيرُ الأساتذةِ).	تامٌّ مَنْفي	يجُوزُ النصبُ ويجوز إعرابُهما تَابِعَينِ للمُستثنَى مِنه.
- لا يدخُل المدارسَ المُتميِّزةَ غيرُ الطلابِ المتفوِّقينَ. - لم يكتب الطلابُ غيرَ الواجبِ المنْزليِّ. - الأنانيُّ لا يهْتَمُّ بغيرِ نَفْسِهِ.	مُفرَّغٌ	يُعْرَبانِ حَسَبَ مَوْقِعِهما في الجملة.

ملحوظة: ١. تُعْرَبُ «غَيْر وسِوى» إعراب المُسْتَثْنَى بـ«إلا»، ويُجرُّ المستَثْنى بِـ«غَيْر وسِوى» دائمًا بالإضافة.
٢. تُعربُ «غير» بالحركات الظاهرة و«سِوى» بالحركاتِ المُقَدَّرَة.

المستثنى بعَدَا وخَلَا وحَاشَا

ب لاحظِ الأمثلةَ مع المعلِّم

الأمثلة	حُكمُ المستَثْنى بِـ"عَدَا وخَلَا وحَاشَا"
١. يستخدِمُ المعلمون الوسائلَ التعليميةَ عَدَا قليلًا / قليلٍ. ٢. آخذُ دُروسًا خُصُوصِية في جميعِ الموادِّ خَلَا مادَّةً / مادَّةٍ. ٣. لا يهتمُّ وَلِيُّ الأمْرِ بِمتَابعَةِ ابنِه في المدرسةِ حَاشَا المُتَعاوِنَ / المُتَعاوِنِ.	المستَثْنَى إمَّا مفعولٌ به وعَدَا وخَلَا وحَاشَا أفعالٌ ماضيةٌ، وإمَّا اسمٌ مجرورٌ وعَدَا وخَلَا وحَاشَا حُروفُ جرٍّ.
٤. يستخدِمُ المعلمون الوسائلَ التعليميةَ ما عَدَا قليلًا. ٥. آخذُ دروسًا خُصوصِيةً في جميعِ المَوادِّ ما خَلَا مادَّةً.	المستَثْنى مفعولٌ بِهِ لوجودِ (مَا المصدريَّة) قبلَ عدا وخلَا، وهي لَا تدخُل إلَّا على الأفعالِ.

ملحوظة: «حَاشَا» لا تَسْبِقُها ما المصْدَريَّة ولذلكَ يُعربُ المُستَثْنى بها منصوبًا أو مجرورًا.

ت بيِّن أركانَ أُسْلُوبِ الاستثناءِ كما في المثال

◄ تكلَّمَ المُشاركون في النَدْوَةِ سِوى مُشَارِكٍ.

١. ما رفعَ شأنَ الأمَمِ إلا العِلْمُ.
٢. نجح الطلابُ كُلُّهم خَلَا الغائِبِين.
٣. راجعتُ دروسَ الكتابِ ما عَدَا الدرسَ الأخيرَ.
٤. عطلةُ العيدِ هذا العام كلَّ أيامِ الأُسبوعِ عَدَا السبتِ.

المستثنى منه	الأداة	المستثنى
المشاركون	سِوى	مُشَارِك

٥. كلُّ شيءٍ سِوى اللهِ باطِلٌ. ______ ______ ______
٦. أعادتِ الشرطةُ المسرُوقَاتِ كلَّها حَاشَا سيارةً. ______ ______ ______
٧. كلُّ الحَواسِّ في الإنسانِ تنامُ ما خَلَا حَاسَّةَ السَّمعِ. ______ ______ ______
٨. قال تعالى: ﴿ربَّنَا أَخْرِجْنَا نَعْمَلْ صَالِحًا غيرَ الذِي كُنَّا نَعْمَلُ﴾. ______ ______ ______

ث استبدل «غير» بـ«إلَّا» في الجملِ التالية، واضبط المستثنى وأدَاةَ الاستثنَاءِ بالشكلِ كما في المثال

◄ لم يتَخرَّجْ في الجامعةِ أحدٌ إلَّا عَليٌّ. لم يتخرّج في الجامعةِ أحدٌ غيرَ عَليٍّ / غيرُ عَليٍّ.
١. ليسَ في الصفِّ إلَّا طالبٌ. ______
٢. ما راجعتُ إلَّا الدّرسَ الأخيرَ. ______
٣. كلُّ الطلابِ متفوّقون إلَّا طالبًا. ______
٤. لا أمارسُ من الرياضاتِ إلَّا كُرةَ القَدمِ. ______
٥. تسلمتُ الرسائلَ الواردَة كلَّها إلَّا رِسالتَك. ______
٦. لم يبقَ على انتهاءِ الدرسِ إلَّا خمسُ دقائق. ______
٧. لم يُعْجِبني من أثاثِ البيتِ إلَّا حُجرَة الجلوسِ. ______

ج اختر الضبط الصحيحَ للمُستثنَى كما في المثال

◄ قرأتُ فُصولَ الرِّوايةِ ما عَدَا (الأخيرِ - الأخيرَ)
١. لم أمكثْ في الخارجِ سِوى (أُسبوعًا - أُسبوعٍ)
٢. لا يُتقنُ الحديثَ بالعربيةِ غيرُ (طَالِبانِ - طَالِبينِ)
٣. أجبتُ عن التدريباتِ كلِّها عَدَا (تدريبٌ - تدريبٍ)
٤. طوَّفَ العالِمُ في كلِّ البلادِ خَلَا (الأردنِ - الأردنُ)
٥. لم أتناولْ مُنذ الصباحِ طعامًا غيرَ (بِسْكُويتٌ - بِسكويتٍ)
٦. وزَّعْنَا الأُضحيةَ على الفُقَراءِ سِوى (ذِرَاعَها - ذِرَاعِها)
٧. حَذَقَ السُّيوطِي كُلَّ العلومِ مَا خَلَا (الحسابَ - الحسابِ)
٨. استَوْرَدْنا المنتَجَاتِ الغذائيةَ حَاشَا (القَمْحُ - القمحِ)

ح بيِّنِ الأوجهَ الإعرابيةَ الجائزةَ لما تحته خطٌّ في الجمل الآتية مع بيان السبب كَما في المثال

◄ لم يحفظِ الغلامُ من القرآنِ إلا عشَرةَ أجزاءٍ. يجوزُ نصبُهُ وجرُّه لأنَّ الأسلوبَ تَامٌّ مَنْفيٌّ
١. لكلِّ داءٍ دواءٌ إلّا الحَمَاقَة. ______
٢. أحبُّ الفواكهَ كلَّها عَدَا البطيخِ. ______
٣. ما في الصفِ طلابٌ غيرِ طالبٍ. ______
٤. حضرَ المدعُوُّون الحَفْلَ سِوى مَدْعُو. ______
٥. لم يدرسْ هذا العاملُ سِوى الابتدائية. ______
٦. نجح منصورٌ في الموادِّ كلِّها حَاشَا مادة. ______
٧. ما اشتريتُ من المعرضِ كتبًا غيرِ كتابٍ. ______
٨. التعليمُ مجانيٌّ في جميعِ المراحِلِ خَلَا الجامعية. ______

النَّسَبُ

أ لاحظِ الأمثلةَ مع المعلِّم

الأمثلة	الاسم المنْسُوب	المَنْسُوبُ إليه	التغيير بعد النَّسَبِ
١. وُلِدَ أبو الرَّيحانِ البَيْرُونيّ عام ٣٢٦هـ.	البيرونيّ	بَيْرُون	زيادةُ ياءٍ مشددة، مكسور ما قبلها.
٢. تم تصْنيعُ أوَّل طائرةٍ بالطَّاقَةِ الشمْسيَّةِ.	الشمسيّة	الشَّمْس	زيادة ياءٍ مشَدَّدة، ثُمَّ تاءِ التأنيثِ بعدها.
٣. التعليمُ الجامِعيُّ هو أعْلى مراحِلِ التعليمِ.	الجامِعيّ	الجَامِعَة	حُذِفتْ التاءُ قبلَ زِيادةِ ياءِ النَّسبِ.
٤. وُلِدَ الإمامُ البُخاريّ في مَدينَة بُخارَى.	البُخارِيُّ	بُخارَى	حُذِفَتْ الألفُ قبلَ زيادةِ ياءِ النَّسبِ.
٥. سافرتُ إلى بلدِي عَبْر الطريقِ الصَّحْرَاوِيّ.	الصحراوِيّ	الصَّحراء	قُلِبَتْ الهمزةُ واوًا لأنها للتأنيثِ.
٦. يُعَانِي النَّاسُ من التَّلوثِ الهَوائِيّ.	الهَوائيّ	الهواء	بَقِيَتْ الهمزةُ لأنها ليستْ للتأنيثِ.
٧. أهتَمُّ بقراءَةِ الحدِيثِ النَّبويّ الشريف.	النَّبويّ	النَّبيّ	قُلبتْ الياءُ واوًا قبلَ زِيادةِ ياءِ النَّسب.

ملحوظة: هناك كلماتٌ كثيرةٌ وَرَدَتْ مُخالِفَةً للقواعِدِ مِثل:
بَدَوِيّ مِنَ البادِيَة – شَتْوِيٌّ مِنْ شِتَاء – نُورَانِيٌّ مِنَ النُّور – رَبَّانِيٌّ مِنَ الرَّب.

ب اقرأ الجمل التالية، ثم حدد الاسم المنسوب والمنسوب إليه كما في المثال

◂ وضعتُ الهدِيَّةَ في صُندُوقٍ خشَبِيٍّ.
١. اطَّلَعَ العَقَّادُ على الآدابِ الغَرْبِية.
٢. نستوردُ المنتجاتِ الغذائيَّةَ من الخارج.
٣. انقطعَ التيارُ الكهربائيُّ فترةً طويلة أمسِ.
٤. صِهْرِي أُستاذ دُكتور في الهندسةِ الفَضائية.
٥. الدروسُ الخُصوصية تستَهْلك مِيزانيَّةَ الأسرة.
٦. ازدادتْ ثَروةُ الطالبِ اللغوِيَّةُ في هذا المُستَوى.
٧. حصلَ الطالبُ على دُبلومةٍ عالميةٍ في الاختراعَاتِ.
٨. يُلَبِّي التعليمُ حاجاتِ المجتمعِ الضرورية والأخْلاقِيَّةَ.

الاسم المنْسُوب	الاسم المنْسُوب إليه
خَشَبِيٌّ	خَشَبٌ

٨ب EDUCATION التعليم

ت انسب إلى الكلمات التالية، وبيِّن ما حدث فيها من تغيير

الكلمة	النسب	التغيير
مِصر	______	______
فِيزياء	______	______
تِكنولُوجيا	______	______
بيضاء	______	______
ابتدَاء	______	______
عِلم	______	______
البَحر	______	______
ذَهَبٌ	______	______
صَحِيفة	______	______
صَحراء	______	______
الإِسلام	______	______
فرنسا	______	______
دِمشق	______	______
مَكة	______	______
الحكومَة	______	______
الأزهر	______	______
الزِّراعَة	______	______
عَديّ	______	______
التربية	______	______

ث أكمل الفراغَ باسمٍ منسوبٍ من الصندوق

ثلجِيةٌ - الدراسي - السمَاوِية - الإجْبَاري - التحريرية - الضَّوضَائِي - سَلْبية - الصَّيفِية

١. تبدأ العطلةُ ________ بدايةَ شهرِ يونيو القادمِ.

٢. كرَّم العمِيدُ المتفوّقين في نهايةِ العامِ ________

٣. عاصِفةٌ ________ تضْرب البلادَ بدْءًا من اليوم.

٤. التعليمُ ________ يبدأُ من سنّ السادسة أو السابعة.

٥. ينظُرُ بعضُ أولياءِ الأُمورِ نظْرةً ________ إلى المعلم والمدرسة.

٦. أصبحَ التلوثُ ________ السّمةَ الرئيسيةَ للمُدنِ في وقتنا الحاضر.

٧. القرآنُ والإنجيلُ والتوراةُ من الكتبِ ________ التي نزلتْ على الأنبياءِ عليهم السلام.

٨. تُعتبَر الاختباراتُ ________ من أهمِّ الأدواتِ في قياسِ مُستوى الطالبِ العلميّ.

٨ ب. نقاش مفتوح

القراءة والفهم

الرَّسولُ المعلمُ وأساليبُه في التَّعليم

أ أجبْ عمَّا يأتي قبل قراءة النص

١- ما أوَّلُ آيةٍ نزلتْ في القرآن الكريم؟ وعَلامَ تدُلُّ؟

٢- ما حكْمُ طلبِ العِلمِ وتعليمه في الإسلام؟
وما الدَّليلُ على ذلك؟

٣- قال رسولُ الله ﷺ: "إنما بُعِثتُ مُعلِّمًا"،
ماذا تفهمُ من هذا الحديثِ؟ دَلِّلْ على ما تقُول.

ب اقرأ النصَّ الآتي

شَهادَة التاريخ بكَمَالِ شخصيةِ الرسُولِ ﷺ التعْليمية

... أثبتَ التَاريخُ أن رسولَ الله ﷺ كان معلِّمًا أيَّ معلمٍ؟ فنظْرةٌ يسيرةٌ إلى ما كانتْ عليه البشرية قبل رسولِ الله ﷺ، وإلى ما آلَتْ إليه البشريّةُ بعد رسالتِه، تُعطِينا أوضحَ شَاهدٍ ودليلٍ على ثُبوتِ ذلك.

وإذا لاحَظْنا النَّماذجَ المعلّمةَ الهادِيَةَ من النوع الإنسانيّ، التي شَاهَدَتْها البشريةُ بعدَ الرسُولِ المعلّمِ ﷺ رأيناها تدلُّ أقْوى الدّلالَة على عِظَمِ هذا المعلِّمِ المُربّي الكبير، الذي تَتَقاصَرُ أَمامَه أسْماءُ كلِّ الكِبارِ الذين عُرِفوا وذُكروا في عالَمِ التعليمِ والتربيةِ وتاريخِهما.

فأيُّ معلِّمٍ من المربِّينَ تخرَّج على يدَيْه عددٌ أوفَرُ وأهْدى أصحاب وأتباع من هذا الرسُولِ الكريم؟ فكيف كانوا قبلَه؟ وكيف صارُوا بعدَه؟! إن كلَّ واحدٍ من هؤلاءِ الأصحابِ دليلٌ ناطقٌ على عِظَمِ هذا المعلِّمِ المربّي الفريدِ الأَوْحَد. وهذا يُذكّرنا بكلمةٍ طيّبةٍ جدًّا لبعضِ الجَهابذَةِ الأُصوليين، يقول فيها: لو لم يكنْ لرسولِ الله ﷺ مُعجزةٌ إلّا أصحابَه، لكَفَوْهُ لإثباتِ نُبوّتِه.

حَضُّه ﷺ على مَحْوِ الأُمِّيَّةِ وتحذيرُه من الفُتُور في التعلُّم والتعليم

ولا غَرابَةَ في أن يَتخرَّجَ على يدَيْه ﷺ هذا العددُ الجَمُّ الغَفيرُ من الناس، في فترةٍ وَجيزةٍ من الزَّمنِ، فإنه ﷺ قد سَلك بهم مَسْلَكَ التعلِيم الجَماعِي المُستَنْفِر، ودَفعَهُم إلى مَحْوِ الأمّيّة دَفعًا، وحَضَّهم على ذلك ونَدَبَهم إليه، وحذَّرَهم من الفُتورِ فيه تحذيرًا شديدًا.

لذلك أقبلَ أولئك الناس يَتلَقَّونَ العِلم، ويتفقَّهون في الدِّين، ويُعلِّمُ بعضُهم بعضًا، ويتعلَّمُ بعضُهم من بعض، حتى أزالُوا الأمّيّة عنهم في وقتٍ قصيرٍ عاجِل.

جاء في الحديثِ الشريف: «خَطَب رسولُ الله ﷺ ذاتَ يومٍ، فحمِدَ اللهَ وأثنَى عليه، ثُمَّ ذَكَرَ طَوائِفَ من المسلمين فأَثْنَى عليهم خيرًا، ثُم قال: ما بَالُ أقوامٍ لا يُفَقِّهونَ جِيرانَهم؟! ولَا يُعلّمونَهم؟! ولَا يُفطِّنُونَهم؟! ولَا يَأمُرونَهم؟! ولا يَنْهَوْنَهم؟! وما بَالُ أقوامٍ لا يَتعلَّمُون من جِيرَانِهم؟! ولا يَتَفَقَّهون؟! ولا يَتَفَطَّنُون؟! واللهِ لَيُعلِّمَنَّ قومٌ جيرانَهم، ويُفقّهونَهم، ويُفطِّنُونهم، ويأمُرونهم، ويَنْهَوْنَهُم، ولَيَتَعلَّمَنَّ قومٌ من جيرانِهم، وَيتفَقَّهُون، ويُتَفطَّنُون، أوْ لأُعاجِلَنَّهم العُقُوبَة في الدُّنيا.

ثم نزلَ فدخلَ بيته، فقال قومٌ: مَن تَرَوْنَه عَنِي بهؤلاء؟ قالوا: نَراه عَنِي الأَشْعَرِيّينَ، هُم قومٌ فُقَهاءُ، ولهم جيرانٌ جُفَاةٌ من أهلِ المِياهِ والأَعْرَاب. فبلغَ ذلِك الأَشْعَرِيّينَ، فأتَوْا رَسولَ الله ﷺ فقالوا: يا رسولَ الله، ذَكَرتَ قومًا بخيرٍ، وذَكَرْتَنا بِشَرٍّ، فَمَا بَالُنا؟ فقال: لَيُفَقِّهُنَّ قومٌ جِيرانَهم، ولَيُفطِّنُنَّهم، ولَيأمُرُنَّهم، ولَيَنْهَوُنَّهم، وليتعلَّمَنَّ قومٌ من جيرانهم، ويُتفَقَّهون، ويُتَفطَّنُون، أوْ لأُعاجِلَنَّهم العُقُوبَة في الدُّنيا.

فقالوا: يا رسولَ الله أنُفَطِّنُ غيْرَنا؟ فأعادَ قولَه عليهم، فأَعَادُوا قولَهم: أنُفطِّنُ غيرَنا؟ فقال ذلك أيضًا.

فقالوا: أَمْهِلْنا سنةً، فَأَمْهَلَهُم سنةً ليُفقِّهُوهم، ويُعلِّمُوهم ويُفطِّنُوهم...

...قال شيخُنا وأستاذُنا العَلّامَةُ الجليلُ مصطفى الزَّرْقا حَفِظَهُ اللهُ تعالَى في كتابِه العظيم «المَدْخَلُ الفِقْهِيُّ العام»، تعلِيقًا على هذا الحديثِ الشريف: «إنّ هذا الموقفَ العظيمَ في اعتبارِ التَّقْصيرِ في التعليمِ والتَّعلُّمِ جَريمَةً اجْتماعِية، يَسْتَحِقُّ مُرتَكِبُها العُقُوبَةَ الدُّنْيوية. موقِفٌ لم يَرْوِ التاريخُ له مَثِيلًا في تَقْدِيسِ العِلْمِ قبلَ النبيِّ ﷺ ولا بعدَه... انتهى كلامُ شيخِنا مصطفى الزَّرْقا أَمْتَعَ اللهُ به وَرَعَاه.

(من كتاب "الرَّسولُ المُعَلِّمُ وأسالِيبُه في التعليمِ" للأستاذ العلّامة عبد الفتاح أبو غدة بتصرف)

د أسئلة وتدريبات حول النص

١. تناقش مع زملائك، ثم أجبْ

أ. اقترحْ عُنوانًا آخرَ لهذا النصّ.

____

ب. ما الدليلُ على شخصيةِ الرسولِ ﷺ التعليمية؟

____

ت. كيف استطاعَ الرسولُ ﷺ مَحْوَ أُمِّيَّة أصحابِه في فترةٍ وجيزة من الزَّمن؟

____

ث. لماذا كان كلامُ الرسولِ ﷺ في الحديثِ ينطبقُ على الأَشْعَرِيِّين وجِيرَانِهم؟

____

ج. اذْكُر عددًا من الصّحابَةِ العلماءِ الذين تَرَبَّوا على يَدَي النبي ﷺ.

____

٢. ابحث مع زملائك عن المطلوب، ثم ضعه في جملة

أ. مفرد	الجهابذة :______	جفاة :______	الأشعريين :______	طوائف :______	الأتباع :______
ب. جمع	معجزة :______	جريمة :______	شاهد :______	الرسول :______	العقوبة :______
ت. مرادف	آلت :______	أوفر :______	الفتور :______	الجم :______	أمهلنا :______
ث. مضاد	حضه :______	أثنى :______	تقديس :______	الغفير :______	يتلقون :______

٣. ضع علامة (×) أمام الفكرَة التي لم تَرِد في النصّ

أ. طلبُ العلمِ فريضةٌ على كلِّ مُسلمٍ ومُسلمة. ( )

ب. شَهادةُ التاريخِ للجانبِ التعليميّ في شخصية النبي ﷺ. ( )

ت. أصحابُ النبي ﷺ دليلٌ ناطقٌ على عِظَمِ شخصيته التعليمية. ( )

ث. أوَّلُ آيةٍ نزلتْ في القرآن هي ﴿اقْرَأْ بِاسْمِ رَبِّكَ الَّذِي خَلَقَ﴾. ( )

ج. استطاعَ الرسولُ ﷺ أن يَمْحُو أُمِّيَّة المجتمعِ في فترةٍ وَجيزَةٍ من الزمن. ( )

٤. تحَاوَر مع زملائك حوْلَ سِرِّ جمالِ التعبيراتِ التالية

أ. أثبتَ التاريخُ أن رسولَ الله ﷺ كان معلِّمًا أيَّ معلِّم؟

ب. ما بَالُ أقوامٍ لا يُفَقِّهون جيرانَهم؟ ولا يُعلِّمونهم؟ ولا يُفَطِّنونهم؟ ولا يَأمُرونهم؟ ولا يَنْهَوْنَهم؟

٥. استخرجْ من الدرس ما يأتي

أ. مفعولًا مطلقًا: ____________ وأعربه: ____________

ب. اسمًا منسوبًا: ____________ وبين المنسوبَ إليه: ____________

ت. اسمًا منقوصًا: ____________ وآخر مقصُورًا: ____________ وأعربهما: ____________

ث. أسلوبَ شرطٍ: ____________ وحدِّد أركانه: ____________

ج. أسلوبَ استثناءٍ: ____________ وأعربْ المستثنى: ____________ وبين السبب: ____________

مراجعة الروابط

أ استعمل أدواتِ الربطِ التالية في جملٍ مفيدةٍ من إنشائكَ

حيثُ : ________________

في حينِ : ________________

ولا سِيَّما : ________________

أما .... ف : ________________

نظرًا إلى : ________________

ب اربط بين الجملتين بما بين القوسَين مع تغيير ما يلزم

١. غيَّرتَ قَناعَاتِك السلْبية / ستُحَلُّ كلُّ مُشكلاتِكَ **(إذا)**

____

٢. صَمْتِي عن رَدِّ الإسَاءَةِ ليسَ عَجْزًا / هو سِرُّ قُوَّتي **(بل)**

____

٣. استأذنَ الطالبُ للخروجِ / قبل انتهاءِ الدرسِ **(واو الحال)**

____

٤. أصرَّ عُثمان علَى حُضورِ الامتحانات / عثمانُ مريضٌ جِدًّا **(على الرَّغْمِ)**

____

٥. حصلتُ على مُمْتَازٍ في جميعِ الموَادِّ / حصلتُ على جيّدٍ جدًّا في الجُغرافيا **(ما عَدَا)**

____

٦. أحبُّ قضاءَ العطلةِ الصيفية على شَاطئ البحرِ / أحبُّ ذلك في مَدينة مَرْسَى مَطْرُوحٍ **(وخُصُوصًا)**

____

ت أكْمِل الجمل التاليةَ بالمناسب من عندك

١. لن تتحسنَ لغتُك العربيةُ إلَّا ________________

٢. أفضَل التعليمَ ________ لأنه ________________

٣. كُلَّما أردتُ الراحةَ النَّفسية والاسْتِجْمَام ________________

٤. إذا تمَّ تَشْخِيصُ المَرَضِ مُبكرًا حِينئذٍ يُمْكِنُ ________________

٥. مهْمَا تقدمَتِ التِّقْنِيَّاتُ والوسائلُ التعليمية فـ ________________

٦. اللهُمَّ صلِّ على سَيدنَا محمدٍ وعلى آلِ سيدنا محمد كَمَا ________________

٨ب EDUCATION التعليم

ث اِملأ الفراغات بالرابِط المناسبِ مما يأتي

لِكيلا - بمناسبة - بالإضافة إلى - من حيثُ - ثم - حيث

١. أَحْفَظُ كثيرًا من المفرداتِ ________ أَنْسَاهَا، فماذا أَفْعَل؟
٢. سجّل الكلماتِ الجديدَةَ في دَفْتَر مستقل ________ تنساها.
٣. هَنَّأَ رئيسُ الجمهوريةِ شعْبَهُ ________ عِيد الأَضْحَى المُبارك.
٤. لَدينا عُقْدَةُ المُسْتَوْرَدِ ________ نشتري المنتجاتِ الأجنبيةَ ونترُك المَحَلِّيَّة.
٥. اشتريتُ مِن المَعْرِضِ تسجيلَاتِ الشيخ الشَّعْراوِي المسْمُوعَة والمرئيةَ ________ كتبِهِ.
٦. وافقَ المديرُ على المشروعِ ________ المبدأُ ولكنْ لن يتمَّ التنفيذُ إلَّا بعْدَ مناقشةِ التفاصيل.

ج اكتبْ فقرةً عن فضلِ المعلمِ مستخْدِمًا الروابطَ التالية

ف - الاسم الموصُول - و - لكن - لا بُدَّ أنْ - لأنَّ - أمَّا ... ف - فحسْب بلْ ... - كذلك

ح اكتب فقرةً عن إحدَى مشكلات التعليم واقتراحك لحلِّها مُستخدمًا الروابط التالية

ومع أنَّ - ولكن - فإنَّه - حيثُ - وخصوصًا - ومن ذلكَ - بعد أن - وذلِك

الخَطُّ

اكتب ما يأتي بخط النسخ وبخط الرقعة كما في النموذجين

العِلْمُ يرفع بَيْتًا لَا عِمادَ لهُ وَالجَهْلُ يَهْدِمُ بيتَ العِزِّ وَالشَّرَفِ

العلم يرفع بيتًا لا عماد لهُ والجهل يهدم بيت العز والشرف

مُلاحَظاتٌ

سلسلة متكاملة في تعليم العربية للناطقين بغيرها

التّكلم

At-Takallum
A Comprehensive Modern Arabic Course

INTERMEDIATE B-2 المتوسط

كِتَابُ التَّدْرِيبَاتِ
Workbook

إعداد وتأليف

صابر المشرفي - سعاد الخولي - أبو أويس محمود

بـــروج
BURUJ BOOKS

Copyright © 2022 Buruj Books

جميع الحقوق محفوظة، لا يجوز إعادة إنتاج أي جزء من هذا الكتاب أو نقله بأي شكل أو بأية وسيلة، سواء كانت إلكترونية أو ميكانيكية، بما في ذلك التصوير الفوتوغرافي أو التسجيل أو وسائل تخزين المعلومات وأنظمة الاستعادة الأخرى بدون إذن كتابي من الناشر.

All rights reserved. No part of this book may be reproduced or transmitted in any form or by any means, electronic or mechanical, including photocopying, recording or by any information storage and retrieval system without permission in writing from the Publisher.

الطبعة الخامسة: ١٤٤٣هـ-٢٠٢٢م

ISBN: 978-977-6631-96-0

رقم الإيداع: 2018/13235

رقم النشر: 208

SET ISBN: 978-977-6631-97-7

إعداد وتأليف : صابر المشرفي - سعاد الخولي - أبو أويس محمود

مراجعة : طارق حامد رزق

تصميم : أحمد نور الدين

غلاف وإخراج فني : أحمد شحاتة

بروج للنشر والتوزيع

القاهرة / مصر

Cairo / EGYPT

www.burujbooks.com
www.attakallum.com

Contact us: اتصل بنا:

Sales inquiries: sales@attakallum.com للمبيعات:
: sales.attakallum@gmail.com
: (+2) 01023201001

Online support: editorial@attakallum.com للدعم أونلاين:
: editorial.attakallum@gmail.com
: (+2) 01022085385

مُقَدِّمَة

الحمد لله على ما أنعم، وله الشكر على ما أحسن، والصلاة والسلام على خير خلقه محمد النبي الأكرم، وعلى جميع رسله وأنبيائه وعلى آل أكمل رسل الله أجمعين.

وبعد

فإن الدارسين للعربية من غير أهلها يتجَشَّمُون صعابًا في تعلُّمها، ويُقاسون مشقَّة في دراستها، لا سِيَّمَا وأن الجهود التي بُذلتْ في هذا الحَقْل لا ترقَى إلى ما تتمتع به اللغة العربية من مكانة وفضل، بل لا تبلغ مقدارًا يسيرًا مما يُبذَل في سائر اللغات الأخرى، ففي الوقت الذي تقوم فيه على شأن تعليم اللغات الأخرى للناطقين بغيرها مؤسسات ضخمة، تتكون من الخبراء والفنيين والمراجعين والمصمِّمين والمنسِّقين، ترعاهم دُور نشر كبيرة، فضلًا عن رعاية الدولة والمجامع العلمية اللُّغوية لها، وتصدر في اتجاهاتها عن مجلس واحد، نجدُ أن تجارِب تعليم العربية في هذا الميدان لا تزال في مراحلها الأولى.

ومن ثَمَّ قامت دار النشر بتذليلِ الصِّعاب وتوفير الوسائل والمُعِينات لفريق الإعداد لِوضع منهج يتكامل فيه الشَّكل مع المضمون، بُغيةَ أن تقف مناهج تعليم العربية على قدم المساواة مع مناهج اللغات الأخرَى إن لم تتفوق عليها.

وانطلاقًا من الغاية التي تتوخاها هذه السلسلة سُمِّيت سلسلة «التكلُّم» سلسلة متكاملة في تعليم العربية بطريقة حديثة، عسَى أن تبعث في نفوس الطلاب حُب العربية لنَيل معاني القرآن المجيد الذي هو أساس الدين وملاكُه، لا سِيَّما وأن شرفها ومحاسنها غنيَّان عن البيان، وأن الطلب عليها يزداد يومًا بعد يوم.

أهدافُ السِّلْسِلَة

تهدف هذه السلسلة إلى إجادة الطالب جميعَ المهارات اللُّغوية بحيث يكون في نهايتها قادرًا على:

- ✓ التواصُل مع لغة الحياة اليومية بالفصحى تحدُّثًا وفهمًا.
- ✓ التواصُل مع لغة وسائل الإعلام استماعًا وقراءة وفهمًا.
- ✓ التواصُل مع لغة التُّراث الإسلامي والعربي استماعًا وقراءة وفهمًا.
- ✓ الارتجال الشفوي والخطابة.
- ✓ الكتابة الوظيفية والإبداعية.
- ✓ التذوُّق الفني والجمالي.
- ✓ إجادة خطَّي النسخ والرُّقعة.

مكونات السلسلة

مكونات السلسلة : تتكون هذه السلسلة من أربعة مستويات:

- ✓ التمهيدي Starter
- ✓ الأساسي Elementary
- ✓ قبل المتوسط Pre-Intermediate
- ✓ المتوسط Intermediate

محتويات كل مستوى

كتاب الطالب: يحتوي على عدد من الوحدات المختارة من الاحتياجات اللغوية الأكثر شيوعًا واستعمالًا في البيئة العربية.

كتاب التدريبات: يحتوي على مجموعة متنوعة من التدريبات المختلفة تُعزِّز ما استفاده الطالب من دروس الكتاب.

قرص مدمج: يحتوي على كل التسجيلات الصوتية المصاحِبة للدروس، في كل من كتابَي الطالب والتدريبات.

ومواكبة منا للتطور وتيسيرًا على المستخدمين قمنا بعمل: «QR CODE» قارئ الباركود في الطبعة الجديدة حتى يمكن الاستماع إلى أصوات الكتاب بيسر وسهولة.

مصاحبات السلسلة

اللوحات الجدارية (البوسترات): عشر لوحات جدارية توضيحية من المستويين التمهيدي والأساسي يمكن تعليقها في الصفوف الدراسية.

موقع السلسلة: موقع إلكتروني: www.attakallum.com دائم التحديث ويعمل على تقديم الدعم الفني للمعلِّمين والمتعلِّمين، ويؤسس للتواصل بين رُوَّاد الموقع وفريق العمل.

نبذة عن هذا الكتاب

حرصنا في هذه الحلقة من السلسلة على أن يستكمل الطالب أساسياته في اللغة قبل الانتقال إلى الحلقة التالية؛ فشهد الكتاب توسعًا في كافة عناصر المحتوى بشكل سَلِس، بالإضافة إلى الانتقال التدريجي إلى مرحلة التذوق الفني والجمالي عبر بعض هذه العناصر. وقد جاء تنظيمه على النحو الآتي:

الوحدات: وهي ثماني وحدات، موضوعاتها كالآتي:

١. وصف الناس	٢. الأعياد والمناسبات الدينية
٣. مضحك جدًّا	٤. الطبيعة
٥. ثقافات مختلفة	٦. أمثال وتعبيرات وحكم
٧. شخصيات لها تاريخ	٨. التعليم

وتتكون كل وَحْدة من قسمين، يتكون القسم الأول من: المفردات، الحوار، القواعد، الاستماع والفهم، المحادثة

ويتكون القسم الثاني من: المفردات، الحوار، القواعد، القراءة والفهم، الكتابة

• **المفردات**: يتراوح عدد المفردات في القسمَين بين ٨٠ و١٠٠ مفردة، وقد احتوى كتاب الطالب على عدد قليل من التدريبات على طرق استخدام هذه المفردات، أما الجزء الأكبر منها فقد عُنِيَ به كتاب التدريبات.

• **الحوار** : وهو موقف طبيعيٌّ استُخْدِمَتْ فيه مفردات الدرس السابق عرضها من خلال نصٍّ حواري يعبِّر عن طريقة استخدام تلك المفردات بصورة طبيعية في مواقف الحياة اليومية؛ ليتَسَنَّى للطالب تمثلها والاحتِذَاء ببعض نماذجها في الحديث والكتابة. كما أعقب كلَّ حوار التركيزُ على بعض التراكيب اللغوية الشائعة والقوالب التعبيرية الواردة فيه، وتقديمها في نماذج متنوعة؛ ليسهُل على الطالب مُحاكاتها والتمثيل على غرارها بجمل من عنده. بالإضافة إلى أهم الملحوظات الصرفية واللغوية بشكل موسع عما كان عليه الأمر من قبل.

• **القواعد**: قام وضْع محتوى القواعد في هذا الكتاب على محدِّدَين رئيسيَّيْن:

- الأبواب النحوية الأكثر شيوعًا واستعمالًا في اللغة العربية.

- تحليل أخطاء الطلاب النحوية والصرفية والاستفادة منها في وضع محتوى المنهج.

وتمثل القواعد الصرفية المقدمة بشكل مستقل ابتداء من الكتاب الثاني قاسمًا مشتركًا مع القواعد النحوية في هذا الكتاب، وتهدف إلى أن يتمكن الطالب من فهم النظام الاشتقاقي وإثراء مفرداته من خلال اشتقاق كلمات كثيرة من جذر واحد يعبر بها عمَّا يريد من معان.

ويسهم كتاب التدريبات بنصيب وافر في تعزيز ما تعلمه الطالب من قواعد نحوية وصرفية في كتاب الطالب من خلال تدريبات غنية ومتنوعة تُتيح له القُدرة على التمكن من القاعدة في شكلها الصحيح.

المهارات اللغوية

وُزِّعَت المهارات الرئيسية الأربع على مَدار الوحدة، بواقع مهارتين في كل قسم: الاستماع والمحادثة في القسم الأول، والقراءة والكتابة في القسم الثاني.

- **الاستماع**: تستهدف مهارة الاستماع إقدارَ الطالب على تمييز المفردات المدروسة وطرق استخدامها في قوالب وتراكيب متنوعة واستيعابها وفهمها داخل نَصٍّ سَردِي أو حواري، إضافة إلى مساعدتهم في فهم واستيعاب مفردات أخرى من خلال السياق.

ويتميز الاستماع في هذا الكتاب بتقديم مواد حقيقية من وسائل الإعلام المختلفة سواء أكانت أخبارًا أو برامج تلفزيونية أو مواد فيلمية تُعرض على القنوات الفضائية المختلفة، مما يُتيح للطالب أن يكون وجهًا لوجه أمام العربية دون نُصوص وَسيطة مُبسَّطة كما كان عليه الحال في الكتابين السابقين.

- **المحادثة**: تُعزز مهارة المحادثة دافعية الطلاب نحو إكمال مسيرتهم في عملية التعلُّم، ومن ثَمَّ هدفت المحادثة في هذا الكتاب إلى إحكام الطالب سيطرتَه على التراكيب والتعبيرات الجديدة الواردة واستخدامها بشكل فعَّال، بالإضافة إلى قدرته على إدارة النِّقاش فيما يتعلق بموضوع الوحدة.

ويُعدُّ التعبير الشفوي الحُرُّ أبرز ما يميز المحادثة في هذا الكتاب حيث يقوم الطالب بوصف ما يراه من صور أو التعليق على بعض رسوم الكاريكاتير، أو سَرد حكاية وإلقاء بعض الطَّرائف والنِّكات بأسلوبه الخاص، وبطريقة مُؤثرة.

- **القراءة والفهم**: تسبق نصوص القراءة المُختارة بعناية بعضُ الأسئلة والصور باعتبارها تهيئة حافزة، يعقبها أسئلة الاستيعاب والفهم والتمييز بين الخطأ والصواب بالإضافة إلى ما سبق كانت القراءة الجهرية عاملًا من عوامل ضبط الأداء وتصحيح المخارج وتنغيم العبارات وتطبيق القواعد. وقد توسعت القراءة في هذا الكتاب بحيث يستطيع الطالب أن يضع عُنوانًا لبعض النصوص المُختارة ويناقش أفكارها، ويستخرج منها بعضًا ممَّا تعلمه من قواعد النحو والصرف. فضلًا عن التعليق برأيه حول الموضوع واستخراج مظاهِر الجَمَال من بعض الجمل والعبارات التي تحتوي على صور فنية بديعة مما يُنمِّي الذَّائقة اللغوية لديه.

- **الكتابـة:** تَعكس الكتابة في هذه المرحلة قُدرة الطالب على مدى استيعابه لما تعلمه على مـدار الوحـدة وسيطرته على المفـردات والتراكيـب الـواردة فيهـا بشـكل صحيـح، لذلـك عُـزِّزت الكتابة بعناصر مختلفة لتخدم هـذا الغرض.

وتتضمن مهارةُ الكتابة في هذا الكتاب العناصر التالية:

أ- **أدوات الربـط:** يركـز الكتـاب فـي هـذه المرحلـة مـن السلسـلة على أدوات الربط بشكل خاص نظرًا لتطور مستوى الطلاب اللغوي وتمهيدًا لنقلهم في الكتابة من التعبير على مستوى الجمـل القصيـرة، إلـى التعبيـر علـى مسـتوى الجمـل الطويلـة الممتـدة وحسـن الانتقـال مـن معنـى إلـى معنـى آخـر، وربـط المقدمـات بالنتائـج والأسـباب بالمسببات.

ب- **التعبيـر الإبداعـي:** وهـو تعبيـر حُـرٌّ لكنـه مُنظـم يهـدف إلـى إقـدار الطالـب علـى ترتيـب أفكـاره، وعرضهـا فـي شـكل منظـم وتقسـيمها علـى مسـتوى فقـرات متنوعـة بيـن الطُّـول والقِصَـر مـع تأكيـد ما يطرحه من أفكار بشواهد وأدلـة وقرائن، وتعزيزهـا بضـرب الأمثـال واستخدام الصـور البيانيـة.

ت- **الخَـطُّ:** رُوعِـيَ فـي هـذا الكتـاب إعطـاء الطـلاب نمـاذج بديعـة بخطـي النسـخ والرقعـة مرتبطـة بموضـوع الوحـدة، ليتسـنَّى لـه المقارنـة بيـن سِـمات كِلا الخطيـن بشـكل مُفصَّـل.

ومِمَّـا يجدر ذكـره تلقينـا عديدًا مـن المراجعـات مـن الإخـوة المعلميـن والأخـوات المعلمات، وبنـاءً عليـه أُجرِيَـت بعـض التعديـلات الضروريـة والمهمـة خـلال هـذه الطبعـة؛ ومـن ثَـمَّ فـإن تلقِّـي المقترحات البنَّاءة والآراء الفاعلة والأفكار السديدة التي من شأنها الإسهام في تطوير السلسلة، لهـو مـن دواعـي سـرورنا؛ لـذا يمكنكـم إرسـالها علـى موقـع السلسـلة مـن خـلال هـذا الرابـط:

www.attakallum.com

هـذا وقـد تـم إصـدار نسـخة تفاعلية عبـر الإنترنـت يمكـن للطالـب مـن خلالهـا دراسـة المسـتوى (ذاتيًّا) أو (مع المعلم)، حيث تشتمل على كافة العناصر المرئية والمسموعة والأنشطة الموجودة في النسخة الورقية. كما تتيح هذه النسخة التفاعلية للمستخدم أن يتابع دروسه من أي مكان عن طريق تسجيل الدخول باسم المستخدم وكلمة المرور من أي متصفح ويب.

لمعرفة المزيد وشراء التكلم النسخة التفاعلية

Scan the QR code

مُحْتَوَياتُ كِتَابِ التَّدْرِيبَاتِ

	الوحدة الأولى	أ. عمَّ تبحثين يا حاجة؟	ب. ابني خجول وانطوائي
١ ١٠ - ٢٥	وصف الناس	- المفردات - الحوار - القواعد	- المفردات - الحوار - القواعد - القراءة والكتابة

	الوحدة الثانية	أ. تقبل اللَّه منا ومنك	ب. لبيك اللَّهم لبيك
٢ ٢٦ - ٤١	الأعياد والمناسبات الدينية	- المفردات - الحوار - القواعد	- المفردات - الحوار - القواعد - القراءة والكتابة

	الوحدة الثالثة	أ. هل سمعتَ آخِر نكتة؟	ب. مواقف حقيقية مضحكة
٣ ٤٢ - ٥٧	مضحك جدًّا	- المفردات - الحوار - القواعد	- المفردات - الحوار - القواعد - القراءة والكتابة

	الوحدة الرابعة	أ. حوار بين البيئة والتلوث	ب. برنامج «لا تترك أثرًا»
٤ ٥٨ - ٧٥	الطبيعة	- المفردات - الحوار - القواعد	- المفردات - الحوار - القواعد - القراءة والكتابة

	الوحدة الخامسة	أ. مهرجان أيام الشعوب	ب. كل لسان إنْسان
٥ ٧٦ - ٩١	ثقافات مختلفة	- المفردات - الحوار - القواعد	- المفردات - الحوار - القواعد - القراءة والكتابة

	الوحدة السادسة	أ. على رأي المثل	ب. أنتم تلعبون بالنار
٦ ٩٢ - ١٠٩	أمثال وتعبيرات وحكم	- المفردات - الحوار - القواعد	- المفردات - الحوار - القواعد - القراءة والكتابة

	الوحدة السابعة	أ. أبو الريحان البيروني	ب. العز بن عبد السلام
٧ ١١٠ - ١٢٧	شخصيات لها تاريخ	- المفردات - الحوار - القواعد	- المفردات - الحوار - القواعد - القراءة والكتابة

	الوحدة الثامنة	أ. رسالة دكتوراه	ب. نقاش مفتوح
٨ ١٢٨ - ١٤٣	التعليم	- المفردات - الحوار - القواعد	- المفردات - الحوار - القواعد - القراءة والكتابة

الْوَحْدَةُ الأُولَى

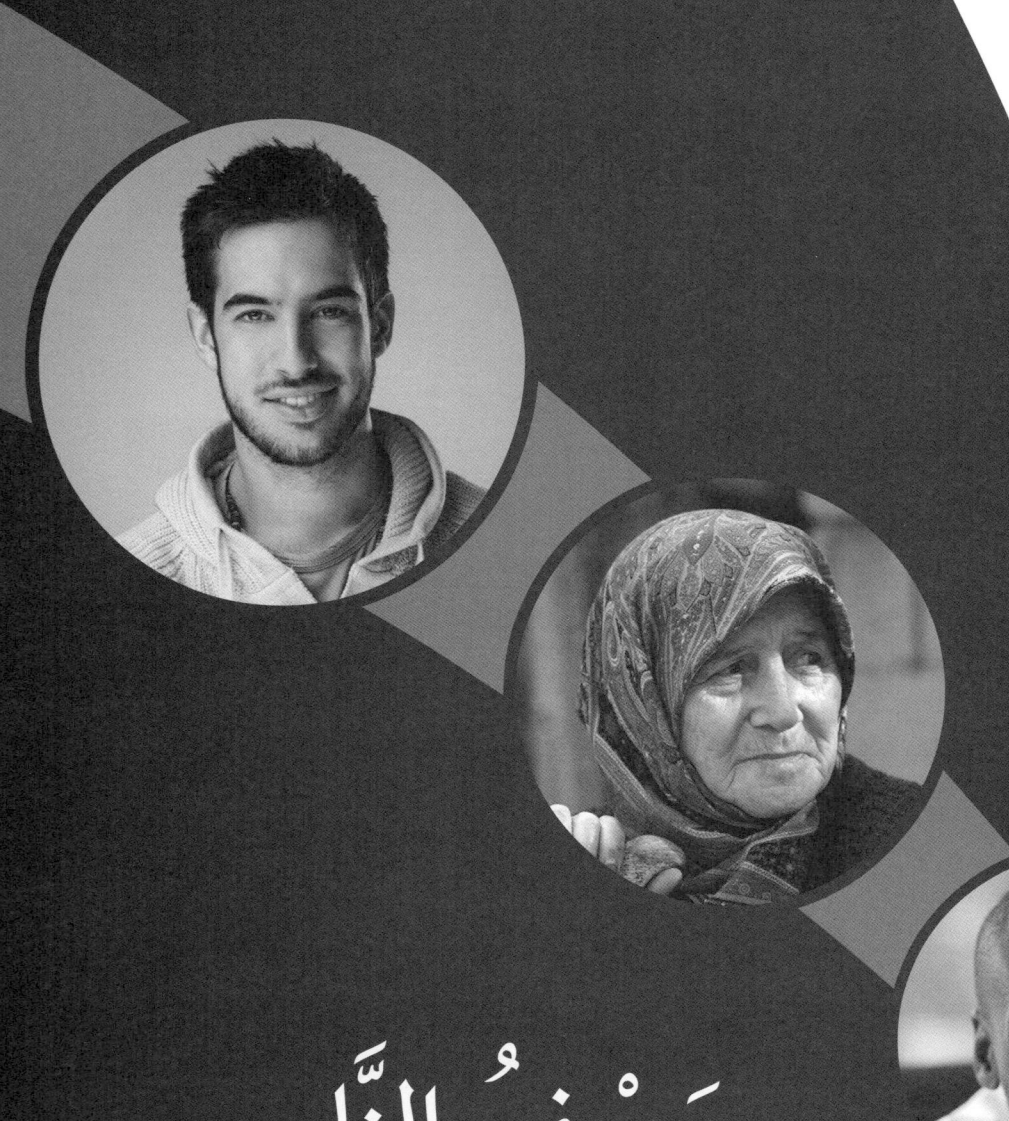

١

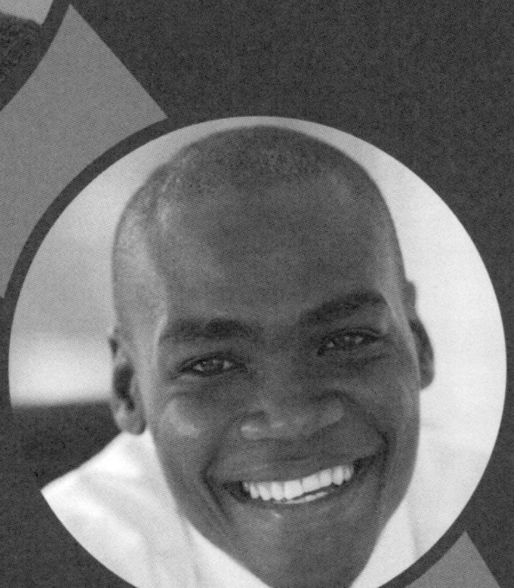

وَصْفُ النَّاسِ

CHARACTER DESCRIPTIONS

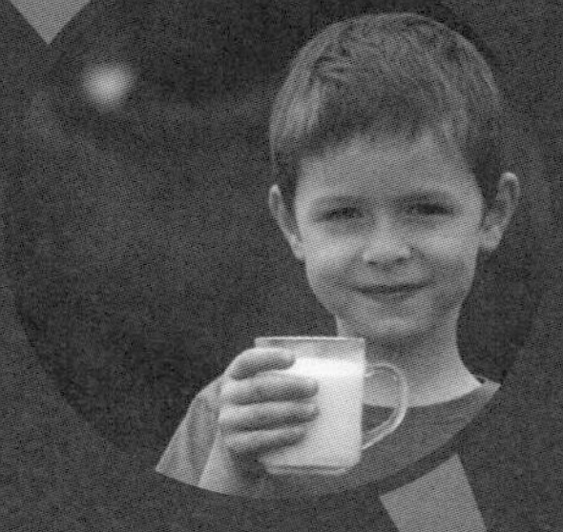

أ. عَمَّ تَبْحَثِينَ يَا حَاجَّة؟

ب. ابْنِي خَجُولٌ وانْطِوَائِيٌّ

١ أ. عم تبحثين يا حَاجَّة؟

أوَّلًا المُفْرَدَاتُ

١ املأ الفراغ بمضَادِّ ما بين القوسين

١. جدّي شيخٌ ______ القامَة. **(مُستَقيم)**

٢. يُولَدُ الطفلُ وشعرُهُ ______ **(خَشِنٌ)**

٣. الريَاضيُّ ______ البِنْيَة. **(ضَعيف)**

٤. هل زوجتُك ______؟ **(مُتَبَرِّجَة)**

٥. أبي ______ وذو شارب. **(حَليق)**

٦. الشَّعرُ ______ دليلُ الشَّبابِ. **(الأبيض)**

٢ املأ الفراغ بمُرادفِ ما بين القوسين

١. أَتُفَضِّلُ المرأةَ ______ أمِ المُحَجَّبَة؟ **(السَّافِرة)**

٢. توجدُ أسواقٌ خاصَّة للملابسِ ______ **(القديمة)**

٣. الملابسُ ______ تَدُلُّ على شَخْصيَّة صاحبِها. **(المُرَتَّبَة)**

٤. هل يمكنُ عِلاج الأنفِ ______؟ **(الكبير)**

٥. يتميَّزُ المِصريُّون بِبَشَرَتِهم ______ **(الحِنْطِيَّة)**

٦. ساعِد ______ عند عبور الطريق. **(الأعْمَى)**

٣ ضع كلَّ كلمة مما يأتي في جملة من عندك

مُجَعَّد : ______

مُستَقيم : ______

أَشْقَر : ______

في الثَّلاثينيات : ______

خَضْراء : ______

نَاعِم : ______

٤ كوِّن من الأحرُفِ الآتية المطلوبَ بين القوسين كما في المثال

أ	ب	ت	ح	د	ر	س	ص	ض	ط	ع	ف	ق	ل	م	ن	و	ي

١. (أَربَعَ صفاتٍ للقامَة) : مُستَقيم ______ ______ ______ ______ ______

٢. (صفتين للبِنْيَة) : ______ ______

٣. (صفتين للوَجْه) : ______ ______

٤. (صِفتين للأنْف) : ______ ______

٥. (ثلاثَ صفاتٍ للشَّكل) : ______ ______ ______

٦. (ثلاثَ صفاتٍ للعين) : ______ ______ ______

٥ ضعْ دائرةً حوْلَ الغريب من الصفات الآتية

١. العُيون :	عَسَلِيَّة	سَوْداء	مُجَعَّدَة	واسعة	ضَيِّقة
٢. الشَّعر :	خَشِن	مُنْحنٍ	نَاعِم	أَسود	أَشْقر
٣. الشَّكلُ :	واسع	وَسِيم	أَنِيق	سَمِينٌ	نَحِيف
٤. البَشَرة :	دَاكِنة	فاتِحة	قَمْحِيَّة	بيضَاء	مُستقيمة
٥. العُمْر :	طفلٌ	مُراهق	شابٌّ	عَجوز	مُتوسِّط الوزن

٦ ماذا نَعْني بِـ......؟

١. **أَعْمَى** :	أ. يرى قليلًا	ب. لا يرى ليلًا	ت. لا يرى
٢. **مُلْتَحٍ** :	أ. ذو لِحْيَة	ب. له شارب كبير	ت. ليس له لِحْيَة
٣. **أَقْرَع** :	أ. ذو شَعرٍ	ب. شَعْرُهُ خَفِيف	ت. ليسَ له شَعرٌ
٤. **أَفْطَس الأَنْفِ** :	أ. كبير الأَنْف	ب. صغِير الأنف	ت. طَويل الأنف
٥. **في العِشرينيات** :	أ. مِن ١٠ إلى ١٩	ب. من ٢٠ إلى ٢٩	ت. من ٣٠ إلى ٣٩

ثَانِيًا الحِوَارُ

٧ (أ) أجب عن الأسئلة الآتية

١. عمَّنْ تبحثُ المرأةُ؟ ________________

٢. بِمَ وصفتِ المرأةُ الرَّجلَ؟ ________________

٣. كم منَ الوقتِ مَرَّ على غِياب الفتاةِ؟ ________________

٤. أين تَقابَل الرجلُ مع المرأةِ وابنتِها؟ ________________

٥. ماذا حدَثَ للفتاةِ داخِلَ المِصْعد؟ ________________

(ب) بِمَ تُفَسِّر

١. عدمَ نُزولِ الرجلِ على الدَّرَج؟ ________________

٢. عدم استخدَامِ الرجلِ للمصعد؟ ________________

٣. قَلَق الأمِّ على ابنتِها؟ ________________

٤. عدم اتصَالِ الأمِّ بالمحْمُول؟ ________________

٥. تعَجُّب حارِس الأمنِ مِن البحْثِ عن الفتاةِ؟ ________________

٨ تناقَش مع زميلِك ثُم أجب عن الأسئلة الآتية

١. كيف حدثَ إِغْماءُ الفتاة؟ ____________________

٢. لماذا صاحَ الرجلُ وطلبَ المُساعدة؟ ____________________

٣. بِمَ تُفسِّر وُجودَ سيارةٍ تنتظِرُهما؟ ____________________

٤. ما الهدفُ من خَطْفِ الفتاة؟ ____________________

٥. ما رأيُك في تَصَرُّفِ الأُمّ؟ ____________________

٦. ما النِّهايَة التي تَتَوَقَّعُها لهذه القصة؟ ____________________

٧. ما النَّصيحةُ التي تُوجِّهُها للنِّساء في مثلِ هذا الحال؟ ____________________

٩ هات من الحوار موقفًا أو تعبيرًا أعجبَك / لم يعْجبْك مُبينًا السبب

____

____

١٠ استخرجْ من الحوار ما يأتي

١. أسلوبَ استفهام: ____________

٢. مصدرًا صريحًا: ____________ مصدرًا مُؤولًا: ____________

٣. حرفًا ناسخًا: ____________ (اسمه): ____________ (خَبره): ____________

٤. فعلَ أمرٍ: ____________ فعلًا مبنيًا للمَجهول: ____________ اسمَ تفْضيلٍ: ____________

٥. اسمَ فاعِل: ____________ (فِعله): ____________ اسم مفعول: ____________ (فِعله): ____________

١١ اخترْ أفضل عُنوانٍ للدرس مما يلي مُبينًا السبب

١. مُساعدة الآخرين ٢. قلقُ أمٍّ على ابنتها ٣. انْتَبِه ٤. خَطْفُ النِّساءِ في الأسواق

____

١٢ اختر جزءًا من الحوار، ثم اقرأه جيدًا، واطلبْ من زميلِك أنْ يُملِيه عليكَ، ثم صوِّب أخطاءك بنفسك

____

____

____

____

____

____

ثالثًا القَواعِدُ

الأسماءُ الخَمسة

١٣ عيِّن الأسماءَ الخمسة في الجُملِ الآتية وبيِّن علامةَ إعرابِها كما في المثال

الجملة	الاسم	العلامة
◀ عُرِفَ أَخُوكَ بِحِلْمِهِ.	أخوك	الواو
١. هذا شابٌّ ذو خُلُقٍ.	______	______
٢. اعْمَلْ بنَصِيحةِ أَبِيكَ.	______	______
٣. أخو حمِيك رجلٌ عجوزٌ.	______	______
٤. رأيتُ أخاكَ في مركزِ التسوقِ.	______	______
٥. تَعلَّمتُ من شيخٍ ذِي عِلْمٍ غَزيرٍ.	______	______

١٤ املأ الفراغ باسمٍ من الأسماء الخمسة مما بين القوسين

١. إن ______ كريمٌ. **(أخاك - أخوك - أخيك)**

٢. عَطِّرْ ______ بذكْرِ اللهِ. **(فَاكَ - فَمَكَ - فِيكَ)**

٣. أَحْسِن إلى ____ وحَمَاتِكَ. **(حماكَ - حميك - حماي)**

٤. ______ هريرةَ صحَابِيٌّ جلِيلٌ. **(أبا - أبو - أب)**

٥. اجْلِس مع ____ الأَخْلاقِ والعِلْمِ. **(ذا - ذو - ذي)**

٦. ______ ابنتي وحماتُها مُتقاعِدان. **(حمٌ - حَمو - حَمَايَ)**

١٥ أدْخِل على كل جملة النَّاسِخ الذي بين القوسين وغير ما يلزم كما في المثال

◀ حمُوك حسَنُ الأخلاقِ. (لعَلَّ) لعَلَّ حمَاك حسَنُ الأَخلاقِ.

١. أبو محمدٍ بخيرٍ. (لعلَّ) ______

٢. فوكَ كاملُ الأسنانِ. (ليتَ) ______

٣. أبي معلم للغة العربية. (كانَ) ______

٤. أخو زوجتي يعملُ نجّارًا. (ما زال) ______

٥. ذو الخُلقِ مَحبوبٌ بين الناسِ. (إنَّ) ______

١٦ احذفْ ما تحته خطٌّ، وأعد كتابةَ الجملة مرَّة أُخرى، وغيِّر ما يلزم كما في المثال

◀ إنَّ أباك يُشارِك في أعمالِ الخيرِ دائمًا. أبوك يشارِكُ في أعمالِ الخيرِ دائمًا.

١. إنَّ فاكَ يتحدَّثُ بالخيرِ دائمًا. ______

٢. لَعلَّ أخاك يَتعَلَّمُ العربية جيدًا. ______

٣. لعَلَّ أخَا عَليٍّ مُتخَصِّصٌ في الطِّب. ______

٤. ما زالَ أبوكَ يُساعد ذَا الحَاجَةِ الضعيف. ______

٥. قديمًا كانَ حمو المُوظَّفَةِ وحماتُها يعْتَنُونَ بأطفالِها. ______

١

أ. عم تبحثين يا حَاجَّة؟

١٧ املأ الفراغ بـ(ذُو) مع ضبطها الضبط المناسب فيما يأتي

١. مَن هو ــــــ النُّورَينِ؟ ٢. ماذا تعرِفُون عن ــــــ القَرْنَيْنِ؟ ٣. هل قابلتَ رجلًا ــــــ لِحْيةٍ بيضاءَ؟

١٨ صحّح الأخطاءَ الوارِدةَ في إعرابِ الأسماء الخمسة فيما يأتي

ذهبَ رجلٌ وأخيه إلى القاضي، فقال: إنَّ أبونا مات، وإنَّ أخينا أخذ مال أبانا كله.

الخطأ				
الصواب				

١٩ ضع كلَّ كلمةٍ ممَّا يأتي في جملة مع المحافظة على شكْلها

فيك: ــــــــــــــــ **حمُوك:** ــــــــــــــــ **ذا:** ــــــــــــــــ

٢٠ اجعل كلمةَ (فم) في جملتين من عندك، بحيث تُعرَب بالحركات مرَّة وبالحروف أُخرى

١. ــــــــــــــــــــــــــــ ٢. ــــــــــــــــــــــــــــ

الجذر

٢١ صل بينَ الجذرِ في العمودِ (أ) والاسم المشتق منه في العمودِ (ب) كما في المثال

(أ)	(ب)
- (ض ب ط)	- مُلَوَّن
- (ح ط ط)	- مُسافِر
- (و ص ل)	- ضَابِط
- (س ف ر)	- الوصُول
- (ل و ن)	- مَحطَّة
- (ع ل ن)	- مِحفَظة
- (ق ب ل)	- مَنْدُوب
- (ح ف ظ)	- إعْلَانات
- (ن د ب)	- مُشْكِلَة
- (ح ب ط)	- مقابلة
- (ش ك ل)	- مُحْبَط

٢٢ اخترِ الجذرَ الصحيحَ ممَّا بين القوسين لِمَا تحته خطّ كما في المثال

◂ قابلتُ أمسِ جيراني القُدَماء. (ق م د - ق د م - م د ق)

١. لا تتكلَّمْ أثناءَ الدرسِ. (ل ك م - م ل ك - ك ل م)

٢. ما مُميِّزات هذه الوَظيفة؟ (و ظ ف - و ف ظ - ف ظ و)

٣. يعملُ المَحمول بالبَطَّارية. (ح م د - ح م ر - ح م ل)

٤. حاوِلْ أنْ تُمارِسَ الرِّياضَةَ. (م ر س - م س ر - ر م س)

٥. مَطْلوب شابٌّ للمُشارَكة في السَّكن. (ش ك ر - ش ر ك - ك ش ر)

٢٣ ضع دائرةً حوْل الكلمةِ الغريبة عن الجذرِ الذي بين القوسَينِ كما في المثال

◂ (ش ر ك) شَارَك - اشْتَرَكَ - مُشَارَكَة - (شَكَرَ) - مُشْتَرِكٌ

١. (ش ر ب) مَشْرُوبَات - شَرَابٌ - بَشَّر - اشْرَبْ - شَرِبْ

٢. (ج م ع) يَجْمَعُ - جَامِعَة - مَجموعٌ - الجُمُعُة - مَعَاجِم

٣. (د ف ع) فَدَعْ - دَفَعَ - دِفَاعٌ - مِدْفَع - يُدَافِع

٤. (ف ر غ) فَارِغٌ - فَرَاغٌ - غَفَرَ - مُتَفَرِّغ - يُفْرِغُ

٥. (أ ذ ن) اسْتَأْذَنَ - مُؤَذِّن - ذَنَأَ - يَأْذَنُ - أَذِن

٢٤ املأ الفراغ بمُشتَقٍّ مناسبٍ من الجذرِ الذي بينَ القوسَيْنِ كما في المثال

◂ نَشتَري حَاجياتِنا الشَّهرية من السُّوق. (س و ق)

١. عَفوًا، هذه الطَّاوِلَة ______ (ح ج ز)

٢. لَا ______ القَهْوَةَ قبلَ النَّومِ. (ش ر ب)

٣. هل ______ بألَمٍ في بَطْنِك؟ (ش ع ر)

٤. أَقْرَأُ صَفْحَة ______ المُبَوَّبَة يوميًا. (ع ل ن)

٥. من فَضْلِك، كيفَ ______ لِهذه الوَظِيفة؟ (ق د م)

٢٥ املأ الفراغ بكلمةٍ مُناسبة، ثم اكتبْ جذرَها كما في المثال

◂ أَنْتَظِرُ الصلاةَ بعدَ الصلاةِ. (ن ظ ر)

١. أتغَدَّى في ______ كلَّ يومٍ. (______)

٢. ______ أخي القرآنَ في شهرٍ. (______)

٣. آسفٌ، لا أستطيعُ ______ الآن. (______)

٤. ______ أصدقائي الرياضة دائمًا. (______)

٥. يدرسُ الطلابُ في ______ الأزهرِ. (______)

٢٦ هات فعلًا ماضيًا من كلِّ جذْرٍ مما يأتي، ثم ضعه في جملة مفيدة

الجذر	الفعل الماضي	الجملة
ر س م		
س م ر		
م ر س		

١ ب. ابني خجول وانطوائي

أوّلًا المُفْرَدَاتُ

١ املأ الفراغ بِمُضادّ ما بين القوسين

١. ________ مَحْبوبٌ. **(البَخِيلُ)**
٢. أبي رجلٌ ________ القَلْبِ. **(قاسِي)**
٣. كُنْ ________ في حدِيثِكَ. **(كاذِبًا)**
٤. لا تكُنْ ________ في عَمَلِ الخير. **(مُتَهَوِّرًا)**
٥. اعتذرْ عن الخَطَأِ ولا تَكُنْ ________ **(مُطِيعًا)**
٦. أُفَضِّلُ مُصاحبةَ الشَّخْصِ ________ **(الانطِوَائي)**

٢ املأ الفراغ بمُرادفِ ما بين القوسين

١. هذا شابٌّ ________ في عمَلِه. **(نَشِيطٌ)**
٢. ________ يَخْسرُ أصدِقاءَهُ دائمًا. **(القَاسِي)**
٣. ________ مَكْروهٌ من اللهِ والناسِ. **(المَغْرُور)**
٤. أخي طفلٌ ________ **(شَرِسٌ)**
٥. مِمَّ أنتَ ________؟ **(مَذْعُورٌ)**
٦. لماذا أراك ________؟ **(مُتَضَايِقًا)**

٣ ضع كلَّ كلمة مما يأتي في جملة من عندك

ذكي : ________________
مُؤَدَّب : ________________
عَصَبِيّ : ________________
مُشْتَاق : ________________
عُدْوَانِيّ: ________________

٤ كوِّن من الأحرُفِ الآتية المطلوبَ بين القوسين كما في المثال

ا	ب	ت	ج	ح	خ	د	ر	ط	ع	ف	ق	ل	م	ن	و	ي

١. (ستَّ صفاتٍ إيجابية / جيدَة تُحبُّ أن تتَّصِفَ بها) : **حَنُونٌ**

________ ________ ________ ________ ________ ________

٢. (ستَّ صفاتٍ سلْبيَّة / سَيِّئَة لا تحبُّ أن تتَّصفَ بها) : **مَلُولٌ**

________ ________ ________ ________ ________ ________

٥ استخرجِ الغريبَ من الصفات الآتية

١. مُجتهد - غَبِيٌّ - نَشيطٌ - ذَكِيٌّ ________
٢. حَنُون - عَطُوف - طَيِّب - فَظٌّ ________
٣. شَرِسٌ - عُدْوَانِي - قَنُوعٌ - مُتَرَدِّدٌ ________
٤. غَلِيظ - حَنُون - فَظٌّ - قَاسٍ ________
٥. حَانِقٌ - هَائِجٌ - هَادِئٌ - مُغْتَاظٌ ________
٦. فَخُورٌ - مُتَكَبِّر - مَغْرُور - مُتَوَاضِع ________

٦ ماذا نَعْني بِـ......؟

١. **قَنُوع** : أ. يَرْضَى بالقَلِيلِ. ب. يرْضَى بالكَثِيرِ. ت. لا يرْضَى بِمَا قَسَمَ اللهُ.

٢. **مُتَرَدِّد** : أ. يأْخُذُ القَرارَ بِسُرْعة. ب. لا يَسْتطيعُ أَخْذَ القَرارِ. ت. يأخذُ القَرارَ ثُم يترُكُه.

٣. **ذَكِيّ** : أ. يَفْهَمُ بِسُرعة. ب. يَفْهَمُ بِبُطْءٍ. ت. لا يَفْهَمُ.

٤. **مُسْتَفِزّ**: أ. لا يُضايِقُ النَاسَ. ب. يُضَايِقُ الناسَ بِفعْلِه وكَلَامِه. ت. يُضَايِقُ الناسَ بفعْلِه فقَط.

٥. **هَادِئ** : أ. لا يغْضَبُ أبدًا. ب. يغْضَبُ بسرعَة. ت. لا يغْضَبُ لِأَقَلِّ الأَسْبابِ.

٦. **طَمَّاع** : أ. لا يُعطِي شيئًا لِأَحَدٍ. ب. يريدُ المَزِيدَ دائمًا. ت. يرضَى بالقليلِ.

ثانيًا الحِوَارُ

٧ (أ) أجب عن الأسئلة الآتية

١. ما مُشكلَةُ الابنِ الأكبرِ لِصَفِيَّة؟ ________________

٢. ما سَببُ هذه المُشكلَة في رَأْيِ هِنْد؟ ________________

٣. بِمَ وَصفَتْ هِنْد ابنتَها الكُبْرَى؟ ________________

٤. هل صِفَاتُ ابنةِ هِنْد الكُبْرَى إيْجَابِيةٌ أَمْ سَلْبِيَّة؟ ________________

٥. كمْ ولدًا لِصفِيَّة؟ ________________

(ب) أكْمِلِ النَاقِصَ بالمُناسب من الحوار

١. يُشارِكُ الابنُ الأكبرُ في الدُّروسِ ______. ٢. أَتَمَّ الابنُ الأكبرُ الثانيةَ عشرةَ و ______ في الثالثةَ عَشرة.

٣. التوأمَانِ شَخْصِيتانِ ______ فِي الشَّكْلِ وَ ______. ٤. فكَّرتُ في ذَلكَ ______ وَلَكِنّي ______.

٥. أمَّا البنتُ، فهي عَنِيدَةٌ وثَرْثَارَةٌ و ______ طَيِّبَة وحَنُون.

٨ تناقَشْ مع زميلكَ ثم أجب عن الأسئلة الآتية

١. هل هُناكَ شَخصٌ انْطِوائِيٌّ في أُسرتِكَ أو مَعَارِفِكَ؟ ________________

٢. كيف تَتَعَامَلُ مع هذه الشَّخْصِيَّة؟ ________________

٣. هَل الفَرْقُ العُمْرِيُّ بينَ الإِخوَةِ يُؤَثِّرُ في صِفَاتِهم؟ كيف ذلك؟ ________________

٤. هل يحتاجُ الشخصُ الانْطِوائِيُّ إلى طَبِيبٍ نَفْسِيٍّ؟ ولماذا؟ ________________

٥. أيُّ صفاتٍ لديكَ مِن التي وردَتْ في الحوار؟ ________________

٦. هل لديكَ صفاتٌ سلْبِيَّة؟ مَا هِي؟ ________________

٧. ما الصِّفاتُ التي تُحبُّ أنْ تَتَحلَّى بِها ولَيْستْ عِندَك؟ ________________

٩ هات من الحوار موقفًا أو تعبيرًا أعجبَك / لم يعْجِبْك مُبينًا السبب

____

____

ب. ابني خجول وانطوائي

١٠ استخرجْ من الحوار ما يأتي

١. جملةً تقدَّمَ فيها الخبرُ على المُبتدأ: ________________

٢. حرفًا ناسِخًا: ________ (اسمه): ________ (خبره): ________

٣. اسمَ تفضيلٍ ________ فعلًا منفيًّا: ________ أَداة النَّفْي: ________

٤. كلمةً جذرها (خجل): ________ (جهد): ________ (شكل): ________

٥. اسمَ فاعلٍ من الثلاثي: ________ (فِعله): ________ ومن غير الثلاثي: ________ (فعله): ________

١١ اخترْ أفضل عُنوانٍ للدرس مما يلي مُبينًا السبب

١. مُشكلاتُ الأبناءِ   ٢. أبناءُ العصرِ   ٣. أريد حَلًّا   ٤. سَاعدوني

____

____

____

١٢ اختر جزءًا من الحوار، ثم اقرأه جيدًا، واطلبْ من زميلك أنْ يُمْلِيَه عليك، ثمَّ صَوِّب أخطاءَك بِنفسِك

____

____

____

____

____

____

ثالثًا القَوَاعِدُ

علاماتُ الإعرابِ في الأسماء

١٣ ضع خطًّا تحت المُعربِ من الأسماءِ بالحروفِ وبيِّنْ علامةَ الإعراب كما في المثال

◄ المَتحفُ على بُعدِ خُطْوتينِ من الفُندق. __الياء__

١. مُطلُوبٌ مُوظَّفونَ لِشركَةٍ خاصَّة. ________

٢. إنَّهما مُتزوِّجانِ مُنذُ سنةٍ تقريبًا. ________

٣. اشتريتُ ثَوبَيْنِ للعيدِ. ________

٤. ما زالَ أبو محمدٍ مريضًا. ________

٥. تَعرَّفتُ على مُعَلِّمِينَ جُدُدٍ. ________

١٤ حوِّل ما تحته خطّ إلى اسمٍ مُعربٍ بالحروفِ وغَيِّر ما يلزم كما في المثال

◄ زرتُ مدينةً في القاهرة. **زرتُ مدينتينِ في القاهرة.**

١. بالعِمارة مِصْعدٌ. ______

٢. يشربُ أخي القهوةَ كثيرًا. ______

٣. لا تتكلَّم والطعامُ في فَمِكَ. ______

٤. تَطَوَّرت خِدْمَة العَامِلِ في الفُندق. ______

٥. تتكوَّن الشقَّةُ من غُرفةٍ وصالَةٍ وحمَّامٍ. ______

١٥ املأ الفراغ بالمطلوب بين القوسين كما في المثال

◄ لا يستطيعُ **الرجلُ** استعمالَ المِصعدِ. **(اسم مرفوع بالضَّمة)**

١. أنا قادِمٌ من ______ **(اسم مجرور بالفَتحة)**

٢. إنَّ ______ عالِمٌ مَشْهُور. **(اسم منصوب بالألف)**

٣. في الشركةِ ______ كثيرونَ. **(اسم مرفوع بالواو)**

٤. مَحَطَّة ______ علَى بُعد خُطُوات. **(اسم مجرور بالكسرة)**

٥. من فضْلكَ، سَجِّلْ ______ في هذه الاستِمَارة. **(اسم منصوب بالكسرة)**

١٦ اخترْ علامةَ الإعرابِ الصَّحيحَة لمَا تحتهُ خطّ ممَّا بينَ القوسين كما في المثال

◄ ضعِ الورقَ في سلَّة المهملات. **(الألف - الفتحة - الكسرة)**

١. أصْبحتِ الطَّالِبات مُجتَهِدات. **(الألف - الفتحة - الكسرة)**

٢. لقد انتهتْ جولتنا في المدينةِ. **(الضمة - الفتحة - الكسرة)**

٣. يريدُ الموظفون زيادَةَ الرَّواتِب. **(الضمة - الواو - الألف)**

٤. إنَّ أَبَاهم شَيخ كَبِير. **(الألف - الفتحة - الياء)**

٥. أنا أعملُ في باريس. **(الفتحة - الواو - الكسرة)**

٦. أجبتُ عن سُؤَالين فقط. **(الألف - الكسرة - الياء)**

٧. لعِبْنَا كُرَة القَدَمِ في النَّادِي. **(الضمة - الفتحة - الكسرة)**

١٧ ضع علامة (√) أو (×) أمام الجُمل ثم صوِّب الخطأ كما في المثال

◄ اتَّصل زَوجي بالطبيبَ. (×) **بالطبيبِ** ______

١. لعلَّ أبوك نائمٌ. (   ) ______

٢. درستُ سنتانِ في الجامعة. (   ) ______

٣. ذهبتُ مع فاطمةِ إلى السوق. (   ) ______

٤. تقعُ مصرُ في قارَّتَا إفريقيا وآسيا. (   ) ______

٥. شاهدْنا مُبارياتَ كأسِ العالَمِ في التلفاز. (   ) ______

٦. مارسَ المصريون القدماءُ أنواعًا من الرياضة. (   ) ______

ب. ابني خجول وانطوائي

الوزن

١٨ صل بين الكلمةِ في (أ) والوزنِ المناسب لها في (ب) كما في المثال

(أ) مُشْكِلَة خَجُول انْطِوَائِي أَقَارِب مُجْتَهِد مُنَاسَبَة فَرْقٌ وَحِيد عَنِيدَة هَادِئ مُتَهَوِّر

(ب) مُفْتَعِل أَفَاعِل مُفْعِلَة انْفِعَالِي فَعُول فَعِيل فَعِيلَة مُفَاعَلَة مُتَفَعِّل فَعْل فَاعِل

١٩ اخترِ الوزن الصحيح ممّا بين القوسين لما تحته خطّ كما في المثال

- كَيْفَ يُمْكِنُ الذَّهَابُ إِلَى مطار القاهرة؟ **(الفَعَال - العَفَال - الإفْعَال)**
1. أُفَضِّلُ رُكُوبَ الحَافِلَةِ. **(عُفُول - فُعُول - لُفُوع)**
2. أَرْجُو مِنْكِ الرُّجُوعَ اليَوْمَ. **(العُفُول - الفُعُول - العَفُول)**
3. الإِيجَارُ يَشْمَلُ الكَهْرُبَاءَ وَالغَازَ. **(يَفْعَل - يُفْعَل - يَفْعِل)**
4. بَدَأَتْ فِكْرَةُ الفَنَادِقِ مُنْذُ زَمَنٍ طَوِيلٍ. **(فَعُول - فِعَال - فَعِيل)**
5. الشَّقَّةُ الجَدِيدَةُ وَاسِعَةٌ، وَفِي حَيٍّ هَادِئٍ. **(عَافِل - لَافِع - فَاعِل)**

٢٠ هات ثلاثَ كلماتٍ على الوَزْنِ الذي بين القوسين كما في المثال

- (فَعَلَ) : شَكَرَ كَتَبَ قَرَأَ
1. (فَاعِل) : ______ ______ ______
2. (مَفْعُول) : ______ ______ ______
3. (مَفْعَل) : ______ ______ ______
4. (مُفَاعَلَة) : ______ ______ ______
5. (افْعَل) : ______ ______ ______

٢١ املأ الفراغ بمشتقٍّ مُناسب من الوزنِ الذي بين القوسين كما في المثال

- شَعَرْتُ بِـ إِرْهَاقٍ شَدِيدٍ وَغَثَيَانٍ. **(إِفْعَال)**
1. ______ المَوضُوعَ في دَفترك. **(افْعُل)**
2. ______ أَكْلَ الخَضْرَوَاتِ وَالفَوَاكِهِ. **(أُفَعِّل)**
3. أَيْنَ بِطَاقَةُ الـ ______؟ **(فُعُول)**
4. ______ الأصدقاء يوميًّا. **(يَتَفَاعَلُ)**
5. من فضلك، ______ السيارة. **(افْعَل)**

٢٢ املأ الفراغ بكلمةٍ مُناسِبة ثم اكتبْ وزْنَها كما في المثال

- بَحَثْتُ عَنْ عَمَلٍ فِي مَكْتَبِ التَّوْظِيفِ. (مَفْعَل)
1. لا تَتْرُكْ ______ مَفْتُوحًا. (______)
2. هَلْ يُمْكِنُ أَنْ ______ مَعَ المدير؟ (______)
3. الأَسْعَارُ ______ جِدًّا. (______)
4. أَزُورُ ______ كُلَّ أُسْبُوعٍ. (______)
5. عَادَ ______ مِنْ رِحْلَةِ العُمْرَةِ. (______)

رَابِعًا القراءة والكتابة

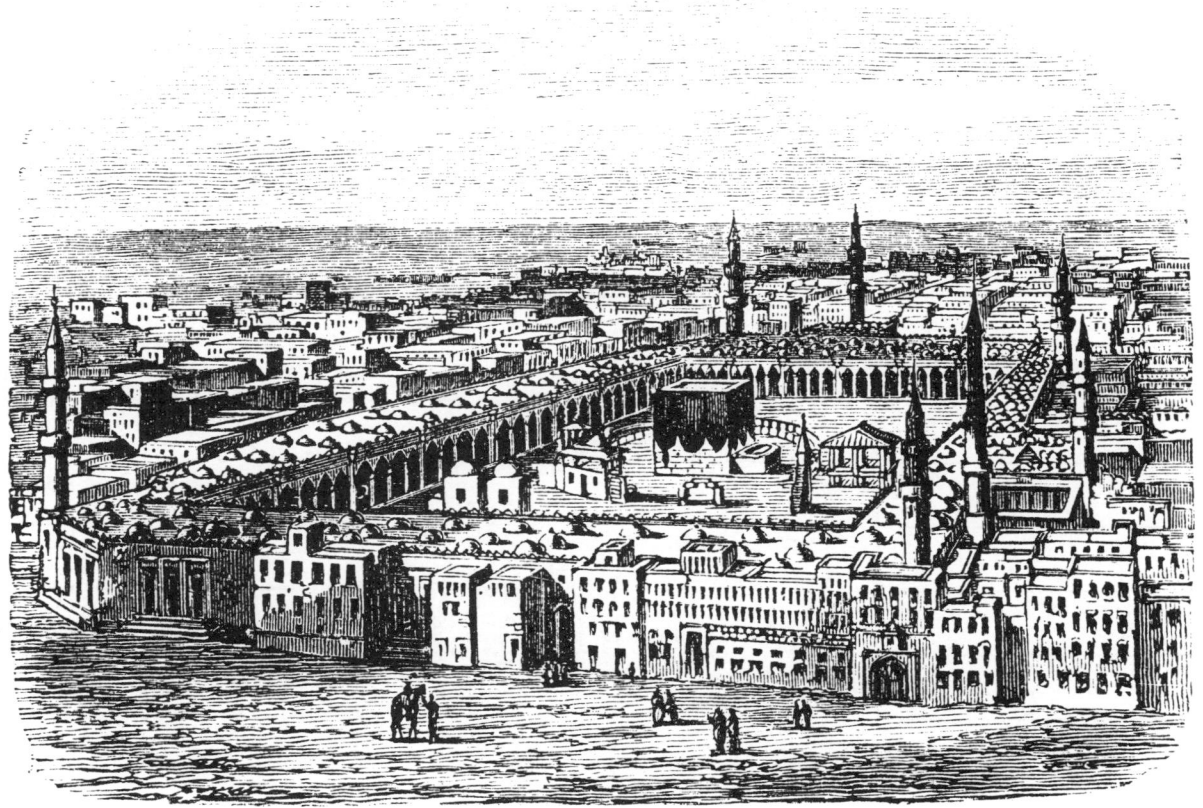

آلُ ياسِرٍ

وقف رجلانِ يتحدَّثانِ أمامَ دارِ الأَرْقَمِ بن أَبِي الأرْقَم: أَمَّا أحدُهُما فأسودُ، طويلُ القامَة، وأمَّا الآخرُ فأشقرُ اللَّونِ، مُتوسّط القامَة بينَ الطُّولِ والقِصرِ.

قال الأسودُ لِصاحِبه: ماذا تَصنَعُ هُنا؟ فأجابَ الأشقرُ: وأَنتَ ماذا تَصنعُ هنا؟

قال الأسودُ: جئتُ لِأدْخُل علَى محمدٍ فأَسْمَعَ مِنه وأَعْلَمَ عِلْمَه.

وقالَ الأَشْقرُ: وأنا جئتُ لذلكَ أيضًا.

ودخلَ الرجلانِ وجَلَسا معَ الرسولِ الكريم ﷺ وسَمِعَا مِنه وأَعْلَنَا دُخُولَهما في الإسلام.

كانَ الرجلُ الأَسودُ هو (عَمَّارُ بنُ ياسِرٍ)، وكان الرجلُ الأشقرُ هو (صُهَيْبٌ الرُّومِيُّ).

ذهبَ عمَّار إلى بَيْتِه لِيُبَشِّرَ أَبَوَيْه (ياسرًا وسُمَيَّةَ)؛ فلمْ يَجِدْ أَبَاهُ ولكِنَّه وجدَ أُمَّه قدْ أَسْلمَتْ، وَكانت سُمَيَّةُ أَمَةً سَوْدَاءَ فِيها جَمالٌ قَاتِمٌ (دَاكِن).

ولمَّا عَادَ الأبُ لَقِيَتْهُ زَوْجتُه سُمَيَّة مُبْتَسِمَةً يَظْهرُ نُورُ الإيمانِ على وَجْهِهَا. ودَعَاهُ ابنُهُ عمَّار إلى الإسلام.

وذَهَبَتِ الأسرةُ الصَّغيرَةُ إلى رَسُولِ الله ﷺ في دارِ الأَرْقَمِ بنِ أَبِي الأَرْقَم لِتُعْلِنَ أَمَامَه إسْلَامَهَا، وتَسْمَعَ مِنه القرآنَ الكريمَ، وتَتَعَلَّمَ أُمُورَ دِينِها، وتَنْعَمَ بالأَمْنِ والسَّكِينةِ والسَّلام.

(بتصرف من كتاب سيف الله المسلول / للدكتور علي عبد المنعم عبد الحميد)

٢٣ أجب عن الأسئلة الآتية

١. أينَ تقابلَ الرجلانِ؟ ____________________

٢. لماذا ذهبَ الرجلانِ إلى محمدٍ ﷺ؟ ____________________

٣. ماذا تَعْرِف عن سُمَيَّة؟ ____________________

٤. بِمَ وَصَفَ الكاتِبُ الرَّجلَين؟ ____________________

٥. ما جِنْسِيَّةُ الرجلِ الأَشْقَر؟ ____________________

٢٤ ضع علامةَ (√) أو (×) ثم صوِّب الخطأَ

١. الرجلُ الأولُ أسودُ، مُتوسِّطُ القامَة، والآخرُ أشقرُ اللَّونِ، طويلُ القامَة. ( ) ____________________

٢. تقابلَ الرجلانِ أمامَ دارِ الأَرْقَم بن أبي بَكْرٍ. ( ) ____________________

٣. ذهبَ عمَّار إلى بيتِه لِيُبَشِّرَ أبوَيهِ ياسِر وسُمَيَّة. ( ) ____________________

٤. دخلَ الرجلانِ في الإسلامِ بعدَ سَمَاعِهِمَا مِن محمد ﷺ. ( ) ____________________

٥. كان عمَّار سببًا لِدخولِ أسرتِه في الإسلام. ( ) ____________________

٢٥ اخترْ عنوانًا آخرَ للقطعة ممَّا يلي مبينًا السبب

١. إسلامُ صُهَيْبٍ ٢. إسلامُ آلِ ياسِر ٣. دارُ الأرقمِ بنِ أبي الأرقم

____

____

____

٢٦ اقرأِ القطعةَ مرَّة أخرى واستخرجْ ما يلي

١. فعلًا ماضِيًا: __________ وآخر مُضارعًا: __________

٢. صفةً وردتْ مُذكَّرًا: __________ ومُؤنَّثًا: __________

٣. مُثنًّى مرفوعًا: __________ وآخر منصوبًا: __________

٤. اسمًا مُعربًا بالحروف: __________ وبيّن السببَ: __________

٥. اسمًا مَمْنوعًا من الصَّرْف: __________ وآخرَ مَصْروفًا: __________

٦. صِفتينِ للبشَرةِ: __________، __________ وصفتينِ للقامَة: __________، __________

٢٧ احْكِ للصفِ قصةً أخرى عن إسلامِ أحدِ الشخصيات التي تَعرِفُها أو قَرَأْتَ عنها

١ب — CHARACTER DESCRIPTIONS — وصف الناس

٢٨ اكتب ما يأتي مرة بخط النسخ ومرة بخط الرقعة

الأُمُّ مَدرَسَةٌ إِذا أَعدَدتَها   أَعدَدتْ شَعبًا طَيِّبَ الأَعراقِ

←

الأم مدرسة إذا أعددتها   أعددت شعبا طيب الأعراق

←

الْوَحْدَةُ الثَّانِيَةُ

٢

الْأَعْيَادُ وَالْمُنَاسَبَاتُ الدِّينِيَّةُ

FEASTS AND RELIGIOUS OCCASIONS

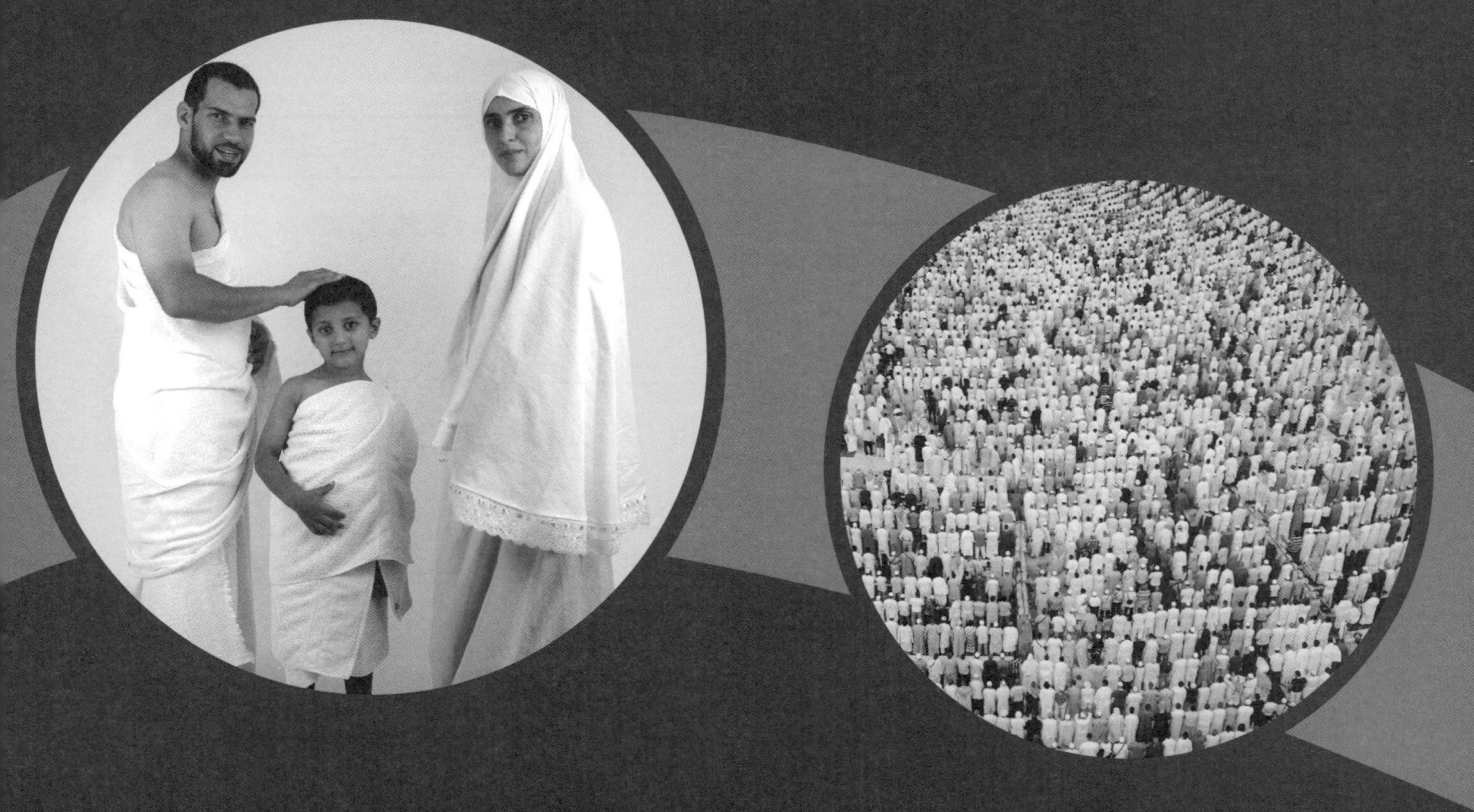

أ. تَقَبَّلَ اللَّهُ مِنَّا ومنْكَ

ب. لَبَّيْكَ اللَّهُمَّ لَبَّيْكَ

٢ أ. تَقبَّلَ اللّهُ مِنّا ومِنْكَ

أوّلًا المُفْرَدَاتُ

١ املأ الفراغ بمُضادّ ما تحته خطّ

١. أبِي ________ وأخي الصَّغيرُ مُفْطِرٌ.
٢. بِدايةُ الإنسانِ المَوْلِدُ ونِهايتُهُ ________
٣. مَن يبدأُ ________ ويُنْهِي الخِصَامَ هو الأَفْضلُ.
٤. نستخدِمُ ________ عندَ النَّجاحِ والتَّعْزِيَة عندَ المَوْت.
٥. يحبُّ الأطفالُ لُعبةَ الغُمَّيْضَة: وهي اخْتِفَاءُ بعضِهم ثُم ________هم.

٢ صل بينَ الكلمةِ من (أ) وما يُناسبها من (ب)

(أ) دُعَاء مَائِدَة دَار صِلَة وَقْفَة زَكَاة صَلَاة لَيْلَة

(ب) الإِفْتَاء الرَّحِم القُنُوت الرَّحْمَن القَدْرِ الفِطْر التَّرَاوِيح عَرَفَات

٣ ضعْ كلَّ كلمةٍ ممَّا يأتي في جملة من عندك

العِيدِيَّة : ________
دُعَاءُ القُنُوت: ________
المُفْتِي : ________
صَلَاة العِيد : ________
الاعْتِكَافُ : ________

٤ كَوِّن من الأَحْرُف الآتية المطلوبَ بينَ القوسين كما في المثال

ا	ت	ج	ح	خ	د	ر	ز	س	ش	ص	ط	ع	ف	ق	ل	م	ن	هـ	و	ي	ء

١. (أربعَ مُناسباتٍ دِينية) : مَولِد النَّبي ________ ________ ________ ________
٢. (أربعَ مُفرداتٍ رَمضَانية) : ________ ________ ________ ________
٣. (أربعَ مفرداتِ للعيدِ) : ________ ________ ________ ________

٥ استخرجِ الغريبَ ممَّا يأتي

١. الإفْطَار - لَيْلَة القَدْر - الحَجُّ - الاعتِكَاف ________
٢. العَجْوَة - المَلْبَن - التمر - الزَّكَاة ________
٣. صِلَة الرَّحِم - خِصَام - عِنَاق - تَهْنِئَة ________
٤. الخَلَاء - مَوْلِدِ النَّبيّ - العِيدِيَّة - صَلاة العِيد ________
٥. الحَرَم المَكِّي - الحَرَم المَدَنِي - الحجُّ - التَّمْر ________
٦. المُفْتِي - صَلاة التَّراوِيح - صَلاة القِيام - دُعَاء القُنُوت ________

٦ ماذا نَعْنِي بِـ......؟

١. الهِلال :	أ. القَمَر أول الشَّهرِ	ب. القَمَر وَسَط الشهرِ	ت. القمر آخر الشهرِ
٢. العِيدِيَّة :	أ. طعامُ العيد	ب. نُقُودُ العِيد	ت. ملابِسُ العِيد
٣. عَاشُورَاء :	أ. يومُ الثامنِ من رَجَبٍ	ب. يومُ العاشِرمن المُحَرَّم	ت. يومُ التاسِع من شَوَّال
٤. الاعْتِكَافُ :	أ. الصَّلاةُ في المسجدِ	ب. الإقامَةُ في المسجِد للعِبادةِ	ت. الاسْتِرَاحَةُ في المَسْجِد
٥. خَتْمُ القُرآنِ :	أ. قراءةُ رُبُعِ القرآن	ب. قراءةُ نصف القرآنِ	ت. قراءةُ القرآنِ كامِلًا

ثانِيًا الحِوَارُ

٧ (أ) أجب عن الأسئلة الآتية

١. في أيِّ مسجدٍ اعتكَفَ شَرِيفٌ؟ ________
٢. ماذا فعلَ مُعاذٌ في العشرِ الأواخرِ من رمضانَ؟ ________
٣. ماذا يفعلُ الأطفالُ في العِيدِ؟ ________
٤. لِمَنْ تُعْطَى زَكاة الفِطْرِ؟ ________
٥. مَتى لَيْلَةُ القَدْرِ؟ ________

(ب) ضع علامة (√) أو (×) ثم صحِّح الخطأَ

١. صلَّى الشيخُ محمد جِبريل التَّراوِيحَ في مسجدِ عُمَر بنِ الخَطَّاب. ( ) ________
٢. يُفْطِرُ شَرِيفٌ علَى التَّمْرِ قبلَ صلاةِ العِيد. ( ) ________
٣. يعْتَكِفُ المُسلمون في العَشْرِ الأوائِلِ من رَمضان. ( ) ________
٤. سَيسْتَقْبِلُ مُعاذٌ الزَّائِرِينَ حتَّى صلاةِ العَصْر. ( ) ________
٥. يَصُومُ المسلمونَ رَمضانَ قبلَ رُؤية الهِلال. ( ) ________

٨ تناقَشْ مع زميلك، ثم أجب عن الأسئلة الآتية

١. هل صلَّيتَ التَّراوِيحَ والقِيامَ في رمضانَ المَاضِي؟ فِي أيّ مسجدٍ؟ ومَعَ مَن؟

____

٢. ما الجِهَةُ المَسْؤولةُ عن رُؤيَةِ الهِلالِ في بَلَدِك؟

____

٣. مَن القارئُ المُفضَّلُ لدَيكَ؟ ولماذا؟

____

٤. كمْ مرَّة خَتَمْتَ القرآنَ في رَمضان؟ وكمْ يومًا اعْتَكَفْتَ؟

____

٥. هَل تُوجدُ مَوائدُ الرَّحمنِ في بلدِك؟ مَن المسؤول عنها؟ هل شارَكتَ فيها؟

____

٦. ما بَرْنَامَجُك يوم العِيد؟

____

٧. ما الطعامُ الذي يُقدَّم في بلدِك يومَ العِيد؟

____

٨. كيف تُهَنِّئُ الناسَ بالعِيد في بلَدِك؟

____

٩ هات من الحوار موقفًا أو تعبيرًا أعجبَك / لم يعجبْك مبينًا السبب

____

____

١٠ استخرجْ من الحوار ما يأتي

١. اسمًا مُثنّى: ____________ وآخرَ جمعًا: ____________

٢. مصدرًا صَريحًا: ____________ ومصدرًا مُؤوَّلًا: ____________

٣. مصدرًا لفعلٍ رُباعي: ____________ واذكر فِعلَه: ____________

٤. ثَلاثَ أدواتِ استفهام: ____________ ____________ ____________

٥. فِعلَ أمْرٍ: ____________ فعلًا مبنيًّا للمَجْهول: ____________ اسمَ تفضِيلٍ: ____________

٦. اسمَ فاعِلٍ: ____________ واذكر فِعلَه: ____________ اسم مفعول: ____________ واذكر فِعلَه: ____________

١١ اختر أفضل عُنوانٍ للدرس ممّا يلي مبينًا السبب

١. صلاةُ العِيد ٢. صَومُ رمضانَ ٣. الاعْتِكَاف ٤. رمضانُ والعِيد

____

١٢ اختر جزءًا من الحوار، ثم اقرأْه جيدًا، واطلبْ من زميلكَ أنْ يمليَه عليك، ثم صوِّب أخطاءَك بنفسِك

____
____
____
____
____
____

ثالثًا القَوَاعِدُ

نصبُ الفعل المضارع

١٣ ضعْ خطًّا تحت الأدواتِ التي تَنصبُ الفعلَ المضارع

أنْ - لَا - كَي - لَمْ - لَمّا - لَامُ التَّعلِيل "لِـ" - حتَّى - لَنْ - إِذَن - لَامُ الأَمْر "لِـ"

١٤ اربطْ بينَ الجُمل الآتية بالأداةِ التي بين القوسين وغيِّر ما يلزَم

١. نَمْ مُبَكّرًا / تستيقِظُ مُبكرًا **(لِـ)** ______________
٢. أَغْلِق النافذةَ / تُصابُ بالبَرْد **(لِكَيْلَا)** ______________
٣. سوفَ أُمارسُ الرياضةَ / يَقِلُّ الوَزْنُ **(حتَّى)** ______________
٤. ذهبتُ إلى الحديقةِ / أَتنزَّهُ مع الأَولادِ **(لِكَي)** ______________
٥. ستَأْتي أُمّي اليومَ / أَسْتقبِلُها إنْ شاءَ الله **(إِذَن)** ______________

١٥ املأ الفراغ بفعلٍ مضارعٍ مناسب مع ضبطِه بالشكلِ كما في المثال

◀ أستيقظُ مُبكرًا كَي أُصَلِّيَ الفجرَ.
١. ينامُ الإنسانُ كَي ______
٢. حاوِلْ أنْ ______ الرياضةَ كلَّ يومٍ.
٣. لا تتحدَّثْ قبلَ أنْ ______ لكَ المُعلِّم.
٤. تَناولتُ السَّحورَ لِـ______ غدًا إنْ شاءَ اللهُ.
٥. سأجتهدُ كثيرًا. - إذنْ ______ إنْ شاءَ اللهُ.

١٦ ضعْ خطًّا تحت أداة النصبِ وخطين تحت الفعل المضارع المنصوب فيما يأتي

١. ﴿يُرِيدُ اللهُ أَنْ يُخَفِّفَ عَنْكُمْ﴾.

٢. ﴿وَمَا كَانَ اللهُ لِيُعَذِّبَهُمْ وَأَنتَ فِيهِمْ﴾.

٣. ﴿لَنْ تَنَالُوا البِرَّ حَتَّى تُنْفِقُوا مِمَّا تُحِبُّونَ﴾.

٤. إنَّ اللهَ يُحِبُّ إذا عَمِلَ أَحَدُكُم عَمَلًا أَنْ يُتْقِنَه.

٥. ﴿وَالَّذِي أَطْمَعُ أَنْ يَغْفِرَ لِي خَطِيئَتِي يَوْمَ الدِّينِ﴾.

٦. ﴿قَالُوا لَنْ نَبْرَحَ عَلَيْهِ عَاكِفِينَ حَتَّى يَرْجِعَ إِلَيْنَا مُوسَى﴾.

٧. ﴿وَكُلُوا وَاشْرَبُوا حَتَّى يَتَبَيَّنَ لَكُمُ الخَيْطُ الأَبْيَضُ مِنَ الخَيْطِ الأَسْوَدِ مِنَ الفَجْرِ﴾.

١٧ أجب عمَّا يأتي بجُملٍ تشتملُ على فعل مضارع مَسبوقٍ بـ(إذن) كما في المثال

◄ سأزورُكَ غدًا إنْ شاء الله. **إذن أنتظرَك**

١. سوف أُحافِظُ على الصلاة. ________

٢. سأذهبُ إلى السوقِ بعدَ قليل. ________

٣. لنَ أكذبَ أبدًا. ________

٤. لنْ أُهْمِلَ واجِبَاتي. ________

٥. سوفَ أُكثِرُ من الخضراوات. ________

١٨ املأ الفراغ بـ(أَنْ / كَي) مع ضبطِ آخرِ الفعلِ بعدهما بالشَّكلِ فيما يأتي

١. أَطِعْ والدَيك ______ تَنال رِضَا الله.

٢. لا تخرُجْ قبلَ ______ تُهندم ملابسَك.

٣. يجِبُ ______ تُقلِّل مِن الدُّهونِ والسُّكَّريات.

٤. هل يُمكن ______ تشرح الدرسَ مرَّة أُخرى؟

٥. لا تَشْغَلْ نفسَك بمَا لا يفيدُ ______ يستَريح عَقْلُك.

٦. عملتُ كثيرًا في شَبابِي ______ أستريح في شَيْخُوخَتِي.

١٩ ضع كلَّ أداةٍ ممَّا يأتي في جملة من عندك مع ضبطِ الفعلِ بعدها بالشكل

لِـ : ________________________________

أنْ : ________________________________

إذنْ : ________________________________

حتَّى: ________________________________

لِكَيْلَا: ________________________________

تقسيمُ الفعلِ إلى صحيحٍ ومعتلٍّ

٢٠ املأ الفراغ بفعلٍ مناسب ثم بيِّن نوعَه كما في المثال

◄ أرسلَ عليٌّ رسالةً عبرَ البريدِ الإلكتروني. (أرسلَ / صحيحٌ)

١. ماذا ______ في الحقيبةِ؟ (______ / ______)

٢. مَن ______ عن هذا السُّؤال؟ (______ / ______)

٣. أيَّ رياضةٍ ______ في الشِّتاء؟ (______ / ______)

٤. ______ مَوْجة بَارِدة هذه الأيَّام. (______ / ______)

٥. معذرةً، لقدْ ______ الهاتفَ في البيتِ. (______ / ______)

٢١ املأ الفراغ بالمطلوبِ بين القوسين

١. ______ اللهَ قبلَ أنْ ______. **(صحيح / معتل)**

٢. ______ مُبكرًا و ______ مُبكرًا. **(معتل / صحيح)**

٣. ______ الأسئلةَ ثُم ______ عليها. **(صحيح / معتل)**

٤. ______ الإعلاناتِ لِ ______ وظيفةً. **(صحيح / معتل)**

٥. ______ الامتحاناتُ و ______ العطلةُ. **(معتل / صحيح)**

٢٢ اقرأِ الآيةَ الكريمة ثُمَّ ضع خطًّا تحت الفعلِ الصحيح وخطين تحت المعتلِّ

قال تعالى: ﴿لَقَدْ صَدَقَ اللهُ رَسُولَهُ الرُّؤْيَا بِالْحَقِّ لَتَدْخُلُنَّ الْمَسْجِدَ الْحَرَامَ إِنْ شَاءَ اللهُ آمِنِينَ مُحَلِّقِينَ رُءُوسَكُمْ وَمُقَصِّرِينَ لَا تَخَافُونَ فَعَلِمَ مَا لَمْ تَعْلَمُوا فَجَعَلَ مِن دُونِ ذَٰلِكَ فَتْحًا قَرِيبًا﴾.

٢٣ هات المرادفَ الصحيح للأفعالِ المعتلّة التي بين القوسين كما في المثال

◄ (عاد) رجعَ الزوجُ مبكرًا من عَمَلِه.

١. (جَاء) ______ الحُجّاجُ إلى المطار.

٢. (حَكَى) ______ لنَا جدِّي حكايةً جميلةً.

٣. (يبدُو) ______ عليكَ أثرُ المَرضِ.

٤. (رأى) ______ محمدٌ أباه في التلفاز.

٥. (تَجَوَّلتُ) ______ مع أصدقائي في الحديقة.

٢٤ املأ الفراغ بفعلٍ معتلٍّ مُضاد للفعلِ الذي بين القوسين كما في المثال

◄ (أخذتُ) الرسالةَ وأعطيتُها لأخيك.

١. ______ الشتاءُ و(بدأَ) الربيعُ.

٢. (سألَ) المعلمُ و ______ الطالبُ.

٣. (تذكَّرتُ) الموعِدَ و ______ المكان.

٤. (حضَرَ) الطلابُ و ______ المعلمُ.

٥. ______ العامِلون و(يَسْهَرُ) العَاطِلون.

٢ ب. لبيك اللهم لبيك

أوّلًا المُفْرَدَاتُ

١ صل الكلمة من (أ) وما يُناسِبها من (ب)

(أ) فَرِيضَة جَبَل أَيَّام رِبَاط يحْتَفِل

(ب) التشْرِيق الحِذاء عَرَفات بِـ الحجّ

٢ املأ الفراغ بمرادفِ ما بين القوسَين

١. اشترَينا ______ في العيد. **(خرُوفًا)**

٢. هل وجدتَ ______ في السَّفر؟ **(مَشَقَّة)**

٣. تُصِيبُ الأمراض ______ الإنسانِ. **(جِسْم)**

٤. ______ المسلمُ أُضْحيَةً في عِيد الأَضْحَى. **(يَنْحَر)**

٣ ضع كل كلمة ممَّا يأتي في جملة من عندك

يحتفلُ بِـ: ______

مَشَقَّة : ______

الأُضحِية : ______

الازدِحَام : ______

يذْبح : ______

٤ كوِّن من الأحرفِ الآتية المطلوبَ بين القوسين كما في المثال

ا	ب	ت	ث	ج	خ	ر	ز	س	ش	ع	ف	ق	ك	ل	م	ن	و	ي	ة

١. (خمسةَ أسماء لِحيواناتٍ): ~~جَمَل~~ ______ ______ ______ ______ ______

٢. (مرادفَ / صُعوبة): ______ ٣. (جمعَ / قَرْن): ______ ٤. (اسمَ جَبلٍ): ______

٥ استخرجِ الغريبَ ممَّا يأتي

١. البقرة - الجَمل - الناقة - العَنْزة ______

٢. يحتفل بِـ - الكواء - يلمع - يهدي ______

٣. الكَبْش - الخَروف - النعْجَة - الثَّور ______

٤. الازدحامُ - الأُضحية - الكَوَّاء - قُرون ______

٥. فريضةُ الحج - الازدحامُ - جبلُ عرفات - أيامُ التشريق ______

٦ ماذا نَعْنِي بـ......؟

١. **النَّحْرُ** : أ. القَتْلُ ب. الرَّمي ت. الذَبْحُ

٢. **النَّاقَة** : أ. أُنثى الخَروفِ ب. أُنثى الإبِلِ ت. أُنثى الحِمار

٣. **الكَوَّاءُ** : أ. مَنْ حِرفَتُهُ كيُّ الملابسِ ب. مَنْ حِرفَتُهُ غَسْلُ الملابسِ ت. مَنْ حِرفَتُهُ حِياكَةُ الملابسِ

٤. **الأُضْحِية** : اسمٌ لِمَا يُذْبحُ في أيَّامِ النَّحْر بِنِيَّة التَّقرُّب إلى الله ____ صلاةِ العيد.
أ. قبل ب. مع ت. بعد

٥. **أيَّام التشْريق**: أ. ثلاثة أيَّامٍ بعد يوم النَّحْر ب. ثلاثة أيَّامٍ قبلَ يوم النَّحْرِ ت. أربعة أيَّامٍ بعدَ يوم النحرِ

ثانيًا الحِوَارُ

٧ (أ) أجب عن الأسئلة الآتية

١. ماذا يُردِّدُ الحُجَّاجُ على جبلِ عرَفاتٍ؟ ____________

٢. أينَ يقف الحجَّاجُ يومَ التاسع من ذِي الحجة؟ ____________

٣. لماذا يقف الحجاج على عرفات؟ ____________

٤. ماذا سيذبحُ الجدُّ في عيدِ الأَضْحى؟ ____________

٥. كيف تُقَسَّمُ الأُضْحِية؟ ____________

(ب) أكمل الناقص للمناسب من الحوار

١. ألا تعلم أنه يؤدي فريضة ________ هذا العام.

٢. من سيذبح لنا ________ هذا العام؟

٣. هذا المكان اسمه جبل ________

٤. لبيك اللَّهم ________

٥. كل عام وأنت ________

٦. أمي، لماذا هذا ________ الكبير؟

٨ تناقَش مع زميلك ثم أجب عن الأسئلة الآتية

١. كيف تحتَفِلون بعيدِ الأضْحى في بلدِكم؟ ____________

٢. ماذا يُسَمَّى هذا العيدُ في بلدِك؟ ____________

٣. هل تُضَحُّونَ في هذا العِيد؟ وبماذا؟ ____________

٤. مَن يذبحُ لكم الأُضْحية؟ وكيف تُقَسَّم؟ ____________

٥. كيف تُهَنِّئُون بعضَكم بالعيد؟ ____________

٩ هات من الحوار موقفًا أو تعبيرًا أعجبَك / لم يعْجبْك مُبينًا السبب

____

____

١٠ استخرجْ من الحوار ما يأتي

١. فعلًا منفيًّا: ________ أداة النفي: ________

٢. اسم موصول: ________ اسم إشارةٍ: ________

٣. استفهامًا مَنفيًّا: ________ واذكر حرف الجواب: ________

٤. اسمًا من الأسماءِ الخمسة: ________ (علامة إعرابه): ________

٥. حرفًا ناسخًا: ________ (اسمه): ________ (خبره): ________

٦. ثلاثَ أدواتٍ لنصب الفعل المضارع: ________، ________، ________

١١ اخترْ أفضل عُنوانٍ للدرس مما يلي مُبينًا السبب

١. وقفةُ عَرفات ٢. عيدُ الأَضحى ٣. الاحتفالُ بالعيدِ ٤. كلُّ عامٍ وأنتم بِخير

____

١٢ اختر جزءًا من الحوار، ثم اقرأه جيدًا، واطلبْ من زميلك أنْ يمليَه عليك، ثم صوِّب أخطاءك بنفسِك

____

____

____

ثالثًا القَواعِدُ

جَزْمُ الفعلِ المضارع

١٣ ضع خطًّا تحت الأدوات التي تجزِمُ الفعل المضارع

أنْ - لَا (الناهية) - كَي - لَم - لمَّا - لَام التعلِيل (لِـ) - حتَّى - لنْ - لام الأمْر (لِـ)

١٤ املأ الفراغ بأداةِ جزمٍ مُناسبة من الصندوق

لَا	لَمْ	لمَّا	(لِـ) لام الأمْر

١. ________ تُؤَخِّرِ الصلاةَ عن وقتِها.

٢. انتهَى الدرسُ و ________ أفهمْ حتَّى الآن.

٣. يا بُنَيَّ ________تَغْسِلْ يدَيك قبلَ الطعامِ.

٤. ________ أَشْتَرِ ملابسَ جديدةً هذا العيد.

١٥ املأ الفراغ بفعلٍ مضارع مناسبٍ واضبطْه بالشكل كما في المثال

◄ ألَم ___أَشْرحْ___ لكَ الدرسَ من قبلُ؟

١. لَمْ ________ إلى العملِ اليومَ.

٢. أَفَهِمْتَ الموضوعَ؟ لمَّا ________

٣. لَا ________ واجباتِك يا مَحمود.

٤. لِـ ________ هذه الاستمارةَ من فضلك.

١٦ أجب عن الأسئلة الآتية مستخدمًا (لَمَّا) واضبطِ الفعلَ بعدها بالشكْل

١. هل وصلَ الطبيبُ؟ لا، ____________

٢. أَوَجَدْتَ شقَّةً مُناسِبة؟ لا، ____________

٣. هل تخرَّجتَ في الجامِعة؟ لا، ____________

٤. هل ذهبتَ إلى السوقِ اليوم؟ لَا، ____________

٥. هل زرتَ المَتحفَ المِصريَّ؟ لا، ____________

١٧ أجب عن الأسئلة الآتية مستخدمًا (لمْ) واضبط الفعلَ بعدها بالشكل

١. أَسمعتِ الأذانَ يا ليلى؟ لَا، ____________

٢. هل قابلتُما أصدقاءكما أمس؟ لَا، ____________

٣. هل خَتَمْتُم القرآنَ في رَمضان؟ لَا، ____________

٤. هل التحقتُنَّ بالجامعة هذا العام؟ لَا، ____________

٥. هل مارستَ رياضةً اليومَ يا عليُّ؟ لَا، ____________

١٨ ضع كل أداةٍ ممَّا يأتي في جملة مفيدة مع الضبط بالشكل

لَا : ____________

لَم : ____________

لمَّا : ____________

(لِـ) لام الأمر: ____________

أنواعُ الفعلِ الصحيح والمعتلّ

١٩ ضع خطًّا تحت الفعل المعتلِّ وبيِّن نوعَه كما في المثال

◀ ضُمتُ ستًّا من شهرِ شَوَّال تقَرُّبًا لله. **أجوف**

١. ينامُ الأطفالُ مبكرًا. ______

٢. أَدَّى أبي فريضةَ الحجّ. ______

٣. وَقَيْتُ نَفْسِي من البَرْدِ. ______

٤. عَوَى الذِّئْبُ فهربَ الأطفالُ. ______

٥. زُرْنا مدينةَ القُدسِ العامَ الماضي. ______

٦. من وضعَ الملابِسَ في الدُّولاب؟ ______

٧. تَصلُ الرسالةُ فِي لَحظَاتٍ عبرَ البريد الإلكتروني. ______

٢٠ صل بين الفعلِ في (أ) والنوع المناسب له في (ب) كما في المثال

(أ) هَوَى وَعَدَ شَاءَ هَدَّ أَكْمَلَ أَمَرَ قَضَى وَعَى

(ب) سَالِمٌ مُضَعَّفٌ لَفِيفٌ مَقْرُون أَجْوَفٌ مِثَالٌ لَفِيفٌ مَفْرُوقٌ نَاقِصٌ مَهْمُوزٌ

ب. لبيك اللهم لبيك

٢١ اخترِ الصحيحَ مما بين القوسين لما تحتَه خطّ كما في المثال

◂ تجوَّلتُ مع الأصدقاءِ. **(ناقص - أجوف - مثال)**

١. أرادَ أخِي السفرَ للحجِّ. **(سالم - أجوف - مهموز)**

٢. إنَّ اللهَ يُحِبُّ المُحْسِنِينَ. **(سالم - مهموز - مضعف)**

٣. تقعُ مصرُ في قارَّة إفريقيا. **(ناقص - أجوف - مثال)**

٤. اخفضْ صوتَك أثناءَ الكلامِ. **(سالم - ناقص - مهموز)**

٥. أجريتُ تَعارُفًا باللغةِ التُّركية. **(ناقص - أجوف - مثال)**

٦. أَمرَنا اللهُ بالحجِّ مرَّة في العُمْر. **(سالم - مهموز - مضعف)**

٢٢ هات ثلاثة أفعالٍ لكلِّ نوعٍ ممَّا يأتي كما في المثال

◂ سَالِم : شَكَرَ كَتَبَ دَخَلَ

١. مَهمُوز : ______ ______ ______

٢. مُضَعف: ______ ______ ______

٣. مِثَال : ______ ______ ______

٤. أَجْوف: ______ ______ ______

٥. ناقِص : ______ ______ ______

٢٣ ضع خطًّا تحت الفعلِ الصحيحِ وبيِّن نوعَه كما في المثال

◂ يُحبُّ الأطفالُ الحَلوى. مُضَعف

١. مِن أيِّ مَصرفٍ غيَّرت النقودَ؟ ______

٢. هل ستأخذُ المعطفَ الأسودَ؟ ______

٣. لقد هَبَّتْ عاصِفَةٌ شديدةٌ أمس. ______

٤. املأْ بطاقةَ الوصُول من فضلك. ______

٥. تحدَّثتُ مع أُسرتي عَبْرَ الإنترنت. ______

٦. سنّ جدِّي -حَفِظَهُ اللهُ- ثَمانُون عامًا. ______

٢٤ ضع الأفعالَ في مكانِها الصحيحِ من الجدول

صلَّى	حجز	وضع	وَعَد	وَفَى	أدَّى	شاء	سأل	وَعَى	قَضى	وقف	بَاع
أخذ	قرأ	حفِظ	هَوَى	خرج	عَدَّ	غوَى	ظَنَّ	شَوَى	حجَّ	وَقَى	قَال

سالم	مهموز	مضعف	مثال	أجوف	ناقص	لفيف مفروق	لفيف مقرون

رَابِعًا القراءة والكتابة

أعياد المسلمين

للمسلمين ثلاثةُ أعيادٍ هي: يومُ الجُمعة ويُحتَفَلُ به كلَّ أُسبوع، وعيدُ الأَضْحَى بالإضافَة إلى عِيد الفِطْر ويُحْتَفَلُ بهمَا مرَّة واحدةً في العام. ولِعيدِ الأَضْحَى أسماء مُختلِفة مِنها: يَومُ النَّحْرِ، ويُسَمَّى في مِصرَ والمَغْرِب والجزائر وليبيا العيد الكَبِير، وفي إيرانَ وتُركيا وأزربِيجَان وألبَانيا وبعضِ دُولِ آسيا بعيدِ القُرْبَان.

تَتَّسِمُ أيَّامُ العيدِ بالصَّلواتِ وذِكْرِ اللهِ، والفَرَح، والعَطَاء، والعَطْفِ على الفُقراءِ، وتَزْدَانُ المُدُنُ والقُرَى الإسلامِية بثَوْبٍ جديدٍ. كَمَا أنَّ الأطفالَ يَلبسُونَ أثْوابًا جديدةً، وتَكْثُر الحَلوى والفَواكِه في بيوتِ المسلمين. ولقد اعْتَادَ المُسلمون تَحِيَّةَ بَعْضِهم البَعْض بَعْدَ انتِهائِهم مِن أداءِ صلاة العِيد حيثُ يقومُ كلُّ مُسلِمٍ بِمُصافَحَةِ أخيه المُسلِم قائِلًا له: "تَقبَّلَ اللهُ منَّا ومنك" و"كل عامٍ وأنتم بخير". واعْتَادُوا أيضًا زِيارَة أقارِبِهم ومُعَايَدَتهم.

قال جُبَيْر بنُ نُفَير: كان أصحابُ رَسولِ الله ﷺ إذا التَقَوا يومَ العيدِ يقُولُ بعضُهم لبعضٍ: "تَقبَّلَ اللهُ منَّا ومنك". أمَّا الإفْطَارُ في بعضِ البلادِ العربية يومَ عيدِ الأضْحى غالِبًا ما يَتَكَوَّنُ من (الفَتَّة) وهي عِبارَةٌ عن خُبزٍ جَافٍّ مُقطَّعٍ قِطعًا صغيرةً ويُوضَعُ في مَرَقٍ أو شُوربة اللَّحمِ، بالإضَافَة إلى قِطَعٍ من الذَّبِيحَة أو الخَروف. وفي الغداءِ تُقَدَّمُ الأطباقُ المُختلِفَة مَع قِطَعٍ كبيرَةٍ من اللَّحْم بالإضافَةِ إلى (الفَتَّة) التي تُوضَعُ عليها طَبَقَةٌ من الأرزِ.

٢٥ أجب عن الأسئلة الآتية

١. كم عيدًا للمسلمين؟ ومَا هِيَ؟ ________________

٢. اذكرْ ثلاثةَ أسماءٍ لعيدِ الأَضحى. ________________

٣. بِمَ تَتَّسِمُ أيامُ العيدِ؟ ________________

٤. كيف يُهَنِّئُ المسلمون بعضَهم؟ ________________

٥. على أيِّ طعامٍ يُفْطِر بعض المسلمين العَرَب يوم العيد؟ ________________

٢٦ ضع علامة (√) أو (×) ثم صوِّب الخطأ

١. اعْتَادَ المسلمونَ تَحِيَّةَ بعضِهم البعض قبلَ انتهائِهم مِن أداءِ صَلاة العيد. ( ) ________________

٢. يُسَمَّى عِيدُ الأَضْحى بالعِيد الكبيرِ في بعضِ دُول آسيا. ( ) ________________

٣. تكثُرُ الحَلوى والفَواكه في أيامِ العِيد عند المسلمين. ( ) ________________

٤. يُصَافِحُ المسلمون بعضَهم للتَّهْنِئَةِ بالعيد. ( ) ________________

٥. تتكوَّنُ الفَتَّةُ من اللَّحمِ والأرزِ والخُبزِ. ( ) ________________

٢٧ اختر عنوانًا آخرَ للقطعة ممَّا يلي مبينًا السبب

١. المُعَايدَة ٢. أسماءُ عيدِ الأَضْحى ٣. كيف يَحتفِلُ المسلمونَ بالعيد؟

____

____

____

٢٨ اقرأ القطعةَ مرَّة أخرى واستخرج ما يلي

١. صفةً: ________ وعلامةَ إعرابها: ________

٢. اسمَ فاعِلٍ: ________ اسمَ مَفعول: ________

٣. مصدرًا لفعلٍ رُباعِي: ________ فعله: ________

٤. اسمًا مُعربًا بالحروف: ________ والسبب: ________

٥. اسمًا مجرورًا بالحرف: ________ وآخرَ بالإضافة: ________

٦. جمعًا مُذكرًا: ________ جمعًا مؤنثًا: ________ جمع تكسيرٍ: ________

٢ ب

Feasts and Religious Occasions
الأعياد والمناسبات الدينية

٢٩ اكتب ما يأتي مرة بخط النسخ ومرة بخط الرقعة

خَيْرُ الأَصْحَابِ مَنْ دَلَّكَ عَلَى الخَيْرِ.

خير الأصحاب من دلك على الخير.

الْوَحْدَةُ الثَّالِثَةُ

٣

مُضْحِكٌ جِدًّا

Hilarious

أ. هَلْ سَمِعْتَ آخِرَ نُكْتَةٍ؟

ب. مَوَاقِفُ حَقِيقِيَّةٌ مُضْحِكَةٌ

٣ أ. هل سمعت آخر نكتة؟

أوّلًا المُفْرَدات

١ املأ الفراغ بمُضادّ ما تحته خطّ

١. اذْكُرِ اللهَ في ______ والعَلَن.

٢. أخيرًا، امتلأ القلبُ فَرَحًا بعدَ طُولِ ______

٣. هذا الطَّريقُ مُتْعِبٌ ومُمِلٌّ أمّا هذا فـ______

٤. صَاحِبِ الظَّرِيفَ وابتَعِدْ عن ______

٥. عَامِلْ صَدِيقَكَ باحْتِرَام لا ______

٦. هل يَجْتَمِعُ الضَّحِكُ و ______ فِي آنٍ واحِدٍ؟

٢ املأ الفراغ بمُرادف ما بين القوسين

١. لماذا يَظْهَرُ على وَجْهِك ______؟ **(الحُزْنُ)**

٢. كُفَّ عنِ ______ مِنْ زَمِيلِك. **(الاسْتِهْزَاء)**

٣. يَحكِي لنا أبِي ______ المُمْتِعَة دائمًا. **(الطَّرَائِف)**

٤. هَل ______ عنِ النَّفْسِ مُفِيدٌ للصِّحَّة؟ **(التَّرْفِيه)**

٥. قمتُ بعملِ ______للملفَّات المَطلُوبة. **(تنزيل)**

٦. أشْعُر بِـ______ عندَ الانْتِهَاء من الوَاجِبَات. **(الفَرَح)**

٣ ضعْ كلَّ كلمةٍ ممَّا يأتي في جملةٍ من عندك

فَزَع : ______

تبَسَّمَ : ______

المَلَفُّ : ______

ظَرِيفٌ : ______

سُخْرِيَة: ______

٤ كوِّنْ من الأحرفِ الآتية المطلوبَ بينَ القوسين كما في المثال

ا	ب	ت	ح	د	ر	ز	س	ط	ع	ف	ق	ك	ل	م	ن	هـ	ة	و	ي

١. (ثلاثَ كلماتٍ تدلُّ على شيءٍ مُضحك) : نكتة ______ ______ ______

٢. (كلمتين مُرادفتَين للضَّحِكِ) : ______ ______

٣. (ثلاثَ مفرداتٍ حاسُوبية) : ______ ______ ______

٤. (صفتينِ وعكسَهما) : ______ ______ ______ ______

٥ استخرج الغريبَ ممَّا يأتي

١. طُرْفَة - قَهْقَهة - نادِرَة - نُكْتَة ______

٢. يُحمِّل - يُنَزِّل - مِزاح - يَنْفَجِر ______

٣. ظَرِيفٌ - ما دَامَ - سَمِجٌ - مُمِلٌّ ______

٤. سُخْرِية - تَبَسُّم - ضَحِكٌ - قَهْقَهة ______

٥. اسْتِهزَاء - تَهَكُّم - احْتِرَام - سُخْرِية ______

٦. الحُزْنُ - السُّرور - الفَرَح - الطَّرَائِف ______

٦ ماذا نَعْنِي بـ......؟

١. السُّخْرِيَة : أ. الاسْتِهْزاءُ بالنَّاسِ ب. الضَّحِكُ مع الناسِ ت. العملُ مع الناسِ

٢. التَّرْوِيح : أ. إزْهَاقُ النَّفس ب. التَّخْفِيفُ عنِ النَّفْسِ ت. عَدمُ إرَاحَةِ النَّفْسِ

٣. الفَزَع : أ. الدَّهْشَة والتَّعَجُّب ب. التَّعَجُّبُ والخَوْف ت. الرُّعْبُ وشِدَّةُ الخَوْف

٤. السِّر : أ. ما ظَهَرَ للنَّاسِ ب. مَا خَفِيَ عنِ النَّاس ت. ما يُتَحَدَّثُ به مع الناسِ

٥. السَّمِج : أ. الإنسانُ الخَالِي من الظُّرْف ب. الإنسانُ الخَالِي من العِلْمِ ت. الإنسانُ الخَالِي من المَال

ثانيًا الحِوَارُ

٧ (أ) أجب عن الأسئلة الآتية

١. ما سببُ حُزْنِ الصديقين؟ ____________________

٢. ماذا فعلَ سامِرٌ ليُذْهِبَ الحُزْنَ عنْهُمَا؟ ____________________

٣. اذكر بعضَ أسماءِ الكُتبِ الخاصَّة بالطَّرائِف. ____________________

٤. لماذا رَدَّ السَّارِقُ الملابِس؟ ____________________

٥. ماذا عَلَّقَ الرجلُ الأَمريكي؟ وأيَّ رِياضَةٍ يُمارِس؟ ____________________

(ب) ضع علامة (√) أو (×) ثم صحِّح الخطأ

١. حصَلَ سامِرٌ وتَيْمُور على دَرَجَة مُنخفِضَة في الامتحان. ( ) ____________________

٢. أخذَ المِعطفَ بَطَلُ المُلاكَمَة ولنْ يعودَ أبدًا. ( ) ____________________

٣. كتابُ (الأذْكِياء) لابنِ الجَوْزِيّ. ( ) ____________________

٤. بكَى الطفلُ لأنَّ الطعامَ كان حارًّا. ( ) ____________________

٥. النَّوادِرُ تُدخِلُ السُّرورَ إلى النفْسِ. ( ) ____________________

٨ تناقَشْ مع زميلِك ثُمَّ أجب عن الأسئلة الآتية

١. هل لَديكَ أصدقاء ظُرَفَاء؟ ____________________

٢. هل تُحبُّ سَماعَ الطَّرائِف والنِّكَات؟ ____________________

٣. هل تُجِيدُ إلْقَاءَ النِّكَات؟ ____________________

٤. ما هِي آخرُ طُرْفَة سَمِعْتَها؟ ____________________

٥. متَى تَحْكِي النِّكَات؟ ولِمَن؟ ____________________

٦. مِن أينَ تَأتِي بالنِّكات؟ ____________________

٧. ما هِي النُّكْتَة التي تُقَهْقِه عندما تَسْمَعها؟ ____________________

٨. ما رأيُك في الشخصِ الذي يُكْثِر من النِّكَات؟ ____________________

٩ هات من الحوار موقفًا أو تعبيرًا أعجبَك / لم يعجبْك مبينًا السبب

____

____

١٠ استخرجْ منَ الحوار ما يأتي

١. جِنْسِيةً: __________ اسمَ رياضةٍ: __________

٢. فعلًا مُعتلًّا (أجوفَ): __________ (ناقِصًا): __________

٣. فعلًا ماضيًا: __________ (مضارعًا): __________ (أمر): __________

٤. فعلًا صحيحًا (سالِمًا): __________ (مَهْمُوزًا): __________ (مُضَعَّفًا): __________

٥. مصدرين لفعلين ثُلاثيين: __________ __________ وبيّن فعليهما: __________ __________

١١ اخترْ أفضل عُنوانٍ للدرس ممَّا يلي مبينًا السبب

١. نوادِرُ وطَرَائف ٢. اضْحَك مِن قلْبك ٣. فوائِدُ الضَّحِك ٤. لَا تَحْزَنْ

____

١٢ اخترْ جزءًا من الحوار، ثم اقرأْه جيدًا، واطلبْ من زميلكَ أنْ يمليَه عليك، ثم صوِّب أخطاءَك بنفسِك

____

____

____

____

____

____

ثالثًا القَوَاعِدُ

الأفعالُ الخمسة وإعرابُها

١٣ ضع خطًّا تحت كلِّ فعلٍ من الأفعال الخمسة ممَّا يأتي

يُغْلِقُ - يَكتُبانِ - يَلْعَبونَ - يَذْهَبْنَ - تَفْتَحُ - تَعْمَلْنَ - أَقْرَأُ - نَفْهَمُ - تَسْتَمِعِينَ - تَدْرُسَانِ - تُمارِسُونَ

١٤ املأ الفراغ بالمناسب ممّا بين القوسين

١. عن أيِّ شيءٍ ________ يا أُمّي؟ **(تبحثُ - تبحثِينَ - تبحَثِي)**

٢. من فَضلِكُما لَا ________ المِصعدَ. **(يَسْتَعْمِلانِ - تَسْتعمِلا - تَسْتَعْمِلَ)**

٣. أنتم ________ على الصلاةِ في وقْتِها. **(تُحَافِظوا - تُحَافِظُونَ - تُحَافِظَانِ)**

٤. المَريضَانِ لم ________ نَصَائِحَ الطَّبيبِ. **(يَتَّبِعَانِ - تَتَّبِعَا - يَتَّبِعَا)**

٥. المُسلمونَ ________ إلى بيتِ اللهِ الحَرامِ. **(يَحُجُّوا - يَحُجُّونَ - تَحُجُّونَ)**

١٥ املأ الفراغ بفعلٍ مُناسب من الصندوق

يتَعَوَّدَا	يَتَمَتَّعُونَ	تَفْعَلِينَ	تُحِبُّونَ	تُفَضِّلَانِ	تذاكري

١. ماذا ________ يا هُدَى؟

٢. الرِّياضِيونَ ________ بِلِيَاقَةٍ بَدَنِيَّةٍ عالِيَة.

٣. أَ ________ مُتَابَعَةَ كُرَةِ القدَمِ في التلفازِ؟

٤. أنتِ لم ________ كثيرًا هذا العام.

٥. هل ________ الطَّعامَ المَنزِلِي يا أَصْدِقائِي؟

٦. محمدٌ وسعيدٌ لم ________ على استِخْدَامِ الحَاسوب.

١٦ اقرأ الآيات ثم استخرج منها الأفعال الخمسة وبيِّن علامة الإعرابِ والسببَ كما في المثال

١. ﴿قَالُوا أَتَعْجَبِينَ مِنْ أَمْرِ اللَّهِ﴾.

٢. ﴿لَا تَحْسَبَنَّ الَّذِينَ يَفْرَحُونَ بِمَا أَتَوْا وَيُحِبُّونَ أَنْ يُحْمَدُوا بِمَا لَمْ يَفْعَلُوا﴾.

٣. ﴿يَا أَيُّهَا الَّذِينَ آمَنُوا لَا تَقْرَبُوا الصَّلَاةَ وَأَنْتُمْ سُكَارَىٰ حَتَّىٰ تَعْلَمُوا مَا تَقُولُونَ﴾.

الفعل	تَعْجَبِينَ							
العلامة	ثبوت النون							
السبب	مرفوع							

١٧ صحِّح الخطأ فيما يأتي

١. الأولادُ لم يتَسحَّرون اليوم. ________________

٢. لن تنامُون قبلَ عَمَلِ الوَاجِبَات. ________________

٣. أَتُصلِّيَا الفجرَ في المسجدِ يا صَدِيقَيَّ؟ ________________

٤. أنتم لا تُفَضِّلينَ الحلوى بعد الطعام. ________________

٥. يا عزيزةُ، هل تُحِبّي سَمَاعَ الطَرائف؟ ________________

١٨ أجب عمَّا يأتي بجمل تشتمِل على فعلٍ من الأفعال الخمسة

١. مَن يجيب عن السؤال؟ ____________________

٢. مَن يُمارسُ الرياضةَ معَك؟ ____________________

٣. هل أَهْمَل التلميذان الواجباتِ؟ ____________________

٤. متى تذهبُ الصديقتان إلى السُوق؟ ____________________

٥. أين يقفُ الحجَّاجُ في التاسع من ذي الحجة؟____________________

١٩ ضع كلَّ فعلٍ مِمَّا يأتِي في جملة من عندك

تدرسَا : ____________________

تنامون : ____________________

يعملوا : ____________________

تأكلينَ : ____________________

يُمارِسان: ____________________

ضمائرُ الرفعِ البارِزة المُتصِلة بالأفعال

٢٠ اقرأ الآيات ثم ضع خطًّا تحت ضمائر الرفعِ المتصلِة كما في المثال

◄ ﴿فَلَمَّا بَلَغَا مَجْمَعَ بَيْنِهِمَا نَسِيَا حُوتَهُمَا﴾.

١. ﴿اذْهَبَا إِلَى فِرْعَوْنَ إِنَّهُ طَغَى﴾.

٢. ﴿يَا نِسَاءَ النَّبِيِّ لَسْتُنَّ كَأَحَدٍ مِنَ النِّسَاءِ إِنِ اتَّقَيْتُنَّ﴾.

٣. ﴿يَا مَرْيَمُ اقْنُتِي لِرَبِّكِ وَاسْجُدِي وَارْكَعِي مَعَ الرَّاكِعِينَ﴾.

٤. ﴿إِنِّي ظَلَمْتُ نَفْسِي وَأَسْلَمْتُ مَعَ سُلَيْمَانَ لِلَّهِ رَبِّ الْعَالَمِينَ﴾.

٥. ﴿إِنَّ الَّذِينَ آمَنُوا وَعَمِلُوا الصَّالِحَاتِ لَهُمْ جَنَّاتٌ تَجْرِي مِنْ تَحْتِهَا الْأَنْهَارُ﴾.

٢١ أكملِ الأفعال بضمائر الرَّفع المُتَّصِلَة المناسبة

١. المُسافرَانِ ركِبـــــ الطائرةَ.

٢. أنا الذي ختَمـــــ القرآنَ.

٣. أَيُّهَا الطلابُ اخرُجـــــ بِهُدُوءٍ.

٤. كتبـــــ الواجبات كاملةً.

٥. هَل تَفْهَمِـــــ هذا المُوضوع يا فاطمةُ؟

٦. النِّسَاءُ يَتَحَمَّلْـــــ الصِّعابَ في تربية الأولادِ.

٢٢ ضعْ علامة (√) أمامَ الجُملِ التي تحْتوِي على ضَمائِر الرفع المتصلة

١. هل تحبُّ السفرَ بالطائرة؟ ( )

٢. اغسلْ يدَيك قبلَ الطعام. ( )

٣. الطبيبُ يفحصُ المريضَ. ( )

٤. الضيوفُ ينتظِرونَ قُدُومَ العَروسَين. ( )

٥. ﴿قَالُوا أَأَنتَ فَعَلْتَ هَٰذَا بِآلِهَتِنَا يَا إِبْرَاهِيمُ﴾. ( )

٦. ﴿اذْهَبُوا بِقَمِيصِي هَٰذَا فَأَلْقُوهُ عَلَىٰ وَجْهِ أَبِي﴾. ( )

٢٣ أَعِدْ كتابةَ الجُملة مُستخدِمًا الكلماتِ التي بينَ القَوْسين كما في المثال

◄ الأبُ رجعَ من العملِ مبكرًا.

أنتَ رجعتَ من العمل مبكرًا. **(أنتَ)**

١. ____________ **(نحن)**

٢. ____________ **(أنتم)**

٣. ____________ **(ارجع)**

٤. ____________ **(أنتِ)**

٥. ____________ **(ترجع)**

٦. ____________ **(أنتما)**

٧. ____________ **(أنتن)**

٢٤ مَثِّل لِكلِّ ضميرٍ مِمَّا يأتِي في جملة من عندك

تَاءُ الفاعِل : ____________

نُونُ النِّسْوَة : ____________

أَلِفُ الاثْنَيْنِ : ____________

وَاوُ الجَمَاعَة : ____________

يَاءُ المُخاطَبَة: ____________

٢٥ املأ الفراغ بفعلٍ مُناسبٍ مُبَيِّنًا اسمَ الضَّمير كما في المثال

◄ **غَيَّرتُ** النقودَ من البنكِ.	**تُ**	**تَاءُ الفاعِل**
١. ماذا ________ يا زَيْنَبُ؟	____	________
٢. العاطِلانِ ________ عن عَمَلٍ.	____	________
٣. هُم ________ الفطورَ في البيتِ.	____	________
٤. المريضاتُ ________ بألمٍ شديد.	____	________
٥. الطلابُ ________ والمعلّمُ يُجِيبُ.	____	________

ب. مواقف حقيقية مضحكة

أوّلًا المُفْرَدات

١ املأ الفراغ بفعلٍ مُناسب

١. لَا ________ الطفلُ عن أُمِّهِ.

٢. ________ أَبِي القرآنَ كلَّ يوم.

٣. ________ الكتابُ بلُغاتٍ كثيرة.

٤. ________ القرآن الكريم اللغة العربية.

٥. ________ اليابانُ لرِيَاحٍ شديدة أمسِ.

٦. ________ وسائلُ الإعلانِ هذا الخبرَ كثيرًا.

٢ املأ الفراغ بكلمةٍ مُناسبة ممَّا بين القوسين

١. أين ________ هذا الكتابُ؟ **(اسْتَغْنى - طُبِعَ - تَعَرَّضَ)**

٢. هل ________ الطفلُ لحادِثٍ؟ **(تَعَرَّضَ - حَدَثَ - أَثْرَى)**

٣. نتقابلُ مع الأصدقاءِ عبْرَ ________ **(المصَافَحَة - الإنترنت - المطْبَعة)**

٤. هذا الرجلُ ________ لا يقرأُ ولا يكتُبُ. **(مُمَثِّل - عُضْو - أُمِّي)**

٥. ما زالَ الكتابُ في ________ ولمَّا يَصدر. **(المُنتَدَى - المَطْبَعة - المُشْرِف)**

٣ ضع كلَّ كلمةٍ ممَّا يأتي في جملة من عندك

طُبِع : ________________

يُثْرِي : ________________

مَطْبَعة : ________________

المَحْكَمَة : ________________

يتعرَّض لِـ: ________________

٤ كوِّن من الأحرفِ الآتية المطلوبَ بين القوسين

ا	ب	ت	ث	د	ر	ش	ض	ط	ع	ف	ق	ك	ل	م	ن	و	ي	ة

١. (أربعةَ أفعالٍ) : ________ ________ ________ ________

٢. (أربعَ مفرداتٍ حَاسُوبية): ________ ________ ________ ________

٥ استخرجِ الغريبَ ممَّا يأتي

١. يستغْنِي - اكْتَشَفَ - يَتْلُو - يُثْرِي ________

٢. مَطبَعة - مَحكَمة - أُمِّيٌّ - مُنْتدَى ________

٣. يتعرَّضُ - جُمْهُورية - يَمْنَع - يُرَدِّد ________

٤. طبع - مَطبَعة - كتاب - مُصَافَحة ________

٥. التَّعلِيقُ - المُشارَكَة - مُمَثِّل - المُشرِف ________

٦. المَحْكَمة - المُشرِف - العُضو - المُنْتَدَى ________

٦ ماذا نَعْنِي بِـ......؟

١. المُنْتَدَى: اسمُ مَكانٍ ________

أ. للطعامِ والشَّراب　　ب. للبيعِ والشِّرَاء　　ت. يجتمعُ فيه الأعضاءُ لتَبادُلِ الخِبْرَات

٢. التَّعْلِيقُ على موضوعٍ هو: ________

أ. كتابَتُهُ　　ب. نَقْلُهُ　　ت. تحلِيلُهُ وإِبْدَاءُ الرَّأْيِ فِيه

٣. الأُمِّيُّ: هو الشَّخْصُ الَّذِي ________

أ. لا يقرأُ ولا يكتبُ　　ب. لا يقرأُ ولكِنَّه يكتب　　ت. الذي يقرأُ ولكنَّه لا يكتب

٤. أَثْرَى الشيء: جَعَلَهُ ________

أ. قَليلًا　　ب. كثِيرًا　　ت. مُتوَسِّطًا

٥. يستغْنِي عن الناس ________

أ. يحتاج إليهم　　ب. لا يحتاج إليهم　　ت. يطلب المساعدة منهم

ثانيًا　الحِوَارُ

٧ (أ) أجب عن الأسئلة الآتية

١. بماذا يُسَمَّى المُشَارِكون في المُنْتَدَى؟ ________

٢. ما الموضوعُ الذي يُنَاقِشُه المُشرِف في المُنتدى؟ ________

٣. ماذا فعلَ المُصلّي ليمنعَ مُرورَ الرجلِ مِن أمامه؟ ________

٤. ماذا طلبَ أَيِنشْتَاين مِن النَّادِل؟ ________

٥. كيف تحدَّث التُركيُّ مع السائِق؟ ________

(ب) علِّل لمَا يأتي (اذكرِ السببَ)

١. قِرَاءة الرجلِ (طُبِعَ في الرِّيَاض). ________

٢. مُصَافَحة المُعْتَمِر للمُصلِّي. ________

٣. طَلَب أَيِنْشْتَاين مِن النادِل قِرَاءة قائمة الطعام. ________

٤. عَدَم قِراءة النَّادل للقائمة. ________

٥. قَول السائِق (صدقَ اللهُ العظيم). ________

٣
ب. مواقف حقيقية مضحكة

٨ تناقَش مع زميلك ثُم أجب عن الأسئلة الآتية

١. هل أنت عُضوٌ في أحدِ المُنتَديات؟ _____

٢. ما هي الموضوعاتُ التي تُحبُّ المُشاركةَ فيها؟ _____

٣. متى دخلتَ آخرَ مرَّة إلى المُنتدى؟ _____

٤. ما الموضوعُ الذي تَناقَشْتَ فيه؟ _____

٥. هل تَعَرَّضْتَ لِموقِفٍ طَريفٍ أَثْناءَ المشاركةِ؟ ما هو؟ _____

٩ هات من الحوار موقفًا أو تعبيرًا أعجبك / لم يعجبك مُبينًا السبب

_____

_____

١٠ استخرجْ من الحوار ما يأتي

١. فعلًا منصوبًا: _____ (أداةَ النصبِ): _____

٢. جمعَ (مُذكرٍ سالمًا): _____ (مُؤنثٍ سالمًا): _____ (تكسيرٍ): _____

٣. فعلًا (مَبنيًّا للمَجهول): _____ (صحيحًا): _____ (معتلًّا): _____

٤. فعلًا صحيحًا (سالِمًا): _____ (مهموزًا): _____ (مُضعفًا): _____

٥. اسمَ فاعلٍ: _____ (فِعله): _____ اسمَ مفعولٍ: _____ (فِعله): _____

١١ اختر أفضل عُنوان للدرس ممَّا يلي مبينًا السبب

١. الإنترنت   ٢. مُضحِكٌ جدًّا   ٣. اللغةُ العربيةُ والأجانبُ   ٤. تَشارَكُ معَنا

_____

١٢ اختر جزءًا من الحوار، ثمَّ اقرأه جيدًا، واطلبْ من زميلك أنْ يُملِيَه عليك، ثمَّ صوِّب أخطاءَك بنفسِك

_____

_____

ثالثًا | القَواعِدُ

إعرابُ الفعلِ المضارعِ المعتلِّ الآخِر

١٣ ضع علامةَ (✓) أمام الجملة التي بها فعلٌ مضارعٌ معتلُّ الآخِرِ

١. أرجُو أنْ تكونَ بخيرٍ. ( )   ٤. لا تَنْسَ التَّوقيعَ أسفَل النَّموذَج. ( )

٢. أخْشَى أنْ تُمطِرَ السماءُ. ( )   ٥. ألتقي مع أصدِقائي في العطلة. ( )

٣. هل تريدُ حِذاءً وجَوْرَبًا؟ ( )   ٦. يذهبُ المسلمونَ إلى بيتِ اللهِ الحرامِ للحجِّ. ( )

١٤ بيِّن علامة إعراب الفعل الذي تحته خطّ كما في المثال

◀ لم يأتِ المديرُ اليومَ. __حَذْفُ حَرْفِ العِلَّة__

١. يَدْعو المؤمنُ بكلِّ خيرٍ. ________

٢. لن يَنتَهي الدرسُ قبلَ ساعةٍ. ________

٣. لمَّا أَنْتهِ مِن الوَاجِباتِ. ________

٤. يَنْهَى الإسلامُ عن الظُّلْمِ. ________

٥. يَا بُنَيَّ، لَا تَشْتَرِ الملابِسَ الرَّخِيصَة. ________

١٥ املأ الفراغ بفعل مضارع معتلِّ الآخرِ وبيِّن علامةَ الإعراب

١. لمْ ________ الأمُ بأطفالِها. ________

٢. لنْ ________ الوقتَ في غيرِ طَاعةٍ. ________

٣. لماذا ________ هذه الملابسَ الثقيلةَ؟ ________

٤. حاوِلْ أنْ ________ الذكرياتِ المُؤْلِمَة. ________

٥. لَا ________ على أولادِك؛ فيَسْتَجيبَ اللهُ لكَ. ________

١٦ اخترْ علامة الإعراب الصحيح لمَا تحته خط

١. يَلْتَقي الأصدقاءُ مرَّة في الأسبوعِ. أ. حذف حرف العلة ب. الفتحة ظاهرة ت. الضمة المقدرة

٢. أفكرُ أنْ أَبْقَى سنةً أُخرَى في مصر. أ. الفتحة المقدرة ب. الفتحة الظاهرة ت. الضمة المقدرة

٣. لن نُؤَدِّي فريضةَ الحجِّ هذا العام. أ. الفتحة المقدرة ب. الفتحة الظاهرة ت. الضمة المقدرة

٤. أبي لمْ يُصَلِّ الفجرَ في البيتِ قطُّ. أ. الضمة المقدرة ب. حذف حرف العلة ت. الفتحة الظاهرة

٥. إنَّمَا يَخْشَى اللهَ مِنْ عِبَادِهِ العُلَمَاءُ. أ. الفتحة الظاهرة ب. حذف حرف العلة ت. الضمة المقدرة

١٧ ضع خطًّا تحت الفعلِ المنصوبِ وبيِّن علامة نصبه

١. لن أتَغَدَّى في البيت غدًا. ________

٢. أَرجُو أنْ تسْعَى في الخيرِ دائمًا. ________

٣. لن أخرج حتَّى أَنتهِي من الامتحانِ. ________

٤. اسْتَعِنْ باللهِ كَي تَمْضِي الأيامُ على خيرٍ. ________

٥. ذهبتُ إلى السُّوقِ لأشتَرِي حَاجِيَّات البيتِ. ________

١٨ أَعِدْ كتابةَ الجملةِ مُبتدِئًا بمَا بين القوسين ومُبينًا علامةَ إعراب الفعل كما في المثال

◀ عَوَى الذِّئبُ ليلًا. (لم) __لمْ يَعْوِ الذئبُ ليلًا.__ __حذفُ حرفِ العلَّة__

١. أَتعشَّى مع الأسرةِ كثيرًا. (لم) ________ ________

٢. أنتَ تمشِي مَسافاتٍ طويلة. (لَا) ________ ________

٣. وَقَى المريضُ نفسَه من البرْدِ. (لن) ________ ________

٤. يُجْرِي الرجلُ المُقابَلَةَ الشَّخْصِية. (لمَّا) ________ ________

٥. تَحْتَوِي الرسالةُ على مَعلُوماتٍ مُهِمَّة. (لَا) ________ ________

٣
ب. مواقف حقيقية مضحكة

📄 إسناد الفعل الناقص إلى الضمائر

١٩ ضع خطًّا تحت الفعل الناقص

١. يَبْدُو أنَّ الجوَّ سَيُمْطِرُ.

٢. اسْتَرْخِ قليلًا بعدَ العمل.

٣. رأى الطالبُ نتيجةَ الامتحان.

٤. ادعُ لي بالتوفيق والنجاح.

٥. أدَّيْتُ كلَّ الأعمالِ بِهمَّةٍ ونَشاط.

٦. يَكْتَفِي محمدٌ بِمُشاهَدة المباراة في التلفاز.

٢٠ ضع خطًّا تحت الفعل الناقص وبيِّن الضمير المُسنَدَ إليه كما في المثال

◀ من فضلكُما، لا تَنْسَيا موعدَ المُقابلة. <u>ألفُ الاثنين</u>

١. متى تَنْتَهِينَ من عَمَلِك؟ _____

٢. قَوُّوا أجسامَكم بالرياضة. _____

٣. الطبيبان أعْطَيا الدواءَ للمَرضى. _____

٤. لَهَوْتُ مع أطفالي بعض الوقت. _____

٥. هؤلاءِ المريضاتُ يَتَعافَيْنَ بسُرْعة. _____

٦. إنَّ اللهَ ومَلائِكَتَهُ يُصَلُّونَ على النَّبيِّ. _____

٢١ املأ الفراغ بفعلٍ ناقصٍ مُناسب من الصندوق

| اسْعَيْنَ | تُعانِيانِ | أتمنَّى | انْتَهَيْنا | أتَيْتُم | كَوَيْتُنَّ |

١. _____ من العمل مبكرًا.   ٣. _____ لكم قَضاءَ وقتٍ مُمْتِعٍ.   ٥. من أيِّ بلدٍ _____؟

٢. هل _____ مِن الزُّكام؟   ٤. هل _____ ملابسَ العيد؟   ٦. _____ في عمل الخير.

٢٢ أعِدْ كتابةَ الجُمل مع الضمائر المطلوبة بين القوسين مع تغييرِ ما يلزَم

١. عانَيْتُ كثيرًا من المرضِ.

- _____ (نا الفاعلين)   - _____ (واو الجماعة)

- _____ (نون النسوة)   - _____ (ألف الاثنين)

٢. هل سَتُجرِيانِ مُقابَلةً اليومَ؟

- _____ (واو الجماعة)   - _____ (نون النسوة)

- _____ (ياء المخاطبة)

٣. ادعُ اللهَ أن يشْفِي كلَّ مريضٍ.

- _____ (واو الجماعة)   - _____ (نون النسوة)

- _____ (ألف الاثنين)   - _____ (ياء المخاطبة)

٢٣ اختر المناسبَ ممَّا بين القوسين وأكمل الجملة

١. _____ بِوَعْدِكُم. (فِي - فُوا - فِيَا)

٢. يَبْدُو أنَّكما _____ العربية. (نَسِيتُم - نَسِيَا - نَسِيتُما)

٣. نحن _____ حاسوبًا جديدًا. (اشتَرَيتُما - اشتَرَينا - اشتَروا)

٤. _____ القِدْرَ وضَعِيهِ على النَّار. (غَطِّي - غَطِّ - غَطُّوا)

٥. الطبيباتُ _____ الآنَ لِفَحْصِ المَرضى. (سَيَأْتِينَ - سَيَأْتُونَ - سَتَأْتِينَ)

٢٤ أسندِ الفعلَ إلى الضميرِ الذي بينَ القوسين وبيِّن ما حدثَ فيه من تغيير

الفعل	الضمير	بعد الإسناد	التغيير
أَغْرَى	(واو الجماعة)		
يَرْجُو	(ياء المخاطبة)		
انْسَ	(واو الجماعة)		
يَكْتَفِي	(ياء المخاطبة)		

رَابِعًا القراءة والكتابة

قِسْمَةُ أَعْرَابِيٍّ

قَدِمَ أَعْرابيٌّ مِن أهلِ البَادِيةِ على رَجُلٍ من أهلِ المَدِينة، وكانَ عِندَه دَجَاجٌ كثيرٌ، ولَه زَوجةٌ وابنانِ وابْنتانِ.

فقال الرجلُ لزوجته: اشْوِي دَجاجةً وقَدِّمِيهَا لنا نَتَغَدَّى بِها. فَلَمَّا حَضَرَ وَقْتُ الغَداءِ جَلَس الجَمِيعُ (الرجلُ وامرَأَتُه وابناه وابنَتَاه والأَعْرابِيُّ)، أَعْطَى الرجلُ الدَّجاجةَ لِلأَعرابِيّ، وقال له: اقْسِمْهَا بَيْنَنا. قال الأعرابيُّ: أنا لَا أُحسِنُ القِسْمَةَ، فإِنْ رَضِيتُمْ بِقِسْمَتِي قَسَمْتُ بَينَكم.

قالتِ الأُسرة: فإنَّا نَرضَى بِقِسْمَتِك؛ فأخذَ الأعرابيُّ الدجاجةَ وقَطعَ رأْسَهَا ثُمَّ أعطَاه للرجلِ، وقَال: الرأْسُ للرَّئِيس، ثُم قطعَ الجَنَاحَيْنِ وقَال: والجَنَاحَانِ للابنتَيْنِ، ثُم قطعَ السَّاقَيْنِ (الرِّجْلَين) فقال: السَّاقَان للابنَيْنِ، ثُم قطعَ المُؤَخِّرَةَ وقال: العَجُزُ للعَجُوزِ، ثُم قال: البَاقِي للضَّيْف، فأخذَ الدَّجاجةَ كاملةً.

وفي اليومِ الثاني قال الرجلُ لامرَأَتِه: اشْوِي لنَا خَمْسَ دَجاجاتٍ، فلمَّا حضرَ الغداءُ قُلنا: اقْسِم بَيننا. قال الأعرابيُّ: أظنُّ أنكمْ غَضِبْتُم مِن قِسْمَتِي أَمْسِ. قالوا: لَا، لم نغضبْ، فَاقْسِم بيننا.

قال: أَأَقْسِمُهَا شَفْعًا أو وَتْرًا؟ قالوا: وَترًا. قال: حَسَنًا. أنتَ وامْرَأَتُك ودَجاجةٌ ثلاثةٌ، وأعطاهم دجاجةً، ثم قال: وابْنَاكَ ودجاجةٌ ثلاثة، وأعطاهم الثانيةَ. ثم قال: وابنَتَاك ودجاجةٌ ثلاثة، وأعطاهنَّ الثالثة. ثم قال وأنا ودجاجتانِ ثلاثة. فأخذَ الدجاجتينِ، فرأى الأسرةَ تَنْظُر إلى الدجاجَتَيْنِ، فقال: لماذا تنظرونَ؟ لعلَّكُم كَرِهْتُم قِسْمَتِي! الوَتْرُ هكذا. قالوا: فاقْسِمْها شَفْعًا.

فأخذ الأعرابيُّ الخمسَ دجاجاتٍ ثم قال للرجلِ: أنت وابناكَ ودجاجةٌ أربعة. وأعطاهم دجاجة. والمرأةُ وابنتاها ودجاجةٌ أربعة، وأعطاهُنَّ دجاجة. ثم قال: وأنا وثلاثُ دجاجاتٍ أربعة، فأخذَ ثلاثَ دجاجات. ثُمَّ رفعَ رأْسَه إلى السَّماءِ وقال: الحَمْدُ للهِ، الَّذي أَفْهَمَنِي هَذا!

ب. مواقف حقيقية مضحكة

٢٥ أجب عن الأسئلة الآتية

١. كم عددُ أفرادِ الأسرة؟ وهل هو شَفْعٌ أو وَتْرٌ؟

____

٢. كيف قسَّمَ الأعرابيُّ الدجاجةَ الأُولى؟

____

٣. كمْ دجاجةً حصلَ عليها الأعرابيُّ في اليوم الثاني؟

____

٤. لماذا أعَادَ الأعرابيُّ القِسْمَةَ؟

____

٥. ما الفرقُ بينَ القِسْمَة الأُولَى والثانية؟

____

٢٦ ضع علامة (√) أو (×) ثم صوِّب الخطأ

١. تتكوَّنُ الأسرةُ من عددٍ شَفْعٍ. ( ) ______________

٢. تَعَشَّى الأعرابيُّ مرَّتينِ عند الرجل. ( ) ______________

٣. شَوَتِ المرأةُ ستَّ دَجاجاتٍ في اليومِ الثَّاني. ( ) ______________

٤. غَضبتِ الأسرةُ من قِسمَة الرجلِ في اليومِ الأولِ. ( ) ______________

٥. أخذَ الأعرابيُّ ثلاثَ دجاجاتٍ في الوَتْرِ ودجاجتينِ في الشَّفْعِ. ( ) ______________

٢٧ اخترعنوانًا آخرَ للقطعة ممَّا يلي مبينًا السبب

١. الشَّفْعُ والوتْر ٢. الأعرابيُّ والدَّجاج ٣. الأعرابيُّ الظَّرِيفُ

____

____

____

٢٨ اقرأ القطعةَ مرَّة أُخرى واستخرجْ ما يلي

١. فعلًا (لفيفًا مقرونًا): ______________ (سالمًا): ______________

٢. اسمَ فاعلٍ: ______________ فعلًا من الأفعالِ الخمسة: ______________

٣. كلمةً (مفردةً): ______________ (مُثنّى): ______________ (جمعًا): ______________

٢٩ اكتب في دفترك قصة مضحكة فيما لا يزيد عن سبعة أسطر

HILARIOUS — مضحك جدًّا

٣٠ اكتب ما يأتي مرة بخط النسخ ومرة بخط الرقعة

لَا تَتَّخِذْ إِلَّا اللَّبِيبَ خَلِيلًا   وَاسْلَمْ بِنَفْسِكَ كَيْ تَعِيشَ طَوِيلًا

←

لا تتخذ إلا اللبيب خليلا   واسلم بنفسك كي تعيش طويلا

←

الْوَحْدَةُ الرَّابِعَةُ

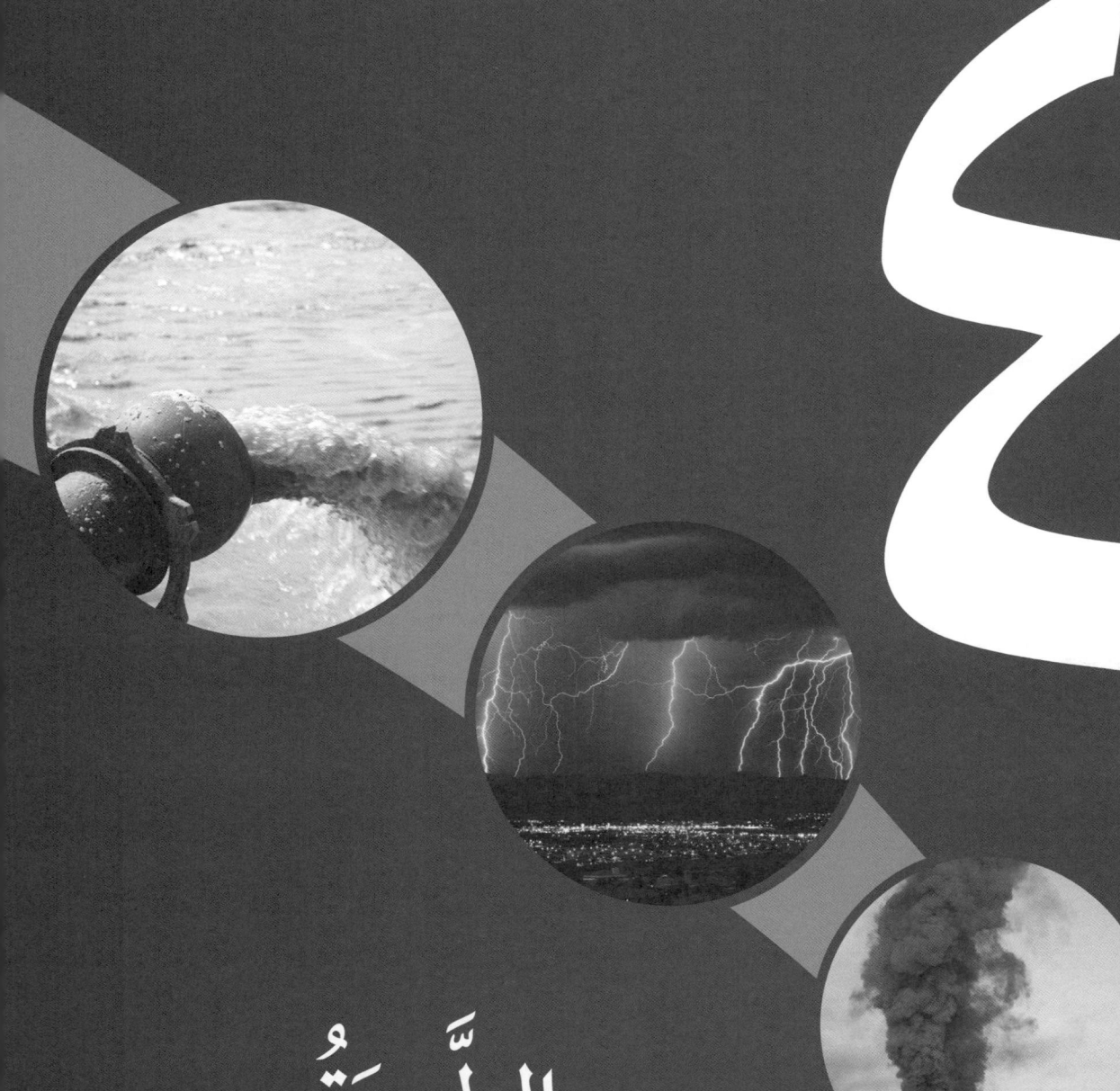

٤

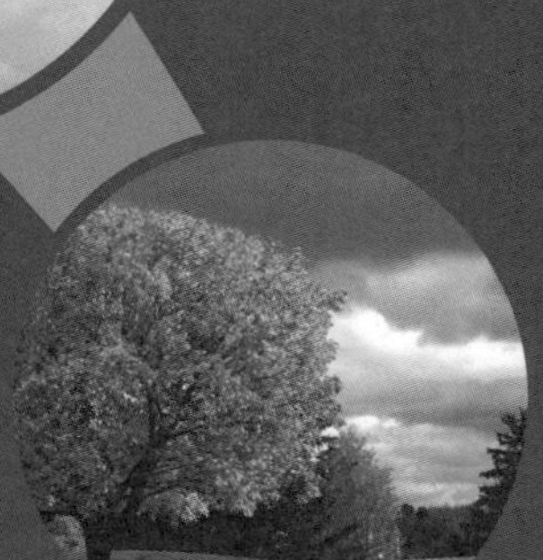

الطَّبِيعَةُ

THE NATURE

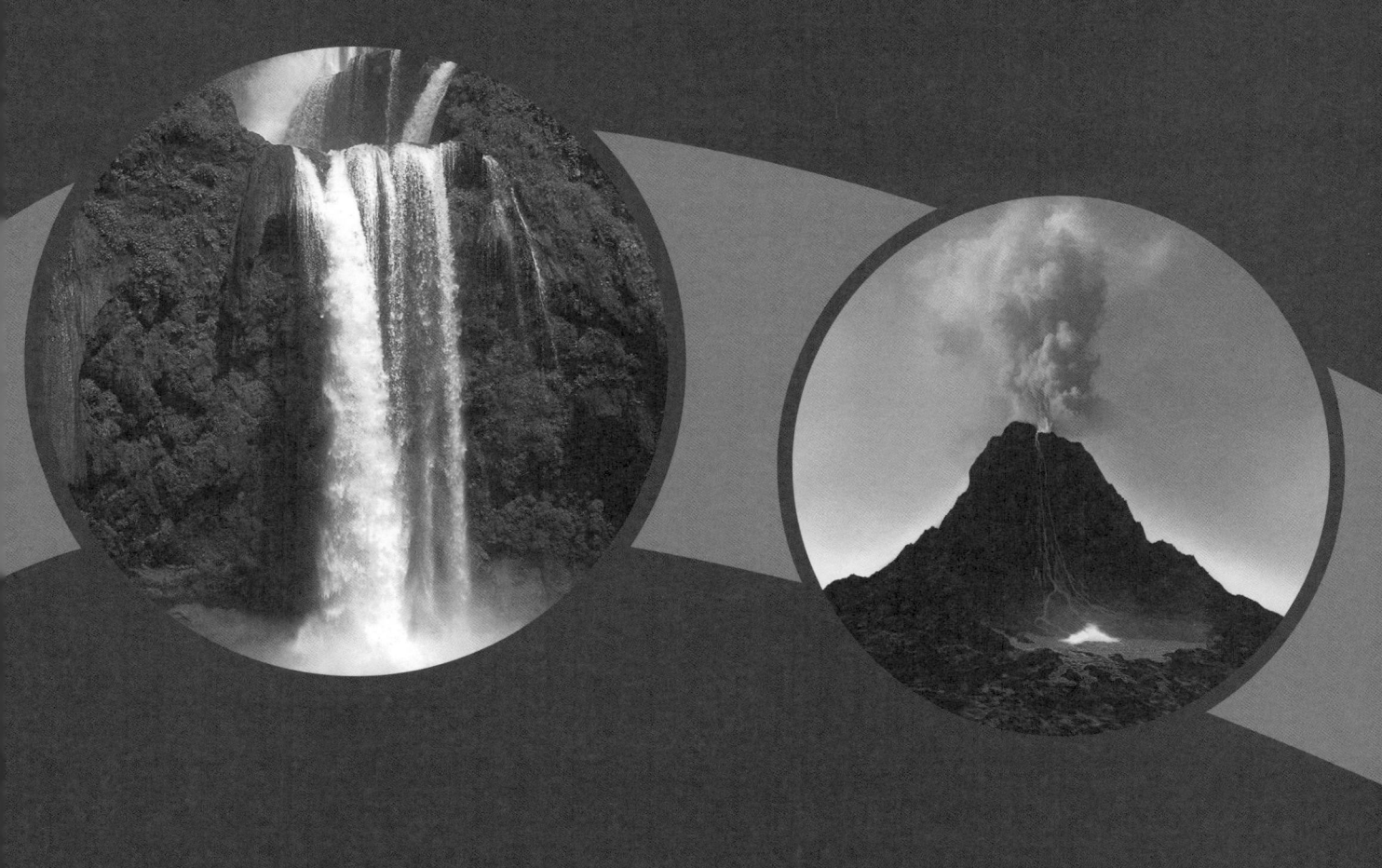

أ. حِوَارٌ بَيْنَ الْبِيئَةِ والتَّلَوُّثِ

ب. بَرْنَامَج «لَا تَتْرُكْ أَثَرًا»

٤ أ. حوار بين البيئة والتلوث

أوَّلًا المُفْرَدَاتُ

١ املأ الفراغ بكلمةٍ مناسبة منَ الصندوقِ

الكَهْف	المُحِيطُ	المُبِيدَات	الشِّعَابُ المَرْجَانية	الغابَات

١. تَكْثُرُ ________ في البحرِ الأَحْمر.

٢. تَعِيشُ أكثر الحيواناتِ في ________

٣. لا تَنْسَ قراءَة سورةِ ________ يومَ الجمعة.

٤. كافَحَ الفلَّاحُ الحَشَرَاتِ الضَّارَّة بِـ ________ الحشَرِيَّة.

٥. ________ الهادِي أكبرُ مساحَة مائية على سطْحِ الأرض ويحيطُ بأمريكا وآسيا وأستراليا.

٢ اخترِ المناسب ممَّا بين القوسين وأكملِ الجملة

١. تُعْتَبَر مصرُ إحدَى دُولِ ________ الثَّالِث. (البيئةِ - الجزيرةِ - العالَم)

٢. هذا الطالبُ ________ لا يُؤَدِّي واجِباتِه. (خطِيرٌ - سَامٌّ - مُسْتَهْتِرٌ)

٣. ________ هو خُروجُ النَّارِ من باطِنِ الأرضِ. (الزلزالُ - البُركانُ - الفَيَضَان)

٤. ________ أرضٌ واسعةٌ ذاتُ شَجَرٍ كثيرٍ وكثِيف. (الغَابَات - الصحراء - الجُزُر)

٥. وجَدَ النبيُّ ﷺ المدينةَ المُنورة ________ جيّدةً للدعوةِ الإسلامية. (غابةً - تُربةً - مكانًا)

٣ ضع كلَّ كلمةٍ مما يأتي في جملة من عندك

شاهِق : ________________________________

الزَّوابِع: ________________________________

البيئة : ________________________________

شاسِعٌ : ________________________________

سَامٌّ : ________________________________

٤ كوِّن من الأحرفِ الآتية المطلوبَ بين القوسين كما في المثال

ا	ب	ت	ح	خ	د	ر	ز	ض	غ	ف	ق	ك	ل	م	ن	و	ي	ء	ة

١. (ثلاثَ كلماتٍ تدلُّ على الطبيعة): **بيئة** ________ ________ ________

٢. (ثلاثةَ أفعالٍ) : ________ ________ ________

٣. (ثلاثَ صفاتٍ) : ________ ________ ________

٤. (ثلاث كلماتٍ تدلُّ على مُلوثات) : ________ ________ ________

٥. (ثلاث كلماتٍ تدلُّ على كَوَارِثَ طبيعيةٍ) : ________ ________ ________

٥ استخرجِ الغريبَ ممّا يأتي

١. سَامٌّ - مُهْلِك - خَطِير - نافِع ______	٤. الكوْنُ - العالمَ - البُركان - البيئة ______
٢. نَقِيٌّ - يخْتَنِق - يُطَهِّر - يُعَاقِب ______	٥. مُسْتَهْتِرٌ - عَابِثٌ - مُكْتَرِثٌ - مُهْمِلٌ ______
٣. زِلْزَال - مُحيط - بُرْكان - إعْصَار ______	٦. مَصْنَع - دُخَان - نُفَايَات - عَادِم السَّيارات ______

٦ ماذا نَعْنِي بِـ......؟

١. **شَاهِق** :	أ. واسِعٌ	ب. كبيرٌ	ت. مُرتفِع
٢. **نَاءٍ** :	أ. بعيدٌ جدًّا	ب. قريبٌ جدًّا	ت. قريبٌ
٣. **النُّفَايَاتُ** : كلُّ شيءٍ لا يستخدِمُه الإنسانُ	أ. لِرَدَاءَتِهِ	ب. لِجَوْدَتِهِ	ت. لِنُدْرَتِهِ
٤. **الطيورُ الجَارِحَة** : هي التي تأْكُلُ	أ. الخضراواتِ	ب. اللُّحُومَ	ت. الفَواكِهَ
٥. **الشِّعَاب المَرْجَانية**: كَائِنَاتٌ حَيَّةٌ تعيشُ في	أ. الصَّحراء	ب. البِحَار	ت. الغَابَات

ثانيًا الحِوارُ

٧ (أ) أجب عن الأسئلة الآتية

١. لماذا لم ترَحِّب البيئةُ بالضَّيف؟ ______________________

٢. مَن الذي دَعا التَّلَوُّثَ للحُضور؟ ______________________

٣. ماذا ستفعلُ البيئةُ لِتَطْرُدَ التَّلوُّثَ؟ ______________________

٤. ماذا فعلَ التَّلوثُ بالإنسانِ والحيوانِ والمُناخِ؟ ______________________

٥. كيف لوَّثَ الإنسانُ المياهَ والتُّرْبَة والهواءَ والغَابات؟ ______________________

(ب) ضع علامة (√) أو (×) ثم صحِّحِ الخطأ

١. السُّحبُ الدُّخَانِيةُ أَحَدُ أسبابِ التَّلوثِ. (   ) ______________

٢. الأمطارُ أحدُ الأسبابِ التي تُساعِد على تقْلِيل التَّلوثِ. (   ) ______________

٣. لا يستطيعُ الإنسانُ مُكافَحةَ التَّلوُّث. (   ) ______________

٤. أمرَ الإسلامُ بالمحافظةِ على البيئةِ. (   ) ______________

٥. لا يُؤثِّرُ التلوثُ على دَرجاتِ الحرارةِ (المُناخ). (   ) ______________

٨ تناقَشْ مع زميلك ثم أجب عن الأسئلة الآتية

١. ما هو التلَوُّثُ (عَرِّف التلوُّثَ)؟ ________________

٢. اذكرْ أنواعَ التَّلوثِ. ________________

٣. اذكرْ بعضَ الأضْرارِ التي يُسبِّبها التلوُّث. ________________

٤. ما هو دَورُ الإنسانِ في مُكافَحة التلوُّث؟ ________________

٥. ما هي الحُلولُ التي يجبُ اتِّباعُها لِتقليلِ التلوُّث؟ ________________

٦. كيف تَتَعامَلُ مع البيئةِ المُلَوَّثَة؟ ________________

٧. هل أَحْسَسْتَ بالتَّلوُّثِ مِن حوْلِك؟ ________________

٨. ما رأيُك في الشخصِ الذي يُلْقِي المُخَلَّفَات في المِيَاه؟ ________________

٩ هات من الحوار موقفًا أو تعبيرًا أعجبَك / لم يعجبْك مبينًا السبب

____

____

١٠ استخرجْ من الحوار ما يأتي

١. أسلوبَ تَعجُّب: ________________

٢. فعلًا مضارعًا: ________ واذكر مصدرَه: ________

٣. مصدرًا لفعلٍ رُباعِي: ________ وبيِّن فِعْله: ________

٤. اسمَ فاعلٍ من غير ثُلاثي: ________ وبيِّن فِعْله: ________

٥. صفةً مجرورةً: ________ واذكر الموصوفَ: ________

١١ اخترْ أفضل عنوانٍ للدرس مما يلي مبينًا السبب

١. البيئةُ والإنسانُ ٢. التلوُّثُ البِيئِي ٣. أنواعُ التَّلوثِ ٤. أضرارُ التلوُّثِ

____

١٢ اختر جزءًا من الحوار، ثمَّ اقرأه جيدًا، واطلبْ من زميلك أنْ يُمْلِيَه عليك، ثمَّ صوِّب أخطاءَك بنفسِك

____

____

____

____

____

ثالثًا القَوَاعِدُ

الحالُ المفردة

١٣ ضع خطًّا تحت الحالِ وخطين تحتَ صاحِبها

١. آكل الطعام باردًا.
٢. رَجَعَ الحجَّاجُ مَغْفُورًا لَهُم.
٣. رَأيتُ الطائِرَةَ مُحلّقَةً في السماءِ.
٤. ذَهَبْنا إلى الجامعةِ نَشيطِين.
٥. أُفَضِّل الذَّهابَ إلى العملِ مَاشِيًا.
٦. اشْتَرِ المُنتَجاتِ المَصْنُوعَةَ مَحلّيًا.

١٤ املأ الفراغ بالحال المناسبة مما بين القوسين

١. أدِّ عمَلَك ________ (مخلصٌ - مخلِصًا - مُخلِصٍ)
٢. صُمْتُ الشَّهْرَ ________ (الكاملَ - كاملًا - كامِلٍ)
٣. لَبِسَ الرجلُ الثَّوبَ ________ (باليًا - بالٍ - البالِي)
٤. بُعِثَ النبيُّ ﷺ ________ للعالمين. (رَحْمةً - رَحمةٍ - رَحمةٌ)
٥. كانَتْ أمِّي تُعَلِّمُ النِّسَاءَ القرآنَ ________ (خِفْيةٍ - خِفْيةٌ - خِفْيةً)

١٥ املأ الفراغ بحالٍ مناسبةٍ من عندك

١. اسْتَأجَرْنا البيتَ ________
٢. اشتريتُ الخضراواتِ ________
٣. قابَلَ والِدي الضيوفَ ________
٤. أَجِبْ عن الأسئلةِ ________
٥. هل تناوَلتَ المشروبَ ________؟
٦. حضر المعلم والطالب ________

١٦ اقرأ الآياتِ ثم استخرجِ الحالَ وصاحبَها كما في المثال

الآية	الحال	صاحبها
◂ ﴿ثُمَّ أَوْحَيْنَا إِلَيْكَ أَنِ اتَّبِعْ مِلَّةَ إِبْرَاهِيمَ حَنِيفًا﴾.	حَنِيفًا	إِبْرَاهِيمَ
١. ﴿فَأُلْقِيَ السَّحَرَةُ سَاجِدِينَ﴾.	________	________
٢. ﴿فَتَبَسَّمَ ضَاحِكًا مِنْ قَوْلِهَا﴾.	________	________
٣. ﴿ فَرَجَعَ مُوسَىٰ إِلَىٰ قَوْمِهِ غَضْبَانَ أَسِفًا﴾.	________	________
٤. ﴿أَيُحِبُّ أَحَدُكُمْ أَنْ يَأْكُلَ لَحْمَ أَخِيهِ مَيْتًا﴾.	________	________
٥. ﴿وَمَا خَلَقْنَا السَّمَاءَ وَالْأَرْضَ وَمَا بَيْنَهُمَا لَاعِبِينَ﴾.	________	________

١٧ أجب عمَّا يأتي بجملٍ تشتَمِلُ على حالٍ مُفردة

١. كيف تابعتِ الأخبار؟ ______________________________

٢. كيف رجعتَ من العملِ؟ ______________________________

٣. كيف ذهبتُنَّ إلى الجامعة؟ ______________________________

٤. كيف استمعتُم إلى القصَّة؟ ______________________________

٥. كيف استقبلتما شهرَ رمضان؟ ______________________________

١٨ ضع كلَّ كلمةٍ ممَّا يأتي في جملة من عندك بحيثُ تكون حالًا

مُتْعَبُون : ______________________________________

ضاحِك : ______________________________________

سَاخِنَة : ______________________________________

نَشِيطَان : ______________________________________

خَاشِعَات: ______________________________________

١٩ حوِّل الحالَ إلى صفةٍ مع الضَّبطِ بالشكلِ وتغيير ما يلزم كما في المثال

◄ تناوَلَ الطفلُ الوجبةَ فاسِدةً. **تناولَ الطفلُ وجْبةً فاسِدةً.**

١. ارتديتُ الثوبَ نَظِيفًا. ______________________________

٢. أُفَضِّل السَّكنَ عاليًا. ______________________________

٣. أَشْعُرُ بالبُرودَةِ قارِسةً. ______________________________

٤. هَطلتِ الأمطارُ غَزِيرةً. ______________________________

٥. شاهَدتُ السماءَ صافيةً. ______________________________

إسناد الفعل المضعف والأجوف إلى الضمائر

٢٠ اقرأ الآياتِ ثم ضعْ خطًّا تحت الفعلِ المضعَّفِ وخطين تحت الفعل الأجوَف كما في المثال

◄ ﴿وَلَا يَزَالُونَ يُقَاتِلُونَكُمْ حَتَّىٰ يَرُدُّوكُمْ عَن دِينِكُمْ﴾.

١. ﴿قُلْ إِنْ كُنْتُمْ تُحِبُّونَ اللهَ فَاتَّبِعُونِي﴾.

٢. ﴿قَالُوا نَعْبُدُ أَصْنَامًا فَنَظَلُّ لَهَا عَاكِفِينَ﴾.

٣. ﴿وَأَوْصَانِي بِالصَّلَاةِ وَالزَّكَاةِ مَا دُمْتُ حَيًّا﴾.

٤. ﴿إِنْ يَشَأْ يُسْكِنِ الرِّيحَ فَيَظْلَلْنَ رَوَاكِدَ عَلَىٰ ظَهْرِهِ﴾.

٥. ﴿وَصَدَّهَا مَا كَانَتْ تَعْبُدُ مِنْ دُونِ اللهِ إِنَّهَا كَانَتْ مِنْ قَوْمٍ كَافِرِينَ﴾.

٦. ﴿وَيَوْمَ يَعَضُّ الظَّالِمُ عَلَىٰ يَدَيْهِ يَقُولُ يَا لَيْتَنِي اتَّخَذْتُ مَعَ الرَّسُولِ سَبِيلًا﴾.

٢١ (أ) املأ الفراغ بفعل مضعَّف مناسب

١. نحن ________ بلقائِك.
٢. من ________ هذَا السُّؤال؟
٣. ________ الموظفُ النقودَ.
٤. أخي ________ البيت القديم.
٥. ________ الحلّاقُ الشَّعرَ بالمقصِ.
٦. المسلمون ________ بيتَ اللهِ الحرام.

(ب) املأ الفراغ بفعلٍ أجوف مناسب

١. أنتِ ________ قليلًا يا ليلى.
٢. هل ________ المجلاتِ اليوم؟
٣. الطفلانِ ________ شهرَ رمضان.
٤. المسافرون ________ إلى بلادِهم.
٥. الأمهاتُ ________ على أولادِهن.
٦. ________ الحقَّ ولو على نفسك.

٢٢ أَعِدْ كتابةَ الجملةِ مع المطلوبِ بين القوسين وغيِّر ما يلزم

(أ) الرَّئيسُ حَيًّا الجُمهورَ.

١. ________ (اللّاعِبون)
٢. ________ (يُحَيِّي)
٣. ________ (هما)
٤. ________ (حَيِّيا)
٥. ________ (أنتِ)

(ب) أبي زار المريضَ.

١. ________ (المعلمان)
٢. ________ (الأصدقاء)
٣. ________ (يزور)
٤. ________ (أنتِ)
٥. ________ (هُنَّ)

٢٣ املأ الجدول بتصريفِ الأفعال الآتية مع الضمائر المناسبة

الفعل	تاء الفاعل	نون النسوة	ألف الاثنين	واو الجماعة	نا الفاعلين	ياء المخاطبة
مَنَّ						
يَشُدُّ						
كان						
يَبيتُ						
دُمْ						

٤ ب. برنامج «لا تترك أثرا»

أَوَّلًا المُفْرَدَاتُ

١ املأ الفراغ بكلمةٍ مُناسبة من الصندوق

الهوايات	المناطق	مُعسكَرٍ	بَرنَامجًا	مُباشرة

١. ستُذَاعُ المباراةُ غدًا على الهواء ________

٢. القراءةُ ومُشاهدةُ التلفاز من ________ المفضَّلة لدَيَّ.

٣. شاهدتُ أمسِ في التلفاز ________ يتحدَّثُ عن البيئة.

٤. الغَرْدَقَةُ وشَرْمُ الشَّيْخ مِن أهَمِّ ________ السياحية في مصر.

٥. تُعلِن الجامعةُ عن إقامَةِ ________ لمدَّةِ أُسبوعٍ في الصحراء الغَربية.

٢ املأ الفراغ بفعلٍ مناسب مما بين القوسين

١. لا ________ الأطفالَ على إشْعَالِ النَّارِ. **(تُطْلِع - تُدَمِّر - تُشَجِّعْ)**

٢. ابتعدْ عن التَّدخِينِ لأنَّه ________ الرئَتَيْنِ. **(يُشَجِّع - يَتخَلَّص - يُدَمِّر)**

٣. الصلاةُ تُريحُ النَّفْسَ و ________ الهَمَّ والحَزَن. **(تُزيلُ - تُشَجِّع - تُؤَثِّر)**

٤. حاوِلْ أنْ ________ من النُّفاياتِ بطريقَةٍ صحِيحَة. **(تَتخَلَّصَ - تُدَمِّرَ - تُؤَثِّرَ)**

٥. استعمالُ المُبيداتِ الحَشَرِيَّة ________ سَلْبًا على البِيئة. **(يُضَايِقُ - يُؤَثِّرُ - يُزِيلُ)**

٣ ضع كلَّ كلمةٍ ممَّا يأتي في جملة من عندك

أَوَدُّ أنْ: ________________________________

هِوَاية : ________________________________

البَرّ : ________________________________

بَرْنامج: ________________________________

الرَّمْل : ________________________________

٤ كوِّن من الأحرفِ الآتية المطلوبَ بين القوسين كما في المثال

ا	ب	ت	ج	ح	خ	ذ	ر	ز	س	ض	ف	ك	ل	م	ن	و	ي	ة	ء

١. (ثلاثَ مفرداتٍ إعلَامِية) : المذيعُ ________ ________ ________

٢. (أربعَ مفرداتٍ للرحلات): ________ ________ ________ ________

٣. (كلمةً ومُرادِفها) : ________ ________

٥ استخرج الغريبَ ممَّا يأتي

١. برٌّ - بَرنَامج - بحرٌ - رَمْلٌ ______

٢. يُدمِّر - يشَجِّع - الحَطَب - يُزيل ______

٣. مُذِيعٌ - مُشاهِد - رِمَال - مُراسِل ______

٤. الخيمةُ - الزُّوار - الرحلات - البَرامج ______

٥. الرَّاحةُ النفْسية - المخلُوقاتُ الفطْرية - الاعتمادُ على النفس - نشاط ______

٦ ماذا نَعْني بِـ......؟

١. **المُراسِل**: هو الذي ينقُلُ الأخبارَ مِن	أ. مِنطَقة مُعيَّنة إلى غيره	ب. الإِذَاعة	ت. التلفاز
٢. **المُخيَّم**: هو المكانُ الذي	أ. نَشترِي منه الخيام	ب. تُصنَعُ فيه الخيام	ت. تُقَامُ فيه الخيام
٣. **كِيلو متر**: مَسافَةٌ تُقَدَّرُ بِـ	أ. مئةِ مِتر	ب. ألفِ مِتر	ت. خَمسمئة مِتر
٤. **تَطْبيقُ البَرنامجِ**: هو	أ. كِتابَتُه	ب. تنظِيمُه	ت. تنفِيذُه
٥. **مَبادِئُ الشَّيء**: هي قواعِدُه	أ. الأَسَاسِية	ب. الفَرْعِية	ت. الكَامِلَة

ثانِيًا الحِوَارُ

٧ (أ) أجب عن الأسئلة الآتية

١. لماذا يقومُ بعضُ الناسِ برحلاتٍ برِّية؟ ______

٢. كمْ تبْعُدُ المِنطقة الصَّحراوِيَّة عن المدينة؟ ______

٣. كيف يَقْضِي الزوار أوقاتَهم أثناءَ الرحلاتِ البَرِّية؟ ______

٤. ما أهمُّ أهدافِ بَرنامج (لا تترُكْ أثرًا)؟ ______

٥. اذكرْ بعضَ السُّلوكِياتِ السَّلْبية التي تُؤثِّر على السياحةِ في المناطق الطَّبيعية. ______

٦. كيف تُحقِّق هذه الرحلاتُ السعادةَ والمُتعَة؟ ______

(ب) ضع علامة (√) أو (×) ثم صحِّحِ الخطأَ

١. يقومُ بعضُ الناسِ بالرِّحلاتِ البَرِّية في الدراسةِ، لِمشاهَدَة المناظِرِ الطبيعية. ( ) ______

٢. تَبعُدُ المِنطقةُ الصحراوية عن المدينةِ نحو عشرة كيلو مِترات. ( ) ______

٣. يَقضِي الزُّوار أوقاتًا مُمتِعةً على الرِّمال الذَّهبية، ويُمارسون هِواياتهم الرِّياضِية. ( ) ______

٤. هذه الرحلاتُ لا تُحقِّقُ السعادةَ والمُتعةَ من خِلال التأمُّل والتفكُّرِ في بَديعِ صُنْعِ اللهِ. ( ) ______

٥. عدمُ تغْييرِ أيِّ شيءٍ في الطبيعةِ من أهمِّ أهدافِ بَرنامج (لا تتركْ أثرًا). ( ) ______

٨ تناقَش مع زميلك، ثم أجب عن الأسئلة الآتية

١. هل كنتَ من المشارِكِينَ يومًا في رحلةٍ برّية؟ متى كان ذلك؟

____

٢. ما اسمُ المِنطقة التي ذهبتَ إليها؟ وكمْ تبعدُ عن المدينة؟

____

٣. كيف قَضَيتَ الوقتَ هناك؟ ومع مَن؟ وكمْ يومًا أقمتَ هناك؟

____

٤. هل حقّقتْ لك السعادةَ والمتعة؟ كيف ذلك؟

____

٥. هل أنتَ من أصدقاءِ البيئة (المحافظين عليها)؟ كيف تتعامَلُ مع المخلوقاتِ الفطرية هناك؟

____

٦. هل كان لديكُم بَرنامجٌ؟ ما هو؟ وما أهدافه؟

____

٧. ما النَّصيحَة التي تُقدِّمُها لمن يقومُ برحلةٍ برّية؟

____

٩ هات من الحوار موقفًا أو تعبيرًا أعجبَك / لم يعجبْك مبينًا السبب

____

____

____

____

١٠ استخرجْ من الحوار ما يأتي

١. كلمةً على وزن (مُفَاعَلة): ____________

٢. فعلًا (صحيحًا): ____________ (معتلًّا): ____________

٣. مصدرًا لفعلٍ رُباعِيّ: ____________ (فعله): ____________

٤. اسمًا مُعربًا بعلامةٍ فَرعِية: ____________ (العلامةُ): ____________

٥. فعلًا من الأفعال الخمسة: ____________ مفعولًا به: ____________

١١ اختر أفضل عنوانٍ للدرس ممّا يلي مبينًا السبب

١. الرحلاتُ البرِّيَّة ٢. التَّخْييمُ ٣. أصدقاءُ البيئة ٤. استمتِعْ ودعْ غيرَك يستمتِعُ

____

١٢ اختر جزءًا من الحوار، ثم اقرأه جيدًا، واطلبْ من زميلك أنْ يُمْلِيَه عليك، ثم صوِّب أخطاءك بنفسِك

____

____

____

____

____

____

____

____

ثالثًا القَوَاعِدُ

أنواعُ الحالِ

١٣ بيِّن الحالَ وصاحِبَها ونوعَها كما في المثال

الجملة	الحال	صاحب الحال	نوع الحال
﴿وَجَاءَ أَهْلُ الْمَدِينَةِ يَسْتَبْشِرُونَ﴾.	**يَسْتَبْشِرُونَ**	**أَهْلُ المَدِينَةِ**	**جملة فعلية**
١. رأينا اللصَّ وهو يجري.	________	________	________
٢. رجعَ الطفلُ يبكِي من الألَم.	________	________	________
٣. توقفتْ السيارةُ وسَطَ الطريقِ.	________	________	________
٤. ﴿فَخَرَجَ عَلَى قَوْمِهِ فِي زِينَتِهِ﴾.	________	________	________
٥. ﴿وَهُوَ الَّذِي أَنزَلَ إِلَيْكُمُ الْكِتَابَ مُفَصَّلًا﴾.	________	________	________

١٤ املأ الفراغ بحالٍ جملة وبيِّن نوعَها والرَّابط «إنْ وُجِد» فيما يأتي كما في المثال

- شرحَ المعلِّمُ الدرسَ **وهو جالِسٌ.** ______ **جملة اسمية** ______ **الواو والضَّمير**

١. رأيتُ أمِّي ______ ______ ______

٢. أَنهَى العاملانِ يومَهما ______ ______ ______

٣. وقفَ الإمامُ ______ بينَ النَّاسِ. ______ ______

٤. دخلتُ الصفَّ ______ ______ ______

٥. سمعتُ المصَلِّي ______ في الصلاة. ______ ______

١٥ املأ الفراغ بالحال المطلوبة بين القوسين

١. خرجتُ من البيتِ ______ **(جملة اسمية)**

٢. يقفُ العُصفُور ______ **(شِبه جُملة ظرف)**

٣. دعوتُ اللهَ ______ **(شِبه جُملة جار ومجرور)**

٤. استقبلتْ الأمُّ طِفلَها ______ **(مفردة)**

٥. تعود الطالبات من المدرسة ______ **(مفردة)**

٦. رأيتُ الأطفالَ ______ في الحديقةِ. **(جملة فعلية)**

١٦ املأ الفراغ بحالٍ شِبه جملة وبيِّن نوعَه فيما يأتي كما في المثال

- يتقابَلُ الطلابُ **في الجامِعة.** **جار ومجرور**

١. تناوَل الطعامَ ______ ______

٢. رأيتُ العلَمَ ______ ______

٣. تنامُ القِطَّةُ ______ ______

٤. أقرأُ القرآنَ الكريم ______ ______

٥. تعلَّمتُ اللغةَ العربيةَ ______ ______

١٧ ضعْ خطًّا تحت نوعِ الحال الصحيح مما بين القوسين

١. كنتُ أحبُّ اللَّبنَ وأنا صغيرٌ. **(مفردة - جملة - شبه جملة)**

٢. ﴿وَجَاؤُوا أَبَاهُمْ عِشَاءً يَبْكُونَ﴾. **(مفردة - جملة - شبه جملة)**

٣. اشْحنِ الحاسُوبَ قبلَ أنْ يفْصِل. **(مفردة - جملة - شبه جملة)**

٤. تَعرِضُ الشركاتُ مُنتجاتِها مُصَوَّرة. **(مفردة - جملة - شبه جملة)**

٥. نَتجَمَّع في ليالي الصيفِ على ضَوءِ القَمَر. **(مفردة - جملة - شبه جملة)**

١٨ مثل لما يأتي في جملة مفيدة

١. حالٍ مفردة : ______

٢. حالٍ جملة اسمية : ______

٣. حالٍ جملة فعلية : ______

٤. حالٍ شبه جملة ظرف : ______

٥. حالٍ شبه جملة جار ومجرور : ______

مراجعةٌ وتذْكِير-أقسامُ الفعلِ في أزمنته الثلاثة

❶❾ بيِّن زمنَ كلِّ فعلٍ ونوعَه كما في المثال

الفعل	زمنه	نوعه
رأى	ماضٍ	ناقِص
يَعُدُّ		
اسْبَحْ		
يَشْوِي		
قُلْ		
وَعَى		
يأمرُ		
يَعِدُ		
انسَ		

❷⓿ هات الأمرَ ممَّا يأتي، ثمَّ أدخلْه في جملة كما في المثال

الفعل	الأمر	الجملة
دَعَا	ادْعُ	ادعُ غيرَك إلى الخيرِ.
نام		
وَفَى		
وَعَد		
هَوَى		

٤
ب. برنامج «لا تترك أثرا»

٢١ املأ الفراغ بالمطلوب بين القوسين

١. هل _____ بألمٍ الآنَ؟ (مضارع / سالم)   ٤. _____ الذكرياتِ المؤلِمة. (أمر / ناقص)

٢. مَن _____ عن هذا السؤال؟ (مضارع / أجوف)   ٥. _____ اللهُ المسلمين بالصلاةِ. (ماض / مهموز)

٣. _____ مِن خَتْمِ القرآنِ اليومَ. (ماض / ناقص)   ٦. _____ الملابسَ من فضلك. (أمر / لفيف مقرون)

٢٢ هات الماضي لما تحته خطٌّ وبيِّن نوعَه كما في المثال

◄ ﴿يَا أَيُّهَا الَّذِينَ آمَنُوا قُوا أَنفُسَكُمْ وَأَهْلِيكُمْ نَارًا﴾.   وَقَى _____   لفيف مفروق

١. ﴿يَا أَيُّهَا الَّذِينَ آمَنُوا أَوْفُوا بِالْعُقُودِ﴾.   _____   _____

٢. ﴿يَا أَيُّهَا الَّذِينَ آمَنُوا خُذُوا حِذْرَكُمْ﴾.   _____   _____

٣. ﴿وَمَن يَبْتَغِ غَيْرَ الْإِسْلَامِ دِينًا فَلَن يُقْبَلَ مِنْهُ﴾.   _____   _____

٤. ﴿وَاضْمُمْ يَدَكَ إِلَىٰ جَنَاحِكَ تَخْرُجْ بَيْضَاءَ مِنْ غَيْرِ سُوءٍ آيَةً أُخْرَىٰ﴾.   _____   _____

٥. ﴿قُلِ ادْعُوا اللَّهَ أَوِ ادْعُوا الرَّحْمَٰنَ أَيًّا مَّا تَدْعُوا فَلَهُ الْأَسْمَاءُ الْحُسْنَىٰ﴾.   _____   _____

٢٣ حوِّلِ الفعلَ إلى المضارعِ، ثم أَدخِل عليه «لم» مرَّة و«لن» مرَّة أُخرى، واضبِطْه بالشكلِ كما في المثال

◄ أَعطى المعلمُ هديَّةً للطالبِ.   لم يُعطِ المعلمُ هدية للطالبِ.   لن يُعطِيَ المعلمُ هدية للطالبِ.

١. وَعَدَ الأبُ ابنَه بهديةٍ.   _____   _____

٢. وَعَى الطالبُ الدرسَ.   _____   _____

٣. صلَّيتُ العِشاءَ في جماعةٍ.   _____   _____

٤. صام محمدٌ رمضانَ كاملًا.   _____   _____

٥. نويتُ صومَ الإثنين والخَميس.   _____   _____

٢٤ مَثِّل لِمَا يأتي في جملة مفيدة

١. مهموزٌ : _____
٢. مِثالٍ : _____
٣. أجوف : _____
٤. ناقِص : _____
٥. لفيفٍ مفروق : _____

٧٢

رابعًا القراءة والكتابة

الإسلامُ والبيئة

الإنسانُ أحدُ الكائناتِ الحَيَّة التي تعيشُ على الأرض، ويُعتَبر الإنسانُ أهمَّ كائنٍ في إحداثِ التغيير البيئِي، فمُنذُ وجودِه وهو يتعامَلُ مع البيئة. لقد كان أهمُّ شيءٍ لدى الإنسان القديمِ أنْ يَحمِيَ نفسَه من البيئةِ ومَخاطِرِها، فتبدَّلَ الحالُ الآنَ؛ ليُصبحَ الهَمُّ الأكبرُ هو حمايةُ البيئةِ من الإنسانِ، وزيادة نشَاطَاته المختلِفة وسُلوكيَّاته السَّلْبية عليها، فقدْ قطعَ أشجارَ الغاباتِ وحوَّل أرضَها إلى مَزارعَ ومصانِعَ ومساكِنَ، وأكْثَرَ من استخدَامِ المُبيدَاتِ بمُختلَف أنواعِها، وهذه كلُّها عوامِلُ قويّة تُؤثِّرُ على البيئةِ وعلى حياةِ الإنسان.

ومِن هُنا بدأتْ تظهرُ دَعَواتٌ للحِفاظِ على الإنسانِ والطبيعة، وبدأَ الغَرْبُ يَفْتَخِرُ بأنَّه أوَّلُ مَن اهْتَمَّ بقَضَايَا البيئة، ولكنَّ مَن يَتَدبَّر ويتأمَّلُ في كتابِ اللهِ وسُنَّةِ الحبيبِ المُصطَفَى ﷺ يجِدُ أنَّ الإسلامَ هو أولُ مَن اهتمَّ بِشؤُونِ البيئة.

فلو أخذْنا على سبيلِ المثالِ مُصطَلَح (العَدَالة البيئيَّة)، الذي ظهرَ مع الحربِ العَالَمِيَّة، لَوَجَدَ مَن يَتفكَّرُ قليلًا أنَّ أسَاسَه ثابتٌ في الشريعةِ الإسلامية، والدَّليلُ على ذلك قولُه تعالى: ﴿مَنْ قَتَلَ نَفْسًا بِغَيْرِ نَفْسٍ أَوْ فَسَادٍ فِي الأَرْضِ فَكَأَنَّمَا قَتَلَ النَّاسَ جَمِيعًا وَمَنْ أَحْيَاهَا فَكَأَنَّمَا أَحْيَا الناس جَمِيعًا﴾.

وأَوْصَى الرسول ﷺ جيشَه في غَزْوة مُؤتَة، وهو يستعِدُّ للخُروج "لا تَقْتُلَنَّ امرأةً ولا صغيرًا ضرعًا؛ (أي: ضعيفًا)، ولا كبيرًا فانِيًا، ولا تحرقنَّ نخلًا، ولا تقْلَعَنَّ شَجَرًا ولا تَهْدِمُوا بَيْتًا" فهذه الوصِيَّةُ تشتَمِلُ على قوانينَ للحفاظِ على البيئة حتى في أوقاتِ الحرب.

إن القرآنَ يدعُونا إلى النظرِ والتأمُّلِ في كل شيءٍ نراه من نباتٍ وحيوانٍ وجَمَادٍ، ففِي سورة الغاشية: ﴿أَفَلَا يَنْظُرُونَ إِلَى الإِبِلِ كَيْفَ خُلِقَتْ وَإِلَى السَّمَاءِ كَيْفَ رُفِعَتْ وَإِلَى الجِبَالِ كَيْفَ نُصِبَتْ وَإِلَى الأَرْضِ كَيْفَ سُطِحَتْ﴾؛ دعوةٌ إلى التأمُّلِ؛ بهدفِ التعرُّفِ على عظمةِ الخالِقِ أولًا، والمحافظةِ على البيئةِ ثانيًا؛ لأنَّ كلَّ إنسانٍ أصبحَ مصدرًا لِتَلْوِيثِ البيئة وهو نفسُه يستطيعُ أنْ يُخَفِّفَ مِن هذا التلوُّثِ أو يزيدَ فيه، حتّى من خِلالِ سِيجارَةٍ يُدَخِّنُها، أو سيارةٍ يَقُودُها، أو موقِعِ عملِه سواء كان صِناعيًّا أو تِجاريًّا أو حِرَفِيًّا.

فعَلى سبيلِ المثالِ إذا خفَّفَ كلُّ مُدَخِّن في مِنطقَتنا سيجارتينِ لأنقَذَ البيئةَ من دُخَان ملايين السجائِر، ولو استخدَمَ كلُّ صاحبِ سيارةٍ قدَمَيه في الأماكنِ القريبةِ لأراحَ البيئةَ من دُخَان ملايين السيارات.

يقول عُلماء البيئة: إنَّ الإنسانَ مُهَدَّدٌ بانتقامِ البيئةِ منه، فارتفاعُ الحرارةِ في الصيفِ إلى هذه الدرجة إشارةٌ لهذا الانتقام، ونحن نحتاجُ إلى ثقافةٍ بيئيةٍ تُمَكِّنُنا مِن التعامُلِ السَّلِيم مع البيئةِ التي نعيشُ فِيها.

ب. برنامج «لا تترك أثرا»

٢٥ أجب عن الأسئلة الآتية

١. مَن أولُ مَن اهتمَّ بالبيئة؟ وما الدَّليلُ على ذلك؟ ______

٢. مَنِ الذي يستطيعُ تَغْييرَ البيئة؟ ______

٣. اذكرْ وصيَّةَ الرَّسول ﷺ لجَيْشِه. ______

٤. ما هوَ هدفُ الإنسانِ الأوّل؟ ______

٥. كيف لوَّثَ الإنسانُ البيئةَ؟ ______

٢٦ ضع علامة (√) أو (×) ثم صوِّب الخطأ

١. الغَربُ أولُ مَن اهتمَّ بقَضايا البيئة. ( ) ______

٢. الإنسانُ هو الكائِنُ الوحِيدُ الذي يعيشُ على وَجْه الأرض. ( ) ______

٣. يدعُو القرآنُ إلى التفَكُّر في خَلْقِ الله. ( ) ______

٤. كلُّ إنسانٍ يحتاجُ إلى تعلُّم الثقافةِ البيئية. ( ) ______

٥. كلُّ ما يُؤَثِّرُ على البيئة يُؤثِّرُ على حياةِ الإنسانِ. ( ) ______

٢٧ اخترْ عنوانًا آخرَ للقطعة ممَّا يلي مبينًا السبب

١. الإنسانُ والبيئة ٢. انتقامُ البيئة ٣. أسبابُ تلوُّثِ البيئة

______

٢٨ اقرأ القطعة مرَّة أُخرى واستخرج ما يلي

١. جمعَ الكلمات الآتية:

مُبيد: ______ قانُون: ______ قَضِية: ______ نشاط: ______

٢. عكسَ الكلمات الآتية:

انخِفاض: ______ الدُّخول: ______ ضَعيفة: ______ الإيجَابِية: ______

٣. فعلًا مضارعًا منصوبًا: ______ وبيِّن أداةَ النصبِ: ______

٤. فعلًا من الأفعالِ الخمسة: ______ جمعًا مُؤنثًا: ______ جمعَ تكسيرٍ: ______

٢٩ لخِّصِ القطعةَ السابقة فيما لا يزيدُ عن سبعة أسطُر

______

______

______

______

______

______

٣٠ اكتب ما يأتي مرَّة بخطِّ النسخ ومرة بخط الرقعة

سِرُّ السَّعَادَةِ حُسْنُ ظَنِّكَ بِالَّذِي خَلَقَ الحَيَاةَ وَقَسَّمَ الأَرْزَاقَ

سر السعادة حسن ظنك بالذى خلق الحياة وقسّم الأرزاق

الْوَحْدَةُ الْخَامِسَةُ

٥

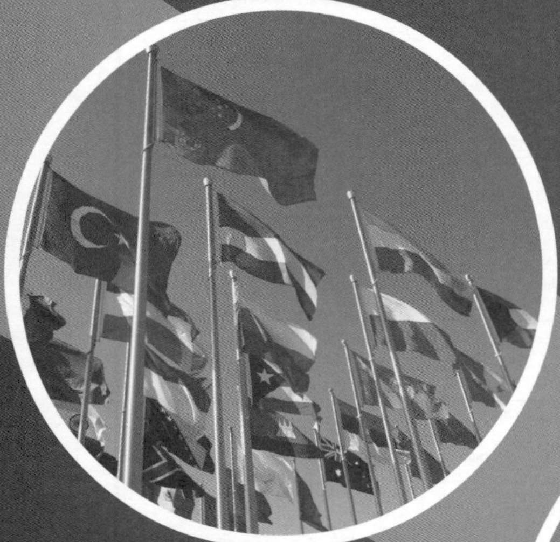

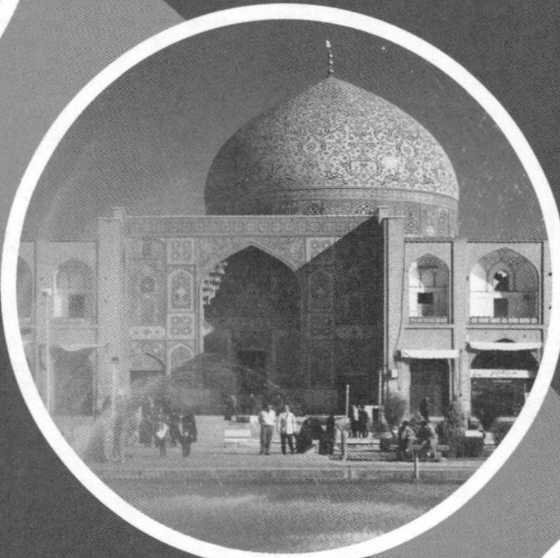

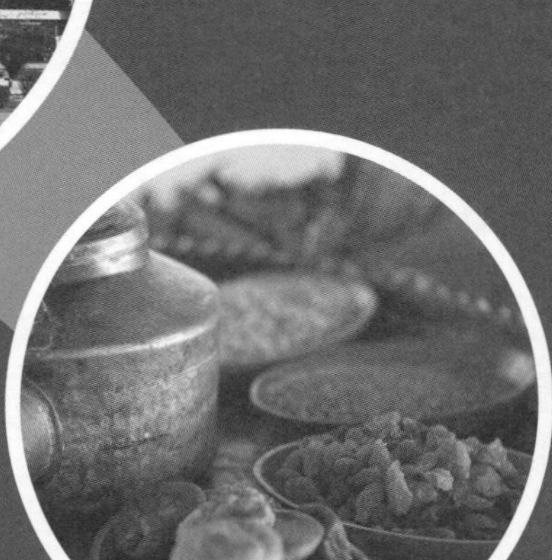

ثَقَافَاتٌ مُخْتَلِفَةٌ

DIFFERENT CULTURES

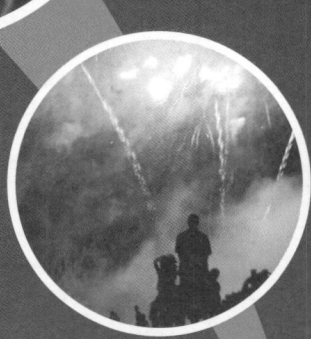

أ. مِهْرَجَانُ أَيَّامِ الشُّعُوبِ

ب. كُلُّ لِسَانٍ إِنْسَانٌ

٥ أ. مهرجان أيام الشعوب

أوّلًا المُفرَدات

١ املأ الفراغ بكلمةٍ مُناسبة من الصندوق

مُجَسَّمًا	تجذب	أَجْنِحَةً	الأناشِيد	الحِنَّاء

١. الآثارُ المِصْريَّة ______ كثيرًا من السَّائِحين.

٢. صَمَّمتْ عائشةُ ______ مُصغَّرًا للكعبةِ المُشرَّفَة.

٣. الكُحْلُ ونَقْشُ ______ من العادات العَرَبيَّة عند الزواج.

٤. يضُمُّ مَعْرِض القاهرة الدَّولي ______ لِمختلَف بُلْدَان العالَم.

٥. هناك إقبالٌ مُتزَايد على جَنَاح ______ الوطنية في مَعْرِض فلسطين.

٢ هات جمعَ الكلمات التي تحتها خطّ وغير ما يلزم

١. أعطاني صديقي كعكة لذيذةً. ______

٢. الرَّقْصة المَوْلَوِيَّة مَشْهُورَة في تركيا. ______

٣. الكِيمُونُو هو الزِّيُّ الشَّعبِي في اليابان. ______

٤. لا يُشْرَبُ لَبنُ الخيلِ في البلاد العربية. ______

٥. قدَّمتْ باكستانُ عَرْضًا مُميَّزًا في المِهْرجان. ______

٦. حصلتُ على طَابِع بَرِيد من القرنِ التَّاسِع عشر. ______

٣ ضع كلَّ كلمةٍ ممَّا يأتي في جملة من عندك

مِهْرَجَان : ______

الكُحْل : ______

يُنَظِّم : ______

تُرَاث : ______

عَلَى التَّوَالِي: ______

٤ صل بينَ الأَكْلَة في (أ) والوصف المناسب لها في (ب)

(أ)	الكُشَرِي	المَنْدِي	المَنْسَف	المَقْلُوبَة	الكَبْسَة
(ب)	الأُرْدُني	السُّورِيَّة	السُّعُودِية	اليَمَنِي	المِصْرِي

٥ استخرج الغريب من كل مجموعة ممّا يأتي

١. شَعْبي - دَقّةُ الثّومِ - وَطَنِي - ثَقَافِي ____________

٢. الأَعْرَاس - الأَفْرَاح - المُجَسَّم - الأَزْيَاء ____________

٣. نَقْشُ الحِنَّاء - الكُحْل - جَنَاح - التَّحِيَّة اليَابانية ____________

٤. المَنْدِي - المَنْسَف - المَقْلُوبَة - الشَّاي الأَخضر ____________

٥. المِنْطَقة الإِسْتِوَائِية - شَمَال إِفْرِيقْيا - آسيا الوُسطى - التُّرَاث ____________

٦ ماذا نَعْنِي بِـ ....؟

١. **المِهْرَجَان**: هو _______ أ. احتفالٌ عظِيم ب. دَعْوَةٌ للطعام ت. رِحْلَةٌ

٢. **ثوبٌ زَاهٍ**: _______ أ. حَسَنُ المَنْظَر ب. جَدِيدٌ ت. أَلْوَانُهُ وَاضِحَة

٣. **جَذَبَ الشَّيءَ**: _______ أ. دَفَعَهُ عَنْه ب. شَدَّهُ إِليه ت. أَبْعَدَهُ

٤. **الحِنَّاءُ**: شَجرٌ يُتَّخَذُ مِن وَرَقِه لَوْنٌ _______ للزِّينَة.

أ. أبيضُ ب. أصفرُ ت. أحمرُ

٥. **التُّرَاثُ**: مَا ينتَقِلُ من عَادات وتقاليدَ وعُلوم وآدابٍ وفُنون ونحوها مِن ____________

أ. بَلَدٍ إلى بلَد ب. بيتٍ إلى بيت ت. جِيلٍ إلى جِيل

ثَانِيًا الحِوَارُ

٧ (أ) أجب عن الأسئلة الآتية

١. ما الذي ستُنَظِّمه الجامعة؟ ومتى؟ ________________________

٢. ما هي الأَطْبَاق الشَّرقِية التي قُدّمتْ في المِهرجان؟ ________________________

٣. ما اسمُ الدَّولتين اللتين لم تُشارِكا في المِهرجان في الأعوام السابقة؟ ________________________

٤. لماذا فازَتِ اليَمَنُ بالمركزِ الأوّل؟ ________________________

٥. كم مرّةً شاركتْ فيها تركيا في هذا المِهرجان؟ ________________________

(ب) أكملِ الناقص بالمُناسب من الحوار

١. يُرَافِقُ القَهْوَةَ التُّرْكِيَّة عادَةً ____________

٢. احْتَوى جَناح دولةِ اليَمَن على ____________

٣. مِن عاداتِ وتقاليد العُرْسِ السُّودَاني ____________

٤. يَضمُّ جَنَاحُ شَمال إفريقيا ثَقَافةَ شُعوبِ كلٍّ مِن ____________

٥. وَزَّعَ الجَنَاحُ الألمانِي ____________ طعمُه لَذِيذٌ على ____________

٨ تناقَشْ مع زميلِك ثُمَّ أجب عنِ الأسئلة الآتية

١. هل شارَكتَ أو شارَكت دَولتُك في مِهرجَان قبلَ ذلك؟ ________________

٢. ما اسمُ ذلك المِهرجان؟ ومتى كان؟ وأينَ أُقِيمَ؟ ________________

٣. اذكرْ بعضَ الدولِ التي شارَكتْ في هذا المِهرجان. ________________

٤. ما الذي قدَّمَتْهُ دولتُك في هذا المِهْرجان؟ ________________

٥. مَن الذي فازَ بالمركزِ الأوَّل؟ ولماذا؟ ________________

٦. ما أهمُّ العُروضِ التي شَاهَدْتَها هناك؟ ________________

٧. اذكرْ بعضَ الأطعمةِ والمَشروبات والأَزْيَاء التي تَشْتهِرُ بها بلدُك. ________________

٨. هل فازت بلدُك بالمركز الأوَّل في أيِّ مِهرجان؟ ومتى؟ ________________

٩ هات من الحوار موقفًا أو تعبيرًا أعجبَك / لم يعجبْك مبينًا السبب

____

____

١٠ استخرج من الحوار ما يأتي

١. اسمَ مفعُول: ________ (فعله): ________

٢. جمعَ مؤنَّثٍ سالِمًا: ________ جمعَ تكْسير: ________

٣. كلمةً على وَزْن (مُفَاعِل): ________ (فُعُول): ________

٤. فعلًا لفيفًا مقرونًا: ________ مصدرًا لفعلٍ رُباعِي: ________

٥. فعلًا مضارعًا منصوبًا: ________ واذكر أداةَ النصب: ________

١١ اختر أفضل عُنوانٍ للدرسِ ممَّا يلي مبينًا السبب

١. عاداتُ وتقاليد الشُّعوب ٢. تعرَّفْ على العالَم ٣. انْظُرْ حَوْلك

____

١٢ اختر جزءًا من الحوار، ثم اقرأه جيدًا، واطلبْ من زميلك أنْ يُمْلِيه عليك، ثم صوِّب أخطاءَك بنفسِك

____

____

____

____

____

ثالثًا القَوَاعِدُ

أنواعُ الصفة

١٣ عيِّنِ الصفةَ والمَوصوف كما في المثال

الجملة	الصِّفة	الموصُوف
◄ انتقَلنا إلى مَنزلٍ جديدٍ منذُ أسبوع.	جديدٍ	مَنزلٍ
١. سمعتُ صوتًا يُنَادِيني.	________	________
٢. رَأَيْنا طائرةً بينَ السُّحُبِ.	________	________
٣. هذه قريةٌ أشجارُها كثيرة.	________	________
٤. سقطَ لاعبٌ أثناءَ المُباراة.	________	________
٥. يذاكر الطالبُ المجتهد دروسه.	________	________

١٤ املأ الفراغ بالمطلوب بين القوسين

١. هذا طفلٌ ________ **(صفة جملة فعلية)**

٢. اقْرأ الكتابَ ________ **(صفة مفردة)**

٣. حضر طالبٌ ________ **(صفة جملة اسمية)**

٤. دخلتْ قِطَّة ________ **(صفة شبه جملة جار ومجرور)**

٥. وضعتُ كتابًا ________ **(صفة شبه جملة ظرف)**

٦. صلَّيتُ وَرَاءَ إمامٍ ________ **(صفة جملة اسمية)**

١٥ اخترِ الصحيحَ ممَّا بين القوسين وأكمِل به الجملة

١. أَعجبَني طفلٌ ________ **(تُساعِد أصدقاءَها - تُساعِد أقارِبَها - يُساعِد أمَّه)**

٢. رأيتُ لِصًّا ________ البيتِ. **(تحت - فوق - إلى)**

٣. ذهبتُ إلى سُوقٍ ________ **(مُنْتجاتُه مُتَنوِّعة - أَسْعارُهم مُرتفِعة - الأقسامُ كَثِيرَة)**

٤. حاوِلْ أنْ تتَنَفَّس هواءً ________ **(نَشيطًا - نَظِيفًا - مُهِمًّا)**

٥. صنعَ الإنسانُ في بيئتِه تلَوُّثًا ________ **(بلا حُدُودٍ - على الحُدود - بجانبِ الحُدود)**

١٦ اقرأِ الآياتِ ثم استخرج الصفةَ والموصوف وبيِّن نوع الصفة كما في المثال

الآية	الصفة	نوعها	الموصوف
◄ ﴿وَجَاءَ مِنْ أَقْصَى الْمَدِينَةِ رَجُلٌ يَسْعَى﴾.	يَسْعَى	جملة فعلية	رجلٌ
١. ﴿فِيهِمَا عَيْنَانِ نَضَّاخَتَانِ﴾.	________	________	________
٢. ﴿اهدِنَا الصِّرَاطَ الْمُسْتَقِيمَ﴾.	________	________	________
٣. ﴿وَاتَّقُوا يَوْمًا تُرْجَعُونَ فِيهِ إِلَى اللهِ﴾.	________	________	________
٤. ﴿وَلَا تُصَلِّ عَلَى أَحَدٍ مِنْهُمْ مَاتَ أَبَدًا﴾.	________	________	________
٥. ﴿رَبَّنَا إِنَّنَا سَمِعْنَا مُنَادِيًا يُنَادِي لِلإِيمَانِ﴾.	________	________	________

١٧ أجب عمَّا يأتي بجُمل تشتَمل على صفةٍ مُراعِيًا التنويعَ في الصفات

١. ماذا فعلتَ أمسِ؟ ________________

٢. متى ذهبتَ آخر مرّة إلى السوق؟ ________________

٣. مع مَن قضيتَ العُطلة؟ ________________

٤. أين وجدتَ هذا الكتاب؟ ________________

٥. إلى أين سافرتَ؟ ________________

١٨ ضع ما يأتي في جملة من عندك بحيث تكون صِفة

واسعًا: ________________ **فوق الطاولة:** ________________

علمُهُ غزيرٌ: ________________ **أورَاقُهُ مُلوَّنةٌ:** ________________

في الجامعة: ________________ **يجتهد كثيرًا:** ________________

١٩ ضع علامة (√) أمام الجملة التي تشتَمِل على صفة

١. الكلمةُ الطَّيبةُ صدقةٌ. ( )

٢. جاء محمدٌ ملابسُه مُرَتَّبَةٌ. ( )

٣. هذا اللاعبُ يلعبُ في المُنتخب. ( )

٤. شاهدتُ نجمًا لامِعًا في السماء. ( )

٥. أفضلُ السَّكنَ في المدينة الجامعية. ( )

٦. هؤلاءِ شبابٌ يحافِظون على الصلاة في جَماعة. ( )

اسمَا الزَّمان والمَكان

٢٠ ضع خطًّا تحت اسمِ الزمانِ وخطين تحت اسم المكان

١. ذهبتُ إلى المَتجَر.

٢. مكّةُ مَقْصِدُ الحُجّاجِ.

٣. الأرضُ مَغْرِسُ الأشجارِ.

٤. مُنْتَهَى العملِ السابعة مَسَاءً.

٥. أذَّنَ المُؤَذِّن عندَ مَغْرِبِ الشمسِ.

٦. الباب الخلفي مُنْصَرَفُ الطلابِ.

٢١ بيِّن نوْعَ ما تحته خطّ واذكرْ فِعلَه كما في المثال

الجملة	النوع	الفعل
◂ السُّعودية مُسْتَخْرَجُ البِتْرول.	اسم مكان	استخرج
١. مِصرُ مَهْبِطُ الأنبياءِ.	________	________
٢. الشِّتاءُ مَوْسِمُ المطَر.	________	________
٣. المَدينةُ مَهْجَرُ النَّبي ﷺ.	________	________
٤. مَبْدَأُ الدِّراسةِ شهرُ سبتمبر.	________	________
٥. مَطْلَعُ الشمسِ الساعة السادسة صَباحًا.	________	________

٢٢ اقرأ الآياتِ الآتيةَ، ثم استخرج اسمَ الزمان أو اسمَ المكانِ وبيِّن نوعَه وفِعْلَه

الآية	الاسم	نوعه	فعله
١. ﴿إِنَّ مَوْعِدَهُمُ الصُّبْحُ﴾.			
٢. ﴿إِلَى رَبِّكَ يَوْمَئِذٍ الْمُسْتَقَرُّ﴾.			
٣. ﴿سَلامٌ هِيَ حَتَّى مَطْلَعِ الفَجْرِ﴾.			
٤. ﴿يَقُولُ الإِنْسَانُ يَوْمَئِذٍ أَيْنَ المَفَرُّ﴾.			
٥. ﴿وَلِلَّذِينَ كَفَرُوا بِرَبِّهِمْ عَذَابُ جَهَنَّمَ وَبِئْسَ المَصِيرُ﴾.			

٢٣ بيِّن نوعَ كلمةِ «مُلْتَقَى» في الجملتين التاليتين

١. النَّادي مُلتقى الشَّباب. ________

٢. الجمعةُ مُلتقى المُسلمين. ________

٢٤ استبدل بالفعلِ اسمَ زمانٍ أو اسمَ مكان مع ضبطِه وبيانِ نوعِه وتغيير ما يلزم كما في المثال

◄ يَسعَى الحجَّاجُ بينَ الصَّفا والمَرْوَة. — مَسْعَى الحُجَّاجِ بين الصفا والمروة. — اسم مكانٍ

١. نطبخُ الطعامَ صباحًا. ________ ________

٢. على شاطئِ البحر يتنزَّهُ الناسُ. ________ ________

٣. تُفْتَتَحُ الشركةُ أوّلَ الشهر القادم. ________ ________

٤. يلعبُ الأطفالُ في فِناءِ المدرسة. ________ ________

٥. يلتَقِي الطلابُ في بدايةِ العام الدراسيّ. ________ ________

٢٥ صُغْ اسمَ الزمانِ أو اسمَ المكانِ مِن الأفعالِ التالية، ثم ضعه في جملة مُفيدة

مرّ : ________ ________

نزَلَ : ________ ________

وقفَ : ________ ________

انتظرَ : ________ ________

استقرَّ : ________ ________

استخرجَ: ________ ________

٥ ب. كل لسان إنسان

أوّلًا المُفْرَدَاتُ

١ املأ الفراغ بكلمةٍ مناسبة من الصندوق

انطِبَاعًا	اللّهجَات	الشَّدائِد	الاقتِصَاد	مَنْهَج	جَادًّا

١. المرأة هي المَسْؤولَة عن ______ في البيت.
٢. ______ المُسلِم في الحياةِ القرآنُ الكريم.
٣. المُسلمون أعوانٌ لِغيرهم عِند ______
٤. ترك الخبرُ ______ على وجه صديقي.
٥. لا تُكثِر اللَّهْوَ وكُنْ ______ في حَديثِك.
٦. يتَّحِدُ العربُ في الفُصْحَى ويختلِفون في ______

٢ املأ الفراغ بفعل مناسب مما بين القوسين

١. لا ______ الكذبُ بالمُسلمين. **(يَلِيقُ - يَبِيتُ - يَخْتَلِطُ)**
٢. ______ إلى التَّوبةِ قبلَ الموتِ. **(أَتْقِن - بَادِر - خَالِط)**
٣. هل يُمكن أنْ ______ الماءُ بالزَّيتِ؟ **(يَلِيقَ - يَخْتَلِطَ - يَبِيتَ)**
٤. ______ الطالبةُ أنْ تُكمِلَ دراستها في الجامعة. **(تَأْمُلُ - تَحْظَى - تَسُودُ)**
٥. ______ لُعْبةُ كرةِ القَدمِ باهتمامٍ كبيرٍ من الشباب. **(تَأْمُلُ - تَسُودُ - تَحْظَى)**

٣ ضع كلَّ كلمةٍ ممَّا يأتي في جملة من عندك

انْطِباع : ______
مُتَطَوِّر : ______
مُحَاولات: ______
يَسُودُ: ______
أَعْوَان: ______
يُتْقِنُ : ______

٤ اخترِ الصحيحَ ممَّا بين القوسين لما يأتي

١. (عكس) جَادّ ______ **(هَازِل - قَدِيم - جَامِد)**
٢. (جمع) عَوْن ______ **(عَائنون - مُعِينون - أَعْوَان)**
٣. (مفرد) الشَّدائد ______ **(الشَّدِيد - الشَّدَّة - الشِّدَّة)**
٤. (عكس) مُتَطَوِّر ______ **(متجدد - متغير - متخلف)**
٥. (مُرادف) يُبَادِر ______ **(يُسْرِع - يَعمَل - يذْهَب)**
٦. (مُرادف) انْطِباع ______ **(تَأَثُّر - انْشِرَاح - طُمَأْنِينة)**

٥ صل بينَ الكلمة من (أ) وما يُناسبها من (ب)

(أ)	مُنظَّمَة	أَعْوَان	الاقْتِصَاد	انطِباع	يبَادِر إلى
(ب)	السياسة	شُعور	الأُمَم المُتَّحِدة	يتَوانَى عن	مُساعِدون

٦ صل بين الفعل من العمود (أ) والحرفِ المناسب له من العمود (ب) وأدخله في جملة

(أ)	(ب)	الجملة
يَأْمُلُ	بـ	________________
يُبادِر	أنْ	________________
يَحْظَى	عن	________________
يَسْمَعُ	إلى	________________

ثانيًا الحِوَارُ

٧ (أ) أجب عن الأسئلة الآتية

١. لِمَن الأبياتُ؟ وعن أيِّ شيءٍ تتحدَّثُ؟ ________

٢. ما فوائدُ تعلُّمِ اللُّغَاتِ؟ ________

٣. لماذا تَنَالُ العربيةُ الاهتمامَ الأَعْظَم مِن بين اللُّغات؟ ________

٤. ما أهمُّ أسبابِ صُعوبةِ اللغةِ العربيةِ؟ ________

٥. اذكرْ بعضَ أغراضِ تَعلُّم العربيةِ. ________

٦. ما مِفتاحُ فَهْمِ القرآنِ الكريمِ؟ ________

(ب) ضع علامة (√) أو (×) ثم صحِّحِ الخطأَ

١. يقومُ الناسُ بتعلُّم العربيةِ لأجل الدِّينِ فقط. ( ) ________

٢. هناك مَجهودَاتٌ لنَشْرِ العربيةِ وتعليمِها داخلَ الوطنِ العربي وخارِجه. ( ) ________

٣. لا تُوجدُ لُغاتٌ أصعبُ من العربيةِ. ( ) ________

٤. صار تَعَلُّمُ اللغاتِ الأجنبيةِ أمرًا مُهمًّا في هذا العصر. ( ) ________

٥. عاشَ صَفِيُّ الدِّينِ الحِلِّي في القَرنين السابع والثامن الهجريين. ( ) ________

٨ تناقَش مع زميلك، ثم أجب عن الأسئلة الآتية

١. مِن أيِّ بلدٍ أنتَ؟ وما اللغةُ التي تتحدَّثون بها؟ ________

٢. هل لُغتُك إحدَى اللغاتِ الرَّسْمية في الأُمَمِ المُتَّحِدة؟ ________

٣. هل يُقْبِلُ الناسُ على تَعَلُّم لغتِك؟ ولماذا؟ ________

٤. هل تَعلُّمُ لغتِك أصعبُ من العربيةِ؟ ولماذا؟ ________

٥. ما أسبابُ صُعوبة لغتِك؟ ________

٦. مَن شاعرُك المفضَّل؟ ماذا تحفظُ له؟ وعن أيِّ شيءٍ يتحدَّث؟ ________

٧. كم إنسانًا أنت؟ ________

٩ هات من الحوار موقفًا أو تعبيرًا أعجبَك / لم يعجبْك مبينًا السبب

____

____

١٠ استخرج من الحوار ما يأتي

١. اسمَ مكانٍ: ________ (فعله): ________

٢. صفةً (مفردة): ________ (الموصوف): ________

٣. مصدرًا لفعلٍ رُباعِي: ________ (فعله): ________

٤. اسمَ فاعلٍ (من الثلاثي): ________ (وآخر من غيرِ الثلاثي): ________

٥. جمعَ (مؤنَّثٍ سالِمًا): ________ (مُذكرٍ سالِمًا): ________ (تكسيرٍ): ________

١١ اخترْ أفضل عنوانٍ للدرس ممَّا يلي مبينًا السبب

١. تعَلُّم اللغات ٢. كُنْ إنسانًا جديدًا ٣. أهميةُ التعلُّم ٤. صِراعُ اللغات

____

١٢ اختر جزءًا من الحوار، ثم اقرأه جيدًا، واطلبْ من زميلك أنْ يُمْلِيه عليك، ثمَّ صوِّب أخطاءَك بنفسِك

____

____

____

ثالثًا القَوَاعِدُ

المَفَاعِيلُ الأربعة

١٣ ضع خطًّا تحت المفعول وبيِّن نوعه كما في المثال

◄ قرأتُ معلومةً مُفيدة. مفعول به

١. اجلسْ قُربَ النَّافِذة. ________

٢. رأينا الهلالَ بينَ السَّحاب. ________

٣. هل أكلتَ طعامًا عربيًّا؟ ________

٤. نمتُ نومًا عَميقًا لأنني متعبةٌ جدًّا. ________

٥. ذهبَ الطلابُ إلى المكتبةِ حُبًّا في القراءة. ________

١٤ صل بين الجملة والمفعول المناسب

الجملة	المفعول
١. ماذا فعلتَ ليلًا؟	المفعول المطلق
٢. قرأَ الطفلُ القصةَ.	المفعول به
٣. سافرتُ إلى مصرَ طلبًا للعِلم.	المفعول لأجله
٤. فاز المُنتخبُ فوزًا كبيرًا على نَظيره.	المفعول فيه

١٥ أكمل الجملة بمفعولٍ مُطلق واضبطْه بالشَّكل

١. انتَشرتِ اللغةُ العربيةُ ______ واسِعًا. ٣. عملتُ اليومَ ______ شاقًّا. ٥. اجلِس ______ طالبِ العِلم.

٢. ترْتَفعُ الأسعارُ ______ كبيرًا قبلَ العيدِ. ٤. يحتاجُ المريضُ إلى الرَّاحة ______

١٦ أكملِ الجملة بمفعولٍ لأجلِه من الفعل الذي بين القوسين واضبطْه بالشكل

١. افعلِ الخيرَ ______ لله. **(يُطِيع)** ٤. سافرت ______ للرزق. **(ابتغى)**

٢. لبستُ ملابسِي ______ للخُروج. **(استعدّ)** ٥. أذهبُ إلى الجامعة ______ للعِلم. **(طَلَب)**

٣. لا تسكتْ عن الحقّ ______ من السُّلطان. **(خَاف)** ٦. طلبتُ يدَ الفتاةِ ______ في الزَّواج منها. **(رَغِب)**

١٧ أكملِ الجملة بمفعولٍ فيه مُناسب واضبطْه بالشكل

١. وقفتِ البنتُ ______ أمِّها. ٣. أقرأُ القرآنَ ______ ٥. ينزلُ المطرُ ______

٢. وضعتُ الطعامَ ______ الطَّاولة. ٤. صُمتُ ______ تقرُّبًا إلى الله.

١٨ (ذاكرَ التلميذُ الدرسَ ليلًا مُذاكرةً جيدَةً استعدادًا للامتحانِ) استخرجْ من الجملةِ السابقة المَفاعيل الأربعة وبيِّن نوعَها

المفعول				
نوعه				

١٩ اقرأِ الآياتِ وحدِّدِ المفعولَ وبيِّن نوعَه كما في المثال

الآية	المفعول	نوعه
◄ ﴿وَكَلَّمَ اللهُ مُوسَى تَكْلِيمًا﴾.	مُوسَى / تَكْلِيمًا	به / مطلق
١. ﴿فَشُدُّوا الوَثَاقَ﴾.		
٢. ﴿فَنَظَرَ نَظْرَةً فِي النُّجُومِ﴾.		
٣. ﴿وَبَنَيْنَا فَوْقَكُمْ سَبْعًا شِدَادًا﴾.		
٤. ﴿وَلَا تَقْتُلُوا أَوْلَادَكُمْ خَشْيَةَ إِمْلَاقٍ﴾.		
٥. ﴿يَجْعَلُونَ أَصَابِعَهُمْ فِي آذَانِهِمْ مِنَ الصَّوَاعِقِ حَذَرَ الْمَوْتِ﴾.		

اسمُ الآلة

٢٠ ضع خطًّا تحت أوزَانِ اسم الآلة فيما يأتي

فَاعِل - مِفْعَال - فَاعُول - مَفْعُول - مِفْعَلَة - أَفْعَال - فَعَّالَة - مَفَاعِل - مِفْعَل - مَفَاعِيل - فَعَائِل

٢١ صل بين اسم الآلة في (أ) والوزن المناسب له في (ب)

(أ)	مِبْرَد	مِنْشَفَة	سَاطُور	دَبَّابَة	مِسْمَار
(ب)	مِفْعَال	فَعَّالَة	مِفْعَلَة	فَاعُول	مِفْعَل

٢٢ املأ الجدول بالمناسب

اسم الآلة		حَاسُوب		مِقْوَد	
الوزن	مِفْعَال		مِفْعَلَة		فَعَّالَة

٢٣ اقرأِ القطعةَ الآتيةَ، ثُمَّ استخرجْ اسمَ الآلةِ وبيِّن وَزْنَه

تَدَخَّلَتِ الكهرباءُ في حياةِ إنسانِ هذا العَصرِ تَدَخُّلًا عَظيمًا، فَلا نَراهُ يَكَادُ يستخدِمُ شيئًا إلَّا ويَعْتَمِد على الكهرباء. فمثلًا يَستمِعُ إلى الأخبارِ مِن المِذْيَاع أو التِّلْفاز، وفي عمَلِه يستخدُم الحاسُوب، ولِمَلابسه يستخدِم الغَسَّالَة والمِكْوَاة، ولِتنظيفِ بيتِه يستعمِلُ المِكْنَسَة والجَاروف. وإذا أرادَ طبخ الطعام أو حِفْظَه استعمل الثَّلاجَة والشَّوَّايَة والمِقْلَاة، وغيرَ ذلك كثير. الأمرُ الذي أَثَّر على البيئةِ وزادَ من التلوُّث.

اسم الآلة										
الوَزْن										

٢٤ املأ الفراغ باسم آلةٍ كما هو مطلوب بين القوسين

١. يخرُجُ الدُّخانُ من ــــــ **(دَخَنَ / مِفْعَلَة)**

٢. لا تَتْرُك الطفلَ يَقُودُ ــــــ وَحْدَه. **(سَارَ / فَعَّالَة)**

٣. انْطَلَقَ اللِّصُّ مُسْرِعًا مِثْلَ ــــــ **(صَرَخَ / فَاعُول)**

٤. وضعَتِ الفتاةُ ــــــ الشَّعْرِ في رَأسها. **(شَبَكَ / مِفْعَل)**

٥. يَسْتَخْدِمُ العُلماء ــــــ في تكْبِيرِ الأشياءِ. **(نَظَرَ / مِفْعَال)**

٦. في مادة الرياضيات نستخدم ــــــ **(حَسَبَ / فَاعِلَة)**

٢٥ هات أسماء آلة على الأوزان الآتية في جمل مُفيدة

١. (مِفْعَال): ــــــــــــــــ

٢. (مِفْعَل) : ــــــــــــــــ

٣. (مِفْعَلة) : ــــــــــــــــ

٤. (فَاعِلَة) : ــــــــــــــــ

٥. (فَعَّالة) : ــــــــــــــــ

٦. (فَاعُول): ــــــــــــــــ

٢٦ هات اسمَ آلة يستخدِمُه كلُّ واحدٍ ممَّا يأتي وضعه في جملة من عندك

١. الخَيَّاط: ــــــــــــــــ

٢. الفَلَّاح : ــــــــــــــــ

٣. الطالب: ــــــــــــــــ

٤. الطبيب: ــــــــــــــــ

رَابِعًا القراءة والكتابة

التَّكَامُل بين اللغةِ والثَّقَافة

لِكلِّ شعْبٍ ثَقَافَته التي يَتَمَيَّزُ بها عن غيره، وَتَنْعَكِسُ هذه الثقافَةُ على لُغَةِ هذا الشَّعب، فاللغةُ في أيِّ مُجتمَعٍ هي مِرآةُ ثقافتِه، وهي الوَسيلَة التي تستخدِمها الشُّعوب للتعبيرِ عن العناصِر المُختلِفة للثقافة مثل عاداتِها ومفَاهِيمِها وتقاليدِها وقوانِينها. وهناك تكامُلٌ بين اللغة والثقافة، وهو على درجةٍ كبيرة من الأهمية، والتي تظْهرُ بوضُوحٍ في مَجَالِ تعليمِ اللغاتِ عامَّة، وتعليمِ اللغةِ العربيةِ خاصَّة.

ومن المُؤَكَّدِ أنَّ تدريسَ اللغةِ بدونِ تدريسِ الثقافةِ لا يُفيدُ الدَّارسين بصُورةٍ فعَّالَة، أمَّا إذا تَعَلَّم الدارسون الجانِبَ الثَّقافِي للغة وما تحْمِلُه من مَفاهِيم ثَقافِية مثل: التقاليد والعادات؛ فإنهم يَكْتَسِبون ثقافةَ أهلِ اللغةِ المُتَعَلَّمَة ويَتَفاعلون معها، ومِن هنا فإنَّ اللغةَ هي المرآةُ الحقيقيةُ لثقافةِ أيِّ شعبٍ من الشعوبِ الإنسانية.

كمَا أنَّ التكامُلَ بين اللغة والثقافة يُؤَدِّي إلى تَنْمِيةِ المَهاراتِ اللُّغويَّة والثقافِية لَدَى الدارسين، ويجْعلُهم مُتَجَاوِبِينَ بصورةٍ أفضل مع أَصْحابِ اللغة الأَصْلِيِّينَ، ولذلك فإنَّ الدارسين تَكونُ لَدَيهم القُدْرة على فَهْمِ أفكَارِ وسُلوكِيَّات الشعوبِ التي يَتَعَلَّمُون لُغَتَهَا كمَا يَتَمَكَّنُون مِن فَهْم المعاني التي يَسْتَخْدِمونها.

ولقد أكدت الدراسات أن تدريس اللغة بدون ثقافتها أو تدريسها من خلال لغة وسيطة لا يفيد الدارسين كثيرًا، بل تصبح عملية تدريس اللغة مَضْيَعَة للوقت والجهد سواء بالنسبة للمعلم أو المتعلم، بالإضافة إلى أن اللغة تصبح غير نافعة، وصعبة الفهم على الدارسين.

ومِن خلالِ ما سَبق يتَّضِحُ لنا أهميةَ تعلِيم الثقافةِ عند تعليم اللغاتِ الأجنبية للدارسين وخاصَّة اللغةِ العربية، وتعلِيم ثقافتِها العربية الإسلامية على درجة كبيرة من الأهمية في مُساعدة الدارسينَ على تعلُّم اللغة العربية، وتحقيقِ الاتِّصال اللغوي الفَعَّال مع الشعوبِ العربية. وعلى الرَّغْمِ مِن أنَّ الدارسين يَصِلون إلى المُستوى المُتَقَدِّم فإنهم ما زالوا يَحتَاجون إلى اسْتِيعَاب مَفاهيم الثقافة العربية الإسلامية، ممَّا يدلُّ على أنَّ هناك تَفَاوتًا ثقافِيًا بين هؤلاءِ الدارسين والثقافة العربية الإسلامية يجبُ أنْ يُعالَجَ بسرعة أثناءَ تعلُّم اللغةِ العربية.

٢٧ أجب عن الأسئلة الآتية

١. ما الذي يُمَيِّز كلَّ شعبٍ عن غيرِه؟ ______________________

٢. مِرآةُ الثقافةِ في أيِّ مُجتمَعٍ هي ________

أ. الدِّينُ ب. اللغة ت. الاقتصاد

٣. تدريسُ اللغةِ بدون ثقافتِها ________

أ. يُفيدُ الدارسين ب. لا يفيدُ الدارسين ت. يُساعِدُ الدارسين

٤. معرِفةُ ثقافةِ اللغةِ المتعَلَّمَة يجعلُ الدارسين لها ________

أ. يبتَعِدون عن المجتمع ب. لا يفهمون المجتمع ت. يتفاعَلون مع المجتمع

٥. التَّكامُل بين اللغةِ والثقافة يُؤدِّي إلى تَنْمِية المَهارات ________

أ. اللغوية والثقافية ب. اللغوية ت. الثقافية

٢٨ ضع علامة (√) أو (×) ثم صوِّب الخطأ

١. تُصْبِحُ اللغةُ مفيدةً إذا فُصِلَت عن الثقافة. ( ) ________

٢. تعلُّمُ ثقافةِ الشعوبِ العربية يُؤَدِّي إلى تحقيقِ الاتصال اللغوي الفَعَّال مَعها. ( ) ________

٣. ما زالَ كلُّ الدارسين لا يحتاجونَ إلى استيعابِ مفاهيم الثقافة العربية الإسلامية. ( ) ________

٤. اللغةُ هي الوسيلةُ التي تستخدِمها الشعوبُ للتعبيرعن ثقافتها. ( ) ________

٥. الثقافةُ لا تساعدُ الدارسَ على التَّكيُّفِ والتَّفاعُل مع الشعوبِ الأُخرَى. ( ) ________

٢٩ اختر عُنوانًا آخرَ للقطعة ممَّا يلي مبينًا السبب

١. أهميةُ الثقافةِ في تعلّم اللغات ٢. تعرَّفْ على ثقافة غيرك ٣. لُغتي ثقافتي

____

____

____

____

٣٠ اقرأِ القطعةَ مرَّةً أُخرى واستخرجْ ما يلي

١. اسمَ مكانٍ: ________ اسمَ آلة: ________

٢. اسمَ إشارة: ________ اسمَ موصول: ________

٣. مصدرًا لفعلٍ (رُباعِي): ________ (ثلاثي): ________

٤. فعلًا (من الأفعال الخمسة): ________ (مبنيًّا للمجهول): ________

٣١ اكتب ما يأتي مرَّة بخطِّ النسخ ومرة بخط الرقعة

تَعَلَّمُوا العَرَبِيَّةَ فَإِنَّهَا تُنْبِتُ العَقْلَ وَتَزِيدُ فِي المُرُوءَةِ.

تعلموا العربية فإنها تنبت العقل وتزيد في المروءة.

الْوَحْدَةُ السَّادِسَةُ

٦

أَمْثَالٌ وَتَعْبِيرَاتٌ وَحِكَمٌ

IDIOMS, EXPRESSIONS AND WISE SAYINGS

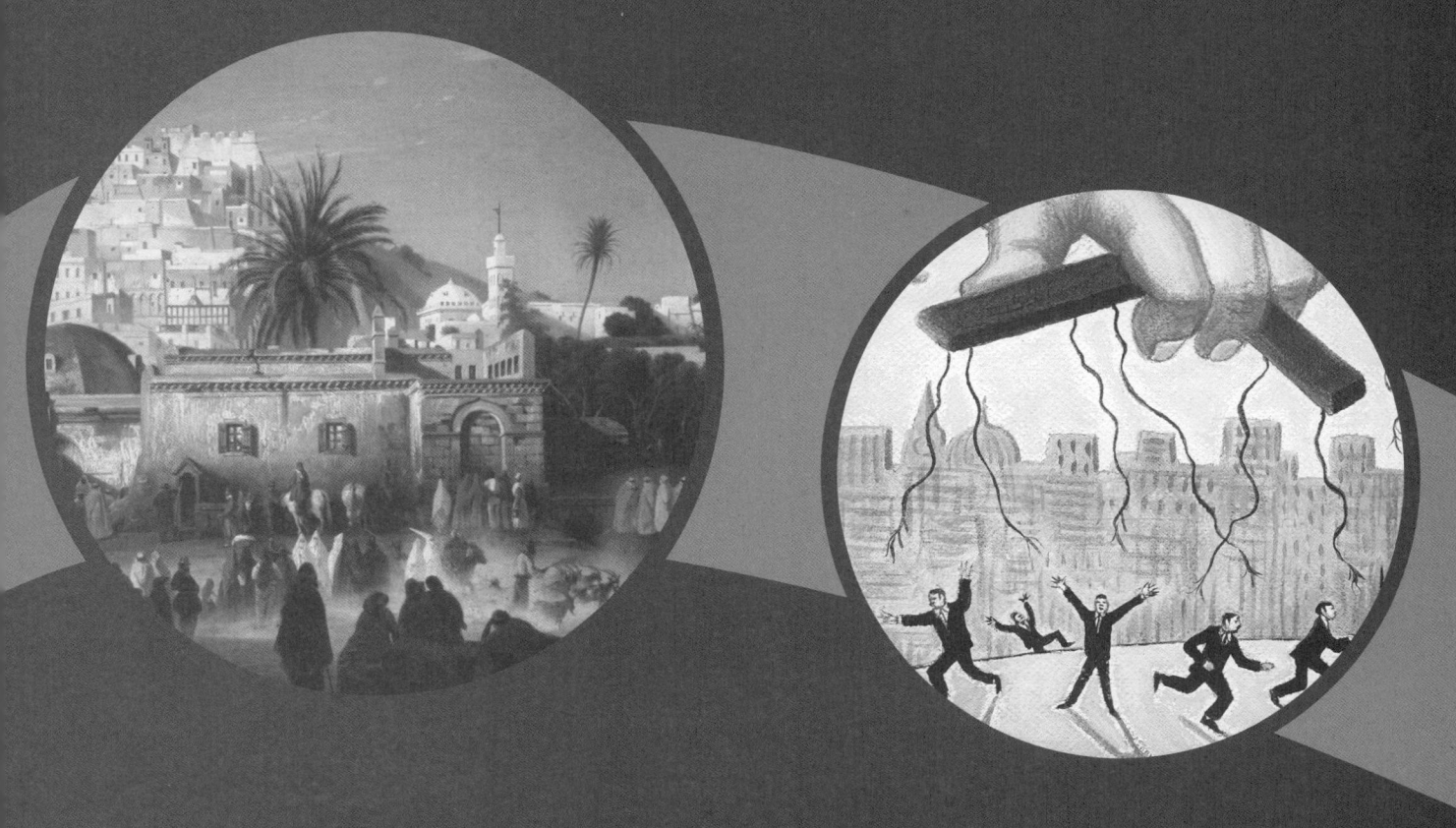

أ. عَلَى رَأْيِ المَثَل

ب. أَنْتُمْ تَلْعَبُونَ بالنَّارِ

٦ أ. على رأي المثل

أوّلًا المُفْرَدَاتُ

١ املأ الفراغ بكلمةٍ مناسبة منَ الصندوقِ

البارحة	الإهَانَة	نَمِرًا	تَلُمْ	عَدِيلك	الحِلْمِ

١. كان النبي ﷺ يتّصِفُ بِـــــــ وطَيّبِ الأَخْلاق.
٢. لا تُكْثِرْ مِن عِتَابِ الأصدقاءِ ولا ـــــــــهم.
٣. ذهبتُ إلى حديقة الحيوان ورأيتُ هناك ـــــــــ كبيرًا.
٤. لقد رأيتُ ـــــــــ حُلْمًا عَجِيبًا.
٥. سمعتُ عن ـــــــــ أخبارًا جيدة.
٦. مَنْ يَقْبَلُ ـــــــــ فَهو خَبِيثُ النَّفْسِ.

٢ هات جمعَ الكلماتِ التي تحتها خطّ

١. قد يكونُ الصَّمْتُ حِكْمَة. ـــــــــ
٢. يُضْرَبُ بالعَصَا مَن عَصَى. ـــــــــ
٣. هل رَكبتَ جَوادًا مِن قبلُ؟ ـــــــــ
٤. لِكُلِّ جَوَادٍ كَبْوَةٌ. ـــــــــ
٥. حفظتُ مثلًا باللغةِ الفرنسية. ـــــــــ
٦. لا تَغِبْ عن الدرسِ بدُون عُذْرٍ. ـــــــــ

٣ ضع كلَّ كلمةٍ ممّا يأتي في جملة من عندك

لِحَاء : ـــــــــــــــــ
كَبْوَة : ـــــــــــــــــ
عُضَال: ـــــــــــــــــ
مِطْرَقة : ـــــــــــــــــ
الحَدِيد: ـــــــــــــــــ
الكرامَة: ـــــــــــــــــ

٤ املأ الفراغ بفعل مناسب مما بين القوسين

١. ـــــــــ أخاك عندَ الخطأ. (عَاتِبْ - أَحْبِبْ - عَاوِن)
٢. ـــــــــ أخي بِقُدُومِ صديقِه. (أَنْبَأْتُ - عَاتَبْتُ - طَرَقْتُ)
٣. ـــــــــ اللهُ المُسلِمينَ بالإسلام. (أَعَزَّ - أَهَانَ - عَاتَبَ)
٤. ـــــــــ الصَّعبُ على المُجدِّ المُجْتهد. (ضَرَبَ - هَانَ - طَرَقَ)
٥. ـــــــــ الرجلُ البابَ ولمْ يُجِبْ أَحَدٌ. (أَكْرَمَ - أَهَانَ - طَرَقَ)

٥ استخرجِ الغريبَ ممّا يأتي

١. كَرَامَة - عَزَّ - لَامَ - طَرَق ـــــــــ
٢. كَبْوَة - سَقْطَة - مِطْرَقَة - عِصِيّ ـــــــــ
٣. الكَاظِم - الغَيْظ - الحَابِل - النَّابِل ـــــــــ
٤. الكَرَامَة - البَارِحَة - غِبّ - الإهانة ـــــــــ
٥. الجِيادُ - النَّابِل - النُّمُور - الأَعْذَار ـــــــــ
٦. عَدَاوَة - كَرَاهِية - مُحَارَبَة - مَحَبَّة ـــــــــ

٦ ماذا نَعْني بـ.........؟

١. الكَبْوَة : السُّقوط على ________	أ. الظهر	ب. القدم	ت. الوجه
٢. الحِلم : الصَّبرُ وضَبْطُ ________	أ. النَّفْس	ب. اليَدِ	ت. الشَّعْر
٣. العُضَال : الأمرُ الشديدُ ________	أ. السَّهل	ب. اللَّيِّن	ت. المُعْجِزُ
٤. المَثَلُ : قولٌ مُوجَزُ العبَارة يتضمَّنُ خُلَاصَة ______	أ. تَجْرِبَة	ب. طعام	ت. مرض
٥. الحِكْمَة : العِلْمُ بِـ ______ وإصَابَة القَوْلِ.	أ. الأسعارِ	ب. حقائقِ الأشياء	ت. مواقيت الصلاة

ثانيًا الحِوَارُ

٧ (أ) أجب عن الأسئلة الآتية

١. لماذا غضبَ إبراهيم من صديقه؟ ________________

٢. ما سببُ سُكوتِ أيُوب؟ ________________

٣. مِمَّنْ عرف مُحَمَّدٌ بمرضِ أيوب؟ ________________

٤. بِمَ نصحَ عليٌّ صديقَه إبراهيم؟ ________________

٥. ماذا قرَّر الأصدقاءُ أنْ يفعلوا؟ ولماذا؟ ________________

(ب) اخترِ الكلمة المناسبة ممَّا بين القوسين لتُكمِلَ المَثَل

١. لا يأبَى ______ إلَّا حِمار. **(الغنى - العِلم - الكَرامة)**

٢. رُبَّ أخٍ لك لم تَلِده ______ **(أُمُّكَ - جدَّتُك - خالتُك)**

٣. اطْرُقِ ______ وهو ساخِن. **(الرّصَاص - الحَدِيد - المَعْدَن)**

٤. زُرْ غِبًّا ______ حُبًّا. **(تَزْدَدْ - تنقُص - تعمل)**

٥. عند الشدائد ______ **(تُجْهَل - تُعْرَف - يُعْلَم)**

٦. كأنَّ على ______ الطير! **(رأسِه - بطنِه - قلبِه)**

٨ تناقش مع زميلك ثم أجب عن الأسئلة الآتية

١. ما هي الأمثالُ المشهورة في بلدك؟ ________________

٢. هل تستخدمُ الأمثالَ كثيرًا في حديثك؟ ________________

٣. ما أجملُ مَثلٍ من الأمثالِ بالنسبة لك؟ ________________

٤. هل الأمثالُ الشَّعبية دائمًا صحيحة؟ ________________

٥. هناك كثيرٌ من الأمثالِ التي تُخالِف الشريعةَ الإسلامية اذكرْ واحدًا منها. ________________

٦. كم مثلًا تعرفُ عن الصَّبر؟ اذكر واحدًا منها. ________________

٧. أيُّ الأمثالِ تُعجبك؟ ولماذا؟ ________________

٨. ما رأيك في صِحَّة الأمثالِ التالية؟ (مَصائِب قومٍ عند قومٍ فَوائِد - الممنوعُ مَرغُوب - الناسُ أعداءُ ما جَهِلُوا)

____

٩ هات من الحوار موقفًا أو تعبيرًا أعجبَك / لم يعجبْك مبينًا السبب

____

____

١٠ استخرج من الحوار ما يأتي

١. كلمةً على وزن (فَعِيل): __________ (فُعَال): __________

٢. فعلًا مضارعًا مجزومًا: __________ واذكر أداة الجزم: __________

٣. اسم مفعولٍ لفعلٍ غيرِ ثلاثي: __________ (فعْله): __________

٤. فعلًا (أجوفَ): __________ (مثالًا): __________ (مضَعَّفًا): __________

٥. جمعَ مؤنَّثٍ سالِمًا: __________ جمع تكسيرٍ: __________ مُثنًّى: __________

١١ اختر أفضل عُنوان للدرس ممَّا يلي مبينًا السبب

١. من أمثالِ الشعوب ٢. الأمثالُ العربية ٣. الصديقُ وقتَ الضِّيق

____

١٢ اختر جزءًا من الحوار، ثم اقرأه جيدًا، واطلب من زميلك أن يمليَه عليك، ثم صوِّب أخطاءك بنفسِك

____

____

____

____

ثَالِثًا القَوَاعِدُ

أسلوب الشَّرط

١٣ ضع خطًّا تحت أداة الشرطِ الجازمة وخطين تحت غيرِ الجازمة

إذا - أينما - مَن - لو - ما - إنْ - مَهْمَا

١٤ ضع علامة (√) أمام الجملة التي بها أسلوب شرط

١. مَا تَزرَعْ تَحْصُدْ. ( )

٢. مَن يُذاكِرْ ينجحْ. ( )

٣. إنَّ محمدًا ناجحٌ. ( )

٤. مَنْ فعلَ الواجِبَاتِ؟ ( )

٥. مَا قالَه المعلمُ صحيحٌ. ( )

٦. إذا سَمعتَ النِّدَاءَ فأَجِبْ. ( )

٧. مَهْمَا تُخْفِ مِن سِرٍّ يَعْلَمْهُ اللهُ. ( )

٨. ﴿وَأَن تَصُومُوا خَيْرٌ لَكُمْ إِن كُنتُمْ تَعْلَمُونَ﴾. ( )

١٥ املأ الجدوَل كما في المثال

الآية	أداة الشرط	فعل الشرط	نوعه	جواب الشرط	نوعه
◂ ﴿وَلَوْ عَلِمَ اللهُ فِيهِمْ خَيْرًا لَأَسْمَعَهُمْ﴾.	لَو	عَلِمَ	ماضٍ	لَأَسْمَعَهُمْ	ماضٍ
١. ﴿وَإِذَا مَرِضْتُ فَهُوَ يَشْفِينِ﴾.	_____	_____	_____	_____	_____
٢. ﴿وَمَا يَفْعَلُوا مِنْ خَيْرٍ فَلَن يُكْفَرُوهُ﴾.	_____	_____	_____	_____	_____
٣. ﴿قَالُوا إِنْ يَسْرِقْ فَقَدْ سَرَقَ أَخٌ لَهُ مِنْ قَبْلُ﴾.	_____	_____	_____	_____	_____
٤. ﴿فَمَنْ يُؤْمِنْ بِرَبِّهِ فَلَا يَخَافُ بَخْسًا وَلَا رَهَقًا﴾.	_____	_____	_____	_____	_____
٥. ﴿وَلِلَّهِ ٱلْمَشْرِقُ وَٱلْمَغْرِبُ فَأَيْنَمَا تُوَلُّوا فَثَمَّ وَجْهُ ٱللَّهِ﴾.	_____	_____	_____	_____	_____

١٦ صل بينَ الشرطِ والجوابِ المناسب له، ثُمَّ اكتبِ الجملة

١. لو مارستَ الرياضةَ	بَرَّكَ أولَادُكَ.	١. ______________________
٢. أينما تذهبْ	لقَوِيَ جسمُك.	٢. ______________________
٣. إنْ بَرَرْتَ والدَيك	يُفِدْك.	٣. ______________________
٤. إذا حكمتَ بين الناسِ	أذهبْ معَك.	٤. ______________________
٥. ما تقرأْ	فلنْ أسمعَ منك	٥. ______________________
٦. مَن يعملْ سُوءًا	فاحكم بالعدل.	٦. ______________________
٧. مَهْمَا تكلَّمتَ	يُجزَ به.	٧. ______________________

١٧ اخترِ الصحيحَ ممَّا بينَ القوسَين لمَا تحته خطّ

١. مَنْ هناك.	(مَنْ)	(أداة شرط - أداة استفهام - حرف جر)
٢. لو زُرْتَني أكرمْتُك.	(أداةُ الشرط)	(جازمة - غير جازمة)
٣. ﴿وَإِنْ تَعُدُّوا نِعْمَةَ اللهِ لَا تُحْصُوهَا﴾.	(أداةُ الشرط)	(جازمة - غير جازمة)
٤. إذا أكلتَ فكُلْ قليلًا.	(فِعْلَا الشرطِ والجواب)	(ماضيان - أمران - ماض وأمر)
٥. أينما تصنَعِ المعروفَ تَجِده.	(فِعْلَا الشرطِ والجواب)	(مرفوعان - مجزومان - منصوبان)
٦. مهمَا سألتَ فلنْ أُجيبَ.	(فِعْلَا الشرطِ والجواب)	(ماضيان - مضارعان - ماض ومضارع)

١٨ ضع كلَّ أداة ممَّا يأتي في جملة من عندك بحيثُ تكوِّنُ أسلوبَ شرط

إنْ: ______________________	مَن : ______________________
إذا: ______________________	مهمَا: ______________________
ما : ______________________	أيْنمَا: ______________________

١٩ املأ الفراغ بفعلِ شرطٍ مناسب

١. إذا ________ فاسألِ اللهَ.
٢. مهما ________ اللهَ يُجِبْك.
٣. إنْ ________ اللهَ يغفرْ لك.
٤. مَن ________ كثيرًا يَمرَضْ.
٥. ما ________ مِن شَيء يعلمْه اللهُ.
٦. لو ________ الكسلانُ لنجحَ في الامتحان.

مراجعةٌ عامّة على المشتقات والمصادر

٢٠ ضَعْ خطًّا تَحتَ اسمِ الفاعِلِ وَخطَّيْنِ تَحتَ اسمِ المَفْعُولِ كَمَا فِي المِثَالَيْن

- أَحْضَرَ عَامِلُ المَطْعَمِ الطَّعَامَ المَطْلُوبَ.
- رَأَيْتُ مُعَلِّمِينَ مُحْتَرَمِينَ فِي الجَامِعَةِ.

١. مَمْنُوعٌ الاقْتِرَابُ مِنَ اللَّاعِبِينَ.
٢. عَائِلَتِي مُكَوَّنَةٌ مِنْ سِتَّةِ أَشْخَاصٍ.
٣. المُجْتَهِدُ مَحْبُوبٌ مِنَ اللهِ وَالنَّاسِ.
٤. مَنِ المَسْؤُولُ عَنْ هَؤُلَاءِ المُهَنْدِسِينَ؟
٥. يَجِبُ مُتَابَعَةُ الصِّفَةِ لِلمَوْصُوفِ المُفْرَدِ.
٦. مِنَ المُلَاحَظِ غِيَابُ بَعْضِ المُوَظَّفِينَ اليَوْمَ.
٧. الشَّايُ مِنَ المَشْرُوبَاتِ المُفَضَّلَةِ فِي العَالَمِ.
٨. مَنِ الطَّالِبُ الَّذِي اشْتَرَكَ فِي دَرْسِ المُحَادَثَةِ؟

٢١ عَيِّنِ المَصْدَرَ وَاذْكُرْ فِعْلَهُ وَنَوْعَهُ كَمَا فِي المِثَالِ

الجُمْلَةُ	المَصْدَر	فِعْلُهُ	نَوْعُهُ
بِالإِمْكَانِ زِيَارَةُ كُلِّ المَتَاحِفِ اليَوْمَ.	~~إِمْكَان / زِيَارَة~~	~~أَمْكَنَ / زَارَ~~	~~غَيْرُ ثُلَاثِيٍّ / ثُلَاثِيٌّ~~
١. أُفَضِّلُ الحُضُورَ قَبْلَ بَدْءِ الدِّرَاسَةِ.	________	________	________
٢. هَلْ تَسْتَطِيعُ وَصْفَ الاتِّجَاهَاتِ جَيِّدًا؟	________	________	________
٣. مِنَ المُمْكِنِ الحُصُولُ عَلَى وَظِيفَةٍ جَيِّدَةٍ.	________	________	________
٤. تَكْوِينُ الجُمْلَةِ فِي اللُّغَةِ العَرَبِيَّةِ سَهْلٌ جِدًّا.	________	________	________
٥. التَّجَوُّلُ فِي الأَسْوَاقِ وَالشِّرَاءُ مِنْهَا أَمْرٌ مُمْتِعٌ.	________	________	________
٦. مُلَاحَظَةُ ارْتِفَاعِ الأَسْعَارِ أَمْرٌ جَدِيرٌ بِالاهْتِمَامِ.	________	________	________
٧. مَا هِيَ اسْتِخْدَامَاتُ الحَاسُوبِ فِي هَذَا العَصْرِ؟	________	________	________

٢٢ صِلِ الفِعْلَ مِنْ (أ) بِالمَصْدَرِ المُنَاسِبِ لَهُ مِنْ (ب)

(أ)	عَلِمَ	عَلَّمَ	أَعْلَمَ	تَعَلَّمَ	اسْتَعْلَمَ
(ب)	تَعَلُّمٌ	تَعْلِيمٌ	اسْتِعْلَامٌ	إِعْلَامٌ	عِلْمٌ

٢٣ املأ الفراغ في الجدول الآتي كما في المثال

المَاضِي	المُضَارِعُ	المَصْدَرُ	اسْمُ الفَاعِلِ	اسْمُ المَفْعُول	اسم الزمان / المكان
دَرَسَ	يَدْرُسُ	دِرَاسَةٌ	دَارِسٌ	مَدْرُوسٌ	مَدْرَسَةٌ
			مُعَلِّقٌ		
		قَضَاءٌ			
	يَتَصَفَّحُ				
				مُنْتَجٌ	
اتَّصَلَ					
		اسْتِقْبَالٌ			
				مُتَعَلَّمٌ	
أَشَارَ					
			مُحَاوِرٌ		
	يَتَقَاطَعُ				

٢٤ اخْتَرِ الصَّحِيحَ مِمَّا بَيْنَ القَوْسَيْنِ

١. (إِصَابَةٌ) مَصْدَرٌ لِفِعْلٍ (ثُلَاثِيٍّ - غَيْرِ ثُلَاثِيٍّ)
٢. (دَرَّسَ) المَصْدَرُ مِنْه (تَدَارَسَ - تَدْرِيسٌ - دِرَاسَةٌ - مُدَارَسَةٌ)
٣. (تَسَوَّقَ) اسْمُ الفَاعِلِ مِنْه (سَائِقٌ - سَوَّاقٌ - مُتَسَوِّقٌ - مُتَسَوَّقٌ)
٤. (نَطَقَ) اسْمُ المَفْعُولِ مِنْه (مَنْطُوقٌ - مُنْطَقٌ - نُطْقًا - نَاطِقٌ)
٥. (مُحَادَثَةٌ) مَصْدَرٌ مِنَ الفِعْلِ (حَادَثَ - تَحَدَّثَ - حَدَّثَ - اسْتَحْدَثَ)
٦. (مُتَّصِلٌ) اسْمُ فَاعِلٍ مِنَ الفِعْلِ (وَصَلَ - وَاصَلَ - تَوَصَّلَ - اتَّصَلَ)
٧. (هَذَا المَطَارُ جَدِيدٌ). المَطَارُ اسْمُ (فَاعِلٍ - مَفْعُولٍ - مَكَانٍ - آلَةٍ)
٨. (مُجْهَدٌ) اسْمُ مَفْعُولٍ مِنَ الفِعْلِ (جَهَدَ - تَجَاهَدَ - جَاهَدَ - أَجْهَدَ)

٢٥ هَاتِ المَطْلُوبَ بين القوسين في جملة مفيدة

١. اهتمَّ (مصدرًا): ________________
٢. طلعَ (اسمَ زمان): ________________
٣. دخل (اسمَ فاعل): ________________
٤. فتح (اسمَ آلة): ________________
٥. لعب (اسمَ مكان): ________________
٦. صَاحَبَ (اسم مفعول): ________________

ب. أنتم تلعبون بالنار

أوّلًا المُفْرَدَاتُ

١ اخترْ مرادفَ ما تحته خطّ ممّا بين القوسين

١. ابْتَعِدْ عن رِفْقَةِ السُّوءِ. **(أصدقاءِ - جِيران - أولادِ)**

٢. لا يَقْنَطُ المؤمنُ من رحمة اللهِ. **(يأْمَن - يَخاف - يَيْأَسِ)**

٣. رأيتُ أَفْعَى كبيرةً في الحدِيقة. **(ثُعبانًا - صَقرًا - حِصانًا)**

٤. يَمُنُّ اللهُ على المُؤمنين بالتَّوْبَة. **(يتفضَّلُ - يسبِقُ - يدفَعُ)**

٥. يَتمنَّى الرجلُ أنْ يسدِّدَ دُيونَه قبلَ وفاته. **(يدفَعَ - يخاف - يأمَن)**

٦. يا صديقي عُدْ إلى صَوابِك وبرَّ والدَيك. **(عمَلك - عقلِك - بيتِك)**

٢ املأ الفراغ بعكسِ ما بين القوسين

١. لا تَكُنْ ______ لِشَهَوَاتِك. **(حُرًّا)**

٢. نَهَى الإسلامُ عن فعْلِ ______ **(الطَّيِّبَات)**

٣. يشعرُ المؤمنُ بـ______ في قبْرِه. **(وَحْشَة)**

٤. هذه ______ مرّةٍ أتأخرُ فيها عن الدرس. **(أوَّل)**

٣ ضع كلَّ كلمةٍ ممَّا يأتي في جملة من عندك

دَيْن : ______________________________

يَنْفخ : ______________________________

السَّيف : ______________________________

التَّهْلُكَة : ______________________________

العُنْقُود: ______________________________

٤ املأ الفراغ بفعلٍ مناسب ممَّا بين القوسين

١. ______ الجيشُ المَهْزومُ سِلَاحَه. **(أَلْقَى - قَنَطَ - سَبَقَ)**

٢. هل ______ أخوكَ أَقْسَاطَ السيارةِ كامِلَةً؟ **(نَفَخَ - سَدَّدَ - أَلْقَى)**

٣. خلقَ اللهُ الإنسانَ و ______ فيه من رُوحِه. **(قنطَ - سَبَقَ - نَفَخَ)**

٤. لا يجوزُ أنْ ______ المأمومُ الإمامَ في الصلاة. **(يَسْبِقَ - يَنْفُخَ - يَقْنَطَ)**

٥. يا غُلامُ، لَا ______ في الطعامِ، واترُكْهُ حتى يَبْرُدَ. **(تنفُخ - تَقنطَ - تُلْقِي)**

٥ صل بين الكلمةِ من (أ) وما يناسبها من (ب) لتُكْمِلَ التعبير

(أ)	التَّوبةُ	على كَفِّ	ينفخُ في	يَرْكَبُ	اللَّعبِ	آخِر
(ب)	غَيرِ نَار	رأسَه	العُنقُودِ	بالنَّار	النَّصُوحُ	عِفْرِيت

٦ ماذا نَعْني بِـ ....؟

١. **العَذَلُ**: هو ________ أ. المُسَامَحَةُ ب. الصَّبْرُ ت. اللَّوْمُ والعِتَابُ

٢. **العِفْرِيت**: هو ________ أ. الإنسانُ ب. الشَّيطانُ ت. الحيوانُ

٣. **التَّوبَةُ النَّصُوحُ**: هي التوبَةُ ________ أ. الخَالِصةُ ب. الكبيرة ت. السَّريعة

٤. **النَّفْخُ**: هو إخراجُ الهواءِ مِن ________ أ. العَينِ ب. الفَمِ ت. الأُذُنِ

٥. **الخَبائِث**: هي الرَّذَائِل والقَبَائِحُ مِن ________ أ. القَوْل ب. الفعل ت. القول والفعل

ثانيًا الحِوَار

٧ (أ) أجب عن الأسئلة الآتية

١. إلى أين سيذهب كلٌّ مِن جَمال وأَدْهم؟ ولماذا؟ ________

٢. هل تابَ أدهمُ إلى الله؟ ولماذا؟ ________

٣. مَن هو رأسُ الأفعَى في هذه الرُّفقة؟ ________

٤. لماذا يَستَدِينُ أدهمُ مِن صديقِه؟ ________

٥. متى يتقابَلُ أدهمُ وجمالٌ؟ وأين؟ ________

(ب) ضع علامة (√) أو (×) ثم صحِّح الخطأ

١. رجعتْ حليمةُ إلى عادَتِها القديمة. مثلٌ عَرَبِيٌّ ( ) ________

٢. لَدَى جمالٌ تدريبٌ في النَّادِي الاجتماعي. ( ) ________

٣. مَن يلعبُ القِمارَ يلعبُ بالنَّار. ( ) ________

٤. جمالٌ آخرُ عُنقُودِ رِفْقَة الأُنْس. ( ) ________

٥. استدانَ أدهم مِن جمالٍ مِئَتَي جنيه. ( ) ________

٨ تناقشْ مع زميلك، ثمَّ أجب عن الأسئلة الآتية

١. هل لدَيك أصدقاء؟

---

٢. هل تكتَفِي بعددٍ مُعَيَّن من الأصدقاءِ؟ ولماذا؟

---

٣. ماذا يُمَثِّلُ لك الصديقُ؟ وهل وجودُه مُهِمٌّ بالنسبةِ إليك؟

---

٤. كيف تختارُ صديقَك؟ وما هي الصفاتُ التي يجبُ أن توجدُ فيه؟

---

٥. هل يمكنُ الاستغناءُ عن الصّديق؟ ولماذا؟

---

٦. هل يمكنُ أنْ تُقدِّمَ تَضْحِيَّاتٍ لِصديقِك؟

---

٧. هل تَقارُبُ السِّنّ بين الأصدقاءِ حاجَة ضَرورِيَّة لنجاحِ الصَّداقة؟

---

٩ هات من الحوار موقفًا أو تعبيرًا أعجبَك / لم يعجبْك مبينًا السبب

---

١٠ استخرج من الحوار ما يأتي

١. فعلًا من الأفعال الخمسة: ________

٢. اسم مكانٍ: ________ (فعله): ________

٣. فعلًا ثلاثيًا: ________ (مصدره): ________

٤. اسمَ فاعلٍ من الثلاثي: ________ (فعله): ________

٥. مصدرًا على وزن تَفْعِيل: ________ (فعله): ________

٦. فعلًا مجزومًا: ________ (أداة الجزمِ): ________ فعلًا منصوبًا: ________ (أداةُ النصبِ): ________

١١ اخترْ أفضل عنوانٍ للدرس ممَّا يلي مبينًا السبب

١. رفقةُ الأُنْسِ ٢. احذَرْ من الأصدقاءِ ٣. لا تَقنطْ مِن رحمَةِ اللهِ

____

١٢ اختر جزءًا من الحوار، ثم اقرأه جيدًا، واطلبْ من زميلك أنْ يُمْلِيَه عليك، ثمَّ صوِّب أخطاءَك بنفسِك

____

____

____

____

ثالثًا القَوَاعِدُ

اقتِرانُ جوابِ الشرطِ بالفاء

١٣ اقرأ الآياتِ الآتيةَ وبيِّن سببَ اقترانِ الجوابِ بالفاء

الآية	السبب
١. ﴿وَمَنْ يَهْدِ اللهُ فَهُوَ المُهْتَدِ﴾.	______
٢. ﴿وَإِن تُعْرِضْ عَنْهُم فَلَن يَضُرُّوكَ شَيْئًا﴾.	______
٣. ﴿وَمَنْ تَوَلَّى فَمَا أَرْسَلْنَاكَ عَلَيْهِم حَفِيظًا﴾.	______
٤. ﴿قالُوا إِنْ يَسْرِقْ فَقَدْ سَرَقَ أَخٌ لَهُ مِنْ قَبْلُ﴾.	______
٥. ﴿وَإِنْ خِفْتُمْ عَيْلَةً فَسَوْفَ يُغْنِيكُمُ اللهُ مِنْ فَضْلِهِ﴾.	______
٦. ﴿قُلْ إِنْ كُنْتُمْ تُحِبُّونَ اللهَ فَاتَّبِعُونِي يُحْبِبْكُمُ اللهُ﴾.	______

١٤ اختر الإجابةَ الصحيحة ممَّا بين القوسينِ لمَا تحتَه خطٌّ فيما يأتي

١. أينمَا أُهمِلَ التعليمُ فلن يتقدَّم المجتمعُ. (أداة الشرطِ) **(للمكان - للزمان)**

٢. إنْ تتوكَّلْ على اللهِ فسوفَ يوفِّقْك. (الجملة) **(خبر - جواب الشرط - صفة)**

٣. مَن يتمسَّك بالفَضيلة يحترمْه الناس. (مَنْ) **(أداة استفهام - أداة شرط - حرف جر)**

٤. ﴿وَمَنْ يَفْعَلْ ذَٰلِكَ فَلَيْسَ مِنَ اللهِ فِي شَيْءٍ﴾. (سببُ اقترانِ الجوابِ بالفاء أنَّ الفعل) **(ماضٍ - جامِد - منفِي)**

٥. مهمَا تستمِعْ إلى معلِّمِك، تفْهم درسَك. (فِعْلَا الشرط والجوابِ مجزومانِ) بـ**(السُّكون - حذفِ النون - حذفِ حرفِ العلَّة)**

١٥ اربط بأداة شرطٍ مناسبة واقرنْ جواب الشرط بالفاء مغيّرًا ما يلزَم مع الضبط بالشكل

١. يوجدُ العِلمُ / يَرقى المُجتمع. ________________
٢. يُجيبُ عن السؤالِ / هو الفائز. ________________
٣. صاحبْتَ الصالحَ / استفدتَ منه. ________________
٤. يستقيمُ الفَردُ / يعلُو شأنُ الجماعة. ________________
٥. يعيشُ بَارًّا بوالِديه / ينالُ الخيرَ كلَّه. ________________
٦. تُتقِنون أعمَالكم / تُحققُون أهدافَكم. ________________

١٦ ضع أداةَ شرطٍ جازمةً مكانَ اسمِ الموصول فيما يأتي وغيِّر ما يلزم

١. الذي يستعينُ بالله هو الناجِح. ________________
٢. الذي يتَّقِي اللهَ يجعلْ له مخرجًا. ________________
٣. الذي يعتمِدُ على عقلِه فقط يَضِلُّ. ________________
٤. الذي يريدُ التفوُّقَ سوف يجتهدُ كثيرًا. ________________
٥. الذين لا يُمارِسون الرياضةَ لن يتمتَّعوا بصحَّة جيدة. ________________

١٧ ضع علامة (√) أو (×) ثم صوِّب الخطأ

١. إذا لمْ تَسْتَحِ فاصْنَعْ ما شِئْتَ. ( ) ________________
٢. مَن يَرْضَ بِمَا قَسَمَ اللهُ سيكونُ أغْنَى الناسِ. ( ) ________________
٣. مَن يبتعدْ عن التدخينِ سوفَ يسْتَرِدُّ صِحَّتَه. ( ) ________________
٤. مَن يفعلُ المَعاصِي لن يَنْجُوَ من عذابِ الله. ( ) ________________
٥. إذا لم تَجِدْ مَن يُسْعِدك فحاوِلْ أنْ تُسْعِدَ نفسَك. ( ) ________________

١٨ اجعل فِعْلَي الشرطِ والجوابِ فيما يأتي مضارعينِ واضبطْهما بالشَّكل

١. مهْمَا طلبتَ أعطيتُك. ________________
٢. لو عرفتُم الحقَّ لاتبعتُمُوه. ________________
٣. إنْ تكلَّمتَ كثيرًا أخطأتَ كثيرًا. ________________
٤. مَن دعَا إلى الحقِ نالَ رِضَا الله. ________________
٥. مَن أخْلصَ في عملِه سَادَ قومَه. ________________

١٩ مثِّل لما يأتي في جُمل مُفيدة

١. جملة شرطِية جوابُ الشرطِ فيها جملةٌ اسمية: ______________________

٢. جملة شرطية جوابُ الشرطِ فيها جملةٌ فعلية فعلُها مسبوقٌ بـ«مَا»: ______________________

٣. جملة شرطية جوابُ الشرطِ فيها جملةٌ فعلية فعلُها مسبوقٌ بـ«لن»: ______________________

المُجرَّد والمزيدُ من الأفعال

٢٠ ضع خطًّا تحت أوزَانِ الثلاثي المزيد بحرفين فيما يأتي

فَعِل - اسْتَفْعَلَ - افْتَعَلَ - تَفَاعَلَ - أَفْعَلَ - انْفَعَلَ - تَفَعْلَلَ - تفعَّلَ - افعَلَّ - فَاعَلَ - فَعَّلَ

٢١ صل بين الفعل في (أ) والوزن المناسب له في (ب) ونوعه في (ت) كما في المثال

(أ)	(ب)	(ت)
تَصَادَقَ	فَاعَلَ	رباعي مجرد
أَزْعَجَ	فَعَّلَ	ثلاثي مجرد
وَاظَبَ	تَفَاعَلَ	ثلاثي مزيد بحرف
نَزَّلَ	أَفْعَلَ	ثلاثي مزيد بحرفين
مَنَّ	فَعْلَلَ	ثلاثي مزيد بثلاثة أحرف
اسْتَخْرَجَ	فَعَلَ	ثلاثي مزيد بحرف
زَحْزَحَ	افْعَلَلَّ	رباعي مزيد بحرفين
اقْشَعَرَّ	اسْتَفْعَلَ	ثلاثي مزيد بحرف

٢٢ اقرأ الآياتِ الكريمةَ الآتيةَ، ثُمَّ ضعْ خطًّا تحت الأفعال المزيدة، وبيِّن نوعَها وحروفَ زيادتِها كما في المثال

الآية	نوع الفعل	أحرف الزيادة
◄ ﴿كُلُوا مِنْ ثَمَرِهِ إِذَا أَثْمَرَ﴾.	ثلاثي مزيد بحرف	أ
١. ﴿فَلَا صَدَّقَ وَلَا صَلَّى﴾.	______	______
٢. ﴿إِنَّا أَنْزَلْنَاهُ فِي لَيْلَةِ الْقَدْرِ﴾.	______	______
٣. ﴿اقْتَرَبَتِ السَّاعَةُ وَانْشَقَّ الْقَمَرُ﴾.	______	______
٤. ﴿وَاسْتَمِعْ يَوْمَ يُنَادِ الْمُنَادِ مِنْ مَكَانٍ قَرِيبٍ﴾.	______	______
٥. ﴿وَمَا جَعَلَهُ اللهُ إِلَّا بُشْرَى لَكُمْ وَلِتَطْمَئِنَّ قُلُوبُكُمْ بِهِ﴾.	______	______
٦. ﴿فَإِذَا قَرَأْتَ الْقُرْآنَ فَاسْتَعِذْ بِاللهِ مِنَ الشَّيْطَانِ الرَّجِيمِ﴾.	______	______

ب. أنتم تلعبون بالنار

٢٣ اختر الإجابةَ الصحيحةَ لما يأتي

١. وزنُ الرُّباعي المُجرد هو
أ. افتَعَلَ ب. فَعْلَلَ ت. تَفَعْلَلَ

٢. كمْ وزنًا للفعلِ الثلاثيّ المُجرّد؟
أ. ستةُ أوزانٍ ب. أربعةُ أوزانٍ ت. خمسةُ أوزان

٣. مِن أوزانِ الثُّلاثيِّ المَزيد بحرفٍ
أ. افتَعَلَ ب. فَعْلَلَ ت. فاعَلَ

٤. (زَحْزَحْتُ المكتبَ عن مكانه). هذا الفعل
أ. ثلاثي مُجرد ب. رُباعي مُجرد ت. ثلاثي مَزيد بحرفٍ

٥. (انْتَصَرَ المسلمون قديمًا بإيمانهم). وزْنُ الفعلِ
أ. افتَعَلَ ب. انفَعَلَ ت. افعَلَّ

٢٤ جرِّدْ ما تحتَه خطٌّ من حُروف الزيادة، ثم اجعلِ المُجرَّد في جملة مُفيدة كما في المثال

الجملة	الفعل مجردًا	الجملة
▸ انتصرَ المسلمونَ في غَزوة بدرٍ.	نَصَرَ	نَصَرَ محمدٌ صديقَه.
١. تفاهَمَ الزَّوجانِ.		
٢. اتَّصَلَ أبي بالشرطَة.		
٣. استخدَمَ العجوزُ المِصعد.		
٤. اطمأنَّتِ الأمُّ على أولادِها.		
٥. استمعتُ إلى الأخبارِ في التِّلفاز.		

٢٥ ضع علامة (✓) أو (✗) ثم صحِّحِ الخطأ

١. الفعلُ الثلاثيّ منه مُجردٌ ومزيد. ( ) _____
٢. يُزادُ الفعلُ الرُّباعيُّ المُجرد بثلاثة أحرُف. ( ) _____
٣. للرُّباعيِّ المُجرَّد وزنٌ واحدٌ فقط هو (فَعْلَلَ). ( ) _____
٤. الفعلُ المجرَّدُ يكونُ ثلاثيًّا أو رُباعيًّا أو خُماسيًّا. ( ) _____
٥. يُمكنُ زيادةُ الثلاثيّ المُجرد بحرفين وثلاثة أحرف. ( ) _____

٢٦ مثِّلْ لما يأتي في جُمل مفيدة

١. ثلاثي مُجرّد : _____
٢. رُباعي مُجرّد : _____
٣. رُباعي مزيدٌ بحرفين : _____
٤. ثلاثي مزيد بحرفين : _____
٥. ثلاثي مزيدٌ بحرف : _____

رَابِعًا القراءة والكتابة

أ. أَبْصَرُ مِن زَرْقَاءِ اليَمَامَةِ

زَرْقَاءُ اليَمَامَةِ هيَ امرأةٌ مشهورةٌ بِحِدَّةِ البَصرِ (قوَّةِ النَّظَر) وكانتْ تعيشُ في اليَمَنِ في مِنطَقةِ اليَمامَة. وكانتْ لِقوَّةِ بصَرِها تُبصِرُ الشَّعْرَةَ البيضاءَ في اللَّبَنِ. وتستطيعُ أنْ تَرى الشخصَ المُسافِر على بُعْدِ ثلاثةِ أيَّامٍ (أيْ مِن مَسافَة ١٠٠ ميلٍ تقريبًا) وكانتْ تُحذِّرُ قومَها مِن الجُيُوشِ إذا غَزَتْهُم (أي إذا أرادُوا أنْ يَهْجُمُوا علَى قَبيلَتِها) فلا يَأْتِيهم جَيشٌ إلَّا وقدْ اسْتَعَدُّوا له. فقد اسْتَفَادَ منها قَومُها كثيرًا.

وذَات مرَّة، أرادَ العَدُوُّ أنْ يَهجُمَ على قبيلَتها، وقدْ سَمِعَ بِقُدْرَةِ زرقاء اليَمَامَة على الإبْصارِ الشديد، فعَمِلَ حِيلةً حتى يزْحف على قومِها دُونَ أنْ تشْعُر هذه المرأة بِهم. قطعَ العدوُّ شَجرًا أمسكُوه أمامهم بأيديهم وسارُوا. ونظرتِ الزرقاءُ فقالتْ: إنِّي أرَى الشَّجَرَ قد أقبلَ إليكم. فقال قومُها لقد خَرِفْتِ، وضَعُفَ عقلُكِ، وذهبَ بصرُكِ. فكذَّبُوها. وفي الصباحِ هَجَمَ عليهم العَدُوُّ. وقتلُوا زرقاءَ اليَمَامة. وقلعُوا (أخرجوا) عينَيها فوجدُوها مَحْشُوَّةً بالإِثْمِدِ (وهو حَجرٌ أسودُ كانتْ تَدُقُّه وتَكْتَحِلُ بِه).

ب. مُكْرَهٌ أخاكَ لا بَطَلٌ

هذا المثلُ يُضرَبُ لِمَن فعلَ شيئًا ألزمَتْه الضَّرورَةُ أنْ يفعلَه وهو في الحقيقة لا يريدُه، أو لمن وُضِعَ في مَوضِعٍ لا يُريده لكنَّه مُجْبَرٌ.

في مَعْرَكَة بين جيشِ عَلِيِّ بنِ أبي طالب ﷺ وجيشِ مُعاوية بنِ أبي سفيانَ خرج عَلِيٌّ وخلَعَ دِرْعَه (ثوبٌ أو قميصٌ من الحديد) مِن عَلَى جَنْبه وقال: مَنْ يُبَارِزُ؟

وهذا دليلُ الشَّجاعَة. فأَقْصَى الشجاعة إذا خَلَعَ البَطَلُ من العربِ دِرْعَه وقال: مَن يُبارِزُ؟ والمُبَارَزَةُ هي المُصارَعة بالسَّيفِ قبلَ المَعْرَكَة. فلمَّا قال هذا هَابَهُ الناسُ (خَافُوا) وكان أَهْلُ الشَّامِ ثَمانينَ ألفًا فمَا خرجَ منهم أحدٌ، فقال الناسُ لمُعَاوية ﷺ: قُمْ بَارِزْهُ، فقال لَا. فالتَفَتَ مُعاوية إلى عَمْرو بنِ العَاصِ ﷺ وقال: اخْرُجْ له، فقال عمرٌو: أَأُبارِزُ أبَا الحَسَنِ؟! قَالَها مُتَعَجِّبًا وَمُعَظِّمًا لِشجاعَةِ عليٍّ، فقال مُعاوية: عَزَمْتُ عليك (أَمَرْتُك) أنْ تُبارِزَه؛ فخرجَ عمرٌو ولمَّا جاء عند عليٍّ أَلْقَى سَيْفَهُ، وقال: (مُكْرَهٌ أخاك لا بطَل) يَعْنِي أنا ما جئْتُ هنا نِدًّا وقِرْنًا لك (مُماثِلًا)، ولكنْ أَرْغَمُونِي حتى خرجتُ، فَضَحِكَ عَلِيٌّ وَرَجَعَ.

ب. أنتم تلعبون بالنار

٢٧ أجب عن الأسئلة الآتية

١. ما جِنسية زرقاءِ اليمَامة؟

____

٢. اذكرْ دليلًا على قُوَّة بصَرِها.

____

٣. ما الحِيلَةُ التي لجأَ إليها العدُوُّ للقضاء على المَرأة وقومِها؟

____

٤. مَن القائلُ (مُكْرَهٌ أخاك لا بَطَل)؟ ولماذا؟

____

٥. لماذا هابَ الناسُ علِيَّ بن أبي طالبٍ ﷺ؟

____

٢٨ ضع علامة (√) أو (×) ثم صوِّب الخطأ

١. أُكْرِهَ مُعاويةُ بن أبي سُفْيَان على مُبارزَة عَلِيّ بنِ أبي طالب ﷺ. ( ) ______________

٢. أقصَى الشجاعةِ أنْ يخلعَ البطَلُ دِرْعَه قبل المُبارزة. ( ) ______________

٣. تستطيعُ زرقاءُ اليمامَة أنْ ترى المسافر على مسافة ١٠٠٠ ميل تقريبًا. ( ) ______________

٤. اشْتُهِرَت زَرقاءُ اليمامة بِقِصَرِ النَّظَر. ( ) ______________

٥. لم يُبارِز عَلِيُّ بن أبي طالب ﷺ عَمْرَو بن العاص ﷺ. ( ) ______________

٢٩ اختر عنوانًا آخرَ للقطعة ممَّا يلي مبينًا السبب

١. لكلِّ مَثَلٍ حِكايةٌ ٢. مَن يُبارِز؟! ٣. الأمثالُ العربية

____

____

____

٣٠ اقرأ القطعة مرة أُخرى واستخرج ما يلي

١. اسمَ مفعولٍ: __________ (فعله): __________

٢. مصدرًا لفعلٍ (رباعي): __________ (ثلاثي): __________

٣. اسمًا من الأسماء الخمسة: __________ (علامة إعرابه): __________

٤. فعلًا ثلاثيًّا (مُجردًا): __________ (مزيدًا بثلاثة أحرف): __________

٦ب أمثال وتعبيرات وحكم

IDIOMS, EXPRESSIONS AND WISE SAYINGS

٣١ اكتب ما يأتي مرة بخط النسخ ومرة بخط الرقعة

وَاصْحَبْ رَقِيقَ الطَّبْعِ تَزْدَدْ رِقَّةً   وَاصْنَعْ جَمِيلًا إِنْ أَرَدْتَ جَمِيلًا

واصحب رقيق الطبع تزدد رقة   واصنع جميلا إن أردت جميلا

الْوَحْدَةُ السَّابِعَةُ

٧

شَخْصِيَّاتٌ لَهَا تَارِيخٌ

HISTORICAL FIGURES

أ. أَبُو الرَّيْحَانِ البَيْرُونِي

ب. العِزُّ بنُ عبدِ السَّلَامِ

٧ أ. أبو الريحان البيروني

أوّلًا المُفْرَدَاتُ

١ املأ الفراغ بكلمةٍ مناسبة من الصندوق

جُيُولوجِي	السُّلطان	مُؤَرِّخٌ	الفَلَكِي	الفَلاسِفَة

١. سُقْرَاط وأَفْلاطُون من ________ القُدَمَاء.

٢. ________ سَلِيمُ الأول أحدُ سلاطِين الدَّولة العُثْمانية.

٣. عَالِمٌ ________ اكْتَشفَ بُحَيْرَة مِياه ضَخمة تحت الأرض في "دَارفُور".

٤. عبد الرحمن الجَبَرْتِي ________ مِصريٌّ وصاحبُ كتاب "تَاريخ الجَبَرْتِي".

٥. يَهتمُّ ________ بدراسةِ الأجْرَام السَّماوية مثل النُّجوم والكواكب وغيرِها.

٢ هات مرادف الكلمات التي تحتها خطّ

١. الأخلاقُ والعِلْمُ أَسَاسَا نَهْضَةِ الأُمَم. ________

٢. كم مرّة استَضَافتِ الدولةُ المصرية بُطولَة الأُمَم الإفريقية؟ ________

٣. انتهى عَصْر ناطِحَاتِ السَّحاب وجاءَ عصر ناطِحَاتِ النُّجوم. ________

٤. إِذَا حَكَمَ الحَاكِمُ فَاجْتَهَدَ ثُمَّ أَصَابَ فَلَهُ أَجْرَانِ، وَإِذَا أَخْطَأَ فَلَهُ أَجْرٌ. ________

٥. ذُكِرَ في عِلْمِ الأَنْسَابِ أنَّ أَصْلَ العربِ يَرجع إلى سَام بنِ نُوح عليه السلام. ________

٣ ضع كلَّ كلمةٍ ممَّا يأتي في جملة من عندك

مُفَسِّر: ________

شَاعِر: ________

أَمِير: ________

تَابِعِيّ: ________

وَزِير: ________

٤ املأ الفراغ بفعلٍ مناسب ممَّا بين القوسين

١. ______ الحَفْلُ على الأهلِ والأقارب. (اشتَغَل - طَوَّفَ - اقْتَصَر)

٢. استطاعَ الشيخُ أنْ ______ بين المرأةِ وزوجِها. (يُركز - يهجو - يوفِّق)

٣. ______ الدولةُ على إيجادِ حل للمشكلة الاقتصادية. (وافقت - ركَّزت - نبغت)

٤. ابنُ سِينا عالِمٌ مُسلِم اشْتُهِر بالطِّب والفلسفة و ______ فيهما. (نَبَغَ - عَقَدَ - مَكَثَ)

٥. مَن هو الشَّاعر الذي ______ الرَّسول ﷺ ثم مَدَحَه ثم أسلمَ على يديه؟ (اقتَصَر - هَجَا - رَكَّزَ)

٥ استخرجِ الغريبَ ممّا يأتي

١. حَاكم - مُفسّر - مُحَدّث - فَقِيه ________
٢. سُلطان - فِيزيَائي - مَلِك - إمبرَاطُور ________
٣. مَمْلَكَة - إمبراطُوريَّة - تابِعي - وِلاية ________
٤. اشتغلَ - اعْتزَّ - مكَثَ - سَلْطَنَة ________
٥. فِيزيَائي - فَلَكي - جُيُولوجِي - رئيسي ________
٦. فضلًا عن - يُركِّز على - ولا سِيَّما - نحوًا من ________

٦ ماذا نَعْني بـ.........؟

١. **أَصْلٌ**: أَسَاسٌ يُقَام عليه ________ الشَّيء.

أ. وَسَط ب. آخر ت. أوَّل

٢. **العَبْقَرِيُّ**: هو شخصٌ فَائِق ________ مُتفوّق.

أ. الذَّكاء ب. الغِنَى ت. الصحة

٣. **الرَّحَّالة**: كثيرُ ________ والتَّرْحَالِ في البلاد.

أ. المالِ ب. العِلْمِ ت. السَّفرِ

٤. **الصَّحَابِيُّ**: مَن لَقِيَ النبي ﷺ مُؤمِنًا به ومات على ________

أ. اليهودية ب. الإسلام ت. المَسيحية

٥. **التَّابِعِيُّ**: مَن لَقِيَ ________ مُؤمنًا بالنبي ﷺ، ومات على الإِسلام.

أ. الصَّحابةَ ب. العلماء ت. الشعَراء

ثانيًا الحِوَارُ

٧ (أ) أجب عن الأسئلة الآتية

١. ماذا تقرأ الابنة؟ ________
٢. اذكر اسمَ عَلمين من الأعلام المُترجَم لهما في هذا الكتاب. ________
٣. ماذا تعرفُ عن البيروني؟ ________
٤. اشْتُهِر البيروني بحُبّه للعربية اذكرْ دليلًا على ذلك. ________
٥. مَنِ المُلَقّبُ بسُلطَان العُلماء؟ ________

(ب) ضع علامة (√) أو (×) ثم صحح الخطأ

١. حَذق البيروني اللغةَ الفارِسية وكتبَ كلَّ مُؤلفاته بها. ( ) ________
٢. تَرْجَم المؤلِّف لأربعة وخمسين علما من أعلام الإسلام. ( ) ________
٣. ترجَم المؤلِّف للأعلام من القرنِ الأول الهجري وحتى العصر الحاضر. ( ) ________
٤. البيروني من أعظمِ العقولِ التي عرفتها الثقافة العربية الإسلامية. ( ) ________
٥. للبيروني في عِلم الرياضةِ وحده أربعون كتابًا. ( ) ________

٨ تناقَش مع زميلك ثم أجب عن الأسئلة الآتية

١. هل تحبُّ القراءة في كتبِ السِّيَرِ والتَّرَاجِمِ؟ ________________

٢. مَنْ أهمُّ الكُتّاب الذينَ قرأتَ لهم؟ ________________

٣. ما اسمُ آخرِ كتابٍ قرأتَه؟ وما موضُوعه؟ ________________

٤. اذكرْ أسماءَ بعضِ العلماء المشهورين في بلدك. ________________

٥. ما اسمُ الشخصية التي أعجبتك؟ ولماذا؟ ________________

٦. اذكرْ بعضَ المعلوماتِ عنها، وما هي أهمُّ مؤلَّفاتها؟ ________________

٧. هل لدَيكم عالِمٌ نبغَ في العربية وألَّفَ بها كُتبه أو بعضًا منها؟ ________________

٨. مَن هم الكتَّاب الذين قرَّرتَ ألَّا تقرأ لهُم مُجدَّدًا؟ ________________

٩. مَن هو الكاتِب الذي لم تَقْرأ له قطُّ، وتتمنَّى قراءةَ كُتبه؟ ________________

١٠. أيّ الكُتبِ تحملُ معك لو ذهبتَ في سفرٍ طويلٍ؟ ________________

٩ هات من الحوار موقفًا أو تعبيرًا أعجبَك / لم يعجبْك مبينًا السبب

____

____

١٠ استخرجْ من الحوار ما يأتي

١. اسمَ مفعولٍ لفعلٍ ثلاثي: __________ وبيِّن فعلَه: __________

٢. اسمًا من الأسماء الخمسة: __________ اسمَ تفضيل: __________

٣. اسمَ فاعل (من فعلٍ ثلاثي): __________ (غيرِ ثلاثي): __________

٤. فعلًا (من الأفعال الخمسة): __________ (مَبنيًّا للمَجهول): __________

٥. جمعَ (مؤنَّثٍ سالِمًا): __________ (تكسيرٍ): __________ (مُذكرٍ سالِمًا): __________

١١ اخترْ أفضل عنوانٍ للدرس ممَّا يلي مبينًا السبب

١. شخصياتٌ أعجبتني ٢. المُجدِّدُون في الإسلام ٣. كُنْ عَلَمًا

____

١٢ اختر جزءًا من الحوار، ثم اقرأه جيدًا، واطلب من زميلك أن يمليَه عليك، ثم صوِّب أخطاءك بنفسِك

____

____

____

ثالثًا القَواعِدُ

التمييز

١٣ ضع علامة (√) أمام الجملة التي تشتمل على تَمْيِيزٍ فيما يأتي كما في المثال

◂ اشتريتُ صندوقًا تمرًا. (√) - أكلتُ تمرًا اليوم. ( )

١. حسنتْ أخلاقُ أخي. ( ) - حَسُنَ أخي خُلقًا. ( )

٢. يُعجبني أدبُ الفتاة. ( ) - تعجبني الفتاةُ أدبًا. ( )

٣. استخدمَ الطالبُ أقلامًا كثيرةً. ( ) - أخذتُ خمسةَ أقلامٍ أمس. ( )

٤. عندي أربعة أولادٍ. ( ) - رجع أولادُ أختي مَسرورين. ( )

٥. شربَ أبي شايًا في الصباح. ( ) - تشرب أمّي كوبًا شايًا كل يوم. ( )

١٤ بَيِّن التمْييزَ ونوعه وحُكم نصبه في الآيات الآتية كما في المثال

الآية	التمييز	نوعه	حكمه
◂ ﴿وَفَجَّرْنَا الأَرْضَ عُيُونًا﴾.	~~عُيُونًا~~	~~ملحوظ~~	~~منصوب دائمًا~~
١. ﴿وَسِعَ رَبُّنَا كُلَّ شَيْءٍ عِلْمًا﴾.	________	________	________
٢. ﴿إِنِّي رَأَيْتُ أَحَدَ عَشَرَ كَوْكَبًا﴾.	________	________	________
٣. ﴿فَمَنْ يَعْمَل مِثْقَالَ ذَرَّةٍ خَيْرًا يَرَهُ﴾.	________	________	________
٤. ﴿فِي يَوْمٍ كَانَ مِقْدَارُهُ خَمْسِينَ أَلْفَ سَنَةٍ﴾.	________	________	________
٥. ﴿سَخَّرَهَا عَلَيْهِمْ سَبْعَ لَيَالٍ وَثَمَانِيَةَ أَيَّامٍ حُسُومًا﴾.	________	________	________

١٥ اخترِ الصحيح ممَّا بين القوسين لمَا تحته خطٌّ فيما يأتي

١. اشتريتُ مترًا من حريرٍ. تمييز (واجب النصب - جائز النصب والجر)

٢. ازدادت القاهرةُ ازْدِحامًا. هذه الكلمة (حال - مفعول - تمييز)

٣. الفيلُ أكبرُ الحيواناتِ جسمًا. تمييز (مَلفُوظ - مَلحُوظ - عَدد)

٤. أبو بكرٍ الصِّديقُ أولُ الرجالِ إيمانًا. هذه الكلمة (تمييزٌ - حال - خبر)

٥. ﴿فَاللهُ خَيْرٌ حَافِظًا وَهُوَ أَرْحَمُ الرَّاحِمِينَ﴾. التمييز هنا (خير - حافظا - أرحم)

١٦ اضبطْ ما تحته خطّ وبيِّن السبب كما في المثال

◂ أَشَدُّ النَّاسِ ابْتِلَاءً الأَنْبِيَاءُ. ~~تمييز~~

١. أصبحتِ الطفلةُ مريضة. ________

٢. زرتُ اليومَ مدينة الأَقْصُر. ________

٣. اشتريتُ كيلو لَحم. ________

٤. أقفُ احترامًا لمُعلِّمي. ________

٥. وجدتُ وظيفةً جديدة اليومَ. ________

١٧ اجعلْ كلَّ اسم ممَّا يلي مُميزًا في جملة من عندك

لترًا : ____________ مِترين : ____________

كِيلو : ____________ إرْدَبّ : ____________

كُوب: ____________ سبعين: ____________

١٨ مَثِّل لمَا يأتي في جملة مُفيدة

١. تمييز واجب الجر : ____________

٢. تمييز واجب النصب : ____________

٣. تمييز يجوز جره ونصبه: ____________

الفعل اللازم والفعل المتعدي

١٩ ضع علامة (√) أمام الوصفِ المناسب للفعلِ

الجملة	لازم	متعد
١. صام الطفلُ رمضان كاملًا.	____	____
٢. غادرت الطائرةُ أرضَ المطار.	____	____
٣. أخذ الأطفالُ العِيدية مسرورين.	____	____
٤. سوفَ نُؤدِّي العُمرة العامَ القادِم.	____	____
٥. يُصلِّي المسلمون العيدَ في الخَلاء.	____	____
٦. اعتكفتُ في مسجدِ عمرو بن العاص.	____	____

٢٠ اختر الإجابة الصحيحة لما يأتي

١. أيُّ الجُملِ الآتية فعلُها متعدٍّ؟

أ. حضرَ المدعُوُّون الحفلَ. ب. يَتوكَّأُ الرجل على عصا.

ت. اتصلتُ بصديقتي على المحمول. ث. قضيتُ يومًا في أنقرة.

٢. أيُّ الجملِ الآتية فعلُها لازم؟

أ. سوف أُرسلُ السيرةَ الذَّاتية اليوم. ب. تجَوَّلنا في الحديقةِ ساعة.

ت. ترتدِي المعلمة نظارةً طِبيةً ومعطفًا أسود. ث. يا علِيُّ، بَلِّغِ الشرطةَ عن الحادثة.

٣. أيُّ الجملِ الآتية فعلها متعدٍّ إلى مفعولين؟

أ. درستُ درسًا جديدًا. ب. صُمنا شهرَ رمضانَ إيمانًا واحتسابًا.

ت. منحتِ الدولة الموظفين علاوة. ث. أحبُّ الشايَ ثقيلًا.

٢١ املأ الفراغ بفعلٍ مناسب وبيِّن نوعه كما في المثال

◄ اغسلْ أسنانَك قبلَ النوم. ___متعد___

١. هل ____ الفطُورَ اليوم؟ ______

٢. ____ ابني بالتَّلبُّك المَعوِي. ______

٣. لا ____ كثيرًا أمام الحاسوب. ______

٤. ____ المدير الطالب جائزة. ______

٥. ____ الصديقان أمام الجامعة. ______

٦. ____ القرآنَ الكريم كلَّه في رمضان. ______

٧. لا أستطيعُ الدخولَ؛ لأنني ____ المفتاح. ______

٢٢ اقرأ الآيات الآتية ثم بيِّن نوع الفعل الذي تحته خطّ

الآية	نوعه
◄ ﴿إِنَّا أَعْطَيْنَاكَ الْكَوْثَرَ﴾.	___متعد___
١. ﴿وَأَنْ أَلْقِ عَصَاكَ﴾.	______
٢. ﴿إِنَّ فِرْعَوْنَ عَلَا فِي الأَرْضِ﴾.	______
٣. ﴿وَتَعَاوَنُوا عَلَى الْبِرِّ والتَّقْوَى﴾.	______
٤. ﴿وَمَا عَلَّمْنَاهُ الشِّعْرَ وَمَا يَنْبَغِي لَهُ﴾.	______
٥. ﴿وَاخْتَارَ مُوسَى قَوْمَهُ سَبْعِينَ رَجُلًا﴾.	______
٦. ﴿رَبَّنَا إِنِّي أَسْكَنْتُ مِنْ ذُرِّيَّتِي بِوَادٍ غَيْرِ ذِي زَرْعٍ﴾.	______

٢٣ اجعلْ كلَّ اسمٍ ممَّا يأتي مفعولًا به لفعلٍ متعدٍّ

١. الطالبات: ______ ٣. كتاب : ______ ٥. رياضة : ______

٢. الملابس: ______ ٤. الثَّوب: ______ ٦. العلماء: ______

٢٤ اجعل كلَّ اسمٍ ممَّا يأتي فاعلًا لفعلٍ لازم

١. العاملون : ______ ٣. الدرس : ______ ٥. الضيوف: ______

٢. الدولارات: ______ ٤. الطُّلَّاب: ______ ٦. الحُجَّاج : ______

٢٥ ضع كلَّ فعلٍ من الأفعال التالية في جملة مُفيدة ثُم بيِّن نوعه

الفعل	الجملة	نوعه
تعلَّم	______	______
ينتظر	______	______
أخرج	______	______
غيَّر	______	______
اكتب	______	______
سيذهب	______	______

٧ ب. العز بن عبد السلام

أوّلًا المُفْرَدَاتُ

١ اختر المضاد في المعنى لمَا بين القوسين

١. إنَّ (الحُرَّ) لا يكْذِب.	أ. العَبْد	ب. العامل	ت. المُؤمن	ث. السَّعيد
٢. (أكرمَ) حاتِم ضيوفَه.	أ. أعلنَ	ب. أعطى	ت. علم	ث. أهَان
٣. متى يعيشُ الناسُ في (سَلام)؟	أ. سُرور	ب. الإسلام	ت. حَرْب	ث. خَوف
٤. (اعتقلتِ) الشرطةُ هاربًا من السِّجنِ.	أ. قبضتْ على	ب. أطلقت	ت. غيَّرت	ث. لعبت
٥. لا ينبغِي أنْ (ينحازَ) القاضي إلى أحدِ المُتَخاصِمَيْنِ.	أ. يُقْبِل	ب. يَتَصَدَّى لـ	ت. يَرْكَن	ث. يعمل

٢ املأ الفراغ بفعلٍ مناسب ممَّا بين القوسين

١. لا ________ في شيء بغيرِ علْم. **(تُفْتِ - تَلتَقط - تَحتَل)**

٢. ________ المديرُ موظفًا عن العمل. **(عَيَّنَ - عَزَلَ - تدَخَّل)**

٣. ________ سعرُ الدولارِ هذا الأسبوع. **(أفْتَى - احتلَّ - استقرَّ)**

٤. ________ الطيورُ الحُبوب من الأرض. **(تلْهَث - تستقِرُّ - تلتَقِط)**

٥. ________ المريضُ للسفرِ خارج البلاد للعِلاج. **(لهث - استقر - اضطر)**

٣ ضع كل كلمة ممَّا يأتِي في جملة من عندك

مُظاهرة: ____

مَعْركة : ____

قنْبُلة : ____

عَطْلان : ____

سَاقٌ : ____

٤ اخترِ الصحيحَ ممَّا بينَ القوسين لما يأتي

١. (مفرد) قَنابِل ________ **(قُنْبُل - قُنْبُلَة - قِبْلَة)**

٢. (جمع) رَقِيق ________ **(رُقَقَاء - رَقِيقُون - أرِقَّاء)**

٣. (عكس) يغْلِي ________ **(يتوقَّف - يبْرُد - يَسِيل)**

٤. (مرادف) يُلقَّب ________ **(يُسمَّى - يذهب - يعمل)**

٥. (مؤنث) عطْلان ________ **(عَطْلَانَة - عَطْلَى - عَاطِلَة)**

٦. (مرادف) ينحاز ________ **(يعمل - يميل - يتصدى)**

٥ صل بين الكلمة من (أ) وما يناسبها من (ب) لتكوِّن تعبيرًا

(أ)	أَبلِعني	يلتقِطُ	أَكْرَم	غَازٌ مُسَيِّل	أَطْلَقَ
(ب)	مَثْوَاهُ	للدُّمُوعِ	رِيقِي	سَاقَيْهِ للرِّيحِ	أَنْفَاسه

٦ ماذا نعني بِـ .....؟

١. **لَهَثَ الكلبُ أو الإنسانُ:** أخرجَ ________ من العَطَشِ أو التَّعَبِ أو الحرّ.

أ. رأسَه ب. لِسَانه ت. يده ث. قلْبه

٢. **بَلَعَ الطعام ونحوه:** أنزَلَه من ________ إلى مَعِدَتِه ولَمْ يَمْضُغْه.

أ. يده ب. لسانه ت. أسنانه ث. حلْقه

٣. **غلَى الماءُ ونحوُه:** ________ حرارتُه حتَّى وصلَ إلى درجة الغَليانِ.

أ. اشتدَّتْ ب. قلَّتْ ت. كانت ث. ذهبت

٤. **حَضَّه على الأمْرِ:** حثَّه عليه بقوّةٍ، و ________

أ. ساعَده ب. عاونَه ت. شجَّعَه ث. منَعَه

٥. **احْتِلالٌ:** استيلاءُ دولةٍ على أراضِي دولةٍ أخرَى، أو جزءٍ منها ________ قَهْرًا.

أ. بالقُوَّة ب. بالرِّضا ت. بالطَّلَب ث. بالمال

ثَانِيًا الحِوَارُ

٧ (أ) أجب عن الأسئلة الآتية

١. لماذا تُطارِد الشرطة المُتظاهرين؟ وماذا تُلقِي عليهم؟ ________

٢. في أيِّ عصرٍ عاش العزُّ بن عبد السلام؟ وأين؟ ________

٣. لماذا لُقِّبَ العز بن عبد السلام ببائِع الأُمراء؟ ________

٤. ماذا عملِ العزُّ بن عبد السلام في مصر؟ ________

٥. اذكرموقفًا يدلُّ على شجاعةِ العزِّ بن عبد السلام. ________

(ب) ضع علامة (√) أو (×) ثم صحح الخطأ

١. كاد قلبُ الابنِ ينقطعُ من الجَري. ( ) ________

٢. اضْطُرَّ الابنُ لِصُعود سبعة أدوارٍ؛ لأنَّ المصعدَ مُعطَّل. ( ) ________

٣. ألقتِ الشرطةُ الغازَ المسيل للدموعِ على المتظاهرين. ( ) ________

٤. بدأ العزُّ بن عبد السلام التعلُّمَ في سِنٍّ مُتأخرة. ( ) ________

٥. كان العزُّ بن عبد السلام على خِلافٍ مع وَالِي دِمشقَ بسبب انحيَازه للصَّلِيبيين. ( ) ________

٨ تناقشْ مع زميلك ثم أجب عن الأسئلة الآتية

١. هل شاهدتَ مُظاهرة أو شاركتَ فيها من قبلُ؟

____

٢. كيف تُؤثِّرُ المظاهراتُ في سِياسات الدول؟

____

٣. هل قرأتَ عن شخصيةٍ تُشبه العزَّ بن عبد السلام؟ مَن هي؟ اذكرْ بعضَ المعلومات عنها.

____

٤. هل هناك وَسيلةٌ / وسائلُ أخرى للتعبيرِ عن الرَّأْيِ غير التَّظاهر؟ اذكرها.

____

٥. ما أسبابُ التظَاهر في رأْيك؟

____

٦. ما رأيك فيمَن يتعلم في سن كبيرة؟ وما السن الأمثل للتعليم؟

____

٧. هل تعرفُ عالِمًا أُخرِجَ من بلده بسببِ آرائِه السياسية؟ مَن هو؟

____

٩ هات من الحوار موقفًا أو تعبيرًا أعجبَك / لم يعجبْك مبينًا السبب

____

____

____

١٠ استخرجْ من الحوار ما يأتي

١. اسم آلةٍ: __________ (فعله): __________

٢. مصدرًا لفعلٍ (ثلاثي): __________ (فعله): __________

٣. اسمَ مفعولٍ من فعل (ثلاثي): __________ (فعله): __________

٤. فعلًا يدلُّ على (المُطاوعة): __________ (التعْدِية): __________ (الطلَب): __________

٥. كلَّ اسمِ فاعلٍ لفعل ثلاثي، واذكرْ فعله: ______________________________

١١ اختر أفضل عُنوان للدرس ممّا يلي مبينًا السبب

١. شخصياتٌ تَسْتَحِقُّ الاحترام ٢. كَيفِيةُ التعبيرِعن الرأي ٣. سُلطانُ العُلماء

____

١٢ اختر جزءًا من الحوار، ثم اقرأه جيدًا، واطلب من زميلك أن يمليَه عليك، ثم صوِّب أخطاءك بنفسِك

____

____

____

____

ثالثًا القَوَاعِدُ

لا النافيةُ للجِنسِ

١٣ اقرأ الآيات الآتية وبيِّن نوعَ (لا) كما في المثال

الآية	عاملة عمل إن	غير عاملة
◂ ﴿قَالُوا لَا ضَيْرَ إِنَّا إِلَى رَبِّنَا مُنقَلِبُونَ﴾.	√	______
١. ﴿وَاللَّهُ يَحْكُمُ لَا مُعَقِّبَ لِحُكْمِهِ﴾.	______	______
٢. ﴿لَا فِيهَا غَوْلٌ وَلَا هُمْ عَنْهَا يُنزَفُونَ﴾.	______	______
٣. ﴿إِنَّهُمْ كَانُوا إِذَا قِيلَ لَهُمْ لَا إِلَٰهَ إِلَّا اللَّهُ يَسْتَكْبِرُونَ﴾.	______	______
٤. ﴿لَا الشَّمْسُ يَنبَغِي لَهَا أَن تُدْرِكَ الْقَمَرَ وَلَا اللَّيْلُ سَابِقُ النَّهَارِ﴾.	______	______

١٤ صل بين الجملة ونوع اسم (لا) المناسب

الجملة	نوع اسمها
لا حياءَ في العلم.	مضاف
لا بائعًا دينَه رابحٌ.	مفرد
لا تقدُّمَ مع الجهلِ.	مضاف
لا طالبَ علمٍ مهملٌ.	شبيه بالمضاف
لا خيرًا في الضعيفِ.	مفرد
لا أصحابَ خُلقٍ مذمومُون من الناس.	شبيه بالمضاف

١٥ لماذا أُلغِي عمل «لا» فيما يأتي

١. لا عندنَا خبزٌ ولا ماءٌ. ________

٢. لا الدفترُ ولا القلمُ في الحقيبة. ________

٣. لا ينهضُ المسلمون بلا أخلاقٍ. ________

٤. لا في المدرسةِ طالبٌ ولا معلمٌ. ________

٥. ترتفِعُ الأسعارُ قبلَ العيدِ بلا شكٍّ. ________

١٦ اقرأ النصَّ التالِيَ، ثم أجب عن الأسئلة

أعظمُ أمانةٍ كُلِّفَ بها الإنسانُ وحملهَا هي الإيمانُ باللهِ، وعبادتُه وتوحيدُه تبارَكَ وتعالى، وحتى يتحقق الإيمانُ يجبُ على الإنسانِ أن يكون أَمينًا في كلِّ شيء، أمينًا في قولِه، أمينًا في عملِه أمينًا مع غيرِه، وأنْ يأمنَه المسلمون ويأمنَه الناس أيضًا. فلا مؤمنًا باللهِ خائنٌ، ولا خائنَ غيرِه مؤمنٌ باللهِ. فالإيمانُ والأمانة وجهان لعُملَةٍ واحدة بلا شكٍ. فإذا ارتفعتِ الأمانَة ارتفعَ الإيمانُ والعكسُ صحيحٌ، والدليلُ على ذلك قولُ الرسول ﷺ: "لا إيمانَ لِمَنْ لَا أَمَانَةَ لَهُ، وَلَا دِيْنَ لِمَنْ لَا عَهْدَ لَه، وَلَا صَلَاةَ لِمَنْ لَا يُتِمُّ رُكُوعَهَا وَسُجُودَها".

١٧ أعرب الكلمات التي تحتها خط

الإنسانُ: ________

يتحقق : ________

يجبُ : ________

غيرِه : ________

١٨ استخرج من العبارة ما يأتي

١. اسم (لا) مفردًا: ________

٢. اسم (لا) مضافًا: ________

٣. اسم (لا) شبيهًا بالمضاف: ________

٤. (لا) غير عامِلة مع بيانِ السبب: ________

١٩ صوِّب الخطأ فيما يأتي

١. هذا الموضوعُ بلَا عنوانَ. ________

٢. لا حافظَ للقرآنِ راسبٌ. ________

٣. لا فاعِلي خيرٍ نادِمين. ________

٤. لا في الكوبِ شايًا ولا ماء. ________

٥. لا شكرٌ على واجبٍ. ________

٦. لا حياءَ في العلمِ. ________

٢٠ عبِّر عن المعاني الآتية بـ«لَا» النافية للجنس مع ضبطِ الاسمِ بعدها كما في المثال

◀ عِزَّةُ المسلمين في الإسلام. __لا عِزَّةَ للمسلمين إلَّا في الإسلام.__

١. ليسَ المؤمنُ كاذبًا. ________

٢. العلمُ أساسُ التقدُّم. ________

٣. لا يأتي الكذبُ بالخيرِ. ________

٤. لا تَصحُّ الصلاةُ إلا بالوضُوء. ________

٥. لا يتحققُ النجاحُ بغير الاجتهاد. ________

٢١ مثِّل لما يأتي في جملة مفيدة

١. لا غير عاملة عمل إنَّ: ________

٢. اسم لا النافية للجنس مفردًا: ________

٣. اسم لا النافية للجنس مضافًا: ________

٤. اسم لا النافية للجنس شبيهًا بالمضاف: ________

مِن معاني الزِّيادة في الأفعال

٢٢ ضع خطًّا تحت الأفعالِ المزيدة فيما يأتي

مارس – حصل – تعَاون – دحرجَ – اطمأنَّ – زَلزَل – تنزَّه – اشتدَّ – شَهد – استغفر – وَسْوس

٢٣ بيِّن المعاني التي استفادَتْها الأفعالُ المزيدة التي تحتها خطّ فيما يأتي

١. إذا <u>استعنتَ</u> فاستعنْ بالله. ________

٢. علَّمْتُ الطالبَ التجويد <u>فتعلَّمَ</u>. ________

٣. <u>هلَّلَ</u> المشجعونَ بعد فوزِ فريقِهم. ________

٤. <u>أجلستِ</u> الأمُ طفلهَا على الكرسي. ________

٥. مَن <u>أدَّبَ</u> ولدَه صغيرًا سَعِدَ به كبيرًا. ________

٦. <u>تقابلتُ</u> مع أصدقائي الأسبوع الماضي. ________

٢٤ اختر المعنى المناسب لمَا تحته خطّ

١. تعاتَبَ إبراهيمُ وعليٌّ. **(التعدية - المطاوعة - المشاركة)**

٢. أكرِمْ ضيفَكَ لتنالَ رضا الله. **(المطاوعة - التعدية - المشاركة)**

٣. خلَطْتُ الأوراقَ فاختلَطَت. **(الطلب - المطاوعة - التكثير)**

٤. تتَنَاسَى الأمُ آلامَهَا أمام أولادها. **(التظَاهر - المطاوعة - التكثير)**

٥. استعمِلِ العقلَ لا القوةَ عند حلِّ المشكلةِ. **(الطلب - التعدية - التكثير)**

٢٥ اختر الإجابة الصحيحة واملأ الفراغ

١. (حَاضَر / أحضَرَ) ________ صديقي هدية لي.

٢. يا أخي لَا (أنام / تَتَنَاوَم) ________ وَأَجِبْ الهاتف.

٣. (تنافَس / نَافَس) ________ الفريقانِ على كأسِ العالَم.

٤. (اسْتمِعْ / تَسَامَعْ) ________ إلى المِذياعِ لتعرفَ الأخبار.

٥. (نشَرَتْ / انتشَرَتْ) ________ اللغةُ العربيةُ في كثيرٍ من البلدان.

٢٦ املأ الفراغ بفعلٍ مزيدٍ، وبيِّن معناه، وأحرفَ الزيادة

١. لا ______ المصعدَ. ______ ______

٢. ______ البابَ جيدًا. ______ ______

٣. ______ الأشجارُ في فصلِ الربيع. ______ ______

٤. ______ جيدًا إلى المعلمِ لكي تفهمَ. ______ ______

٥. سقط القِطُّ من أعلَى العِمارة فَـ______ قدَمُه. ______ ______

٢٧ هات ما يأتي في جمل مفيدة

١. فعلًا يدلُّ على التكثير : ________________

٢. فعلًا يدل على الطلب : ________________

٣. فعلًا يدل على التعدية : ________________

٤. فعلًا يدل على المطاوعة: ________________

٥. فعلًا يدل على المشاركة: ________________

رابعًا القراءة والكتابة

الشيخ محمد الغزَالِي

وُلِدَ الشيخ محمد الغزالي أحمد السَّقَّا في ٥ ذي الحجة سنة ١٣٣٥هـجرية، الموافق ٢٢ من سبتمبر ١٩١٧ ميلادية، في قرية «نَكْلَا العِنب» التابعة لمحافظة البُحَيرَة بمصر. سَمَّاه والدُه بـ"محمد الغَزَالِي" تَيَمُّنًا وتبَرُّكًا بالعالم الكبير أبو حامدٍ الغَزالي المُتَوَفَّى في جمادى الآخرة ٥٠٥هـ. نشأ في أسرةٍ كريمة مُؤمِنة، وقد أتمَّ حفظَ القرآنِ بكُتَّاب القرية في العاشرة. يقول الإمامُ محمد الغزالي عن نفسِه وقتئذٍ: «كنتُ أتدرَّبُ على إجادَة الحفظ بالتلاوة في غُدُوّي ورَوَاحِي (الذهاب والعودة)، وأختمُ القرآنَ في تتابعِ صلواتي وقبلَ نومي وفي وَحْدتي. وأذكرُ أنني ختمتُه أثناء اعتقالِي؛ فقد كانَ القرآنُ مُؤنِسًا في تلك الوَحْدة المُوحِشة».

التحقَ بعد ذلك بمعهدِ الإسكندرية الدِّيني الابتدائي، وظلَّ بالمعهد حتى حصل منه على شَهادة الكَفَاءَة ثُمَّ الشهادة الثانوية الأزهرية، ثُم انتقلَ بعد ذلك إلى القاهرة سنة ١٣٥٦هـ الموافق ١٩٣٧م والتحقَ بكلية أصولِ الدين بالأزهر الشريف. حصلَ على الليسانس، وتخصصَّ بعدها في الدعوة والإرشاد، وعمِلَ داعية إسلاميًّا حتى حصلَ على درجة العالَمِيَّة (الدكتوراه) سنة ١٣٦٢هـ الموافق ١٩٤٣م وسِنُّه ست وعشرون سنة ثم بدأتْ بعدها رحلتُه في الدعوة من خلال مساجد القاهرة.

تلقَّى الشيخُ العلمَ عن الشيخ عبد العظيم الزرقاني، والشيخ محمود شَلْتُوت، والشيخ محمد أبو زهرة والدكتور محمد يوسف موسى وغيرهم من علماء الأزهر الشريف. سافر إلى المملكة العربية السعودية وعملَ أستاذًا بجامعة أمِّ القُرى ثم سافر إلى الجزائر سنة ١٩٨٤م للتدريس في جامعة الأمير عبد القادر للعلوم الإسلامية بقسطنطينة. نالَ العديدَ من الجوائز والتكريمِ؛ فحصلَ على جائزة الملكِ فيْصَل للعلوم الإسلامية عام ١٩٨٩م.

لُقِّبَ الشيخ الغزالي بـ"أديبِ الدعوة" و"عَبقَرِيِّ الدعوة"، وكُتِبَتْ عنه عدَّةُ أعمال مثل "الشيخ محمد الغزالي مُفكرًا وداعيةً"، وكتاب "مع الشيخ الغزالي رحلة نصف قرن"؛ وكتاب "الشيخ الغزالي.. الموقع الفكري والمعارِك الفكرية".

يُعتبرُ الغزالي أحدَ دُعاة الفِكر الإسلامي في العصر الحديث. عُرف عنه تجديدُه في الفكر الإسلامي وكونُه من (المُناهِضين للتشدُّد والغُلُوّ في الدين)، كما عُرف بأسلوبِه الأدبي الرَّصِين (الجيد) في الكتابة.

تُوفِّي في ٢٠ شوال ١٤١٦هـ الموافق ٩ مارس ١٩٩٦م في السعودية أثناءَ مُشارَكَته في مُؤتمرٍ حول الإسلام وتحدِّيات العصر، ودُفِنَ بمقبرة البقيعِ بالمدينة المنورة..

للغزالي العديد من المؤلَّفات والأعمال الهامة والتي بلغتْ أكثرَ من خمسين عملًا. وكان لها تأثيرٌ قويٌّ على الأمة الإسلامية كلِّها. منها (عقيدة المسلم، كيف تفهمُ الإسلام؟، سِرُّ تَأخُّر العرب والمسلمين، معركةُ المُصحف، مشكلات في طريق الحياة الإسلامية، جدِّد حياتك، مع الله، الفساد السياسي، المرأة في الإسلام، كيف نتعامل مع القرآن؟ الأسرة المسلمة وتحديات العصر... إلخ).

٢٨ أجب عن الأسئلة الآتية

١. لماذا سُمِّي الشيخ محمد الغزالي بهذا الاسم؟ ________________

٢. مِن أيِّ معهد حصل الغزالي على الشهادة الثانوية؟ ________________

٣. بِمَ اشْتُهِرَ الغزالي؟ ________________

٤. اذكر اسم مؤتمر شارك فيه الغزالي، ومتى كان؟ وأين؟ ________________

٥. متى تُوفِّي؟ وأين؟ ________________

٢٩ ضع علامة (√) أو (×) ثم صوِّب الخطأ

١. لُقِّب الشيخ أبو حامد الغزالي بأديبِ الدعوة. ( ) ________________

٢. من مُؤلَّفات الغزالي «مُشكلات في طريق الحياة الإسلامية». ( ) ________________

٣. حصلَ الغزالي على الدكتوراه سنة ١٣٦٢هـ الموافق ١٩٣٤م. ( ) ________________

٤. دُفِنَ الغزالي بمقبرةِ البقيعِ بمكة المكرمة. ( ) ________________

٥. كتابُ «جدِّد حياتَك» من أشهر الكتب التي ألَّفَها الإمام الغزالي. ( ) ________________

٣٠ اخترعنوانًا آخرَ للقطعة ممَّا يلي مبينًا السبب

١. التجديدُ في الفِكر الإسلامي ٢. الدعوةُ والدَّاعِية ٣. أديبُ الدعوة

____

٣١ اقرأ القطعة مرة أخرى واستخرج ما يلي

١. مضافًا إليه: ________ صفةً: ________

٢. فاعلًا: ________ نائبَ فاعل: ________

٣. مفعولًا لأجله: ________ ظرفَ زمان: ________

٤. فعلًا (ثلاثيًّا مزيدًا بحرفين): ________ (مبنيًّا للمجهول): ________

٣٢ املأ البطاقة الآتية من القطعة

محمد الغزالي

تاريخ الميلاد: ________	المؤهلات الدراسية: ________
مكان الميلاد: ________	اللقب: ________
تاريخ الوفاة: ________	المهنة: ________
مكان الوفاة: ________	الجنسية: ________

٣٣ اكتب ما يأتي مرة بخط النسخ ومرة بخط الرقعة

إِنَّ الَّذِي مَلأَ اللُّغَاتِ مَحَاسِنًا جَعَلَ الجَمَالَ وَسِرَّهُ فِي الضَّادِ

إن الذي ملأ اللغات محاسنا جعل الجمال وسره فِي الضَّادِ

الْوَحْدَةُ الثَّامِنَةُ

٨

التَّعْلِيمُ

EDUCATION

أ. رِسَالةُ دُكْتُورَاه

ب. نِقَاشٌ مَفْتُوحٌ

٨ أ. رسالة دكتوراه

أوّلًا المُفْرَدَاتُ

١ املأ الفراغ بكلمة مناسبة من الصندوق

التَّعليم	مَصرُوفات	مُعيدًا	المَاجِستِير	التعليم الإجْبَارِي

١. ما هي مراحلُ ____________ في بلدِكم؟

٢. لقد عملتُ ____________ قبلَ أنْ أُصبحَ أستاذًا بالجامِعة.

٣. حصلَ الطالبُ على دَرجة ____________ مع مَرْتَبَة الشَّرفِ الأُولى.

٤. ارتفاعُ ____________ المدارسِ الخاصَّة الدولية بنسبة ٣٠٪ هذا العام.

٥. تُعْلِنُ وزارةُ التَّربِية و ____________ عن حاجَتِها إلى مُدَرِّسين ومدرسات في جميعِ التخَصُّصَات.

٢ هات مرادف الكلمات التي تحتها خطّ

١. تبرَّعَ رجلٌ ثَرِيٌّ بمبلَغِ ١٨٠٠ جنيه إسترْليني إلى دَارِ أيتامٍ. ____________

٢. في التعليمِ النظامِي المدرسُ هو المصدرُ الأساسيُّ للتعلُّمِ. ____________

٣. مِن مميزاتِ التعليمِ الحُرِّ اختيارُ الطالبِ ما يُناسِبه من مَنَاهِج. ____________

٤. تَولّى العِزُّ بنُ عبدِ السَّلام مَنْصِبَ الخطَابَة والقَضاء والتدريس والإفتاء في مصر. ____________

٥. حصلَ الشيخُ محمد الغزالي على الشَّهادَة الإعدادية من مَعهد الإسكندرية الدِّيني. ____________

٣ ضع كلَّ كلمةٍ ممَّا يأتي في جملة من عندك

يَزْرَع : ____________ طَمُوحٌ : ____________

التفوُّق: ____________ أستاذ مُتقاعد : ____________

مُخْترِع: ____________ دروس خصوصية: ____________

٤ اختر الإجابة الصحيحة واملأ الفراغ

١. ____________ الأطفالُ الشيكولاتة. **(يزرعُ - يَعْشَقُ)**

٢. لُقِّبَ جدِّي بأستاذٍ ____________ بعد سِنّ التَّقاعُد. **(مُتقاعِد - مُساعِدٍ - دكتور)**

٣. محمد سِنُّهُ ١٥ سنة ويدرسُ في المرحَلة ____________ **(الابتدائية - الإعدادية - الثانوية)**

٤. لا يدفعُ الطالبُ أيَّ مصروفاتٍ في التعليمِ ____________ **(الحُكومِي - الخاصّ)**

٥. ____________ هو الشخصُ الذي يتطلع إلى تحقيقِ هدفٍ بعيد. **(الثَّرِيُّ - الطَّمُوحُ)**

٥ اختر الصحيح ممّا بين القوسين لما يأتي

١. (مرادف) جَاه **(مَنصِب - عمل - زيارة)**

٢. (عكس) العُلْيا **(المُتوسطة - الأُولى - السُّفلَى)**

٣. (مفرد) مصروفات **(مَصْرَف - مَصْرُوف - مَصْرُوفَة)**

٤. (جمع) مِنْحَة **(مِنْحَات - مِنَح - أَمْنِحَة)**

٥. (جمع) عِمَاد **(أَعْمِدَة - عَمَدٌ - عِمْدَان)**

٦. (مؤنث) مُتقاعِد **(مُتَقاعِدَة - قاعِدَة - مُقعَدَة)**

٦ ماذا نَعْنِي بِـ......؟

١. **فلان رفيعُ العِمَادِ**: أي شَرِيفُ ______ المَكانةِ بين قومِه

أ. عالِي ب. مُتوسط ت. مُنخفض

٢. **الدُّكْتوراه**: ______ شَهادَةٍ جامِعِيَّةٍ تُمْنَحُ بَعْدَ شَهادَةِ الإجازَةِ (اللِّيسانْسِ) لِمَنْ قَدَّمَ بَحْثًا في عِلْمٍ مِنَ العُلومِ.

أ. أَقَلُّ ب. أَعْلَى ت. أَوْسَط

٣. **مِنْحَة مَدْرَسِيَّة**: ______ يُمْنَحُ لِلطَّالِبِ شَهْرِيًّا أَو كُلَّ ثلاثَةِ أَشْهُرٍ لِمُتَابَعَةِ دِرَاسَتِهِ.

أ. بعضُ الكُتب ب. مَبْلَغٌ مِنَ المَالِ ت. بعضُ الملابس

٤. **الطَّاقَة الشمسية**: هي الضَّوءُ و ______ المُنْبَعِثَانِ من الشمس.

أ. الماءُ ب. الشُّعَاعُ ت. الحَرارَة

٥. **العِشْقُ**: هو شِدَّةُ ______

أ. الحُبِّ ب. الاحترامِ ت. الغِنَى

ثانيًا الحِوارُ

٧ (أ) أجب عن الأسئلة الآتية

١. في أيِّ تخَصُّصٍ رسالةُ الدكتوراه؟ ______

٢. ما هي رسالةُ الإنسانِ من وِجْهة نظَرِ الباحِثة؟ ______

٣. لماذا اختارتِ الباحثةُ زوجًا من أسرةٍ علْمِية؟ ______

٤. لماذا اختارتِ الباحثةُ هذا التخصُّصَ؟ ______

٥. على أيِّ شيءٍ حصلَ الولدانِ؟ ______

(ب) ضع علامة (√) أو (×) ثم صحّح الخطأ

١. أَسمَى مكانةٍ يحتلُّها الإنسانُ تكونُ بالعلْمِ والمعرِفة. ( ) ______

٢. لم تدفعِ الباحثةُ أيَّ مصروفاتٍ دراسية. ( ) ______

٣. يعملُ أخو الباحثةِ تاجرَ أثاثٍ. ( ) ______

٤. حصلتْ بنتُ الباحثةِ على دِبلُومَة عالَمِية في الاختراعات. ( ) ______

٥. للمدرسةِ دورٌ كبيرٌ في تفوُّق الطُّلاب ونجاحهم. ( ) ______

٨ تناقش مع زميلك، ثم أجب عن الأسئلة الآتية

١. ما هي مراحلُ التعليم الإجْباري في بلدكم؟ ____________

٢. ما رأيكَ في المدارس والمدرسين وطريقةِ التعليم؟ ____________

٣. هل التعليمُ في المدارسِ كافٍ لتعليمِ الطلاب؟ ____________

٤. ما الأكثرُ فائدةً: التعليمُ النِّظامي أو التعليم الحُرُّ؟ ____________

٥. لمَن تُعْطَى المِنَحُ الدِرَاسِيَّة في بلدِكم؟ ____________

٦. ما الفرقُ بين التعليمِ النِّظَامي والتعليم الحر؟ ____________

٧. أيهما أكثرُ فائدةً للإنسانِ العلمُ أم المالُ؟ ولماذا؟ ____________

٩ هات من الحوار موقفًا أو تعبيرًا أعجبَك / لم يعجبْك مبينًا السبب

____

١٠ استخرج من الحوار ما يأتي

١. مصدرًا لفعلٍ رباعي: ________ (فعله): ________

٢. اسمَ موصولٍ: ________ اسمَ استفهامٍ: ________

٣. فعلًا مضارعًا مجزومًا: ________ (أداة الجزم): ________

٤. اسمًا من الأسماءِ الخمسة: ________ (علامة الإعراب): ________

٥. كلمةً من الجذرِ (ت ج ر): ________ وبيِّن نوعَها من المُشتقات: ________

١١ اخترْ أفضل عنوانٍ للدرس ممَّا يلي مبينًا السبب

١. أسرةٌ علمِية ٢. العلمُ والمالُ ٣. التربيةُ والتعليم

____

١٢ اختر جزءًا من الحوار، ثم اقرأه جيدًا، واطلبْ من زميلك أنْ يُمْليه عليك، ثمَّ صوِّب أخطاءَك بنفسِك

____

____

ثالثًا القَوَاعِدُ

الاستثناءُ بإلَّا

١٣ أكمل الجملَ الآتيةَ بمستثنى مناسبٍ مع الضبط بالشكل

١. ما محمدٌ إلَّا ________

٢. قرأتُ الكتابَ إلَّا ________

٣. ما فهِمَ الدرسَ إلَّا ________

٤. نجح الطلاب إلَّا ________

٥. أجبتُ عن الأسئلةِ إلَّا ________

٦. لمْ أمارِس من الرياضةِ إلَّا ________

١٤ اقرأ الآيات، ثم املأ الجدول كما في المثال

الآية	المستثنى	المستثنى منه
◄ ﴿وَمَا جَعَلْنَا أَصْحَابَ النَّارِ إِلَّا مَلَائِكَةً﴾.	مَلائِكَةً	أَصْحابَ النَّارِ
١. ﴿وَمَا مِنْ إِلَهٍ إِلَّا اللَّهُ﴾.	______	______
٢. ﴿يَا أَيُّهَا الْمُزَّمِّلُ قُمِ اللَّيْلَ إِلَّا قَلِيلًا﴾.	______	______
٣. ﴿فَلَبِثَ فِيهِمْ أَلْفَ سَنَةٍ إِلَّا خَمْسِينَ عَامًا﴾.	______	______
٤. ﴿فَأَنْجَيْنَاهُ وَأَهْلَهُ إِلَّا امْرَأَتَهُ قَدَّرْنَاهَا مِنَ الْغَابِرِينَ﴾.	______	______
٥. ﴿وَإِلَهُكُمْ إِلَهٌ وَاحِدٌ لَا إِلَهَ إِلَّا هُوَ الرَّحْمَنُ الرَّحِيمُ﴾.	______	______

١٥ اخترِ الإجابةَ الصحيحة فيما يلي

١. جملة أسلوبِ الاستثناءِ فيما يلي هِي:

أ. ما خرج أحدٌ مِن الصف. ب. خرج الطلابُ ولم يخرجْ علِيٌّ. ت. ما خرج من الصفِّ إلَّا علِيّ.

٢. نوعُ الاستثناءِ في جملة (حفظتُ القرآنَ إلا جزءًا):

أ. تَامٌّ مُثبت ب. تامٌّ منفِي ت. مُفرَّغ

٣. الجملةُ التي جاء فيها الاستثناءُ مفرغًا هي:

أ. ما نمتُ إلا ساعةً. ب. نمتُ الليلَ إلا ساعةً. ت. ما نمتُ من الليلِ إلا ساعة.

٤. يجوزُ نصبُ المستثنَى وجرُّه في إحدى الجملِ التاليةِ وهي:

أ. ما حضرَ إلَّا رجلٌ. ب. حضرَ المدعوُّون إلَّا رجلًا. ت. ما حضرَ من المدعوّين إلَّا رجلًا.

٥. قوله تعالى: ﴿فَأَنْجَيْنَاهُ وأَهْلَهُ إِلَّا امرَأَتَهُ قَدَّرْنَاهَا مِنَ الغَابِرِينَ﴾. المستثنَى هنا:

أ. واجبُ النصبِ ب. جائزُ النصب ت. يُعرَبُ حسب مكانِه في الجملة

١٦ بيِّن حكمَ الاسمِ الواقِع بعد (إلَّا) في كل جملة ممَّا يأتي

الجملة	واجب النصب	جائز النصب	حسب مكانه في الجملة
١. لا يخافُ المُؤمِنُ إلَّا اللهَ.	______	______	______
٢. اتصلتُ بأقارِبي إلَّا واحدًا.	______	______	______
٣. لا تطمئِنُّ القلوبُ إلَّا بذكرِ اللهِ.	______	______	______
٤. ما قرأَ الطفلُ من القصص إلا قصةً.	______	______	______
٥. أطلقت الشرطةُ الجميعَ إلَّا المُجرِمِين.	______	______	______

١٧ صوِّب الخطأ فيما يأتي، ثُم أَعِد كتابةَ الجُملة صحيحةً مع التعليل

الجملة	الجملة صحيحة	التعليل
١. ما حفظتُ إلا سورةٍ.	______	______
٢. ما كتبتُ من الواجباتِ إلّا واجبٌ.	______	______
٣. كرمتِ اليابانُ علماءَ مصرَ إلّا عالِمٍ.	______	______

١٨ اجعل المستثنى بإلّا في كلّ مِثالٍ فيما يأتي جائزَ النصبِ مرّة، وأعربه بحسبِ موقعه من الكلام مرّة أخرَى، وغيّر ما يلْزَم

أ. أُعْجِبْتُ بالمَتَاحِفِ إلّا مَتْحَفًا. ١. ______ ٢. ______

ب. أحبُّ المشروباتِ الساخنَةَ إلّا الشايَ. ١. ______ ٢. ______

١٩ مَثِّلْ لمَا يأتِي في جملة مفيدة

١. مستثنى بإلّا جائز النصبِ: ______

٢. مُستثنَى بإلّا واجب النَّصبِ: ______

٣. مستثنى بإلّا يُعرَب حسب موقِعه من الكلامِ: ______

الاسمُ المَقْصُور والمَنْقُوص والمَمْدُود

٢٠ ضَعْ كلَّ اسمٍ ممَّا يأتِي في مكانِه المناسب من الجدول

الكُبرَى - سماء - النادِي - مُلتقَى - أسماء - الحُسْنَى - سَاعٍ - الهادِي - دَاعٍ - الهواء - بُشْرَى - شيماء

المقصور				
المنقوص				
الممدود				

٢١ اختر الإجابة الصحيحة ممَّا بين القوسين

١. قال تعالى: ﴿وَلِكُلِّ قَوْمٍ هَادٍ﴾. كلمة «هَادٍ» هنا **(مرفوع - منصوب - مجرور)**

٢. أهديتُ أمِّيَ وردةً حمْراءَ. «حمراء» اسم **(مقصور - منقوص - ممدود)**

٣. أخي طبيبُ أطفالٍ في مُستشْفَى النيل. «مُستشفى» اسم **(مقصور - منقوص - ممدود)**

٤. تُؤَثِّرُ الدولُ العُظْمَى في السياسات العَالَمية. «العُظْمَى» مرفوعة بضمةٍ **(ظاهِرة - مُقدَّرة)**

٥. قال الرسول ﷺ: «القُضَاةُ ثَلاثَة، قَاضِيَانِ في النَّارِ، و ______ في الجَنَّةِ». **(قاضٍ - قاضِيًا - قاضٌ)**

٢٢ املَأِ الفَراغَ بالمطلوبِ بين القوسين مع ضبطه بالشكل كُلَّما أمكَن

١. كيف ______ اليوم؟ **(اسم ممدود)**

٢. اشتريتُ ______ جديدًا للعيد. **(اسم ممدود)**

٣. سمِعْنا ______ يُنادِي للصلاة. **(اسم منقوص نكرة)**

٤. أذهبُ إلى ______ عادةً لِمُمارَسة الرياضة. **(اسم منقوصٍ معرفة)**

٥. زارتْ ______ المتحفَ المِصريَّ أكثرَ من مرّة. **(اسم مقصور)**

٢٣ اختر الجواب الصحيح لكل سؤال مما يأتي

١. أيٌّ من الأسماء الآتية يُرفعُ بضمة ظاهِرة؟ أ. مُلْتَقى ب. الدَّاعِي ت. عِشَاء

٢. أيٌّ من الأسماء الآتية يُعربُ بحركاتٍ مُقَدَّرة؟ أ. هُدَى ب. سُمَيراء ت. سَامِي

٣. أيٌّ من الأسماء الآتية يُعربُ بحركاتٍ ظاهِرة؟ أ. دُعاء ب. هَادٍ ت. مُصْطَفى

٢٤ اقرأ الآيات ثُم بيِّن نوعَ ما تحتَه خط وأعربه

الآية	النوع	الإعراب
١. ﴿وَلِلَّهِ الأَسْمَاءُ الحُسْنَى﴾.	______	______
٢. ﴿يَا قَوْمَنَا أَجِيبُوا دَاعِيَ اللهِ﴾.	______	______
٣. ﴿وَأَوْحَى فِي كُلِّ سَمَاءٍ أَمْرَهَا﴾.	______	______
٤. ﴿وَذَكِّرْ فَإِنَّ الذِّكْرَى تَنفَعُ المُؤْمِنِينَ﴾.	______	______
٥. ﴿أَلَمْ تَرَ أَنَّهُمْ فِي كُلِّ وَادٍ يَهِيمُونَ﴾.	______	______

٢٥ صحِّحِ الخطأ فيما يأتي مع بيان السبب

١. امتلأتِ المستشفىُ بالجَرحى. ______

٢. طلبَ اللصُّ مُحامٍ للدفاعِ عنه. ______

٣. لَعَنَ رَسُولُ اللهِ الرَّاشِ والمُرْتَشِي. ______

٤. يُعانِي الفقراءُ من ارتفاعِ أسعارِ الدواءَ. ______

٢٦ هَاتِ مِنَ الفِعْلِ المَطْلُوبَ بين القوسين في جملة مفيدة

١. دعا (اسمًا ممدودًا) : ______

٢. التقى (اسمًا مقصورًا): ______

٣. قضَى (اسمًا منقوصًا) : ______

٨ ب. نقاش مفتوح

أوّلًا المُفْرَدَاتُ

١ اخترْ مرادف ما تحته خط ممَّا بين القوسين

١. ما جَدْوَى دِراسة التاريخِ القديم؟ **(فائِدة - أهمِّية - نتِيجَة)**

٢. يَمُرُّ العالَم بأزْمَة اقتصادية هذه الأيام. **(مُشكِلة - قُدوَة - منهَج)**

٣. سأترُك لكم التَّعْقِيبَ على هذا الرَّأْي. **(المُشكلة - الفائِدة - التعْلِيق)**

٤. لماذا يفْقِدُ بعضُ الآباءِ هيبتَهم أمامَ الأبناءِ؟ **(عملَهم - احترامَهم - فائدَتهم)**

٥. ما أسبابُ هُروبِ بعضِ الطلاب من المدرسة؟ **(دُخول - تَسَرُّب - تعقِيب)**

٢ املأ الفراغ بعكسِ ما بين القوسين

١. عامل أخاك الأكبر بـ ______ **(احْتِقار)**

٢. ______ بعَشرِ أَمثالِها. **(السَّيئة)**

٣. ما هي صفاتُ الشخصيَّة ______؟ **(السَّلْبية)**

٤. طلبَ المعلمُ الإجابةَ عن الأسئلة ______ **(شفويًّا)**

٥. تعْتمِد المناهجُ العربيةُ على ______ **(التفْكِير)**

٦. طلبَ المذيعُ عملَ لِقاءٍ ______ مع الرئيس. **(مُغْلَق)**

٣ ضع كلَّ كلمةٍ ممَّا يأتي في جملة من عندك

لُبٌّ: ______

قُدْوَةٌ: ______

يَكْدَح: ______

خَبِيرٌ تَرْبَوِيٌّ: ______

هامِش: ______

الوسائلُ التعليمية: ______

٤ املأ الفراغ بفعلٍ مناسبٍ ممَّا بين القوسين

١. ______ الموظفُ عملَه بعدَ غِيابٍ دامَ شهرًا. **(كَدَّ - عَقَّبَ - اسْتَأْنَفَ)**

٢. هل ______ الأمُّ مسؤوليةَ تربية الأطفالِ وحدَها؟ **(تتحَمَّلُ - تعمل - تكْدَحُ)**

٣. لا يستطيعُ أحدٌ أنْ ______ على أحكامِ القَضاء. **(يُعقِّبَ - يُلْقِي - يكْدَحُ)**

٤. بعدَ الهزيمَةِ ______ المُدرِّبُ باللَّوم على اللَّاعبين. **(يسبقُ - يُلْقِي - يَكُدُّ)**

٥. ______ بعضُ الناسِ ويتْعَبونَ من أجْلِ تقدُّمِ وطنِهم. **(يدْخل - يَكُدُّ - يذهبُ)**

٥ صل بين الكلمة من (أ) وما يناسبها من (ب) لتُكمل التعبير

(أ) الوسائِل	التَّجارب	كثَافَة	أوْلِياء	طَرِيقَة	قُدْوَة
(ب) الفُصُول	التَّعليمِية	الأُمُور	العلْمِية	حَسَنَة	التدرِيس

٦ ماذا نعني بـ.......؟

١. **عَاتِق**: حَملتِ الأمُّ طفلَها على عَاتِقِها.

أ. رأسها ب. قدَمها ت. كتِفها

٢. **نَدْوَة**: مَكَانٌ يجتمعُ فيه الناسُ للبحثِ و ________

أ. المَشُورة ب. العمل ت. الهَيبَة

٣. **اسْتأنفَ عملَه**: بدَأَه أو عَاوَدَه أو وَاصَله ________ توَقُّفٍ وانقِطَاع.

أ. مَعَ ب. قبلَ ت. بعدَ

٤. **القُدْوَة**: مَا يُقتَدَى بِه ويُتَّخَذُ ________

أ. لُعبَة ب. هَدِيَّة ت. مِثَالًا

٥. **المُصْطَلَحُ فِي العُلُومِ**: كُلُّ كَلِمَةٍ لَهَا دَلَالَةٌ مُعَيَّنَةٌ ________ عَلَيْهَا بَيْنَ العُلَمَاءِ فِي عِلْمٍ ما.

أ. مُتَّفَقٌ ب. مُخْتَلَفٌ ت. مَشْهُورةٌ

ثَانِيًا الحِوَارُ

٧ (أ) أجب عن الأسئلة الآتية

١. ما مشاكلُ التعليمِ من وِجْهة نظَرِ المُشارِكِ الأوّل؟ ________

٢. لماذا يَلْجَأُ المعلمُ إلى الدروسِ الخُصُوصِيَّة؟ ________

٣. كيف يكونُ الحِوارُ أكثرَ فائدَة؟ ________

٤. كيف يُساهِم أولياءُ الأمورِ في المُشكلة التعليمية؟ ________

٥. اذكرْ مشاكلَ التعليمِ في رأيِ الطالبِ عبد الله منصور. ________

(ب) ضع علامة (√) أو (×) ثم صحّح الخطأ

١. المناهجُ الدِرَاسية مَحْشُوَّةٌ بما يُفيدُ الطلاب ولها عَلاقة بالواقعِ الذي نعِيشه. ( ) ________

٢. المُشارِك الثاني يعملُ معلمًا بالمرحلة الثانوية. ( ) ________

٣. تَنْحَسِر مشاكلُ التعليم في المعلمِ والمناهِجِ وأولياءِ الأمور. ( ) ________

٤. اتِّبَاعُ الطُّرقِ الحدِيثة في التعليمِ مثلِ الحفْظِ والتلْقِين يُساعِد على التعليم الفَعَّال. ( ) ________

٥. أضلاعُ العملِية التعلِيمية، تتمثلُ في المناهِجِ والمعلِّمينَ والطلابِ وأولياءِ الأمور. ( ) ________

٨ هات من الحوار موقفًا أو تعبيرًا أعجبَك / لم يعجبْك مبينًا السبب

____

____

٨ ب. نقاش مفتوح

٩ تناقَش مع زميلك ثم أجب عن الأسئلة الآتية

١. أيُّ مشاكلِ التعليمِ الآتية موجودةٌ في بلدك؟ ما أسبابُها؟ وكيفية حلِّها؟

أ. كثافةُ الفُصول ب. عدمُ جَدْوى المناهِجِ المُقرَّرة ث. الدروس الخُصوصِية

_____

٢. أيُّ الطريقتينِ أكثرُ فائدةً في التعليمِ من وِجْهة نظرِك التلقينُ والحفظ أو المُناقَشة والفَهم؟

_____

٣. ما دورُ أولياءِ الأمورِ في العمَليَّةِ التعليمية؟ _____

٤. اذكرِ الأسبابَ التي جعلتْك ترغبُ / لا ترغبُ في التعليم. _____

٥. ما رأيُك في العَلاقَة بين المُعلِّم والطالب الآن؟ _____

٦. ما هي أفضلُ الطرقِ للتعليمِ مِن وجهة نظرِك؟ _____

٧. هل التعليمُ في بلدِك يُلبِّي حاجاتِ المجتمعِ الضروريةِ والأَخْلاقِية؟ _____

١٠ استخرج من الحوار ما يأتي

١. اسمَ آلةٍ: ____ (وزنه): ____ (فعله): ____   ٤. اسمًا ممنوعًا من الصَّرف: ____ (السبب): ____

٢. اسم فاعِلٍ من غير الثلاثي: ____ (فعله): ____   ٥. فعلًا (صحيحًا سالِمًا): ____ (معتلًّا مثالًا): ____

٣. مصدرًا لفعلٍ (ثلاثي): ____ (غير ثلاثي): ____   ٦. اسمًا (مقصورًا): ____ (منقوصًا): ____ (ممدودًا): ____

١١ اخترْ أفضل عنوانٍ للدرس ممَّا يلي مبيّنًا السبب

١. قُلْ رأيَك   ٢. سَلبيَّاتُ التعليم   ٣. مشاكِلُ التعليمِ وطُرُقُ حلِّها

_____

١٢ اختر جزءًا من الحوار، ثم اقرأه جيدًا، واطلبْ من زميلك أنْ يُمْلِيه عليك، ثمَّ صوِّبْ أخطاءَك بنفسِك

_____
_____

ثالثًا القَواعِدُ

📄 الاستثناء بـ(غير / سِوى) و(خَلَا / حاشَا / عَدا)

١٣ ضع خطًّا تحت أداةِ الاستثناءِ وخطين تحت المُستثنى

١. لا تَسْتَعِنْ إلّا باللهِ.   ٤. حفظتُ القرآنَ خلا سورةٍ.

٢. ذاكرتُ الدروسَ حاشا درسًا.   ٥. أعجبتني القصصُ المُصَوَّرةُ سِوى قِصةٍ.

٣. قال تعالى: ﴿مَا لَبِثُوا غَيْرَ سَاعَةٍ﴾.   ٦. تهتمُّ دارُ النَّشْرِ بالكتبِ ما عَدَا كتبَ الأطفال.

١٣٨

١٤ اختر الإجابةَ الصحيحةَ ممَّا بين القوسين لمَا يأتي

١. لا نافعَ ولا ضَارَّ ______ اللهِ. **(غيرُ - غيرَ - غيرِ)**

٢. كلُّ كثيرٍ ضارٌّ ______ العلمِ. **(حَاشَا - ما عَدَا)**

٣. حُلَّتِ المشاكلُ ______ مشكلةِ التعليمِ. **(إلَّا - غيرَ - ما خَلَا)**

٤. ما لُقِّبَ بِسلطَانِ العلماءِ سِوى ______ بن عبد السلام. **(العزُّ / العزَّ / العزِّ)**

٥. تُقَدِّمُ الشركةُ مميزاتٍ كثيرة للعاملِ ما خَلَا ______ **(التأمينَ الصِّحِّيَّ - التأمينِ الصحيِّ)**

١٥ أكملِ الجملَ الآتية بمُستثنى مناسب واضبطْه بالشكل

١. المأكولاتُ التركيةُ لذيذةٌ حَاشَا ______

٢. للعَمَلِ في الدولة مُميزاتٌ كثيرة ما عَدَا ______

٣. تسقطُ الأمطارُ في جميعِ فصولِ السَّنةِ غَيرَ ______

٤. لا أقرأُ في الجريدةِ إلَّا ______

٥. زرنا البلادَ العربية ما خَلَا ______

٦. رفعتِ الشركةُ رَوَاتِبَ العاملين سِوى ______

١٦ عيِّنِ المُستثنى فيما يأتي، وبيِّن حكمَه الإعرابي مع التعليلِ

١. اشترتِ الأمُّ أدوات المطبخِ حاشَا الثلاجة.

٢. نحتاجُ أطباءَ في جميعِ التخصصاتِ سِوى الأطفال.

٣. درستُ كلَّ المراحِلِ التعليمية في القَرية غير الجامعية.

٤. لكلِّ داءٍ دواءٌ إلَّا الموت.

٥. ما أكلتُ من الفاكهةِ غير الناضجة.

٦. الشُّقَقُ في العِمارة محجوزةٌ ما خلَا شقَّة.

المستثنى	حكمه	التعليل

١٧ أَعِدْ كتابةَ الجملةِ مستعينًا بما بين القوسين مع الضبطِ بالشكل

١. تطوَّرَتِ القُرى المِصرية إلَّا قَرْيَةً.

٢. ______ (غير)

٣. ______ (حاشا)

٤. ______ (ما عدا)

٥. ______ (خَلَا)

٦. ______ (سِوى)

١٨ مَثِّلْ لما يأتي في جُمل مُفيدة

١. مستثنى بعد حاشَا : ______

٢. مستثنى واجب الجرّ : ______

٣. مستثنى جائز النصب : ______

٤. مستثنى واجب النصبِ: ______

النَّسب

١٩ ضع خطا تحت الاسم المنسوب فيما يأتي

القاضِي - العِلمِي - بيتي - النَّحوِي - البغْدادِي - السَّاعِي - مكتبِي - أَبِي - الهَادِي - العَمَلِي - عَملِي

٢٠ اقرأ الآيات الكريمةَ الآتيةَ، وضعْ خطًّا تحت الاسمِ المنُسوب، وبيِّن الاسمَ المنسوب إليه

١. ﴿أَوْ كَظُلُمَاتٍ فِي بَحْرٍ لُجِّيٍّ﴾. ________

٢. ﴿مُتَّكِئِينَ عَلَى رَفْرَفٍ خُضْرٍ وَعَبْقَرِيٍّ حِسَانٍ﴾. ________

٣. ﴿وَلَوْ جَعَلْنَاهُ قُرْآنًا أَعْجَمِيًّا لَقَالُوا لَوْلَا فُصِّلَتْ آيَاتُهُ أَأَعْجَمِيٌّ وَعَرَبِيٌّ﴾. ________

٤. ﴿كَأَنَّهَا كَوْكَبٌ دُرِّيٌّ يُوقَدُ مِنْ شَجَرَةٍ مُبَارَكَةٍ زَيْتُونَةٍ لَا شَرْقِيَّةٍ وَلَا غَرْبِيَّةٍ﴾. ________

٥. ﴿الَّذِينَ يَتَّبِعُونَ الرَّسُولَ النَّبِيَّ الأُمِّيَّ الَّذِي يَجِدُونَهُ مَكْتُوبًا عِندَهُمْ فِي التَّوْرَاةِ وَالإِنجِيلِ﴾. ________

٢١ جرِّد الأسماء التي تحتها خط من النسب

١. انتهيتُ من الواجبِ المنْزلِيِّ. ________

٢. ﴿مَا كَانَ إِبْرَاهِيمُ يَهُودِيًّا وَلَا نَصْرَانِيًّا﴾. ________

٣. بَنَى الفَرَاعنَة الأهراماتِ بشكلٍ هَنْدَسِيٍّ رائع. ________

٤. خَانُ الخَلِيلي مِن الأماكنِ المَشْهورة في مصر. ________

٥. حفظتُ القرآنَ في المركزِ الإسلامِيِّ التابعِ للدَّوْلة. ________

٢٢ اخترِ الإجابةَ الصحيحةَ لما يأتي

١. (تشَجِّعُ الدولةُ البحثَ العِلْمِيَّ). ما تحته خطٌّ اسم:

أ. منقوصٌ   ب. منسوبٌ   ت. مضافٌ إلى ياء المتكلم

٢. (يُفَضِّلُ بعضُ الناسِ السَّفرَ الجَوِّيَّ). ما تحته خطٌّ اسم منسوب إلى:

أ. الجَوَى   ب. الجَوّ   ت. الأجواء

٣. (نرتدي ملابسَ ثقيلةً في الشتاءِ). ما تحته خطُّ النسبُ إليه:

أ. الشِّتائِي   ب. الشَّتْوِي   ت. الشَّتْوَائِي

٤. (أهديتُ أمِّي الغاليةَ جنيهًا ذَهبيًّا). الاسم المنسوب هنا:

أ. أمِّي   ب. الغالِيَة   ت. ذَهبيًّا

٥. عن النبي ﷺ قال: «الإيمانُ يَمانِيٌّ والحِكْمَة يَمانِيَّةٌ». ما تحته خط اسمٌ منسوب إلى:

أ. اليَمَن   ب. اليُمْنَى   ت. اليَمِين

٢٣ انْسِبْ لكلِّ اسمٍ ممَّا يأتِي، ثُم ضعْهُ في جُملة مُفيدة

١. تِجَارة : ____________ ____________________________

٢. العرب : ____________ ____________________________

٣. المَسِيح: ____________ ____________________________

٤. اليابان : ____________ ____________________________

٥. الدِّين : ____________ ____________________________

رَابعًا القراءة والكتابة

سِيبَوَيْه إمامُ النحو

هو أبو بِشْرٍ عمرُو بنُ عثمانَ بنِ قِنْبَر. وسِيبَوَيْه لَقَبُهُ الذي به اشْتُهِرَ. وهي كلمةٌ فارِسيَّة تعْنِي: رَائِحَةَ التفَّاحِ؛ وذلك لِطيبِ رائحةِ التفاح. وكانتْ أمُّه الكريمةُ تحبُّ أنْ تُدَلِّلَهُ به في الصِّغَر. وُلِدَ سِيبويهُ في البيضَاء ببلادِ فارِس عام ١٤٨هـ، وهي أكبرُ مدينةٍ في إصْطَخر قريبةٌ من إيرانَ وتوفِّيَ سنة ١٨٠هـ.

ذهبَ سيبويه إلى البَصْرَةِ بعْدَ سِنِّ الرابعةَ عشرة تقريبًا؛ لينشأَ بها قَريبًا مِن مراكِزِ السُّلطة والعِلْم بعدَ أن أفْسَحَتِ الدولةُ العبَّاسِيَّةُ المجالَ للفُرْسِ لكَيْ يتَوَلَّوا أَعْلَى المَنَاصِب. بدأَ بِتَعَلُّمِ الحديثِ والفقهِ، ولازَمَ الفُقَهاءَ وأهلَ الحديثِ؛ فتعلَّم على يَدِ حمَّادِ بنِ سَلَمَة مُفْتِي البَصْرَة وأَحَدِ علماءِ عصْره. جلس سِيبويه مرَّةً إلى أُستاذِه حمَّاد بن سلَمَة وهو يُلْقِي درسًا من دروسه، قال: قال النبي ﷺ: "ليسَ من أَصْحَابِي إلَّا مَنْ لَو شِئْتُ لأَخَذْتُ عليه ليسَ أَبَا الدَّرْدَاء"؛ فظنَّ أنَّ شيخَهُ قدْ أخطأَ في عِبارة: (ليس أبَا الدَّرْدَاء)؛ فقامَ من مكانِه لِيُصَحِّحَهَا له، وقال: (ليس أبو الدَّرْدَاء)؛ لأنه اعتقدَ أنَّ كلمةَ (أَبَا) اسم (ليسَ) التي تَرْفَعُ المبتدأَ وتنصب الخبر. فابتسمَ الشيخُ وقال: لَحَنْتَ وأخطأْتَ يا سِيبويه، ليسَ هذا حيثُ ذهبتَ، إنمَا ليسَ هنا استثناءٌ. فقال بأدبٍ حِينَها لأستاذِهِ: لا جَرَمَ سأطلبُ عِلمًا لا تُلَحِّنِّي فِيه، أي لا تُخَطِّئْنِي فِيه.

ومنذُ ذلك الحينِ بدأَ سيبويه رحلةَ الاجتهادِ والجِدِّ، لتحصيلِ عُلومِ اللغةِ العربيةِ وخصوصًا علم النحو. تعلَّم على يد حمَّاد بن سلَمة والأَخْفَش الأَكْبَر وهو من أَئِمَّةِ اللغةِ والنَّحْو. أمَّا الخليلُ بنُ أحمد فقد كان المعلمَ الأكبرَ له، حتَّى إنَّه دخل على الخليلِ ذات مرَّة، فقال له: مَرْحبًا بزائرٍ لا يُمَلُّ، وكانَ يُحِبُّه كثيرًا ويُفْسِحُ له صَدْرَه. ومن تلاميذِ سيبويه: الأخفشُ الأوسَط أبو الحَسَن سعيدُ بن مسعدة وقُطْرُب أبو محمد بن المُستنِير المصري. أَلَّفَ سيبويه كتابًا عظيمًا في علمِ النَّحو سُمِّيَ "الكتاب" جَمع فيه كلَّ ما سمِعَه من أساتذته الخليل بن أحمد وغيره من العلماء في هذا العلمِ، واشْتُهِرَ بعدَه. وكتاب سيبويه يَعُدُّه العلماءُ دُستورًا لعلمِ النحو وقانونًا لقواعِده. يُقَال بأنَّه من شِدَّة اعتزازِ الفَرَّاءِ -وهو أحدُ كبارِ علماءِ النحو- بهذا الكتاب أنَّ الناسَ وجدوا عندَ موتِه تحت وِسادَتِه كتابَ سيبويه.

(كتاب سيبويه)

٢٤ أجب عن الأسئلة الآتية

١. كم كان سِنُّ سيبويه يوم رحيلِه إلى البصرة؟

______

٢. ماذا تعنِي كلمة (سِيبويه) التي اشْتُهِر بها؟

______

٣. (لا جرَمَ، سأطلبُ عِلمًا لا تُلَحِّنِي فِيه). مقولةٌ مشهورةٌ لأميرِ النُّحاة لمَنْ قالَها؟ ولماذا؟

______

٤. متى وُلِد سيبويه؟ ومتى تُوفِي؟ وكم سنة عاشَ؟

______

٥. اذكر أسماءَ بعضِ أساتذةِ سيبويه.

______

٢٥ ضع علامة (√) أو (×) ثم صوِّب الخطأ

١. يُعتبر كتابُ سيبويه دستورًا للنحو. ( ) ______

٢. يُعَدُّ الأخفشُ المعلمَ الأولَ لِسيبويه. ( ) ______

٣. وَلِد سيبويه في إيران سنة ١٤٨هـ. ( ) ______

٤. تُوفِّي الفَرَّاءُ وتحت وسادتِه كتاب سيبويه. ( ) ______

٥. كان لحمَّاد بن سَلمة الفضلُ في تعلُّمِ سيبويه النحوَ. ( ) ______

٢٦ اخترعنوانًا آخر للقطعة ممَّا يلي مبينًا السبب

١. رُبَّ ضَارَّةٍ نافِعة ٢. سِيبويهُ والنَّحو ٣. مَرحبًا بزَائِرٍ لا يُمَلُّ

______

٢٧ اقرأ القطعة مرة أخرى واستخرج ما يلي

١. مفعولًا به: ______ حالًا: ______

٢. صفةً منصوبة: ______ مضافًا إليه: ______

٣. (لا) النافية للجنس: ______ (اسمها): ______

٤. فعلًا مبنيًّا للمَجهول: ______ (نائبَ الفاعل): ______

٨ب EDUCATION التعليم

❷❽ اكتب ما يأتي مرة بخط النسخ ومرة بخط الرقعة

التَّعْلِيمُ فِي الصِّغَرِ كَالنَّقْشِ عَلَى الحَجَرِ، وَفِي الكِبَرِ كَالنَّقْشِ على المَاءِ.

←

التعليم في الصغر كالنقش على الحجر، وفي الكبر كالنقش على الماء.

←

مُلَاحَظَاتٌ